월산 대선사 생애와 中道禪 사상

조계
학술
총서
05

월산 대선사 생애와 中道禪 사상

불국사 월산문도회 엮음

조계종
출판사

성림당 월산 대종사 진영

폭포 앞에서 무심삼매에 든 월산 큰스님

성림당 월산 대선사 젊은 시절

불국사 대웅전에서 설법하시는 모습

고불총림 방장 서옹 스님과 함께

휘호를 쓰시는 모습

不捨一法이 中이요
一心不亂이 道라

성림당 월산 대종사 중도관(中道觀)

廻廻一生
未移一步
本來其位
天地以前

일생을 돌고 돌았으나
한 걸음도 옮긴 바 없나니
본래 그 자리는
하늘 땅보다 먼저이니라.

성림당 월산 대종사 열반송(涅槃頌)

선원 방함록

성림당 월산 대종사 부도

성림당 월산 대종사 비문

간행사

한 법도 버리지 않는 것이 中이요
한 마음도 산란하지 않는 것이 道라

성림당 월산 조실 큰스님께서 생전에 수행납자와 불자들에게 수많은 법문을 설하셨고, 불국사 선원에서 안거철에는 수좌들과 동고동락하시면서 정진을 독려하셨다. 뿐만 아니라 종단의 대소사와 총무원장이라는 중책을 맡아 한국불교 정화불사와 불교중흥을 위해 진력을 다하셨다. 또한 폐허화 된 불국사를 중창하셨고, 단순한 관광 사찰이 아니라 선원과 강원을 개설하셔서 수행도량으로 일신하셨다.

그럼에도 불구하고 입적하신 지 25년 만에 조실 큰스님의 생애와 사상 및 연보를 자세히 정리하여 한 권의 학술서를 내게 되어 무엇보다 다행으로 생각한다.

『월산 대선사 생애와 中道禪 사상』은 학자들의 두 차례에 걸친 세미나를 통하여 자료의 고증과 조실 큰스님의 업적을 학문적인 차원에서 정리하였다는 점에서 그 의미가 크다고 하지 않을 수 없다.

특히 조실 큰스님의 선사상을 中道禪으로 규명한 것은 백미가 아닐 수 없다. 평소에 중도적인 삶을 사셨으며, 중도에 대한 법문과 서묵도 많이 남기셨다. 이를 한 마디로 中道禪이라 하였으니 한국 선사들 중에도 그 가르침이 우뚝하지 않을 수 없다. 항상 '한 법도 버리지 않는 것이 中이요, 한 마음도 산란하지 않는 것이 道라[不捨一法中 一心不亂道]'는 법문을 즐거이 하셨다.

본서가 간행되기까지 뜻을 모아주신 불국사 월산문도회의 문중 스님들과 세미나를 주관해 주신 대각사상연구원장 보광 스님 및 조계종출판사 남배현 사장과 임직원들에게 감사의 말씀을 드린다.

이러한 인연공덕으로 조실 큰스님의 가르침이 널리 현창되기를 기원한다.

불기 2566(2022)년 음력 8월 5일
불국사 승가대학원장 一海 德롱 삼가 쓰다

차례

01.

월산 큰스님의 사상과 가르침

-대종사의 세미나를 개최하면서

성타 스님 _ 불국사 회주

1. 월산 큰스님에 대해서

월산(月山) 큰스님은 참다운 선사(禪師)였으며, 대종사(大宗師)로서 한국불교 및 조계종단에 큰 영향을 끼치신 고승이었습니다.

그러나 저희 문손들이 부족하고, 수행이 미약해서 대종사님의 행적, 사상, 가르침 등을 비롯한 큰스님의 역사를 바르게 정립하는 학술적 작업을 그간에는 시도하지 못하였습니다. 이 자리를 빌어서 참회의 말씀을 드립니다.

큰스님의 가르침은 조계종단, 경주 지역 불교계, 불국사 및 불국사 선원 등 미치지 않은 곳이 없을 정도입니다. 한국 현대불교사에 큰스님들이 많이 등장하셨지만, 그 중에서도 저희 은사스님이신 '월(月)'자 '산(山)' 자 큰스님은 선(禪), 교(敎), 율(律)의 계정혜(戒定慧) 삼학(三學)에 투철하신 고승이었습니다. 그리고 큰스님은 전국의 유명한 사찰의 주지 소임을 보시고, 조계종의 총무원장 및 원로회의 의장을 역임하셨고, 말년에는 불국사의 재건 및 불국사 선원 창설 등을 하신 이사(理事)에 능통하신 대종사였습니다.

이와 같이 큰스님의 수행, 사상, 행적, 가르침은 대단하였지만 저희들이 부족하여 큰스님의 역사 찾기에 게을러 큰스님의 행적과 가르침을 선명하게 정리하지 못하였습니다. 그러나 오늘의 이 세미나를 기점으로 저희들은 스님의 역사를 찾아서 그분을 한국불교 및 조계 종단의 역사에 편입하겠습니다.

이런 배경하에서 오늘은 제가 지근거리에서 지켜본 큰스님의 삶의 줄거리의 대강만을 사부대중 여러분에게 말씀드리고자 합니다. 이것은 어디까지나 제가 본 입장에서 말씀을 드리는 것이니, 앞으로는 저희 문도스님, 인연이 있는 사부대중 및 학자님들의 검증을 받아서 객관화시켜야 할 것입니다.

2. 월산 큰스님의 행적 및 사상

1) 문중적 계보

월산 큰스님과 저희 문손들은 금오(金烏)문중입니다. 금오문중은 금오 큰스님의 문중, 문도를 지칭합니다. 그런데 금오 큰스님은 잘 아시는 바와 같이 근대 선풍의 근원이 되시는 경허(鏡虛)-만공(滿空)의 계보를 이은 대선사이셨습니다. 금오 큰스님의 법사는 보월(寶月) 스님이시고, 보월 스님의 법사는 만공 스님이었습니다. 보월 스님은 만공 스님의 제자 중에서 가장 선기가 예리한 스님이었습니다. 때문에 금오 큰스님은 경허-만공의 계보 중에서도 중심이라고 하겠습니다.

또한 금오 큰스님은 선사로서 명성을 날렸으며, 조계종단의 재건을 한 역사적 운동인 불교정화운동을 이끈 주역이었습니다. 금오 큰스님은 총무원장, 부종정을 역임하셨던 고승이었습니다.

이런 금오 스님에게는 상좌가 많았습니다. 그래서 이를 월자(月字) 문도들이라고 부릅니다. 그런데 월산 큰스님은 금오 스님의 정식 부촉인 전법게(傳法偈)를 받은 법제자입니다. 이 점을 우리들은 기억해야 할 것입니다. 그래서 이는 역사에도 반영해야 하고, 저희들이 이런 자부심을 갖고 수행을 해서, 종단 활동이나 불국사 운영 관리에 유의해야 하겠습니다.

2) 수행

월산 큰스님의 수행은 철저하고 지독하였다고 저는 알고 있습니다. 큰스님께서는 당신의 수행에 대하여 많이 말씀을 하시지 않았습니다. 그러나 제가 큰스님의 법어집을 만들고, 여러 스님들에게 들어본 결과가 그러하셨다는 것입니다.

그래서 저는 스님의 수행을 다음과 같았다고 보고자 합니다. 스님의 수행은 철저한 참선 수행의 정진이었습니다. 특히 화두를 들고 정진한 간화선 수행이었습니다. 이런 것은 은사인 금오 큰스님, 그리고 만공 큰스님의 영향을 받은 것에서 나온 것이라 하겠습니다. 그리고 큰스님은 제도권의 선원에서도 정진을 하셨지만 이른바 토굴에서도 정진을 하셨습니다. 예전의 토굴은 그야말로 정진만을 위한, 생사를 해결하려는 수좌들의 수행처였습니다. 스님께서는 전라도 보길도의 남은사, 청도의 적천사 도솔암 등지에서 깨침을 위한 치열한 정진을 하셨습니다. 이런 토굴수행은 은사인 금오 큰스님에게서 영향을 받았다고 보입니다. 금오 스님의 토굴수행은 유명합니다. 토굴과 움막에서 수행을 하셨고 거지들과 함께 지내기도 하셨습니다. 스님은 또 동중(動中)에 화두를 놓치지 않는 것이 큰 공부라 하셨습니다. 화두는 늘 점검을 받아야 한다고도 하셨습니다.

그런데 월산 스님은 참선 중심의 정진을 하셨지만, 경전 계율을 배척하시지 않고 다 수용을 하셔서 온전한 균형적인 수행을 하셨습니다. 그래서 이런 점을 저희 상좌와 후학들에게 일러 주셨습니다.

3) 종단 기여

월산 큰스님의 종단 기여는 실로 중요합니다. 스님은 늘상 당신만의 개인, 문중 문도를 떠나서 불교 및 종단을 위한 일에는 선두에 서 있었습니다. 해방공간 당시에 성철 스님, 청담 스님과 함께 봉암사결사에 참가하신 이래 은사인 금오 큰스님과 함께 종단 재건, 식민지 불교의 척결을 위해 등장한 불교정화운동의 최일선에서 활동하셨습니다.

그렇게 정화운동이 성사가 되어 종단이 안정이 되자 큰스님께서는 법주사, 신흥사, 동화사의 주지로 헌신하셨습니다. 그리고 선학원의 이사로도 계셨습니다. 그 후에는 총무원장, 원로회의 의장 등을 역임하셨습니다.

그런데 이런 행보를 해감에 있어서 큰스님은 당신의 안위, 고집, 이익 등을 철저히 배격하셨습니다. 소임을 위한, 문중을 위한 행보를 가지 않았음을 우리는 기억해야 할 것입니다.

4) 사상

월산 큰스님의 사상으로는 선사상을 우선적으로 거론해야 할 것입니다. 스님은 평생을 참선 정진을 하셨습니다. 그리고 각처의 유명한 선사들을 찾아 탐방도 하시고, 문답도 하신, 열정적인 선사이셨습니다. 말년에도 큰스님께서는 불국사 선원에서 후학을 제접하시고 수좌들에게 참선의 뜻을 일러 주셨습니다.

그리고 월산 큰스님의 사상은 중도사상이라고 저는 봅니다. 큰스님께서는 참선뿐만 아니라 여타의 수행 방법을 배척하시지 않았습니다. 그리고 일상생활, 공적인 일을 처리함에 있어서도 중도 화합의 길을 가셨습니다. 이 점은 우리들이 객관적으로 기록하고 정리하여 반드시 역사에 남겨야 하지 않을까 합니다.

그리고 큰스님께서는 중도사상(中道思想)을 단순한 가치관으로만 보지 않으시고 중(中)은 불사일법(不捨一法)이고 도(道)는 일심불란(一心不亂)이라 하시면서 수행과 실천의 덕목으로 승화시키고 계십니다.

5) 불국사

월산 큰스님의 업적 중에서 간과하지 말아야 할 것은 불국사, 경주불교, 경상도 지역 불교에 기여하신 것입니다. 이 점은 저희 문손들이 지나치게 강조해서 언급하는 것은 도리가 아니겠습니다만, 그러나 사실은 사실대로 기록하고, 정리하고, 이해하여야 하지 않을까 합니다.

일제강점기에 이 지역의 본사는 기림사였습니다. 그래서 그 시절에는 문제가 많았습니다. 해방 이후에 불국사가 본사가 되었습니다. 그리고 월산 스님이 불국사 주지로 오시면서 불국사가 정상화되었습니다. 대작(大作) 불사도 성사되었고, 사격(寺格)도 고양되었으며, 그런 기반에서 경주가 불교문화의 본거지로 자리를 잡았습니다. 그런 바탕에서 불국사 선원을 세우시고, 경주 지역의 불자들에게 불교를 전파하였던 것입니다. 큰스님은 시민선원도 세워서, 대중들에게 선의 진수를 알려주기 위해 노심초사하였습니다. 지금은 명상, 참선, 템플스테이가 보편화 되었지만 월산 큰스님이 계신 시절에는 그런 말 자체가 희소했습니다. 이런 점에서 큰스님은 선각자이셨습니다.

6) 언론 창달

월산 큰스님이 불교 언론에 기여하신 점 또한 역사에 분명하게 기록해야 할 것입니다. 그 대표적인 것이 『법보신문』의 창간 및 운영이었습니다. 불교 언론의 기반이 척박한 시절, 큰스님께서는 과감하게 법보신문을 창간하였습니다. 그리고 적극적으로 언론 사업을 운영하시고, 후원해 주셨습니다. 지금은 법보신문이 독립하여 불교 언론의 선두에서 좋은 활동을 많이 하고 있습니다.

그래서 월산 큰스님의 결단, 헌신, 후원을 결코 잊어서는 안 될 것입니다. 이런 사업을 하겠다고 결단한 것은 쉬운 것이 아닙니다. 그래서 이런 측면에서의 큰스님의 공로, 업적을 정리하고 기록해야 할 것입니다.

3. 마치면서

오늘 저는 저희 문도회와 대각사상연구원이 공동으로 기획 추진한 세미나, 즉 '월산 대종사의 생애와 삶'을 조명하는 학술 행사에서 저의 소견을 개진하였습니다.

이상과 같은 저의 소견은 저의 입장이고 판단입니다. 이런 소견이 학자들의 냉철한 분석, 연구로 정립되길 기대합니다. 저희 문도회에서는 추후에도 이런 학술 사업을 주관하고 후원하겠습니다. 그리고 월산 큰스님의 흩어진 자료를 찾고 정리하는 사업을 추진하여 나가겠습니다. 자료가 없으면 학술적 정리, 계승, 추모를 할 수 없습니다.

제가 과거에 『금오집』(1974)도 편집에 관여하였고, 『월산선사 법어집』(1998)도 편집하였던 경험에서 느낀 점입니다. 앞으로 이런 사업에 사부대중의 관심을 바랍니다. 그리고 월산 큰스님의 선양 사업에 좋은 지적을 해주시면 반영하겠습니다.

02.

기조발제

월산 큰스님의 업적을 생각하면서

-대종사의 두 번째 세미나를 개최하며

종우 스님 _ 불국사 주지

1. 월산 큰스님의 위상

월산(月山) 큰스님은 조계종단 및 금오문중을 대표하였던 대종사(大宗師)로서 한국불교 및 조계종단에 큰 영향을 끼치신 스님이었습니다. 특히 은사이신 '금(金)' 자 '오(烏)' 자 큰스님을 모시고 조계종단을 재정립한 불교정화운동에 헌신하신 것은 청사에 길이 남을 발자취입니다.

그러나 저희 문도들이 그간 수행과 지혜가 부족해서 대종사님의 행적, 사상, 영향 등을 바르게 살피지 못했습니다. 비석과 부도탑을 조성하고, 매년 추모 다례제는 지내 왔으나 큰스님의 역사, 지성, 업적 등을 바르게 정립하는 학술적 작업은 그간에는 소홀히 하였습니다. 다행히 2년 전에 대각사상연구원과 협력하여 최초의 학술세미나를 개최하고, 그 성과물이 권위가 있는 등재 학술지인 『대각사상』에 수록되었습니다. 그래서 큰스님의 학술적 조명이 시작되었음을 다행으로 여기게 되었습니다.

큰스님의 가르침은 조계종단, 경북 지역 불교, 불국사 및 불국사 선원 등 미치지 않은 곳이 없습니다. 한국 현대불교사에 큰스님들이 많이 등장하셨지만, 그중에서도 저희들의 스승이셨던 '월(月)' 자 '산(山)' 자 큰스님은 계정혜(戒定慧) 삼학(三學)에 투철하신 고승이었습니다. 특히 선(禪)에 대해서는 일가견을 갖고 계시고 실참수행을 하신 수행자이셨습니다.

나아가서 큰스님은 동화사, 신흥사, 법주사 등 본사급 사찰의 주지 소임을 보시고, 조계종단의 총무원장 및 원로회의 의장을 역임하셨고, 말년에는 불국사의 재건 및 불국사 선원 창설 등을 하신 이사(理事)에 능통하신 대종사이셨습니다. 이렇듯이 다양한 소임을 보시면서 위법망구(爲法忘軀)하는 자세로 종단과 불교의 위상을 수호하셨습니다.

이와 같이 큰스님의 수행, 사상, 행적은 대단하였지만 저희들이 부족하여 큰스님의 역사 찾기에 게을렀기에 큰스님의 행적과 가르침을 사부대중에게 전달하지 못하였습니다. 그러나 오늘의 이 세미나를 기점으로 저희들은 스님의 역사를 찾아서 한국불교 및 조계종단의 역사에 편입하는 사업에 적극 나서겠습니다.

이런 배경하에서 오늘 저는 큰스님의 생애의 특성만을 사부대중 여러분에게 말씀드리고자 합니다. 이것은 어디까지나 제가 생각하는 입장에서 말씀을 드리는 것이니, 앞으로는 저희 문중스님, 인연이 있는 사부대중 및 학자님들의 검증을 받아서 객관화시켜야 할 것입니다.

2. 월산 큰스님의 행적 및 사상

1) 생애와 선사상

월산 큰스님의 생애는 일제 말기, 해방공간, 6·25 전쟁기, 불교정화운동의 공간, 종단 안정기, 불국사 주석기 등으로 나누어 볼 수 있습니다. 나라를 빼앗겼던 일제하의 막바지에 석왕사를 거쳐 망월사에서 입산 출가를 하신 스님은 금오 스님을 은사로 삼고, 만공 스님과 동산 스님의 가르침을 받아 수행의 길로 들어가셨습니다. 그 이후에는 남은암, 봉암사, 적천사 등지에서 수행에 철저하였던 수좌들과 진리의 세계, 그리고 깨달음의 세계에서 치열한 정진을 하셨습니다.

그 이후에는 금오 큰스님을 시봉하면서 불교와 종단을 바르게 정립한 불교정화운동의 최일선에서 고생하였습니다. 치열한 8년간의 고투 결과, 종단은 안정되었습니다. 그래서 근현대 사찰에서 사찰의 가람수호, 수행 환경 조성을 위하여 노력하였습니다. 지금은 불교정화운동의 가치에 대한 종도들의 신뢰가 후퇴한 감이 있지만, 종단을 위한 애정과 헌신은 높이 평가해야 합니다.

그런 연장선상에서 큰스님께서는 총무원장, 종회의장, 원로의장을 역임하셨습니다. 또한 1981년에 스님은 조계종단의 종정으로 추대 및 물망에 올랐으나 그런 자리에 결코 연연하지 않으셨습니다. 큰스님께서는 종단 소임을 마치고는 경주의 불국사에 돌아오셔서 입적하시는 그날까지 불국사의 사격 향상, 수행풍토 조성, 경주불교의 기반 조성을 위해 고생을 하시다가 열반의 길로 가셨습니다. 이런 행보가 지금까지는 역사적으로 정리가 미흡하였지만, 이제는 문헌적 근거 및 증언에 의해 정리되길 기대합니다.

월산 큰스님의 수행은 철저하고, 지독하였다고 저는 들어서 알고 있습니다. 큰스님께서는 당신의 수행과 사상에 대하여 많이 말씀을 하시지 않았다고 합니다. 월산 큰스님의 사상으로는 선사상을 우선적으로 거론해야 할 것입니다. 스님은 평생을 참선 정진을 하셨습니다. 그리고 각처의 유명한 선사들을 찾아 구도의 문답을 하신 열정적인 선사였습니다. 말년에도 큰스님께서는 불국사 선원에서 후학을 따듯하게 제접하시고 수좌들에게 참선의 깊은 뜻을 일러 주셨습니다.

그리고 월산 큰스님의 선사상은 화두를 통해 증득한 중도사상이라고 저는 봅니다. 큰스님께서는 참선을 강조하셨지만 다른 수행 방법을 배척하시지는 않았습니다. 그리고 일상생활, 공적인 일을 처리함에 있어서도 중도사상을 구현하셨습니다. 즉 살아있는 실천적인 선사상이었습니다. 현대불교사에서 중도사상은 성철 스님도 강조하셨지만 월산 스님의 중도사상은 스님의 불교사상 전체를 대변하는 것입니다. 월산 큰스님의 사상은 중도사상이라고 저는 분명하게 강조하고 싶습니다. 이 점은 우리 후학들이 객관적으로 기록하고, 정리하여, 반드시 역사에 남겨야 하지 않을까 합니다.

월산 큰스님의 생애에서 주목할 것은 종단에 대한 헌신이라고 봅니다. 스님은 당신만의 개인, 문중 문도를 떠나서 불교 및 종단을 위한 일에는 늘상 선두에 서 있었습니다. 해방공간 당시에 성철 스님, 청담 스님, 자운 스님 등과 함께 봉암사결사에 참가하신 이래 은사인 금오 큰스님과 함께 종단 재건, 식민지 불교 잔재의 척결을 위해 등장한 불교정화운동의 최일선에서 활동하셨습니다.

그렇게 정화운동이 성사가 되어 종단이 안정이 되자 큰스님께서는 법주사, 신흥사, 동화사의 주지로 헌신하셨습니다. 그리고 선학원의 이사로도 계셨습니다. 그 후에는 총무원장, 원로회의 의장을 역임하셨습니다.

그런데 이런 행보를 함에 있어서 큰스님은 당신의 안위, 문중이익을 철저히 배격하셨습니다. 소임을 위한, 문중을 위한 행보를 가지 않았음을 우리는 기억해야 할 것입니다. 저도 지금은 중앙에서 종단소임을 보고 있으나, 월산 큰스님과 같은 결단, 헌신, 지혜가 그립습니다. 지금은 전 종도가 우러러보는 큰스님의 존재를 찾기 어려운 시절이 되었습니다. 그래서 저는 금오 스님, 월산 스님뿐만 아니라 최근 세 큰스님들이 종단을 위해 헌신한 내용, 사례 등을 수집하고, 정리한 일화집 같은 것을 펴내야 한다고 봅니다. 지금은 문중 중심의 역사 찾기를 하고 있지만, 이를 지양하고, 참다운 종단 차원의 큰스님의 역사를 찾고, 알리기에 나서야 한다고 봅니다.

2) 경주 지역 불교 안정화 : 불국사의 선원, 승가대

월산 큰스님의 업적 중에서 간과하지 말아야 할 것은 불국사의 발전과 경주불교에 기여하신 것입니다. 이 점은 저희 문손들이 지나치게 강조하는 것은 도리가 아니겠습니다만, 그러나 사실은 사실대로 기록하고, 정리해야 한다고 봅니다.

일제강점기에 경주 지역의 본사는 기림사였습니다. 그래서 그 시절에는 문제가 많았습니다. 1960년대 초반부터 불국사는 본사가 되었습니다. 그리고 월산 스님이 불국사 주지로 오시면서 불국사가 정상화되었습니다. 대작(大作) 불사도 성사되었고, 사격(寺格)도 고양되었으며, 그런 기반에서 경주가 불교문화의 본거지로 자리를 잡았습니다.

그런 바탕에서 불국사 선원을 창건하신 큰 열정으로 선 수행의 토대를 굳건히 하셨습니다. 그래서 불국사 선원에는 많은 수좌들이 수행을 해서, 한국 현대선원 역사에서 한 페이지를 장식하게 되었습니다. 큰스님께서는 조실로서 수좌들을 직접 지도해 주셨습니다. 그 시절 불국선원에서 수행하신 스님은 범룡 스님, 혜정 스님, 일타 스님, 송담 스님, 대원 스님 등이었습니다. 물론 스님의 참선 가르침은 법주사, 대승사, 복천암 등의 선원에서도 구현되었습니다. 그러나 그 중심은 불국선원이었습니다.

한편 큰스님께서는 불국사의 선방 불사를 하신 이후에는 경주 지역의 불자들에게 선을 전파하셨습니다. 큰스님은 경주에 시민선원을 세워서, 대중들에게 선의 진수를 알려주기 위해 노심초사하였습니다. 지금은 명상, 참선, 템플스테이가 자연스러운 용어가 되었지만 월산 큰스님이 계신 시절에는 그런 말 자체가 희소했습니다. 이런 점에서 큰스님은 선각자이셨습니다.

그리고 큰스님께서는 불국사에 승가대를 세우셨습니다. 예전에는 강원, 승가학원이라고 불렀습니다. 불국사에는 본래 1910년대에 강원이 있었으나 식민지 불교라는 혼란과 본사로 지정되지 못한 형편으로 중단되었습니다. 큰스님께서는 그런 역사적 전통을 복구하여 불국사를 경북 지역 불교의 중심으로 만드셨습니다. 운기 스님, 상묵 스님, 덕민 스님 등 명성이 있는 강주스님의 헌신을 통해서 전통이 구현되어 불국사 강원은 역사적인 모범이 되었습니다.

그런데 지금껏 불국사의 선원과 승가대(강원)에 대한 단독적인 논문이 없었습니다. 그것이 매우 아쉬웠는데 오늘 그에 대한 논고를 발표한다고 하니 대단히 기쁩니다.

3) 언론 창달,『법보신문』창간

월산 큰스님이 불교 언론에 기여하신 점은 역사에 분명하게 인식되어야 할 것입니다. 그 대표적인 것이 종단 기관지인『불교신문』밖에 없었던 황무지 시절인 1988년에『법보신문』을 창간하고 운영하신 것이었습니다. 불교 언론의 기반이 척박한 시절, 큰스님께서는 과감하게 『법보신문』을 창간하였습니다. 그리고 적극적으로 언론 사업을 운영하시고, 후원해 주셨습니다. 지금은 『법보신문』이 독립하여 불교 언론의 선두에서 매서운 언론 활동을 많이 하고 있습니다. 『법보신문』에는 월산 큰스님의 수행, 선사상, 불교에 대한 애정을 엿볼 수 있는 많은 자료가 있습니다. 그런 내용을 정리하여 역사적인 기록으로 만들어야 할 것입니다.

하여튼 이런 행보에 나타난 월산 큰스님의 결단, 헌신, 후원을 결코 잊어서는 안 될 것입니다. 이런 문화사업, 언론사업을 하겠다고 결단한 것은 쉬운 것이 아닙니다. 그래서 이런 측면에서의 큰스님의 공로, 업적을 정리하고 '온고이지신(溫故而知新)'의 마음으로 기록해야 할 것입니다.

3. 마치면서

오늘 저는 불국사와 대각사상연구원이 공동으로 기획 추진한 세미나, 즉 '월산 대선사 사상의 재조명'을 발표하는 학술 행사에서 저의 소견을 개진하였습니다.

이상과 같은 저의 발언은 부족한 측면이 많을 것입니다. 추후 이 방면의 전문적인 학자들의 냉철한 분석, 연구로 정립되길 기대합니다. 저희 문도회에서는 추후에도 이런 학술 사업을 주관하고 후원하겠습니다. 그리고 월산 큰스님의 흩어진 자료를 찾고 정리하는 사업을 추진하여 나가겠습니다. 자료가 없으면 학술적 정리, 계승, 추모를 할 수 없습니다.

'구슬이 서 말이라도 꿰어야 보배'라는 격언을 유의하여 월산 큰스님에 대한 작은 자료라도 찾기를 제언합니다.

제가 중앙의 종단에서 활동을 하다 보니 다른 사찰과 문중들은 학술 활동을 많이 하는 것을 지켜보았습니다. 그럴 때마다 우리 불국사는 조금 미진하다는 느낌을 받았으나, 오늘 이런 자리에 서 보니 우리 불국사도 그런 학술 사업에 자부심을 갖게 되어 매우 기쁩니다. 앞으로 이런 사업에 불국사를 사랑하는 사부대중의 관심과 지원을 바랍니다. 그리고 월산 큰스님의 선양 사업에 애정 어린 고견을 해주시면 저부터 청취하고 앞장을 서겠습니다.

03.

월산 큰스님의
생애와 사상*

김광식**

* 이 논문은 2021년 9월 9일, 월산문도회가 주최하고 대각사상연구원이 주관한 〈월산 대선사 사상의 재조명〉 학술대회에서 발표한 것을 수정 보완한 것임.
** 동국대학교 특임교수.
ⓒ 『大覺思想』 제36집 (2021년 12월), pp.17-50.

한글요약

본 고찰은 현대기 조계종단사의 주역으로 불국사의 현대사를 이끌었던 고승인 월산 대종사의 생애를 역사적인 관점에서 정리한 글이다. 지금껏 월산 스님에 대한 학술적인 접근 및 연구는 매우 미약하였다. 다만, 최근 (2019.12) 대각사상연구원에서 그의 생애를 주제로 학술 세미나를 개최한 성과물이 나와 있기에 그를 참고하였다. 그러나 아직도 그의 생애를 알려주는 문헌, 증언 등은 매우 부족하다. 그래서 이 글에서는 필자가 찾은 객관적인 근거에 의거하여 그의 전 생애를 조명하고자 하였다.

이런 입론에서 필자는 그의 생애를 몇 단계로 구분하여, 각 시기별로 그의 삶의 특성을 밝히고자 하였다.

첫째, 그의 입산, 출가 이후의 수행기(1943~1954)를 조명하였다.

둘째, 그의 종단 활동(1954~1974)을 조명하였다. 이 기간에서는 식민지 불교의 모순을 극복하려는 불교정화운동에 대한 주제와 총무원장 시절의 지성을 중점적으로 다루었다.

셋째, 불국사의 주지로 근무하면서 불국사의 역사와 문화를 증대시켰던 활동(1974~1986)을 다루었다.

넷째, 그의 불교사상인 중도사상에 의거하여 그의 제자, 경주 지역의 신도, 많은 대중들을 지도하였던 그의 마지막 삶(1986~1997)의 내용을 다루었다.

이상과 같은 내용을 다룬 본 고찰이 월산 스님의 생애와 사상, 현대기의 불국사, 조계종단의 주역 연구 등에 참고가 되길 기대한다.

주제어
월산, 불국사, 조계종, 불교정화운동, 경주불교, 큰스님, 총무원장

Ⅰ. 머리말

본 고찰에서 살필 고승은 월산 대종사(月山 大宗師, 1913~1997: 이하 월산 스님으로 약칭)이다. 월산 스님은 조계종단 재건의 역사인 불교정화운동의 주역이었던 금오(金烏) 스님의 법을 받은 고승으로 널리 알려졌다. 월산 스님은 조계종단의 총무원장, 원로회의 의장을 역임하였을 뿐만 아니라 경북 지역 불교를 상징하는 불국사의 주지 및 선원 조실을 역임하였다. 이는 월산 스님이 한국 현대불교와 조계종단의 중요한 고승이었음을 말해주는 단서이다. 그럼에도 불구하고 지금껏 불교학계에서의 그에 대한 학문적인 관심은 미약하였다.

월산 스님에 대한 생애사 전반을 구체적, 객관적으로 서술을 하려면 그에 관련된 자료를 풍부하게 수집하고, 그 연후에 수집된 자료를 철저하게 분석하여 서술해야 한다. 그런데 월산 스님의 자료집은 월산문도회가 1998년에 펴낸 법어집인 『월산선사 법어집』이[01] 유일하다. 요컨대 월산 스님에 대한 역사를 정리하여 서술을 하려면 법어집의 내용뿐만 아니라 신문, 잡지 등 다양한 매체에 보도된 내용을 찾아야 한다. 그리고 월산 스님을 만났던 수많은 사부대중들이 전하는

---

01   『月山禪師法語集』, 월산문도회, 1998.

이야기도 참고해야 한다. 그러나 필자는 본 고찰을 집필하면서 찾을 수 있는 자료만을 갖고 월산 스님의 생애사를 정리할 수밖에 없었다. 여기에서 이 글의 한계가 노정된다. 다만 2019년에 대각사상연구원과 불국사·월산문도회가 공동으로 주관한 학술세미나(주제 : 월산 대종사의 생애와 삶)에 발표된 다양한 논문이 있어 큰 도움이 되었다.[02]

이런 전제에서 필자는 이 고찰에서 월산 스님의 생애를 다음과 같이 구분하여 정리하고자 한다. 즉 첫째 수행기(1943~1954), 둘째 불교정화운동 참여 및 종단 활동기(1954~1974), 셋째 불국사의 사격 고양기(1974~1986), 넷째 불교사상(중도) 회향기(1986~1997)로 구분하여 서술하겠다. 이는 그의 생애사의 활동 및 성격이 각 단계별로 구분되었다고 본 것에서 나온 것이다. 미진한 측면은 지속적인 자료수집 및 탐구로 보완해 가고자 한다. 이 글이 월산 스님, 월산문도, 불국사 등의 역사에 참고가 되길 기대한다.

---

02   논고들은 『대각사상』 32집(2019)에 특집으로 수록되었다. 그 내용은 다음과 같다. 금오문중의 위상과 성격(김순석), 월산의 생애와 사상(김광식), 월산 큰스님의 선사상 (1)(한보광), 근현대 불국사의 사격(한상길), 성림월산과 불국사 선원(석길암) 등이다.

Ⅱ. 생애, 역사의 고찰

1. 수행기 (1943~1954)

월산 스님은 1913년 5월 1일(음력), 함경남도 신흥군 동상면 원풍리에
서 출생하였다. 유년 시절에는 서당에서 한문을 수학하고, 신식 학문
도 배웠다. 청소년기에는 문자 이전의 소식, 인간의 본래 모습에 대한
고민을 하였다.[03] 서당과 학교에서의 공부를 마치고 나서, 입산하기
이전 청년기에는 망국의 한을 안고 외국(일본과 중국)을 왕래하였다.
20대 후반에는 만주에서 무관의 생활에 관여하였다.[04]

　그러나 1943년(31세)에 과거의 '풍운아'[05] 생활과 결별하고 출가의
길을 갔다. 이에 대한 내용은 『법어집』의 연보에 다음과 같이 나온다.

　부친이 사망하신 후, 석왕사 노승인 양안광 스님 소개로 치악산 상
　원사 전금초 스님을 찾아 당시 수행 승단의 현황을 알게 됐고, 망월

03　「行狀」·「年譜」, 『月山禪師法語集』, 월산문도회, 1998.
04　성타 스님(불국사 회주) 증언. 무관학교의 부대장을 역임하였다고 한다.
05　선원빈, 「스님을 찾아서-佛國禪院 祖室 月山大宗師」, 『법륜』 98호(1977.4), p.43.

사로 소개 서찰을 받게 되었다.[06]

즉 부친의 별세에 충격을 받아 인근 사찰인 석왕사로 갔다. 석왕사에서 노승(조실, 양안광)을 만났는데, 그 노승의 소개로 원주 치악산 상원사의 전금초 스님을 찾아가서 만났다. 거기에서 망월사로 가라는 소개 서찰을 받았다. 그래서 1944년 해방 직전, 망월사를 찾아간 월산 스님은 거기에서 망월사 주지인 춘성 스님을 만났고, 그의 안내로 금오 스님을 은사로 하여 수계(사미계)를 하였다. 즉 1944년에 정식으로 출가(수계)를 하였던 것이다.

한편 월산 스님의 석왕사행은 우연이 아니었다. 월산 스님의 상좌인 성타 스님은 재가시절에도 불연(佛緣)이 있었고, 불심이 많았던 삼촌의 권유로 석왕사를 찾아갔다고 필자에게 증언하였다. 그래서 석왕사를 찾아갔는데 그때에 도인(道人)이 되겠다는 결심을 하였던 것이다. 이런 증언을 고려하면 월산 스님의 출가는 우연이 아니고, 부친의 별세 후 출가하겠다는 강렬한 자의식에서 나온 것이다.

이런 행적은 월산 스님이 살아생전에 회고한 증언에서 확인된다. 즉 2009년에 『선문화』와의 대담에서 행한 월산 스님의 발언으로 그 내용은 다음과 같다.

내가 불교와의 인연을 맺게 된 데는 안변 석왕사를 자주 찾은 데서

---

06   위의 「연보」, p.369.

비롯되었다. … (중략) …

내가 출가하기 전에도 집에 있을 때 방 가운데에 좌복을 깔고 좌선을 했는데 그때 참선이 무엇인지 모르고 명상에 들었습니다. 훗날 출가하여 금오 스님으로부터 그 공부가 바로 참선이라는 것을 알았지요. … (중략) …

석왕사와의 인연은 참으로 각별했지요. 내가 불문에 들어와 최초로 출가한 절이요, 불법이 무엇인지를 만나게 된 곳이 바로 석왕사였기에 더욱 석왕사의 인연이 각별했지요. 내가 석왕사에서 약 1년간 있었는데 일본 군인들의 무장해제까지 내가 직접 해주었어요.[07]

월산 스님의 석왕사 인연 내용이 아주 자세하게 나온다.[08] 이렇듯이 월산 스님은 석왕사–상원사–망월사를 거쳤는데, 망월사에서 금오 스님을 은사로 삼고 계를 받고 정식으로 출가하였다. 그러고 나서 월산 스님은 당대의 선승인 만공이 주석한 수덕사로 가서 수행하였다. 「연보」에서는 공양주 소임은 만공 회상에서 한 것으로,[09] '이 뭣고'

---

07 최석환, 「인물탐험 : 월산대선사, 덕숭산 선맥 이어온 큰스승 月山 선사」, 『선문화』 2009년 4월호, pp.51-53.

08 그런데 최석환은 월산 스님은 석왕사에서 1년간 행자로 있다가 8·15 해방이 되자, 금오를 따라서 망월사로 가서 수계를 하였다고 하였다. 최석환, 「인물연구 : 불국선원 조실 월산선사」, 『불교춘추』 3호(1996.5), p.17. 이런 내용은 문도회 차원에서 검증이 요청된다.

09 최석환도 위의 글에서 만공 회상에서 공양주 소임을 한철 하였다고 월산 스님이 증언한 것으로 기술했다. 그 당시 승려인 김현기가 월산 스님과 함께 공양주, 채공을 1년간 하였다고 증언했다. 김현기는 오대산 한암 스님의 좌탈입망 장면을 촬영한 육군 소위의 정훈 장교이었다. 『현대불교』 1999.10.13, 「20세기 그 현장 그 인물 1 : 한암스님 좌탈입망 촬영 김현기 스님」.

화두를 만공 스님에게서 받았던 것으로 나온다.[10] 이런 행적은 월산 스님이 말년에 『불교춘추』와의 대담에서도 그대로 확인된다. 월산 스님은 만공 스님에게서 이 화두를 받았지만, 금오 스님에게도 이 화두를 받아 말년까지도 놓치지 않고 지녔다고 한다.

그 후, 월산 스님은 수덕사를 떠나 만행 수행을 하였다. 그러면 수덕사를 떠나, 어디로 가서 수행을 하였는가? 그 대상처는 남은사(보길도), 봉암사(문경), 범어사 등이었다. 필자가 보건대 그는 수덕사를 나와서 보길도 남은사로 갔다고 본다.[11] 1946년 만공 스님이 입적하자, 수덕사에서 정진할 명분이 없어 남방행을 택한 것으로 보인다. 남은사에서 함께 정진한 대중은 비룡, 서암,[12] 경산,[13] 도광,[14] 도천 스님 등의 수좌들이었다. 월산 스님은 탁발을 하면서 남은사에서 정진을 하였다.

그 이후 월산 스님은 1948년에는 남은사에서 나와 수좌들이 결사 정진을 한다는 소문을 듣고서는 봉암사로 갔을 것이다. 지금껏 봉암사 결사에 대한 역사에서 성철, 청담, 자운, 보문 스님의 행적에만 유의하

---

10   위의 최석환 글에도 만공에게서 이 뭣고 화두를 받았다고 나온다. 『주간불교』 1986.5.31, p.3의 인터뷰 「조계종 원로회의 의장 월산 스님」에도 만공의 화두 받은 내용이 전한다.

11   위의 최석환 글, 「인물연구 : 불국선원 조실 월산선사」, p.17.

12   이청, 『서암 큰스님 평전 : 태어나기 전의 너는 무엇이었나』, 북마크, 2009, p.256, 「연보」.

13   박원자, 『청정율사 경산스님의 삶과 가르침』, 동국대출판부, 2018, p.134.

14   김광식, 「도광의 구도와 보살행」, 『한국 현대선의 지성사 탐구』, 도피안사, 2010, p.731.

였다. 필자는 여기에서 봉암사결사의 주역인 성철 스님의 기록에 월산 스님의 이름이 나온 2건의 자료, 즉 성철 스님의 구술 증언을 제시하 겠다.

봉암사에 들어 간 것은 정해년(丁亥年), 내 나이 그때 36세 때입니다. 지금부터 36년 전입니다. 봉암사에 들어가게 된 근본 동기는, 죽은 청담 스님하고 자운 스님하고 또 죽은 우봉 스님하고, 그리고 내하 고 넷인데, 우리가 어떻게 근본 방침을 세웠느냐 하면, 전체적으로나 개인적으로나 임시적인 이익관계를 떠나서 오직 부처님 법대로만 한 번 살아보자. 무엇이든지 잘못된 것은 고치고 해서 '부처님 법대로만 살아보자' 이것이 願이었습니다. 즉 근본 목표다 이 말입니다.

그렇다면 처소는 어디로 정하나? 물색한 결과 봉암사에 들어가게 되 었습니다. 처음에 들어갈 때에는, 우봉 스님이 살림 맡고, 보문 스님 하고 자운 스님하고, 내하고 이렇게 넷이 들어갔습니다. 청담 스님은 해인사에서 가야총림(伽倻叢林)한다고 처음 시작할 때에는 못 들어 오고, 서로 약속은 했지만 … (중략) … 그 뒤로 향곡(香谷), 월산(月 山), 종수(宗秀), 젊은 사람으로는 도우(道雨), 보경(寶鏡), 법전(法傳), 성수(性壽), 혜암(慧菴), 종회의장 하던 의현(義玄)이는 그때 나이 열 서너 댓살 되었을까? 이렇게 해서 그 멤버가 한 20명 되었습니다.[15]

---

15   「1947년 봉암사결사」, 『수다라』 10집, 1995, p.115.

위의 기록에 나오듯이 월산 스님은 봉암사결사의 현장에 있었다. 이 내용은 봉암사 대중이었던 혜암 스님의 회고에도 월산 스님이 나온다.[16] '부처님 법대로 살자'고 표방한 수행인 봉암사결사에서의[17] 정진은 그가 불교정화운동, 종단의 소임자를 맡을 때에 정신적 기반이 되었다.[18]

월산 스님은 봉암사결사가 해체되자 6·25전쟁 기간에는 부산으로 피란을 갔다. 그는 범어사, 금정사, 선암사(부산) 등에서 정진을 하였다. 월산 스님은 1950년 범어사 금어선원에서 정진을 하면서도,[19] 금정사 선원장으로[20] 있었다. 그리고 1951년에는 선암사 주지 소임을 보았다. 이에 대해 그 현장에 있었던 종원 스님과 월산 스님은 다음과 같이 회고했다.

> 그래서 비구승들이 선암사를 얻었지요. 맨 처음에는 노장님 월산이 주지였고, 그 후에는 향곡 스님, 석암 스님이 후임 주지였을 것입니

---

16   「혜암스님을 찾아서」, 『고경』 2호(불기 2540년 여름호), p.19.

17   김광식, 「봉암사결사의 전개와 성격」, 『한국 현대불교사 연구』, 불교시대사, 2006, pp.103-110.

18   월산 스님은 당시 봉암사 원주를 본 보경과 친근하게 지냈다고 한다. 그래서 보경이 머물던 사찰인 부산 감로사에 자주 왕래를 하였다고, 보경의 상좌인 혜총(감로사 주지, 전 포교원장)은 필자에게 증언했다.

19   『근대선원 방함록』, 조계종 교육원, 2006, p.360의 범어사 금어선원 수좌명단에 정통(淨桶) 소임으로 월산 큰스님이 나온다.

20   『월산선사 법어집』의 화보에 1950년 동안거 해제 당시, 금정사 선원에서 수좌 대중들과 함께 찍은 사진이 나온다.

다.[21]

우리가 젊었을 적에는 다들 화두를 들고 공부를 했지요. 지금과 마
찬가지로… 부산 선암사에서 오래 지냈지요. 육이오를 중심으로 해
서 내원사에도 있었고.[22]

즉 선암사(부산)에 있다가 내원사(양산)로 가서 정진을 하면서 6·25
전쟁의 어려움을 겪었다. 선암사에는 6·25전쟁 기간에 아주 유명한 선
방(소림선원)이 있었다. 당시 그곳에서 출가한 인환 스님도 월산 스님이
거기에서 수행을 하였다고 증언하였다.[23] 월산 스님의 후임으로 향곡
스님이 선암사 주지로 있었는데 그 무렵 유명한 수좌(지월, 서옹, 홍경,
무불, 향곡, 설봉, 도광, 운문 등)들이 그곳에서 수행을 하였다. 월산 큰스
님은 그 후 1952년 무렵은 통영의 용화사 도솔암의 효봉 회상에서 수
행을 하였다. 당시 효봉 스님의 시자인 일관(박완일)은 다음과 같이 회
고했다.

그때 도솔암에 누가 계셨나 하면 탄허 스님, 소구산 스님, 최월산 스
님, 손경산 스님, 성수 스님, 박비룡 스님, 운경 스님, 범룡 스님, 김지

---

21   『범어사와 불교정화운동』, 영광도서, 2008, p.267. 당시 대중으로 금오, 성철, 홍경,
      무불, 강석주, 자운 등이 있었다. 주지 발령은 이종욱 총무원장이 하였는데, 영암 스
      님의 부탁이 있었다고 한다.

22   『월간 海印』 31호(1984.9), 「불국선원을 찾아서 : 염화실의 미소 – 월산」.

23   『처처에 나툰 보살행 : 석암스님의 수행과 가르침』, 석암문도회, 2011, p.74.

견도 우진이라는 이름의 수좌로 한철 났었지.[24]

　이렇듯 남방에서 수행을 하였다. 그는 그 무렵 목포의 정혜원에서 은사인 금오 스님을 만났고, 완도에서 다시 금오 스님을 만나 금오 스님에게 받은 '돌멩이' 화두를 들고 정진하였다.[25]

　한편, 1953년 무렵에는 청도의 적천사 도솔암에서 홀로 수행을 하였다.[26] 월산 스님은 생전에 상좌들에게 "청도 토굴생활은 소림굴의 달마 대사가 면벽하였던 그때의 심정이었다."고 회고하면서,[27] 제일 인상이 깊은 수행처를 말할 때에는 적천사를 언급하였다. 그런데 그의 적천사 토굴수행의 시말(始末)의 기간은 분명치 않다. 홀로 수행시 그는 양식이 떨어지면 대구로 나와 탁발을 하여 해결하고, 다리 밑의 거지들에게 보시하였다고 한다.[28] 이런 수행은 깨달음에 이르기 위한 치열한 정진이었다. 그런데 월산 스님의 「비문」(고은 지음)에 의하면 적천사에서 깨달음을 얻었다고 나온다.

24　『22인의 증언을 통해 본 근현대 불교사』, 선우도량, 2002, p.356.

25　박부영, 『금오선사 평전』, 불교신문사, 2016, p.117. 박부영은 그 시점을 1950년이라고 서술하면서, 월산 스님은 금오 스님를 모시고 남은사로 가서 함께 정진을 하였고, 화두 정진에 대한 지도를 받았다고 하였다. 그러나 보광은 1946년으로 보고 있다. 위의 보광 논고, p.94.

26　월산 스님의 맞상좌인 종원은 1953년 무렵, 적천사 도솔암으로 월산 큰스님을 찾아갔다고 필자에게 회고했다.(2019년 4월 15일, 대구 수성구 정토사에서)

27　위의 최석환 글, 「인물탐험」, p.55.

28　위의 최석환 글, p.55.

경북 적천사에서 정진 중 禪機가 열려 한 消息을 얻었으니, 凡夫가 곧 부처이며 煩惱가 곧 菩提이니 앞생각이 迷하면 범부였으나 뒷생각에 깨치면 곧 부처이며 앞생각이 경계에 집착할 때는 곧 번뇌였으나 뒷생각이 경계를 여의면 곧 보리라 이르셨다.[29]

이처럼 월산 스님의 오도는 적천사에서 있었다. 때문에 적천사는 월산 스님의 생애사에서 주목할 사찰이다.[30] 그가 토굴, 선원에서의 수행을 마치고 종단 현장으로 나온 것으로 1954년 봄 무렵이었다.

지금껏 살핀 바와 같이 월산 스님은 1943년 입산, 출가한 이후 거의 10년 동안 선원, 토굴 등에서 치열한 정진을 하였다. 그의 정진은 주로 화두 참선을 통한 운수행각이었다. 이는 그의 은사인 금오 스님과 선승인 만공 스님의 영향에서 비롯되었다.

29   이지관, 「경주 불국사 성림당 월산대선사비문」, 『한국고승비문총집』, 가산불교문화
      연구원, 2000, p.1339.
30   월산 스님의 오도의 시점, 장소에 대한 문도회 차원에서의 설명은 부재하였다. 2019
      년 9월 1일, 불국사 불교문화회관(경주)에서 열린 세미나(대주제 : 월산대종사의 삶
      과 사상)에서 철산은 다음과 같이 필자에게 발언하였다. 즉, 월산 스님은 월서 스
      님이 남지장사 주지를 하던 무렵에 남지장사의 산내 토굴에서 수행을 하다가 깨달
      았다는 것이다. 필자가 『月棲禪師 圓鏡錄』(2005)의 연보를 찾아보니 월서 스님은
      1962년 7월 15일에 남지장사 주지에 취임하였고, 1968년 3월에는 법주사 재무국장
      을 맡았다. 이런 이해를 하면 1962~1967년경에 월산 스님은 2차로 깨달았다고 볼
      수 있다. 그런데 월산 스님은 1961년에 동화사 주지를 하였는바, 동화사 주지를 하면
      서 말사인 남지장사의 토굴에서 수행 정진을 하는 과정에서 깨닫지 않았는가 한다.
      이런 깨달음에 대한 점은 다양한 관점에서 분석해야 한다.

2. 불교정화운동 참여, 종단 활동기 (1954~1974)

월산 스님은 1954년부터 본격적으로 전개된 불교정화운동에 참여
하였다. 그가 지방의 토굴에서 수행을 하다가 정화운동에 참가하게
된 결정적인 계기는 불교정화운동의 핵심적인 주역인 그의 은사인
금오 스님에서 비롯되었다.[31] 지금부터 금오·월산 스님의 행보를 찾아
서 그 전후 사정을 제시한다.

금오 스님은 1953년 5월, 선학원의 조실로 추대 받았다. 불교정화
운동의 근거였던 선학원의 조실이었음은 금오 스님이 정화운동의 중
심에 서게 된 배경을 말해준다. 불교정화운동이 이승만 대통령의 유
시(1954.5)로 본격화되기 이전 종단 내부에서 자체적인 정화의 움직임
이 있었다.

1952년 수좌 이대의가 당시 교정(종정)인 송만암 스님에게 수좌의
전용 수행도량의 제공을 요구하는 건의서를 제출하였다. 그러자 만
암 스님은 통도사와 불국사에서 회의를 개최하여 종단 차원에서 검
토할 것을 지시하였다. 이에 종단은 만암 스님의 지시를 수용하여 18
개 사찰(동화사, 직지사, 신륵사, 보문사 등)을 비구승에게 양도하기로 결
정하였다. 그러나 18개 사찰의 주지는 사찰의 양도를 이행하지 않았
기에, 이 소식을 전해들은 비구승들은 분노하였다.

---

31   김광식, 「정금오의 불교정화운동」, 『불교학보』 57, 2011.; _____, 「불교정화운동
      에서 금오선사의 역할」, 『金烏스님과 한국불교』, 금오선수행연구원, 2011.

바로 이럴 즈음 금오 스님은 조계사에서 열린 주지회의에 법문을 해 달라는 요청을 받았다. 그러자 금오 스님은 그 법회에서 그에 대한 문제점을 강력하게 지적하였다. 금오 스님은 선학원 조실이었는데 주지(대처승)들에게 법문을 하면서 종정인 만암 스님이 지시하고, 종단이 결정한 사찰 양도를 조속히 실천하라고 게송으로 촉구하였다.[32] 선학원으로 돌아온 금오 스님은 태고사에서 있었던 일을 대중(대월, 월산, 범행, 법홍, 정영, 지영 등)에게 전했다. 이러 전후 사정을 들은 승려들은 협의 끝에 종단의 주지회의에 선학원 수좌인 대월, 법홍, 정영 등의 3명을 대표로 선출하였다. 이들은 주지회의에 가서 비구승 수행 전용을 위한 사찰 할애를 강력하게 요구하였다.[33] 그러자 대처승은 사찰 할애의 주장을 하는 비구승을 회의장에서 내쫓았다.

이때부터 비구승들은 선학원에서 회의를 갖고 불교정화에 뜻을 모으기 시작하였다. 전국 수좌들은 1953년 가을, 선학원에서 모임을 가졌다. 그러나 정화 대책을 정하지 못하고 동안거 결제로 인해 연고 수행처로 돌아갔다. 그래서 정화의 열기는 잠시 주춤하였다.[34]

위와 같이 1953년에 선학원에서 불교정화가 태동이 시작될 때에[35] 월산 스님은 금오 스님의 지근거리에 있었다. 금오 스님은 선학원과

---

32 『월서선사 원경록』, 월서선사법어집 간행위원회, 2005, pp.416-418, 「큰스님의 '한 말씀'.

33 『금오집』, 1977, p.181.

34 강석주·박경훈, 『불교근세백년』, 1980, 중앙신서, pp.239-240.

35 범행은 1952년경, 선학원에서 월산을 만났다고 증언했다. 금오선수행연구원, 『금오스님과 불교정화운동』 2권, 2008, pp.156-159.

팔달사(수원)에도 가서 주석하였다. 그때 월산 스님도 팔달사에 함께 있었거니와 그 정황은 금오 스님의 상좌인 이두 스님이 회고한 내용에 나온다.

나(필자 주, 이두)는 큰스님을 뫼시고 팔달사에 도착했다. 그때 주지인 범행 스님이 34세의 젊은 때였다. 범행 스님은 아주 예쁜 젊은이의 인상으로 기억된다. 그때 나는 김송월의 약을 먹고 병을 얻어 냉증 소화불량 여러 가지의 병객으로 한여름을 살았다. 똑똑하게 큰스님 시봉을 못하는 형편이었다. 그때 월산 스님도 처음 뵈었다. 그해 여름에 종단의 정화시비가 싹트는 것이 신문에 나타났다.

그때 교단에 교정인 송만암 스님께서 통도사 모임에서 대처승으로 인해서 종단이 말할 수 없이 부패 타락했으니 종단은 정화가 필요하고 만일 정화하지 않는다면 불교는 끝내 망하고 만다는 담화와 교시를 하셨다는 기록을 어떤 유인물을 통해서 읽었고 그 유인물에 대한 기사가 신문에 난 것을 읽었다. 절에 온 지도 얼마 안 되지만 그때 나는 종단에 대해서 우물 안에 개구리 격이었다. 결제중인데 비오는 날 범어사 청풍당에 계시는 지효 스님이 큰스님과 월산 스님을 뵙고자 찾아 오셨다.

그때 스님들 이야기 말씀을 들으니 곧 종단에 정화싸움이 일어난다는 짐작이 갔었다. 종단에 대처승은 중이 아닌데 이들이 종단의 실세가 되어 가지고 지금 종단을 다 말아먹고 정작 출가정신으로 사는 사람은 종단과 무관하게 소외되어 있어서 한국불교는 지금 숨넘어가고 있으니 우리들이 나서서 바로 잡지 못한다면 이제 불교를 구할 길이 없어질 것이다. 불교를 망치는 대처승을 몰아내는 투쟁을 해야 한다고 하시는 말씀을 들으니 밤이 새도록 아주 진지했기에 미구에 종단싸움이 곧 시작될 것을 짐작했다. 선학원에 모여 선학원 운영에 관계를 달리 해야 하고 종단 정화에 관한 모든 일을 상의하기 위해 어떤 스님과 어떤 스님을 벌써 내통해서 합의를 이미 끝냈다는 것이다.[36]

위의 내용은 자생적인 불교정화가[37] 있었던 1953년 5월부터 이승만 유시가 있었던 1954년 5월 20일 이후까지 금오 스님 주변의 정황을 전한다. 범어사 수좌인 김지효 스님이 금오 스님과 월산 스님을 찾아왔다. 그래서 그들은 불교정화의 당위성, 추진 원칙, 방법 등에 대해 대화를 하였음을 알 수 있다. 이때 월산 스님은 금오 스님의 지근거리에서 불교정화의 이념, 실행에 대해 고민하였을 것이다.

1954년 6월 선학원에 각처의 비구승들이 모여들면서 불교정화에 대한 대책이 본격적으로 강구되었다. 그 결과 금오 스님이 '불교 정화 준비위원회 준비위원장'에[38] 추대되었다.[39] 금오 스님이 정화 추진체의

---

36 장이두 회고록, 「⑱ 금련사 토굴」. 이 회고록은 『해동불교』 1990.8.6~1992.7.13까지 「나의 수행기, 물처럼 구름처럼」의 제목으로 69회 연재되었다.

37 김광식, 「만암의 불교정화관」, 『조계종단의 개혁과 정화의 제문제』, 중도, 2018.

38 『한국근현대 불교자료전집』 권68, p.421, 「비구승단 발족약사」.

39 위의 장이두 회고록과 같음.

위원장에 추대된 날은 1954년 6월 21일이었다. 여기에서 필자가 주목하는 것은 금오 스님이 왜 불교정화를 본격화 하는 최초 조직체의 책임자로 추대되었는가 하는 점이다. 필자는 금오 스님이 수행자들의 수행도량의 확보를 위해 고군분투하고 노력하였던 진정성을 당시 수좌들이 신뢰하였을 것으로 본다. 여기에 금오 스님의 행동하는 실천성이 부가되었다.[40] 즉 수좌를 이끌던 지도자, 카리스마가 있는 지도자였다.

금오 스님이 책임자로 있었던 불교교단 정화대책위원회는 선학원에서 불교정화운동을 본격 추진하였다. 1954년 6월 20일, 기존 교단(대처측)의 회의를 지켜보면서 정화에 대한 방향을 분명히 했다. 당시 교단 집행부는 기존 종헌의 구도에서 개선만을 의도하였다. 자신들의 정체성을 교화승(教化僧)으로 표방하고, 수좌들에게는 48개 사찰을 제공하겠다는 미온적 대책을 표방했다. 그러자 선학원 수좌들은 분노하면서 본격적인 정화 실천으로 나갔다. 마침내 정화운동의 추진을 결정하는 대회인 전국비구승대표자 대회가 8월 24~25일, 선학원에서 개최되었다. 이 대회는 불교정화운동사에서 중요한 의미를 갖고 있었다.[41] 대회에는 65명의 수좌가 참여하여 교단정화, 도제양성, 총림창설을 결의하였다. 이는 교단정화의 기본 방향의 수립이었다. 대회에서 금오 스님은 종헌제정 위원 및 정화추진대책위원으로 선출

---

40   『금오 스님의 불교정화운동 2』, p.88, 초우 증언.
41   김광식, 「전국비구승대표자 대회의 시말」, 『근현대불교의 재조명』, 민족사, 2000.

되었다. 바로 이 대회에 월산 스님도 참가하였다.[42] 지금껏 이런 점은 월산문도회에서도 주목하지 않았다.

월산 스님은 대회 참가 승려의 자격을 심사하는 전형위원의 5인(문일조, 채동일, 최월산, 정금오, 윤월하), 종헌의 제헌위원을 선출하는 전형위원 7인(윤월하, 소구산, 이순호, 대흥, 이대의, 김향곡, 최월산), 추진위원의 전형위원(채동일, 대흥, 문일조, 윤월하, 최월산, 박범룡, 이법웅), 대책위원의 선출위원(이순호, 이동헌, 신소소, 이법웅, 최월산, 채동일, 이법홍)으로 활동하였다. 여기에서 월산 스님이 대회의 실무진으로 활약하였음을 알 수 있다. 대회의 회의록에 월산 스님의 소속이 영월 법흥사로 나오거니와 이는 그 무렵에 월산 스님이 법흥사에 머물면서 수행을 하였음을 추론케 한다. 불교정화운동은 1954년 9월 28·30일, 선학원에서 개최된 전국비구승니대회로 이어졌다. 이 대회에서는 비구 측이 준비한 신종헌이 통과되었고, 종단 집행부가 새롭게 선출되었다. 금오 스님과 월산 스님은 종회의원으로 피선되었다.[43] 이때, 금오 스님과 월산 스님의 소속은 팔달사(수원)로 나온다.

불교정화운동은 1955년 8월 12일 조계사에서 열린 전국승려대회를 기점으로 일단락되었다. 이로써 비구 측은 교단 재정립을 기하게 되었다. 이때부터 비구승이 종단을 주도하고, 대처승은 종단 외곽으로 나갔는데 이런 변화를 당시 공권력 및 국민들이 동의하였다. 이때

---

42   위의 책, p.446.
43   민도광, 『한국불교 승단정화사』, 1996, p.72.

에도 금오 스님과 월산 스님은 종회의원으로 재추대되었다.[44] 금오 스님은 종단 감찰원장과 봉은사 주지로 발령이 났다. 그래서 일시적으로 월산 스님은 금오 스님을 따라 봉은사에 머물렀다.

지금껏 살폈듯이 월산 스님은 불교정화운동에 적극 참여하고, 운동 중심부에서 활동하였다. 이는 그의 은사인 금오 스님이 정화운동을 추진한 연고에서 나온 것이었겠지만, 그 자신도 토굴수행을 하면서 느꼈던 정화에 대한 소신이 있었음을 말해준다. 그래서 그는 비구승대표자대회, 전국비구승니대회, 전국승려대회에 전부 참석하였다. 대회에서는 주어진 역할을 하고, 종단 비구승 대표로 참여하고, 종회의원으로 선출되었다. 이에 대해 이두 스님은 효봉 스님, 동산 스님, 금오 스님, 청담 스님을 정화운동의 원력보살이라고 부르면서 중년세대의 보살로 월하 스님, 경산 스님, 지효 스님, 구산 스님, 월산 스님을 거론하였다.[45] 요컨대 월산 스님은 1950년대 중반부터 종단을 대표하는 수좌였다.

하여튼 월산 스님은 조계종단의 역사에 중요한 불교정화운동에 참여하였다. 그래서 그는 조계종단을 재정립케 한 주역으로서 정화운동이 일단락이 된 이후 여러 사찰에서 주지 소임을 보았다. 그가 맡았던 역할을 제시하면 다음과 같다.

---

44   위의 책, p.547.
45   위의 「장이두 회고록 24, 봉은사 생활」.

1957년 : 법주사 주지

1958년 : 조계종단 재무부장[46]

　　　　충북 종무원장[47]

1959년 : 신흥사(설악산) 주지[48]

1961년 : 동화사 주지[49]

　　　　감찰원장[50]

1962년 : 재건 비상종회 의원[51]

1968년 : 법주사 주지[52]

46　위의 「장이두 회고록 32, 조계사 생활」. 정화기념관의 재정 모금으로 곤욕을 치렀다고
　　　한다.

47　설석우(동화사) 조계종 종정의 「葬儀彙報」에 충북종무원장으로 조사를 한 내용이
　　　나온다.

48　『대한불교』 1호(1960.1.1) p.2, 「광고」. 그런데 월산이 주지 취임을 한 일자는 알 수 없
　　　다. 월산에게 신흥사 주지를 인계한 인물은 동성(강원도 종무원 재무부장, 건봉사 주
　　　지, 내장사 조실 등 역임)이다. 安東星, 『昔己出發錄』, 배달정사, 2000, p.208. 월정사
　　　주지를 역임한 장희찬은 1959년 9월 13일부터 11월 3일까지 신흥사 주지로 근무하
　　　였다. 『오대산의 버팀목-만화 희찬선사의 수행과 가르침』, 오대산 월정사, p.801.; 해
　　　인사에서 단식을 하던 고은(당시 법명, 일초)은 1959년 11월 20일의 일지에서 "설악
　　　산의 월산 스님한테서 격려전보가 왔다. 〈축단식 쳐월산〉 산중 소식 무상신속도 하
　　　구나."라 했다. 고은, 『나는 성불하지 않겠다』, 행복, 1994, p.90.

49　『범어사와 불교정화운동』, 영광도서, 2008, pp.495-460. 월산이 동화사의 주지 시절
　　　헌신적인 도량관리, 신도들에게 좋은 반응이 있었다는 회고가 당시 대중이었던 현옥
　　　의 증언이 있다.

50　『대한불교』 1962.1, p.1, 「근하신년」.

51　김광식, 「불교재건위원회의 개요와 성격」, 『근현대불교의 재조명』, 민족사, 2000,
　　　p.517. 5차 비상종회의(1962.2.28) 회의록에 월산이 참여한 것이 나온다.

52　『대한불교』 1969.5.25, p.1, 「광고」. 성정 스님(청도, 약사사)은 1968년 월산 스님이 법
　　　주사 주지가 되어 법주사 강원을 개원시키면서 정호경 강백을 초청하였다고 회고하
　　　였다. 『황악일지록』, 관응문도회, 2018, p.306.

법주사 불교전문강원 원장[53]

1969년 : 총무원장

법주사 선원 조실[54]

1970년 : 한국종교협의회 회장[55]

이처럼 그는 그가 정열을 다해 조계종단의 안정 및 발전을 위해 다양한 활동을 하였다. 그러나 여기에서 그의 행보, 의식, 지향 등을 다 거론할 수 없다.

이 기간에 주목할 내용은 그의 수행 및 전법이다. 월산 스님은 1961년에 동화사 주지를 한 이후(1965~1967?) 말사인 남지장사의 토굴에서 정진하면서 깨달았다는 증언이 있다.[56] 그러나 그 시점은 단정할 수 없지만, 이를 인정한다면 월산 스님의 두 번째 오도이다. 월산 스님은 1962년 무렵에는 소요산 자재암에서 정진을[57] 하였고, 그

---

53 『대한불교』1968.5.12, p.2, 「광고 : 법주사 강원 개강 공고」; 『대한불교』1978.3.19, p.2, 「교육현장을 가다 : 법주사 강원」.

54 『대한불교』1969.12.7, p.2, 「선원과 강원 소개」.

55 『대한불교』1970.3.1, p.3, 「한국종교협의회 창립, 회장 월산 스님」.

56 2019년 9월 1일, 경주 불국사 불교문화회관에서 열린 세미나(대주제 : 월산대종사의 삶과 사상)에서 철산(대승사)은 필자에게 다음과 같이 증언하였다. 즉, 월산 스님은 월서 스님이 남지장사 주지를 하던 시절에 남지장사의 산내 토굴에서 수행을 하다가 깨달음을 겪었다는 것이다. 『月棲禪師 圓鏡錄』(2005)의 연보에 월서는 1962년 7월 15일에 남지장사 주지에 취임하였다가, 1968년 3월에는 법주사 재무국장을 맡았다고 나온다. 그렇다면 1964~1967년 무렵 월산 스님은 남지장사에서 두 번째로 깨달았다고 볼 수 있다.

57 월산 스님은 1962년 무렵에는 소요산 자재암에서 수행을 하였다. 자재암의 토굴인 백운암에서 정진을 하였다고 한다. 당시 자재암 주지는 할복 6비구이었던 권진정이

직후인 1963년에는 각화사 동암에서 정진을 하였다.[58] 그러나 그 이후에는 사제인 월서 스님이 주지로 있는 남지장사로 가서 정진을 하였다.[59] 남지장사에서의 2차 오도에 대한 구체적인 검토가 요청된다.

한편 1968년 9월 말, 월산 스님은 금오 스님에게 법을 받았다. 그당시 금오 스님은 입적(1968. 10. 8)하기 10일 전이었는데 상좌들을 법주사로 불러 모았다. 그 자리에서 상좌 및 대중들이 지켜보는 가운데 월산 스님은 당당하게 법을 받고, 금오 스님으로부터 전법을 부촉 받았다.[60] 요컨대 깨달음을 거친 직후에 금오 스님의 법을 전수받았던 것이다.

지금부터는 1969년 9월에 총무원장에 취임하여 1970년 7월까지 총무원장 소임을 본 기간의 행적을 집중적으로 살피고자 한다. 불과 10개월에 불과한 시기였지만, 그 기간에 월산 스님은 어떤 판단과 현실인식으로 종단 운용을 하였는가에 주목한다. 그래서 이 기간의 월산 스님의 고뇌, 지성, 대안을 들추고자 한다.

이런 전제에서 우선 월산 스님이 총무원장에 취임하기 직전인 1969년 8월, 『대한불교』에 2회(1969. 8. 10 ; 1969. 8. 17)로 나누어 기고한

있는데, 당시 자재암의 대중이었던 자월(이광준 박사, 동국대 65학번)이 필자에게 한 증언이다.

58   월산 스님은 1963년경 각화사 동암에서 월탄, 월국과 함께 정진을 하였다고 현해(월정사 회주)는 주장한다. 김광식, 『오대산 버팀목 – 만화희찬선사의 수행과 가르침』, 월정사, 2011, p.281.

59   남지장사의 극락전이라는 주장(철산)도 있고, 청련암이라는 주장(정수)도 있다.

60   박부영, 『금까마귀 계수나무 위를 날고』, 불교신문사, 2016, pp.181-83.; 『금오집』, 1974, pp.188-189.

글 「比丘는 다시 再검토 할 때가 왔다 : 宗團은 四部大衆의 것」이 주목된다. 글의 내용은 당시 종단사의 내면을 보여준다. 또한 그에 대한 월산 스님의 인식을 이해할 수 있다. 월산 스님은 이 글에서 조계종단 내부의 무질서, 반승가적 활동, 무이념 등을 신랄하게 비판하였다. 월산 스님은 법주사 주지임을 분명히 밝히고, 종단의 좌표를 개진하였다. 조계종단 역사에 이렇듯이 공개적으로 종단을 비판한 고승은 희소하다. 이는 월산 스님이 금오 스님의 정화정신을 계승하고, 정화에 참여한 당사자로서, 애종적인 차원의 결단이 아닐 수 없다.

여기에서 나온 월산 스님의 인식을 요약하면 다음과 같다. 첫째, 종단은 사부대중의 것임을 천명했다. 둘째, 권력과 명예에 매몰된 승려와 종단의 고혈을 빨아먹는 신도의 사이비성을 강력 비판하였다. 셋째, 정치승의 행태와 사무승의 관료의식을 비판하였다. 넷째, 재산관리인으로 전락된 비구승의 현실을 비판하였다. 다섯째, 비구승들은 기본자세를 정비하고, 수행에 힘써야 함을 강조했다. 여섯째, 종도의 대의기구인 종회는 해산하고 이해 및 공리를 초월한 종단의 이념을 재정립해야 함을 강조했다.

월산 스님은 이 주장을 공개적으로 기고한 직후인 1969년 9월 7일에 총무원장에 취임하였다.[61] 월산 스님이 이렇게 의도치 않게, 총무원장이 된 것은 청담 스님의 종단 개혁주장 및 종단 탈퇴 선언을 하

---

61   『대한불교』 1969.9.28, 「총무원 신임간부 진산식」.

였던 종단 사정에서 기인한다.[62] 당시 월산 스님은 청담 스님의 종단 탈퇴 선언(1969. 8. 12) 직후, 교단 혁신(종회 해산, 사부대중 중심 종회 조직)을 주장하였다.[63]

그렇다면 총무원장에 취임한 월산 스님은 어떤 정책을 구현하려고 하였는가? 그는 취임 직전에 종단의 모순, 정체성이 혼미한 승려들의 행태를 강력 비판한 당사자이었기에 그의 행보, 노선은 흥미롭다. 총무원장에 취임한 월산 스님은 솔직하게 그의 포부를 개진하였다.[64] 그 포부는 첫째, 사부대중 중심의 화합승단을 만드는 것이었다.[65] 이를 위해 승려와 신도가 합동으로 일을 추진하는 기구도 설립하겠다고 하였다. 둘째, 종단원력으로 불교회관을 건립하겠다고 피력하였다. 셋째, 각 분야별의 연구를 통해서 나온 것을 실천에 옮기겠다는 포부였다.

이런 전제하에서 1969년 9월 등장한 월산 집행부는 1970년대를 맞이하는 종단 행정을 수도하는 종단, 일하는 종단으로 표방하였다. 구체적으로는 승려자질 향상, 중앙교육원 설립, 사찰재산의 효율적 관리, 불교회관 건립 추진, 사회봉사 활동 강화, 성보 자체보존 관리 능력 강화 등을 설정하였다.[66] 이런 지향은 그가 『대한불교』 1970년 1

---

62   김광식, 「이청담과 조계종 유신재건안 연구」, 『새불교운동의 전개』, 도피안사, 2002.

63   『조선일보』 1969.8.24, 「재연된 불교 분규」.

64   『대한불교』 1969.9.21, 「총무원장 취임 시책」.

65   『법륜』 1970년 4월호, p.11, 「총무원장 치사 – 대중과 더불어 사는 불교」. 월산이 전국신도회 11차 전국대의원 대회에서 행한 치사이다.

66   『대한불교』 1970.1.11, p.1, 「1970년대 종단행정 계획 – 5일 총무원 시무식서 발표」.

월 1일에 기고된 신년사에서도 찾아 볼 수 있다.[67] 즉 그 이전부터 추진된 종단 3대사업(도제양성, 포교, 역경)의 지속이었지만, 새로운 시대인 70년대 불교를 준비하려는 철저한 기획이었다.[68]

그러나 결과적으로 볼 때 월산집행부는 이와 같은 기획을 거의 추진하지 못했다. 출범 10개월 만에 도중하차를 하였기 때문이다. 월산 스님의 총무원장 재임 시절에는 곤혹스러운 종책, 사건 등이 연속적으로 나타났다. 그는 봉은사 땅(10만평) 매각 사건,[69] 해인사 수좌들의 구들장 사건,[70] 청담의 탈종 및 정화정신을 종단에 직접 구현해보겠다는 의지 구현,[71] 선암사(순천) 분쟁,[72] 태고종과의 소송[73] 등이 동시다발적으로 나타났다. 이와 같은 대형 사건이 터지자 월산 스님은 고뇌하였다. 월산 스님은 총무원장을 맡아서 그의 소신에 의거하여 종단을 이끌고자 하였으나 여의치 않자, 그는 자리를 홀연히 떠나 방하

---

67   그 내용은 화합 강조, 불자의 자질 향상, 3대사업의 실천, 불교회관 건립 등이었다.

68   월산, 『법륜』 1970년 1월호, 「중흥 위해 끊임없는 정진을」.; 『법보신문』 2018.6.11, 「5대 총무원장 월산 스님」.

69   『대한불교』 1970.3.29, 「봉은사 문제, 좋은 방향으로 잘 해결」, 「광고 ; 해명서」.; 『대한불교』 1970.7.5, 「10만평 처분 허가 ; 봉은사 문제 일단락」.

70   『대한불교』 1970.1.11, 「해인사 소란사건 ; 전말」.; 보월, 「雜想 ; 海印波紋」, 『대한불교』 1970.2.22(상)·3.1(하).

71   김광식, 「청담의 '나의 고백'과 불교근대화」, 『마음사상』 8, 2010.

72   『대한불교』 1970.2.8, 「선암사 분쟁, 그 전말을 알아보면」.

73   『법륜』 19호(1969.12), 「총무원장 최월산 담화문 – 종단 소송의 승소에 즈음하여」. 월산은 이 담화문에서 불교정화운동과 통합종단의 정당성을 입증해 준 대법원 판결(1969.10.23)에 대한 소회를 피력하였다. 그래서 이를 기점으로 불법 본연의 질서, 청정화합의 강화(和同), 종단과업의 완수로 나가자고 호소하였다.

착의 자세로[74] 종단 중심부에서 내려왔다.[75] 월산 스님은 1970년 7월, 총무원장에서 퇴임하였다. 그의 후임은 종정을 역임한 청담 스님이었다. 청담 스님이 정화운동을 직접 추진하려는 구도가 반영되었다. 그는 상원사 조실로 수행을[76] 하다가, 그의 거처인 법주사로 돌아와 정진을 하는 수행자가 되었다.

3. 불국사의 사격(寺格) 고양기 (1974~1986)

월산 스님은 10여 년간의 다양한 종단 소임을 거친 이후인 1974년 6월에는 불국사 주지에 취임하였다. 그가 불국사 주지에 취임한 시점은 불국사(주지, 범행) 복원불사가 일단락된 직후였다. 그런데 불국사는 경상도 지역 불교를 대표하고, 상징하는 사찰이었음에도 불구하고 일제하 불교에서는 본사로 지정되지 못하였다. 즉 기림사의 수말사의 위상이었다. 그러나 불교정화운동 당시인 1959년에 수사찰(首寺刹)로 지정되었다가, 1962년 통합종단 출범을 계기로 교구 본사제가 부활하면서 불국사는 11교구 본사(本寺)로 자리 잡게 되었다.[77] 그

---

74 그는 "내 소임이 아닌 것 같다"고 발언을 했다.

75 『대한불교』1970.7.19, 「임시 중앙종회, 월산 총무원장 불참 사퇴의사 표시」.

76 김광식, 『처처에 나툰 보살행 – 석암스님의 수행과 가르침』, 석암문도회, 2011, p.407. 당시 성림(통도사)이 입승 소임을 보았다.

77 한상길, 위의 고찰, pp.156-162.

리고 1969년, 정부의 도움을 받아 복원불사를 추진하여 마침내 1973년 7월 3일, 복원 준공식을 거행하였다.[78]

그런데 복원불사를 마친 직후, 불국사 내부에서 분규가 일었다. 그는 복원불사 과정에 바르지 못한 집행이 있었다는 것이었다. 그 내용은 주지(범행)의 승용차 구입, 관람료로 농장 구입, 주지직의 매관매직, 비로자나불 이운, 불전금(기도금) 이운 등의 오해에서 비롯된 것이었다.[79] 그러자 종단에서는 기존 주지인 범행을 해촉하고, 신임 주지로 황진경 스님을 발령하였다. 그러나 분규는 지속되었다. 범행은 1968년 11월, 이른바 불국사의 주도권 갈등에서 나온 '사리병 사건'을 해소하는 구도에서 주지에 부임하여,[80] 불국사 복원이라는 대작불사를 성취하였음에도 불구하고 분규에 휘말렸다. 마침내 종단은 이해당사자(범행, 황진경)를 물리치고, 합의를 거쳐 월산 스님을 주지로 임명하였다.

총무원은 지난 22일자로 월산(62, 법주사 총지선원 조실) 스님을 발령, 임명하였다. 이에 앞서 총무원은 종무회의를 열고 21일 종무행정지도위원회(회장 서운 스님)의 불국사 분규 수습을 위한 제안에 따라 이

---

78 『대한불교』 1973.8.19, 「복원 불국사」.; 『대한불교』 1973.9.23, 「불국사 복원 회향법회 成了」.

79 『대한불교』 1974.6.23, 「광고 ; 해명서」.

80 김광식, 「이청담과 조계종 유신재건안 연구」, 『새불교운동의 전개』, 도피안사, 2002, pp.440-442.; 김광식, 『아! 청담』, 화남, 2004, pp.58-59.

보다 앞서 발령됐던 진경 스님의 사표를 수리하고 전 불국사 주지 범행 스님과 합의로 월산 스님을 발령한 것이다.[81]

이렇듯이 불국사 주지(住持)에 취임한 월산 스님은 불교사 사격을 고양시키면서, 불국사 문화의 향상에 노력할 과제에 직면하였다. 그래서 불국사 두 번째의 복원불사를 진두지휘한 주역이 되었다.[82] 이는 불국사를 본사 사격에 걸맞은 사격(寺格)의 고양, 수행도량 지향 등을 위해 헌신하였음을 뜻한다. 그가 추진한 불국사 불사는 하드웨어적인 것이 아닌, 정신적·사상적인 불사였다. 불국사의 복원이 완료되면서 불국사에 수도장의 분위기를 조성해야 함은 그때에 강력하게 지적되었다.[83] 그래서 불국사의 정신적, 사상적인 불사는 마땅히 추진되어야 할 불사였다.

이런 역사적 과제를 월산 스님은 자연스럽게 추진하였다. 그의 지성적인 결단, 역사적인 행보가 평가받는 대목이다. 월산이 추진한 첫 번째 불사는 불국사에 강원과 선원을 설립하는 것이었다. 월산 스님은 우선 강원의 개설을 추진하였다. 그가 주지에 임명된 것이 1974년 6월 22일이었는데, 1년 2개월 후인 1975년 8월 31일에 강원 개원식을

---

81 『대한불교』 1974.7.7, 「불국사 주지에 월산 스님」. 정식 발령 이전에 수덕사 토굴(전월사)에서 정진을 하였던 월산은 주지 직무대행을 맡았다고 「연보」(『월산선사 법어집』)에 나온다. 그러나 이에 대한 1차 기록은 아직 찾지 못했다.

82 『대한불교』 1976.12.26, 「불사의 현장을 찾아 ─ 토함산 불국사」.

83 『대한불교』 1973.8.19, p.3, 「복원 불국사」 내용 참조.

거행하였다. 개원식의 보도기사를 제시한다.

제11교구 본사 불국사는 지난달 31일 주지스님을 비롯 대중 60여 명
이 참석한 가운데 불국사 승가학원 개원식을 가졌다. 강사는 法空
스님. 이날 식은 총무국장 月性 스님의 개식사와 교무국장 性陀 스
님의 강사 약력 소개의 순으로 진행됐다. 강사 법공 스님은 인사에
서 "항시 도제양성에 염원이 되어오던 바 본사 주지스님의 원력으로
소원이 이루어졌으나 중책감을 느낀다."고 말했다. 이어 신도회장의
축사가 있었으며 주지스님은 격려사에서 "종단 백년대계를 위해 도
제양성이 시급하므로 이를 뒷받침하기 위해 개원했다."고 말했다. 스
님은 이어 금년에는 선원을 신축하고 내년에는 강원을 증축하여 명
실공히 모범적인 선·강원을 이룩하여 도제양성과 수도도량으로서의
면모를 갖추겠다고 말했다. 스님은 또한 "말사에 1인 이상 학인을 의
무적으로 강원에 보내도록 하겠다."고 밝혔다. 불국사는 그간 강원이
신설되어 있었으나 실상 운영을 하지 않고 있었다. 불국사 말사는
50여 개로 알려지고 있어 강원생을 적어도 60~70명 이상 수용할 것
으로 보인다.[84]

이렇게 월산 스님은 강원 개원을 위한 불사를 조속히 추진하였다.

---

[84] 『대한불교』, 1975.9.7, 「불국사 승가학원 개원」. 불국강원의 첫 수료식은 1976년 4월
에 있었다. 『대한불교』 1976.4.25, 「불국사, 승가학원 첫 수료식」.

이는 종단 백년대계를 위해 도제양성의 차원이었는데, 불국사를 관광사찰에서 수도도량으로서의 면모로 전환하려는 월산 스님의 의지에서 나온 것이다. 월산 스님은 불국강원을 개원시키면서 곧 바로 불국강원의 건물을 새롭게 하는 불사에 착수하여 1978년 9월 10일에 준공하였다.[85] 불국강원의 강주는 박한영 강맥을 이은 운기 강백이었다.[86] 운기 스님은 취임 직후 바로 능엄반(楞嚴班)을 개설하여 강의에 나섰다.[87] 이와 같은 행적에서 월산 스님의 인재양성에 대한 강한 의지를 엿볼 수 있다.

그 후 월산 스님은 강원 개원 및 준공을 일단락을 한 직후, 사상적인 불사 차원에서 선원 개원을 위해 부단히 노력하였다. 이 무렵 그는 자신도 철저히 수행을 하였다. 그 단적인 예증이 통도사 선승인 경봉 스님을 자주 찾아가 문답을 한 것이다.[88] 월산 스님이 경봉 스님에게 배움 및 존경은 구체적인 인연으로 진전되었다.[89]

마침내 불국사 선원의 개원은 1976년 5월에 성사되었다. 강원 개설 후, 불과 1년 만에 개원을 하였으니 월산 스님은 선원 개원에 쏟은 정열은 대단한 것이었다. 이런 배경에서 선원 개원을 보도한 기사를

85　『대한불교』1978.9.24, 「불국강원 준공식 – 10일 개강식도 함께… 강주에 운기(雲起) 스님」.

86　운기문도회, 『독보건곤 ; 운기강백 행장기』 선운사, 2015 참고.

87　『대한불교』1978.11.12, 「불국강원 능엄반 모집」.

88　경봉문도회, 『삼소굴 법향』, 통도사 극락암, 2020, p.453.

89　성타, 「대기대용에 능하셨던 큰스님」, 『삼소굴 법향』, pp.86-87. 경봉은 1892년생이고 월산은 1913년생으로 21년 차이가 난다. 이는 은사뻘이었고, 배움에는 나이와 지위 고하를 묻지 않는 것이 구도의 세계에서는 보편적인 이해이다.

제시한다.

제11교구 본사 불국사(주지 월산 스님)는 지난 73년 복원불사에 이어 또 하나의 장엄한 佛國禪院을 완공, 지난달 29일 그 개원식을 성대히 봉행했다.

이날 개원식은 전 종정 고암 스님, 통도사 극락암 조실 경봉 스님, 수덕사 조실 벽초 스님, 장로 대의 스님, 전 종회의장 벽안 스님, 규정원장 자운 스님, 종회 부의장 혜정 스님, 총무부장 월주 스님 등 종단 대덕 스님을 비롯 3백여 명의 스님들과 경주시장, 월성군수, 경주경찰서 등 이 지방 내외 귀빈 1천여 신도들이 동참한 가운데 불국사 총무 서인 스님의 사회로 성대히 거행됐다.

불국사 주지이며 불국선원 원장인 月山 스님은 인사 및 경과보고에서 "禪이 왕성하면 불교가 왕성하고, 불교가 왕성하면 나라가 왕성한다는 취지 아래 불국사가 복원되었으나 禪·강원이 없음을 안타깝게 생각, 선원 건립에 뜻을 두어 직접 지휘·감독, 오늘의 선원이 건립되었다."고 말했다. … (중략) … 토함산 상봉줄기, 불국사에서 정남쪽 5백m 지점 1천 3백여 평 대지에 건립된 건평 1백 56평의 불국선원은 지난 75년 12월 착공, 1억여 원의 공비를 투여, 공기 5개월에 걸쳐 완공되었으며, 재래식 선방 구조와 중국 선방 양식을 절충한 새로운 구조의 특수한 선원으로 30명이 수행 정진할 수 있다. 현재 동 선원에서 28명이 정진중이며 선방 수용에 대한 일체 유지비는 석굴

암(주지 월남 스님)에서 부담한다고 한다.[90]

월산 스님이 선원 개원을 서두른 것은 선의 왕성은 불교와 국가의 왕성으로 직결된다는 소신이었다. 이는 아래의 기록에서도 찾을 수 있다.

禪을 현대화하고 대중화하여 재가불자는 물론 일반인들도 참선을 통해 국민성을 개선하고 계발해야 한다는 것이 月山 스님의 평소 신념. 스님은 불국사 복원이라는 대역사가 마무리 지어지자 큰절에서 정남쪽 5백m 지점의 1천 3백여 평의 佛國禪院을 당시 1억여 원의 공사비를 투입하여 창건함으로써 한국불교사에 또 하나의 歷史를 이룩하게 된 것이다.[91]

불국선원의 선원장(조실)인 월산의 의도는 승려들의 참선뿐만 아니라 신도, 일반인까지 의도한 정신적 불사였다.[92] 즉 선의 현대화 대중화를 통한 국민성 개조 프로그램이었다.

위와 같이 월산 스님이 불국사 사격을 사상적으로 고양시킨 행보는 그를 더욱더 종단의 고승으로 위상이 격상시킨 요인이 되었다. 그

---

90   『대한불교』 1976.6.6, 「佛國禪院 역사적 開院」.

91   『대한불교』 1975.9.7, 「禪院 순례 : 불국사 佛國禪院 - 月山祖室 새 家風 진작」.

92   『대한불교』 1976.12.26, 「불사의 현장을 찾아서 : 토함산 불국사」.

를 단적으로 말해주는 것이 1978년 5월 6일 종단 원로의원으로 추대,[93] 1978년 9월 9일 종단 비상종회 의장으로 추대,[94] 그리고 1978년 10월 18일 총무원장으로 취임이었다.[95] 월산 스님이 총무원장을 다시 맡은 시기는 종단이 이른바 조계사파와 개운사파로 대립을 하였던 무렵이었다. 종단의 분열, 후퇴가 설왕설래하던 때였다. 그러나 월산 스님은 종단 차원에서 소임을 보았다. 그래서 월산 스님은 종단이 분열로 인한 불교계의 이미지 하락을 걱정하여 1979년 2월 14일에 전격 사퇴하였다. 이는 종단 화합을 위한 결단이었다.

> 총무원장 월산 스님은 지난 14일 총무원장직에서 사퇴한다고 밝혔다. 월산 스님은 법주사에서의 「금오문중」 회의를 주재하고 이같이 밝혔는데 이 회의에 참석했던 혜정 이두 스님 등도 중앙종회 및 총무원의 공직에서 사직할 뜻을 밝힌 것으로 알려졌다. 이날 총무원장 월산 스님은 사퇴 의사를 밝히는 자리에서 "오늘날 장기적인 종단 불화가 하루속히 수습되지 않고 있어 불자된 도리로 그 책임의 일단을 통감한다."고 말하고 "종단 분규 해소에 도움이 될 수 있는 여건 조성의 일환으로 사퇴한 것"이라고 말했다. 스님은 이미 "4부대중은 오늘의 시련을 극복하기 위해 아집과 편견을 버리고 佛敎百年

---

93   『4·5·6대 중앙종회 회의록』, 조계종, 2001, p.921, p.937.

94   『대한불교』 1978.9.24, 「비상종회 의장, 월산 스님 선출」.

95   『대한불교』 1978.10.29, 「제6대 종정에 윤고암 대종사 추대」.

大計를 설계해야 한다."고 말했다.

15일 월산 스님의 주선으로 모인 금오 대종사 문도들은 현 금오문중이 이른바 조계사측, 개운사측으로 나뉘어 종단 불화를 주도하고 있는 듯이 보이고 있는데 대해 이를 불식하고 아울러 종단 불화의 수습을 위해서는 금오문중이 양측에서 물러남이 바람직하다는 데 의견을 모으고 사퇴키로 결의한 것이다. 그러나 월주 설조 두 스님만이 이에 이의를 제기, '사퇴'치 않겠다고 밝혔다.[96]

즉 월산 스님은 종단화합을 위해 금오문중의 승려들이 이해 당사자 측인 조계사파와 개운사파에서 모두 퇴진하는 결의도 주도했다. 그런 차원에서 그는 총무원장 직에서 물러난 것이다. 이처럼 그는 선공후사(先公後私)를 실행하였다. 그 이후인 1979년 11월 30일, 월산 스님은 종회의장에 취임하였다.[97] 마침내 1980년 4월 중순, 대타협을 거쳐 종단 집행부가 새롭게 출범하였다.[98]

여기에서 주목할 것은 종단화합에 헌신한 월산 스님의 그런 행보는 종정 추대로 이어졌다는 것이다. 그러나 물망에 오르고, 제일 많은 지지를 받았음에도 불구하고 종정 당선, 확정에는 이르지 못하였다. 당시 보도기사에는 다음과 같이 전한다.

---

96   『대한불교』 1979.2.25, 「月山스님 總務院長職 사퇴 – 門中회의 宗團분규 수습위해」.
97   『대한불교』 1979.12.9, 「종회의장 최월산 스님」.
98   『대한불교』 1980.4.27, 「종회의원 69명 당선 확정」.;『대한불교』 1980.5.11, 「총무원장에 송월주 스님 당선, 새집행부 구성」.

종회는 이어 각 분과위원장을 뽑고 종정 추대 조례를 고쳐 중앙종
회 의원과 원로의 재적 과반수 찬성으로 추대토록 했다. 이에 따라
종정 추대에 들어가 투표를 했으나 최월산 스님(불국사 조실)이 이성
철 스님(해인사 방장)을 2차에 걸쳐 27 : 28, 29 : 31로 앞섰으나 종정
추대는 이뤄지지 않았다. 이어 5월 7, 8일 속개된 회의에서도 막후
절충을 통해 종정 추대를 시도했으나 8일 종회가 유회돼 종정 추대
는 무산됐다.[99]

위의 내용에 나오듯이 월산 스님과 성철 스님의 투표수는 28 : 27,
31 : 29였으나 여타 지지표(2차 투표 : 석주 2표, 월하 2표)가 있어, 즉 과
반수를 넘지 못해 종정에 당선되지는 못하였다. 당시 종회 회의록을
보면[100] 월주 스님이 총무원장에 당선되어서 같은 문중인 월산 스님
을 제외하자는 여론도 있었다. 즉 금오문중과 대립적 구도를 보인 용
성문중의 성철 스님을 종정으로 추대해야 한다는 인식이 있었다. 그
러나 그 저변에는 조계사파와 개운사파라는 이전 갈등의 앙금이 남
아 있었다는 흐름이 보인다. 하여간에 종회에서는 종정은 투표치 말
고, 만장일치로 모시자는 여론도 있었다. 그리고 양측(조계사파와 개운
사, 각 5명)의 막후절충까지 시도하였으나 끝내 종정 결정은 확정하지

---

99   『대한불교』 1980.5.11, 「총무원장에 송월주 스님 당선, 새집행부 구성」.
100   『제4·5·6대 중앙종회회의록』, 중앙종회, 2001, pp.1295-1315.

못하였다.[101] 1981년 1월, 후임 종정으로 성철 스님이 추대되었다.[102]

그러나 월산 스님은 당신의 뜻과 무관한 종정 추대에는 마음을 두지 않고, 종단 어른으로 굳건하게 불국사를 지켰다. 1980년 7월, 정휴스님은 월산 스님을 "한국불교의 정신적 정상에 있다."는 평가를[103] 하였던 바, 이 평가가 당시 월산 스님의 위상을 대변하였다.

4. 불교사상(중도) 회향기 (1986~1997)

월산 스님은 1980년대 중반에도 종단 원로의원,[104] 불국사 주지, 불국사 강원장 등을 역임하였다. 그러면서 불국선원 조실,[105] 대승사 선원 조실,[106] 법주사 총지선원, 공림사 감인선원, 복천암 선원 등 여러 선원에서 조실 소임을 보았다.[107] 월산 스님은 이런 소임을 보면서 그

---

101 종회에서는 종정을 7명(암도), 6명(월주)으로 하자는 의견도 있었다. 그리고 일부 원로와 종회의원들은 월산을 종정으로 추대하자는 결정을 하였다. 그러나 그런 결정을 한 스님이 누구인지는 전하지 않는다.

102 원택 스님, 『성철 스님 행장』, 글씨미디어, 2012, p.167. 정화중흥회의 체제하의 원로회의에서 추대되었다.

103 『대한불교』 1980.7.13, 「해탈과 열반 사이 : 月山大禪師」.

104 『제7대 중앙종회 회의록』, 조계종 중앙종회, 2002, p.579. 1982년 6월 2일, 중앙종회에서 추대되었다. 함께 추대된 고승은 지효, 관응, 서운, 동헌, 종수, 경월 등이었다.

105 『대한불교』 1980.7.20, 「선원순례 ⑦ : 불국사 불국선원」.

106 『선원총람』, 조계종 교육원, 2000, pp.345-346. 불기 2530~41년까지 대승사 대승선원의 조실이었다고 방함록에 나온다.

107 그는 운제선원(영일, 자장암), 죽림선원(산청, 정각사), 수정암(법주사) 선원, 사불선원(문경, 윤필암), 서래선원(금산사) 등이다. 『법보신문』 1997.9.17, 「특집 : 월산 큰스

의 불교사상은 중도사상임을 강조하였다. 이에 대한 월산 스님의 소신을 들어보자.

> 큰스님은 말한다.
>
> "중도라는 것은 모든 것을 초월해서 모든 것을 버리지 않는 것이 중도이지. 나의 중도관은 일체 것을 초월해서 일체 것을 여의지 않는 것이 나의 중도관이지."[108]
>
> ― 한국의 여러 큰스님이 중도사상을 주장하시는 분이 드물어요.
>
> "모르겠어요. 다른 사람은. 나는 중도를 주장해요."
>
> ― 큰스님의 중도사상이 상당히 중요합니다.
>
> "나는 중도사상을 늘 강조해, 대개가 좋은 것은 받아들이고 나쁜 것은 버리라고 하는 것이 중도인데, 나의 중도관은 모든 것을 버리지 않고 수용하는 것이 나의 중도관이지. 나쁜 것 버릴 것이 있어. 나쁜 것 고쳐서 써야지. 악이라고 버리면 돼 고쳐야지. 더군다나 언론기관에서 좋은 것만 취하고 나쁜 것은 버리려고 하지 말고 나쁜 것도 고쳐서 요새 정부가 나쁜 일을 많이 하대. 마음을 고쳐야 되는데. 백성들이 조그만 법을 어긴 것을 들춰내고, 대가리 큰 놈은 큰 법을 어기고 나쁜 일을 하는데. 그런 사람한테 법을 엄하게 다뤄야 해."[109]

　　님 원적, 연보」.

108　　최석환, 「인물연구 : 불국선원 조실 월산선사」, 『불교춘추』 3호(1996.5), p.16.

109　　의림, 「인터뷰 : 불국선원 조실 월산 큰스님」, 『불교춘추』 3호, 1996, p.29.

내 가풍은 한마디로 安貧樂道야, 글쎄 누구에게 전한단 말인가? 法을 아는 사람이 전해 받겠지.[110]

위와 같이 월산 스님은 자신의 불교사상은 중도사상임을 강조하였다. 이런 입론에서 그는 불교공부의 길을 다음과 같이 제시하였다.

불교공부에는 두 가지의 길이 있나니 하나는 향상일로(向上一路) 하는 것이요, 또 하나는 향하일로(向下一路) 하는 것이다. 향상일로는 참선정진을 말하고 향하일로는 중생교화를 말한다. 향상일로는 결국 향하일로로 나아가기 위함이요. 향하일로는 향상일로로 나가기 위함이니 이는 손등과 바닥과 같으니라.[111]

즉 월산 스님은 참선정진과 중생교화를 불이의 관점에서 인식하였다. 이렇듯이 그는 중도적, 온건적인 수행을 강조하였다.

모름지기 대중은 부처님 도량을 찾고 마음에 염할 것이며 간경과 염불을 게을리하지 말고 선지식(善知識)을 찾아 바르게 사는 길을 물을 것이다.[112]

---

110   『법보신문』 1988.8.30, 「解制 특별인터뷰 : 불국선원 조실 최월산 대종사」.
111   『월산선사 법어집』, p.221.
112   월산, 「생각할 것을 생각하는 사람」, 『불교사상』 8호(1984.7), p.31.

이와 같은 균형적인 수행(간경, 염불 등)을 강조한 그는 자신의 인식과 행보를 대중에게 강조하였다. 여기에서 그가 1980년 6월[113] 경주에 세운 부인선원을 1992년에는 지원을 강화하면서,[114] 더욱더 대중교화에 나섰다. 그가 이처럼 대중교화에 나선 연유를 살펴보겠다.

내가 경주에 왔을 때 사람들은 선이라는 것을 몰랐다. 그래서 74년에 토함산 기슭에 불국선원을 개원하고 눈 푸른 수행납자들을 지도해 오면서 몇 년 전에는 경주시내에 부인선원을 개원하여 선을 대중속으로 전파했지.[115]

위의 어록에 보이듯, 그의 선을 통한 대중교화의 소신은 향상일로와 향하일로를 동일하게 인식한 관점 및 실천적 행보에서 구현된 것이다. 그의 대중에 대한 애정은 1991년 9월, 경주 불교교육원의 개원에서도 찾을 수 있다.[116] 이와 같은 그의 대중교화에는 중도사상이 깔려 있었다. 물론 그 자신도 중도사상에 입각에서 종단의 소임을 보

---

113   『월산선사』 연보에는 1988년 3월에 건립되었다고 나온다. 그러나 필자가 『법보신문』 보도기사에서 찾은 기록에는 1980년 6월이라고 나온다. 건립 시점, 변화 등에 대한 후속 확인이 요청된다. 부인선원의 작명을 월산이 했고, 1975년에 시작된 불국사 선행회가 연원이라고 한다. 2021년 4월 26일, 경주선원으로 명칭을 변경하였는데, 경주시민이 참선을 하는 선원이다.

114   부인선원은 1992년 5월 무렵 경주시 중앙로 16번길 11(노동동 49-2번지)로 이전했다. 『법보신문』 1992.5.11, p.14, 「광고」 참고. 대표는 이보명행이었다.

115   최석환, 「인물연구 : 불국선원 조실 월산선사」, 『불교춘추』 3호, 1996. p.19.

116   『법보신문』 1996.12.11, p.15, 「불국사 부설 불교교육원 새 보금자리 마련」.

고, 대중교화를 하였다.

> 종단에서 일하는 사람이나 대중처소에서 심부름하는 사람들이 매
> 양 다투는 것은 부처님의 마음을 닮으려 하지 않고 존경받고 공양
> 받는 형상만 닮으려 해서 생기는 것이다. 이래 가지고서야 어찌 부처
> 님의 마음을 얻을 수 있을 것인가.[117]

월산 스님은 종단 소임을 부처의 마음에서 행해야 한다고 강조하
였다. 나아가서 월산 스님은 종단의 제도 및 소임자 선출에 대한 자
신의 소신을 피력하였다.

> 제도를 고쳐야 합니다. 지방 자치시대를 맞아 본사 중심제가 부활되
> 어야 해요. 그리고 종정은 전 승려가 모여서 직접 선출해야 합니다.
> 그러면 임명이라는 문제는 없거든. 모든 문제가 누구를 임명하는 데
> 서 문제가 생기고 금전이 오가고 비리가 생기는 게야.[118]

이렇게 월산 스님은 부처의 마음에서 종단 소임을 보았기에 그가
총무원장, 원로회의 의장 등을 맡았을 때 거의 잡음이 없었다고 이
해된다. 위에서 나온 본사 중심제, 금권선거 배척은 지금에서도 탁월

---

117   『월산선사 법어집』, p.349.
118   의림, 「인터뷰 : 불국선원 조실 월산 큰스님」, 『불교춘추』 3호, 1996. p.29.

한 종책이라고 하겠다.

한편 그는 1986년 6월부터 원로회의 의장 소임을 담당하였다.[119] 그 당시 원로회의 의장은 상당한 권한이 많았다. 1970년대에는 종정 의 권한을 둘러싸고 수많은 분규가 노정되었다. 그래서 1981년 1월, 불교정화중흥회의에서 종정은 종단의 신성(神聖)을 상징하는 권위를 부여하고 원로회의에 종단의 중요한 권한을 부여하였다.[120] 그럼에도 불구하고 월산 스님은 원로회의 의장의 권한을 남용하지 않고 비교 적 온건하게 수행하였다.[121] 1991년과 1993년의 종정 선출 즈음에도 자신의 이름을 거론치 말아달라고 당부하였다.[122] 이런 행보는 그의 중도사상, 향상일로와 향하일로의 동일성, 부처의 마음을 실천하는 종단관, 종단화합 우선적인 행보 등이 어우러진 것에서 나온 것이다.

월산 스님의 행보에서 간과할 수 없는 것은 1988년 5월, 『법보신 문』의 창간이었다. 『불교신문』밖에 없었던 황무지와 같은 불교언론 의 정황에서 "불교계에도 바르고 꼿꼿한 언론, 포교 활성화를 위해 참신하고 기획력이 빼어난 언론이 절실하다."는 원력으로 창간을 주 도하였다. 1988년 5월 16일 '大慈大悲의 등불을 밝히겠다.'를 모토로

---

119 『경향신문』 1986.5.21, p.5, 「최월산, 불국사주지 조계종 원로회의 의장에」.

120 김광식, 「조계종단 종정의 역사상」, 『대각사상』 19, 2013, pp.158-160.

121 선원빈, 「본분을 망각했을 때는 누구보다 엄한 질책을」, 『대중불교』 1990년 12월호, p.27.

122 『동아일보』 1991. 2. 4, 「성철, 월산 두 스님, "더 이상 나를 욕되게 하지 말라" 종정 추대 고사 - 새 변수로」. 이때, 월산은 원로의원 사퇴서까지 제출하였다. 『동아일 보』 1993. 11. 16, 「원로의원 9명 참석」. 서암을 종정으로 선출한 이 회의에 월산은 참석하지 않았다.

86 월산 대선사 생애와 中道禪 사상

내세우고 『법보신문』을 창간하였던 것이다. 여기에서 월산 스님의 창간사를 제시한다.

『법보신문』은 바로 부처님의 깨달음으로 三千大千世界의 눈이 되고 귀가 되고 입이 되고자 태어났다. 저 해와 같은 광명을 빌어 무량의 소리를 담은 목탁을 깎았다. … (중략) …

『법보신문』은 다만 佛家의 通信일 수만은 없다. 佛者의 讀本일 수만은 없다. 나라의 구별이 없고 人種을 넘어서는 위에 宗敎의 울타리를 무너뜨리고 大乘, 아니 大大乘의 초월을 실천하고자 한다.

첫째, 나를 淸淨하게 하지 않으면 안 된다.

둘째, 나라가 바르게 서야 한다.

셋째, 統合을 이뤄야 한다.

넷째, 大慈大悲의 불을 밝혀야 한다.

… (중략) …

『법보신문』은 木鐸이 되어 영원할 것이다. 하늘의 새처럼 바다의 물고기처럼 自由로울 것이다. 부처님의 법도를 지키면서 公論을 이끌어 平和, 인류의 행복을 이룩하는 데 거리낌 없이 나아갈 것이다.[123]

월산 스님은 초대 발행인 겸 편집인으로 취임하면서 "오직 진리만을 받들고 공경하며, 업신여기는 아만(我慢)을 굴복시켜 公明正大가

---

123   『법보신문』 1988.5.16, 「최월산 : 創刊辭」.

항상 하는 불국토를 구현하라"는 사훈을 제시하였다. 이는 중도사상을 불교 언론을 통해 현실에서 구현하려는 의지가 아닐 수 없다.

이처럼 다양한 분야에서 종단 및 대중에 대한 헌신, 불교문화 창달을 하던 월산 스님은 1997년 9월 6일 입적하였다. 그의 영결식은 9월 10일 불국사에서 원로회의장으로 거행되었다. 영결식에서 법어는 [124] 종정인 월하 대종사, 영결사는 원로의장(혜암), 조사는 총무원장(월주), 조시는[125] 고은이 하였다. 그리고 49재는 불국사 무설전에서 거행

---

[124] 聖林堂 月山大宗師 靈前

　　　嗚呼라!
　　月山大宗師시여!
　　山 위에 달이신가
　　달 밑에 산이신가
　　本來 산과 달이 둘이 아니니
　　어찌 分別이 있으시겠습니까.
　　去來가 없고 生滅이 끊어진
　　자리로 돌아가시니
　　얼마나 기쁘시겠습니까.
　　日月도 曲穴에 不始光하고
　　淸風도 海底에 不損波라.
　　生도 이러하고 死도 이러하니
　　聾人也唱胡家曲하니
　　好惡高低를 總不聞이라.
　　吐含山頂에 孤月明하고
　　佛國淨土에 萬人舞라,
　　토함산 위에 달이 밝으니
　　불국정토에 만인이 춤을 춥니다.

　　　　　　　　　　　불기 2541년 9월 10일
　　　　　　　　　　　曹溪宗 宗正 月下哭拜

[125] 回向 月山大宗師

앉으면 최고의 梵鐘이요,
일어서면 九層塔이셨습니다.
月山大宗師

젊은 날 북만주 벌판 떠돌며
그 눈보라 속
가슴 복찬 사라
大地의 사람이셨습니다.

해방 직전 돌아와
한 나그네의 金剛經 독송에 눈떠
옳거니
生死를 뛰어넘자고
山中에 몸을 던지셨습니다.

경허
만공
金烏의 법맥으로 하여금
버린 것은 망상이요,
가진 것은 이 뭣고 하나.

보름달 훤히 두둥실 떠올랐으니
만상이 괴괴함이여!

동방의 禪風 새로 짓기 위하여
그 결사로
청담 성철 향곡 등과 한 뜻이었고
동방의 법 떨치기 위하여
그 정화로
탄허 구산 관응 월하 경산 등과
애오라지 한 몸이셨습니다.

그 많은 진수성찬의 말씀 삼가셨습니다.
그 많은 청천벽력 할과 방
그대로 들어 잠들게 하셨습니다.
이토록 月山스님

되었다. 그는 치열한 삶을 마치고 적멸의 세계로 갔다. 그의 역사 속에서의 자리매김, 평가는 후학에게 맡겨졌다.

Ⅲ. 맺음말

맺음말에서는 월산 스님의 생애사를 본 고찰에서 다룬 각 시기별 내용 및 특성을 요약하겠다. 그리고 추후 연구할 내용을 거론하고자 한다.

첫째, 월산 스님의 생애 1943~1954년을 수행기로 보았다. 이 시기에 월산 스님은 선원, 토굴, 봉암사 등지에서 간화선 수행을 하였다.

새 떼 돌아간 적막일 줄이야.

거기 당신의 中道 가운데
닳고 닳은 신발 한 짝이셨습니다.
어디로 가십니까
촉령 쪽입니까
덕숭 쪽입니까
개마공원 쪽 홍안령 쪽입니까
오늘 일은 吐含 회상입니다.

이는 금오, 만공의 가르침에서 나온 것이다. 월산 스님은 종단의 외곽, 변두리, 오지에서 치열한 수행을 하였다.

둘째, 월산 스님의 생애 1954~1974년까지는 종단 활동기로 보았다. 이 시기 전반부는 불교정화운동에 참여하였고, 후반부는 정화운동의 성사로 인해 월산 스님은 본사(법주사, 신흥사, 동화사) 주지, 종단 간부 등을 역임하면서 종단에 헌신하였다. 종단 간부는 감찰원장, 총무원장을 지칭한다. 총무원장 시절에는 종단 개신을 시도하였지만 너무 짧은 기간이어서 아쉬운 시도에 그쳤다.

셋째, 1974~1986년의 월산 스님은 불국사에 주석하면서, 불국사 사격 고양에 주력하였다. 이 시기에는 분규 및 갈등의 논란에 있었던 불국사를 수행 도량으로 전환시키는 데 노력하였다. 선원과[126] 강원(승가대)의 개설은 그를 예증한다. 이로 인해 불국사의 명성은 회복되었고, 사격은 증진되었다. 경북의 명찰, 역사적인 사격이 유명한 불국사의 명예 회복을 단행하였다. 이 구도에서 불국사에 강원, 선원을 개설하였다.

넷째, 1986~1997년의 월산 스님은 그의 불교사상을 승가 및 사회에 회향시켰다. 그래서 회향기라 명명하였다. 그는 중도사상으로 후학(상좌, 수좌, 불자 등)을 가르치고, 지역 신도들을 수행(부인선원, 불교교육원)케 하였다. 이런 구도에서 『법보신문』의 언론창달을 통한 불교문

---

126 그는 중국총림의 재현을 염두에 두었는데, 추후 이에 대한 연구가 요망된다. 무비, 「청규 편찬의 의의와 방향」, 『승가교육』 7집, 2008, p.130.

화 진흥 활동을 하였다.

지금껏 본 고찰에서 필자가 다루었던 시기별 월산 스님의 생애를 정리하고, 그 핵심을 피력하였다. 추후에는 다양한 자료(이력서, 회고록, 증언 등)에 의거하여 월산 스님의 생애, 사상, 문화, 영향 등을 심층적으로 파악해야 할 것이다. 특히 중도사상에 대한 폭넓은 탐구가 요청된다. 특히 성철 스님이 강조한 중도사상과의 비교가 요청된다. 필자의 이 글이 불국사, 불교정화운동, 현대 고승, 선원 등의 연구에 참고가 되길 기대한다.

참고문헌

- 『金烏集』, 금오문도회, 1974.
- 『月山禪師法語集』, 월산문도회, 1998.
- 금오선수행 연구원, 『금오 스님과 불교정화운동』(전2권), 2008.
- 동국대 종학연구소, 『金烏스님과 한국불교』, 금오선수행 연구원, 2011.
- 김광식, 「봉암사결사의 전개와 성격」, 『한국 현대불교사 연구』, 불교시대사, 2006.
- _____, 「정금오의 불교정화운동」, 『불교학보』 57집, 2011.
- _____, 「불교정화운동에서 금오선사의 역할」, 『金烏스님과 한국불교』, 금오선수행연구원, 2011.
- _____, 「조계종단 종정의 역사상」, 『대각사상』 19집, 2013.
- _____, 「조계종단 총무원장 역사상의 제문제」, 『승가화합과 조계종의 미래』, 혜민기획, 2014.
- _____, 「월산의 생애와 사상」, 『대각사상』 32집, 2019.
- 김순석, 「금오문중의 위상과 성격」, 『대각사상』 32집, 2019.
- 한보광, 「월산 큰스님의 선사상(1)」, 『대각사상』 32집, 2019.
- 석길암, 「성림월산과 불국사 선원」, 『대각사상』 32집, 2019.
- 한상길, 「근현대 불국사의 사격」, 『대각사상』 32집, 2019.
- 의림, 「인터뷰 : 불국선원 조실 월산 큰스님」, 『불교춘추』 3호(1996. 5)
- 운기문도회, 『독보건곤 : 운기강백 행장기』 선운사, 2015.
- 송혁, 「고승과의 대화 ; 분별지를 떠나라」, 『법륜』 123호(1979. 5)
- 선원빈, 「스님을 찾아서 - 佛國禪院 祖室 月山大宗師」, 『법륜』 98호(1977. 4)
- _____, 「법을 여는 자비의 문고리 되옵시니, 월산 스님」, 『대중불교』 1990년 12월호

- 최석환, 「인물연구 : 불국선원 조실 월산선사」, 『불교춘추』 3호(1996. 5)
- _____, 「인물탐험 : 월산대선사, 덕숭산 선맥 이어온 큰스승 月山 선사」, 『선문화』, 2009년 4월호.
- 『대중불교』 97호(1990. 12), 「법을 여는 자비의 문고리 되옵시니 : 월산 큰스님」
- 『대한불교』 1976. 7. 4, 「拈花室 탐방 : 月山大禪師」
- 『월간 海印』 31호(1984. 9), 「불국선원을 찾아서 : 염화실의 미소 - 월산」
- 『월간 불광』 403호(2008. 5), 「흠모 : 월산 스님의 제자 종우스님」

Study of Monk Wolsan's Life

Kim, Kwang-sik

(Professor, Dongguk Univ)

This review is based on the historical perspective of the life of Monk Wolsan, who led the modern history of Bulguksa Temple and the main character of Jogye Order. Until now, academic approaches and research on Wolsan have been very weak. However, he was recently referred to the results of holding an academic seminar on the theme of his life at the Diagonal Institute of Thought(2019.12). However, the literature and testimony of his life are still lacking. Therefore, this article tried to shed light on his entire life based on the objective evidence that I found.

In this introduction, I wanted to distinguish his life into several stages and reveal the characteristics of his life at each time. First, his attendance period(1943~1954) after entering the country and leaving the country was illuminated. Second, it sheds light on his longitudinal activities(1954~1974). During this period, the theme of the Buddhist purification movement to overcome the contradictions of colonial Buddhism and the intellect of the General Affairs Commissioner's days were highlighted. Third, it dealt with the activities(1974~1986), which increased the history and culture of Bulguksa Temple while serving as the main location of Bulguksa Temple. Fourth, it covered his last life(1986~1997) which led his disciples, believers in Gyeongju, and many people according to his Buddhist thought, the middle thought.

We hope that this review, which deals with the above, will be a reference to the life and ideas of Wolsan, Bulguksa Temple in the modern era, and the study of the leaders of the Jogye Order.

Key words

Wolsan, Bulguksa, Jogye Order, Buddhist Purification Movement, Gyeongju Buddhism, Big Monk, General Secretary

04.

월산 큰스님의 선사상(1)*
-수행과정과 참구화두를 중심으로

한태식(보광)**

* 이 논문은 2019년 9월 1일, 월산문도회가 주최하고 대각사상연구원이 주관한 〈월산대종사의 생애와 삶〉 학술대회에서 발표한 것을 수정보완한 것임.
** 대각사상연구원장. 동국대 명예교수.
ⓒ『大覺思想』제32집 (2019년 12월), pp.87-136.

한글요약

본 논문은 월산 스님(1913~1997)의 선사상 중 일부를 논구해 보았다. 이번 논문에서는 월산 스님의 선수행 과정과 참구화두에 대해서 살펴보았다. 첫 번째 1945년 수덕사에서 만공 스님으로부터 '이뭣고' 화두를 받아 정진하였다. 두 번째는 금오 스님으로부터 '돌멩이 화두' 이뭣고를 재점검받으면서 용맹정진의 결심을 굳히게 된다. 세 번째는 1948년경 봉암사결사에 참석하여 '부처님 법대로 살자'라고 하면서 공주규약(共住規約)대로 수행하였다. 네 번째는 1953년 청도 적천사 도솔암 토굴에서 가난과 허기로 철저히 홀로 수행정진에 전념하였다. 여기서 큰 힘을 얻고 오로지 '이뭣고' 화두에만 몰두하였다. 다섯 번째는 1968년 10월 금오 스님의 입적을 앞두고 오도송을 읊어 경허 스님으로부터 전해져온 덕숭문중의 선맥을 계승하게 된다. 여섯 번째는 1974년 불국사 주지로 부임하면서 석굴암에서 토굴수행과 불국선원을 개창하여 후학을 지도하였다.

다음으로 월산 스님의 참구화두를 중심으로 살펴보았다.

첫째, 월산 스님은 1945년 만공 스님으로부터 '이뭣고' 화두를 받아 선문에 들게 되었다. '이뭣고' 화두를 참구하면서 처절히 수행정진한 끝에 22년 만에 금오 스님으로부터 인가를 받았다. 월산 스님의 삶과 수행은

'이뭣고'가 전부라고 하여도 과언이 아니다.

둘째, '이뭣고' 화두가 화두가 아니라고 하는 학자들의 학설을 소개하고 이 문제점을 살펴보았다. '이뭣고' 화두의 전제어가 있어야 한다는 점에서는 동의하고, 월산 스님도 전제어를 말하면서 '이뭣고'를 참구하라고 설법하였다. 그런데 '이뭣고'는 화두가 아니라고 하는 학설에는 동의하기 어렵다.

셋째, 시심마(是甚麼) 화두의 전개에 대해 역사적인 자료를 제시하였다. 용성 스님은 육조혜능으로부터 그 연원을 두고 있음을 밝혔다. 그러다가 서산 대사 등을 거쳐 근세에 와서 경허 스님과 용성 스님이 활발하게 '시심마(是甚麼)' '이뭣고' 화두로 제자들을 접인하였음을 밝혔다. 여기에는 반드시 전제어가 있으며, 이를 단순화 시켜서 '이뭣고'라고 지도하였음을 알아야 한다.

넷째, 현대 우리나라 선원에서 '이뭣고' 화두의 실참법에 대하여 언급하였다. 현재 선원에서 '이뭣고'의 실참수행방법으로 선원의 생생한 모습을 볼 수 있어서 다행으로 생각한다.

이와 같이 월산 스님의 '이뭣고' 화두법이 잘못되지 않았음을 밝혔으며, 처절한 수행으로 덕숭선맥을 계승한 선지식의 수행과정을 정리해 보았다.

주제어
월산 스님, 금오 스님, 만공 스님, 용성 스님, 시심마, 이뭣고, 화두, 돌멩이 화두, 적천사 토굴, 석굴암, 불국선원, 불국사

I. 머리말

성림당 월산 큰스님(1913~1997)은 대한불교조계종이 가장 어렵고 한
국전통불교가 풍전등화격일 때 이 사바세계에 오셔서 종단을 안정화
시켰고, 폐허되고 관광사찰이었던 불국사를 중창하였으며, 불국선원
과 강원, 법보신문 등을 세워 수행, 포교사찰로 면모를 일신하였다.
비교적 여유 있던 불국사였지만, 개인적으로는 청빈과 검소가 몸에
배었으며, 입적 후 남긴 것이라고는 주장자와 몇 벌의 승복뿐이었다.

　총무원장을 두 번이나 하고 각 본사의 주지를 여러 곳 하였으나
소임이 끝나면 본인의 자리는 토함산 석굴과 불국사 선원이었다. 이
러한 월산 큰스님(이하 존칭 생략)에 대해서 성림문도회와 불국사에서
는 여러 가지 유업계승사업이 진행되고 있는 가운데, 그 일환으로 학
술적 조명을 시작하게 되었다. 때늦은 감은 있지만, 지금이라도 개최
하게 되어 다행으로 생각한다. 본 세미나는 성림문도회와 대각사상
연구원에서 공동으로 준비하였으며, 이번 주제는 "월산 대종사의 생
애와 삶"이라고 다소 방대하게 잡았다. 그중에서 논자가 발표할 부분
은 '월산 큰스님의 선사상(1)'인데 처음에는 자료도 많지 않고 하여
단편으로 쓰려고 하였으나 논문을 진행하는 과정에 새로운 자료들
이 나와서 한 편의 논문에 수용하기에는 무리라서 1, 2편으로 나누

어 수행 과정과 월산 큰스님의 참구화두를 중심으로 전개하고자 한다. 수행과정에서는 만공 스님으로부터 '이뭣고' 화두를 받아 처절한 수행과정을 거치면서 금오 스님의 임종 직전에 오도송을 지어 바침으로 해서 덕숭선맥을 계승하는 과정을 살펴보고자 한다.

참구화두에 대해서는 '이뭣고' 화두를 참구하는 방법과 본인의 경험담, 제자들의 화두지도 방법에 대해서 분석해보고자 한다. 다음으로 최근에 일부학자들에 의해 '이뭣고'는 화두가 아니라고 하는 학설을 소개하면서 그 문제점을 밝히고, 용성 스님께서 주장하는 육조혜능에서부터 시심마 화두의 근거를 제시하고자 한다. 그리고 성철 스님의 '이뭣고' 화두 참구법과 종단과 수좌회에서 편찬한 『간화선』에서 현재 각 선원에서 지도하고 있는 '이뭣고' 화두 실참법을 소개하고자 한다.

다음 기회가 주어지면 '월산 큰스님의 중도선 사상(2)'에서 수행지도방법과 월산 스님의 선사상의 특색인 '중도선' 및 바다의 실크로드에서 중국 달마 대사의 소림굴과 토함산 석굴에 대해서 논하고자 한다.

Ⅱ. 수행과정

1. 만공 스님의 '이뭣고' 화두

월산 큰스님(이하 스님으로 존칭 생략함)은 1913년 5월 1일에 함경남도 신흥군 동상면 원풍리에서 출생하여 고향의 서숙(書塾)에서 한학을 익히고 신학문도 공부하였다.[01] 어릴 때부터 자신도 모르게 앉는 습관이 있었다고 한다. 입적 1년 전에 이루어진 『불교춘추』와의 인터뷰에 의하면 이렇게 술회하고 있다.

내가 출가하기 전에도 집에 있을 때 방 가운데에 좌복을 깔고 좌선을 했는데 그때 참선이 무엇인지 모르고 그냥 명상에 들었어, 훗날 출가하여 금오 스님으로부터 그 공부가 바로 참선이라고 알았어

---

01   月山門徒會 편, 「연보」, 『月山禪師法語集』, 불국사, 1999 개정판. p.369에는 1912년 5월 5일에 출생한 것으로 되어 있다.
위의 책, 「행장」과 智冠 編 「慶州 佛國寺 聖林堂 月山大禪師碑文」, 伽山佛教文化研究院, 2000. p.1338 불국사에는 「聖林堂 月山大宗師之碑」로 세워져 있다. 비문에서는 1913년(불기 2457) 5월 초하루에 출생한 것으로 되어 있다.
그러나 「연보」와 『불교춘추』에서는 1912년 5월 5일 출생으로 되어 있으므로 수정할 필요가 있다. 실지로 불국사에서는 1913년 음력 5월 1일을 생신일로 기념하고 있다.
최석환 인터뷰 「참선만이 살길이다」 『불교춘추』 3호, 불교춘추사, 1996, 5, p.16.

요.[02]

이는 다생의 선근공덕의 습기가 남아서 자신도 모르게 앉는 습관이 발현된 것으로 보인다. 이러한 훈습으로 종단이 혼란스럽고 불교계가 위태로웠을 때 종단의 행정에 헌신하였지만, 자신의 임무가 끝났다고 여겨지면 바로 선방으로 발길을 향하였다. 평생을 선사로서 참선에 전력한 것은 단순한 의지만이 아니라 다겁생으로 익혀온 훈습으로 보아야 할 것이다. 그리고 세간사에 대한 관심보다 인간본래의 근본문제에 대한 질문을 많이 하였다고 한다.[03]

청소년시대에는 일본, 중국 등지를 유순하면서 외국의 문물과 시대사조를 살펴보았다. 당시의 젊은 청년들에게는 조국의 독립을 위해 무엇을 할 것인가를 고민하던 때였다. 월산 스님도 망국의 한에서 조국의 광복을 위해 무엇을 할 것인가를 많이 고민하였을 것이다. 특히 기골이 장대하고, 외모가 출중하며, 대장부격의 뛰어난 상호를 가진 젊은 청년에게 보는 사람마다 호감을 갖지 않을 수 없었을 것이다. 그런데 스님께서는 사회적 출세의 모든 조건을 갖추었음에도 불구하고 부친이 사망한 후 무상을 절감하고 1943년 속가와 멀지 않는 석왕사의 양안광 스님을 찾아뵙고 그의 소개로 치악산 상원사의 전금초 스님을 친견한 후 당시 불교계의 상황을 알게 되었고, 망월사로

---

02   최석환 인터뷰, 「참선만이 살길이다」 『불교춘추』 3호, 불교춘추사, 1996, 5, p.17.

03   月山門徒會 편, 「연보」 『月山禪師法語集』, 불국사, 1999, 개정판 p.369.

갈 것을 소개받았다고 한다.

1944년 망월사로 가서 춘성 스님의 안내로 금오 스님을 만나 은사로 모시고 사미계를 받았다.

월산 스님이 본격적으로 참선 수행에 들어간 것은 1945년 만공 스님을 찾아 수덕사 정혜사로 간 이후부터라고 할 수 있다. 만공 스님과의 첫 만남은 대단히 인상적이었던 것 같다. 마치 사자같이 생긴 모습이라고 회고하고 있다.[04] 만공 스님과의 첫 대면에서 대화는 다음과 같았다.

"아 자네는 멀쩡하게 생겨가지고 왜 중이 되었는가?"
갑작스럽게 하는 말이라 나도 대답이 잘 안 나왔다. 그래서 엉겁결에 이렇게 말했다.
"스님은 왜 중이 되었소?"
그러자 만공 스님이 이렇게 말씀했다.
"이 사람아, 내가 중인가?"
그러고는 저쪽으로 갔다.[05]

만공 스님과 첫 대면에서 자신의 대답이 잘된 것인지 잘못된 것인지에 대해서 확실한 언급은 없다. 그 후로 만공 스님 문하에서 한철

---

04   최석환 인터뷰, 「참선만이 살길이다」, 『불교춘추』 3호, 불교춘추사, 1996, 5, p.17.
05   月山門徒會 편, 「서산에 해가 지면 동쪽에 달이 뜬다」, 『月山禪師法語集』, 불국사, 1999, 개정판, p.306.

공양주를 하면서 선원대중을 시봉하였고, 여기서 만공 스님으로부터 처음으로 '그대는 왜 중이 되었는가', '이뭣고' 화두를 받아 평생토록 이 화두를 놓지 않았다고 한다.[06] 이때 만공 스님을 모시고 '이뭣고' 화두를 받아 공양주 한철을 한 것이 자신의 인생의 전환점이 되었다고 한다.[07] 그 뒤 수덕사를 떠나서 금오 스님의 수행처였던 전남 보길도 남은사[08]에서 비룡 스님과 함께 고구마와 보리쌀을 탁발하여 허기를 달래면서 피나게 용맹정진하였다고 전한다. 스님은 남은사 수행이후 속리산 법주사, 태백산 각화사, 오대산 월정사 등지를 다니면서 운수행각을 하였고, 때로는 금오 스님을 모시고 다니기도 하였으며, 전강 스님과도 몇 해를 같이 지내기도 하였다. 특히 당대의 선지식인 만공, 금봉, 금오, 전강 스님을 모시고 3년간 운수행각을 한 것이 수행에 큰 힘이 됨을 깨달았다.[09]

---

06   최석환 인터뷰, 「참선만이 살길이다」, 『불교춘추』 3호, 불교춘추사, 1996, 5, p.17. ; 月山門徒會, 「연보」, 『月山禪師法語集』, 불국사, 1999, 개정판, p.369.

07   최석환, 「덕숭산 선맥을 이어온 큰스승 月山 선사」, 『선문화』 4월호, 선문화사, 2009, 4, p.54.

08   앞의 책, 「연보」, 『月山禪師法語集』, 불국사, 1999, 개정판, p.370에서는 '남문사'라고 하지만, 이는 '남은사(南誾寺)'의 오기임을 밝혀둔다.

09   앞의 책, 「연보」, 『月山禪師法語集』, 불국사, 1999, 개정판, p.369.

2. 금오 스님과의 문답

월산 스님은 1945년부터 1947년까지 3년간 당대의 선지식들을 모시고 운수행각의 수행을 한 것으로 추정된다. 이때의 연대에 대한 정확한 기록은 없지만, 아마도 1946년에서 1947년경으로 추정해도 무방하다고 생각된다. 그 이유는 1948년경에 봉암사결사에 참여한 것으로 보이기 때문이다. 따라서 논자는 1946년경으로 추정하고자 한다. 이때 수행에 큰 계기를 준 것은 금오 스님을 모시고 완도의 여름 바닷가에서 있었던 법담이었다고 한다.

마침 여름이라 바닷가에 앉아 은사스님과 바람을 쐬고 있는데 갑자기 스님이 돌멩이 하나를 집어 보이시며 말씀했다.

"일러 보아라. 이 돌멩이가 과연 마음 안에 있느냐 밖에 있느냐?"

갑자기 묻는 말에 나는 대답을 못했다.

스님은 돌멩이를 바다에 던지고 거듭 물으셨다.

이번에도 대답을 못하자 역시 스님은 돌멩이를 집어던지고 세 번째로 물으셨다.

다시 대답이 없자 스님은 이렇게 타이르셨다.

"선지를 넓히려면 오직 화두를 참구하는 일에 게으르지 말아라."[10]

---

10 위의 책, 「서산에 해가 지면 동쪽에 달이 뜬다」, 『月山禪師法語集』, 불국사, 1999, 개정판, p.306.

월산 스님은 불국선원에서 법문을 하면서 금오 스님과 있었던 법담을 이야기하였다. 금오 스님은 여름 바닷가의 바람을 쐬는 피서지에서조차도 제자의 수행이 잘 되고 있는지 시험을 한 것이다. 갑자기 돌멩이를 들어 '이것이 마음 안에 있느냐 마음 밖에 있느냐 일러 보라'고 거듭 세 번에 걸쳐서 다그쳤다. 월산 스님은 그냥 여름 바닷바람이 좋아서 화두를 놓고 있는 사이에 기습을 당한 것이다. 선지식이란 이런 것이다. 어디서든지 관계없이 허를 찌른다. 한시도 쉬지 않고 화두에 전념하고 있는지, 아니면 잠시 다른 데 정신을 팔고 있는지 틈을 주지 않는다. 세 번째 질문에도 답을 못하자 '화두참구에 게으르지 말라'는 짧은 한마디로 제자가 평생을 화두에 전념하게 한 것이다. 이때의 심정에 대해 월산 스님은 조금도 숨김없이 법상에서 밝히고 있다.

그날 나는 참으로 부끄러웠다. 중 노릇을 하고 참선을 한다면서 돌멩이가 마음 밖에 있는지 안에 있는지도 모르다니 얼마나 건성건성 헛살아온 것인가. 그래서 다음부터는 정말로 앞뒤를 돌아보지 않고 화두를 참구하는 데 매달렸다.[11]

이 법문을 할 때 월산 스님은 종단의 큰 어른으로서 모든 사람들의 존경을 받고 있었으며, 선지식으로 추앙을 받고 있었을 때였다. 그

---

11   위의 책, p.307.

럼에도 불구하고 상좌 혹은 손상좌나 다름없는 후배들 앞에 자신의 과거를 솔직하게 말하면서 후진들의 정진을 독려하고 있다.

논자는 이번 논문을 준비하면서 월산 스님의 자취 중 가장 감명을 받은 부분이 여기라고 생각한다. 자신이 건성건성 공부하는 척했던 것에 은사인 금오 스님에게 여름 해변가의 휴양지에서 조금 방심하는 사이 들키고 만 것이다. 그때의 부끄러움은 참으로 말할 수 없을 정도로 자신을 자책하고 있다. 이것이 계기가 되어 이후 자신의 갈 길이 무엇인지 확실히 깨닫고 금오 스님의 '돌멩이 화두' 이뭣고에 생사를 걸고 매달리게 된다. 그래서 금오 스님의 입적을 맞이하여 임종 직전에 그 해답을 풀어 답함으로써 금오 스님으로부터 인가를 받아 경허-만공-보월-금오로 이어져온 덕숭문중의 한국선맥을 계승하게 되었다.

이러한 '돌멩이 화두'는 중국의 청원행사(靑原行思, ?~740), 현사사비(玄沙師備, 835~908), 나한계침(羅漢桂琛, 867~928)으로 전해진 법을 이었으며, 법안종(法眼宗)의 조사인 법안문익(法眼文益, 885~958)의 문답에서 찾아 볼 수 있다.

작별을 고하자, 지장계침이 (문익을) 배웅하려는 차에 물었다.
상좌는 평소에 삼계유심 만법유식을 설명하였지. 그러고는 마당에 있는 돌멩이 하나를 가리키며 물었다.
"자, 말해 보라. 저 돌멩이가 마음 안에 있는가, 마음 밖에 있는가."
법안이 말했다.

"마음 안에 있습니다."

지장이 물었다.

"행각을 하는 사람이 어째서 돌멩이를 마음에 담아가지고 다닌단 말인가."

법안이 당황하여 답변하지 못했다. 그리고 다시 좌포를 펴고(걸망을 내려놓고) 그 자리에서 결택해줄 것을 추구했다. (그곳에 머물며 공부한 지) 한 달 쯤 가까이 되던 어느 날 자신의 견해를 드러내며 (유식의) 도리를 설명해드렸다. 그러자 지장계침이 말했다.

"불법이란 그렇지 않다."

법안이 말했다.

"저는 말이 다하고 이치가 단절되었습니다."

지장이 말했다.

"만약 불법을 논하자면 일체가 본래 성취되어 있음을 볼 수가 있다."

법안이 언하에 대오하였다.[12]

금오 스님이 월산 스님에게 준 '돌멩이 화두'는 이미 나한계침과 법안문익 사이에 있었던 일이다. 법안문익은 『조론(肇論)』에 통달했고, 유식, 천태, 정토를 두루 섭렵하였다. 그런데 나한계침의 '저 돌멩이

---

12   『金陵清涼院文益禪師語錄』(大正藏47, 588상-중), "便起去 雪霽辭去 地藏門送之 問云 上座尋常說三界唯心 萬法唯識 乃指庭下片石云 且道 此石在心內在心外 師 云 在心內 地藏云 行脚人 著甚麼來由安片石在心頭 師窘無以對 即放包依席下 求 決擇 近一月餘 日呈見解說道理 地藏語之云 佛法不恁麼 師云 某甲詞窮理絕也 地藏云 若論佛法 一切見成 師於言下大悟."

가 너의 마음 안에 있느냐, 마음 밖에 있느냐'라고 하는 질문에 '마음 안에 있다'고 하자, 계침은 '길 떠나는 나그네가 무엇 때문에 무거운 돌멩이를 안고 가려고 하는가'라고 한마디 하였다. 그러자 법안문익은 그 자리에서 가던 길을 멈추고 한 달 동안 용맹정진한 결과 큰 깨달음을 얻었다고 한다. 아마도 금오 스님은 나한계침과 법안문익의 고사를 알고서 월산 스님에게 '돌멩이 화두'를 주면서 '이것이 너의 마음 안에 있느냐, 마음 밖에 있느냐'라고 물었는지도 모른다.

월산 스님은 화두에 전념하라는 금오 스님으로부터 경책을 받은 후 목숨을 건 수행을 하고자 발원하였고, 이러한 수행처를 물색하고 있었다. 마침 1947년 10월경 문경 봉암사에서 청담 스님과 성철 스님, 자운 스님이 중심이 되어 '부처님 법대로 살자'라는 구호아래 「봉암사결사」를 시작하였다. 이 소식을 들은 월산 스님은 봉암사로 발길을 옮겼다.

성철 스님의 회고에 의하면 당시의 동참자를 알 수 있다.

그 뒤로 향곡(香谷), 월산(月山), 종수(宗秀), 젊은 사람으로는 도우(道雨), 보경(寶鏡), 법전(法傳), 성수(性壽), 혜암(慧菴), 종회의장 하던 의현(義玄)이는 그때 나이 열서너 댓살 되었을까? 그렇게 해서 그 멤버가 한 20명 되었습니다.[13]

---

13   김광식, 「봉암사결사의 재조명」, 『봉암사결사와 현대 한국불교』, 불학연구소, 2008, p.29. ; 「1947년 봉암사결사」, 『수다라』 10집 p.115, 재인용.

봉암사결사의 핵심주체자는 이성철, 이우봉, 신보문, 김자운 스님 등 4명이었지만, 뒤에 동참자는 약 20여 명이 되었다고 한다. 성철 스님의 회고에 의하면, 월산 스님은 봉암사결사의 창립에는 참여하지 못했지만, 결사가 시작되고 얼마 뒤 바로 동참한 것으로 보인다. 3년 간의 운수행각 도중 금오 스님으로부터 '돌멩이 화두' 이뭣고로 용맹 정진의 결심이 확고할 즈음 봉암사결사 소식을 접하고 바로 발길을 봉암사로 옮긴 것이다. 봉암사결사에 대한 혜암 스님의 회고에 의하면 자세한 내용을 알 수 있다.

오히려 방부를 못 들어서 야단이었지요. 아무나 방부를 받지 않았 거든요. 처음 해인사에서 장경을 싣고 가서 얼마 동안은 한 7~8명 밖에 안 살았어요. 점점 그 수가 늘어나 20명이 30명 되고, 나중에 는 많이 살았습니다. 처음에는 청안 스님, 보문 스님, 우봉 스님, 일 도 스님, 자운 스님 등이 계셨지요. 보문 스님도 돌아가셨고, 일도 스 님도 돌아가셨는데, 모두 훌륭한 스님들이셨습니다. 그리고 중간에 향곡 스님, 청담 스님 등이 들어오셨습니다. 뒤에 월산 스님, 성수 스 님, 법전 스님 등이 오셨지요.[14]

혜암 스님 회고는 좀 더 구체적이다. 처음에는 성철, 우봉, 보문, 자

---

14   위의 논문, p.30.
      「혜암 스님을 찾아서」, 『고경』 2호, 불기 2540년 여름호, p.19 재인용.

운, 청안, 일도 스님 등이 있었고, 2차에 향곡, 청담 스님 등이 합류하였다. 3차에 성수, 법전, 월산 스님이 동참하여 20여 명 이상이 되었으며, 나중에는 30여 명이 함께 수행하였고, 비구니스님들은 봉암사인근의 백련암에서 결사에 동참하였다고 한다.[15]

그러면서 계속 머물면서 수행한 사람도 있었고, 떠나는 사람도 있었다고 한다. 여기서 주목되는 것은 월산 스님이 봉암사결사의 3차모임에 합류하여 정진하면서 이 결사동지들이 후에 대한불교조계종을 재건하는 역할을 한 것이다. 월산 스님이 봉암사결사에 동참한 것은 3차이므로 아마도 1948년경으로 추정할 수 있다. 그러나 봉암사결사는 1950년 3월에 막을 내리게 된다. 인근에서 밤마다 무장공비가 출현하여 더 이상 공동수행이 불가능하므로 고성 옥천사의 말사인 문수암으로 이전하기로 하였다.[16]

3. 토굴수행과 청빈

따라서 월산 스님도 봉암사를 떠나 용맹정진할 곳을 찾게 된다. 그러나 1950년 6·25전쟁이 일어나므로 남방으로 갔다. 1950년 동래 현재 금강공원 안에 있는 금정사 금정선원에서 하안거를 하면서 선원

---

15   위의 논문, p.31.
16   위의 논문, pp.19-20.

장으로 있었다. 당시 성철 스님, 자운 스님 등도 같이 수행하였으며, 이때 종원 스님이 상좌로 인연을 맺었다고 한다.[17] 그리고 동안거도 금정사 금정선원에서 한 것으로 보인다.[18] 1951년에는 선암사 주지 소임을 보았으며,[19] 내원사에서도 수행하였다고 회고하고 있다.

> 우리가 젊었을 적에는 다들 화두를 들고 공부를 했지요. 지금과 마찬가지로 … 부산 선암사에서 오래 지냈지요. 육이오를 중심으로 해서 내원사에도 있었고,…[20]

월산 스님은 1950년 6·25전쟁 때에는 주로 부산 지역에서 수행을 하다가 전쟁이 끝나자 1953년경에 청도 적천사 도솔암 토굴에서 홀로 용맹정진에 들어갔다. 이에 대한 분명한 연대는 알 수 없으나 종원 스님의 증언에 의하면 1953년으로 기억하고 있다.[21]

---

17   『범어사와 불교정화운동』, 영광도서, 2008, p.265.

18   앞의 책, 「연보」, 『月山禪師法語集』, 불국사, 1999, 개정판, 화보면에서는 '초심납자 시절 범어사 금정선원에서 동안거를 해제하시고(1950)'으로 표기하고 있는데 이는 오류인 것 같다. 이미 이때 월산 스님은 초납자가 아니라 중견납자에 해당되고, 다음으로 범어사는 동산 스님이 조실로 있을 때인 1950년 이전부터 金井山 梵魚寺 金魚禪院이라고 하였으며, 금정사는 金井禪院이라고 하였다. 그러므로 이를 수정하여야 할 것이다.

19   『범어사와 불교정화운동』, 영광도서, 2008, pp.265-267.

20   월간 『海印』 31호(1984. 9) 「불국선원을 찾아서: 염화실의 미소 - 월산」

21   김광식, 「월산 큰스님의 생애와 사상」, 『월산 대종사의 생애와 삶』 2019년 대각사상 연구원 학술세미나 자료집 p.52, 재인용. 김광식의 발표문 중 주32)에서 종원 스님의 인터뷰에서 밝히고 있다.
        김광식은 '월산 스님의 맏상좌인 종원 스님은 1953년 무렵에 적천사 도솔암으로 은 월산 스님의 수행 중에서 가장 치열하게 정진하였으며, 평생을 가난한 구도자로서의 모습을 갖춘 곳이 이곳으로 보인다. 이때의 수행이 10여 년간 구도자로서 방향을 정하는 데 무엇보다 중요한 계기가되었다고 한다.[22] 당시의 수행에 대해 『선문화』에 게재된 종후 스님은다음과 같이 회고한다.

> 청도 토굴생활은 소림굴의 달마 대사가 면벽하였던 그때의 심정이었다고 한다. 그 무렵의 스님은 토굴의 식량이 떨어지면 홀로 대구시내로 내려가서 탁발을 하셨다고 한다. 그러나 월산 큰스님은 매번 이집 저집 축복의 송경을 하여 탁발한 시주물을 다리 밑의 거지들을찾아 몽땅 쏟아 주곤 했다.[23]

월산 스님은 완도의 여름 바닷가에서 금오 스님으로부터 받은 '돌멩이 화두' 이뭣고를 해결하기 위해 운수행각도 하고, 봉암사결사에도 참여하였지만, 만족한 결과를 얻지 못하였다. 다시 철저히 '바다에 던진 돌멩이가 마음 안에 있는지, 마음 밖에 있는지 이것이 무엇인지, '이뭣고' 화두에 몰입하기 위하여 모든 허장성세의 번거로움을

사인 월산 스님을 찾아 갔다'고 필자에게 회고 했다.(2019년 4월 15일 대구 수성구 정토사에서)

22 앞의 책, 「연보」 『월산선사법어집(月山禪師法語集)』, 불국사, 1999, 개정판, P.370.

23 최석환, 「덕숭산 선맥 이어온 큰스승 月山 선사」 『선문화』, 2009년 4월호, 선문화사, 2009, p.55.

떨쳐버리고 토굴로 들어갔다. 토굴생활은 철저한 가난과 허기 속에서 오직 화두와의 씨름이었다. 이때 가난을 경험한 것을 불국선원의 법문에서 간접적으로 밝히고 있다. 『선문염송(禪門拈頌)』의 「향엄적빈(香嚴赤貧)」 화두를 소개하고 있다.

> 지난해의 가난은 가난이 아니었다.
> 올해의 가난이 참으로 가난이다.
> 지난해는 송곳 꽂을 땅이 없었으나
> 올해의 가난은 송곳마저 없구나.

이 게송을 仰山慧寂에게 보이니 사형은 如來禪은 알았다고 하겠지만, 祖師禪은 꿈에도 보지 못했다고 하였다. 이에 香嚴智閑은 다시 게송을 지으니 사형이 조사선을 알게 되니 반갑소.[24]

일화를 소개하였다. 그러면서 월산 스님은 "앙산의 경계는 이와 같거니와 내가 오늘 대중들에게 이르고자 하는 것은 조사선의 경지는 그만두고라도 납자라면 우선 여래선의 경지라도 분명하게 들어가야

---

24   慧諶 述, 『禪門拈頌集』 권15 (고려장46, 247).
     慧諶,覺雲 『禪門拈頌拈頌說話會本』 권15 (한불전5, 463하), 【古則】 (五九八)香嚴
     頌云 去年貧未是貧 今年貧始是貧 去年無卓錐之地 今年錐也無 因仰山云 如來禪
     即許師兄會 祖師禪未夢見在 師又呈偈云 我有一機 瞬目示伊 若人不會 別喚沙彌
     仰云且喜師兄 會祖師禪也."

한다는 것이다."라고 설하였다.[25] 향엄 스님의 조사선의 게송도 소개하지만, 앞의 여래선의 경지에 대해서 강조하고 있다. 오늘날의 수행자들이 조사선은 고사하고, 여래선의 경지에도 들어가지 못하고 있다고 하면서 수행자의 청빈을 강조하고, 떠난 뒤의 뒷모습, 죽은 뒤의 뒷모습이 아름다워야 한다고 누누이 설하고 있다.

여기서 가난에 대한 설법은 청도 토굴에서 몸소 경험한 것을 간절히 당부하고 있다.

> 내가 그대들에게 이르고자 하는 것은 수행자는 항상 뒷모습이 깨끗해야 한다는 것이다. 인생은 무상해서 내일 죽을지 모레 죽을지 모른다. 어느 날 나나 그대들이 죽고 나면 누군가가 뒤를 정리할 것이다. 그때 만약 수행자의 분수에 맞지 않은 소유물이 나오거나 뒷말이 무성하다면 이는 얼마나 부끄러운 일이겠는가.[26]

이 구절은 마치 유언과도 같이 간절히 들린다. 언제 죽을지 모르는데 죽고 난 뒤에 후인들이 뒷짐을 정리할 때 수행자답지 않은 물건이 나와서는 되지 않는다고 하였다. 이것은 물질적인 것일 수도 있고 그 사람의 평소의 인품일 수도 있다. 이는 살아서도 마찬가지라고 하고 있다. 그러면서 "수행자의 뒷모습은 저 향엄 화상의 게송처럼 가난해

---

25   앞의 책, 「수행자의 뒷모습」, 『月山禪師法語集』, 불국사, 1999, 개정판, p.275.
26   위의 책, p.277.

야 한다. 수행자가 가진 것이 많아서 치렁치렁 달고 다니는 것이 많으면 이는 부처님과 조사님 뵙기에 부끄러운 일이다."라고 하면서 빈도(貧道)라고 하였음을 말하고 있다. 그러면서 게송을 읊고 당부하셨다.

몸이 가난한 것은 가난이 아니다
정신의 가난이 정말 가난한 것이다
몸이 가난해도 능히 도를 지킨다면
그를 가리켜 가난한 도인이라 한다.
그대들은 이 절에서 저 절로 떠나간 뒤에, 이승에서 저승으로 떠나
간 뒤 어떤 뒷모습을 남기는 사문이 되려 하는가, '가난한 도인'이라
는 말을 듣도록 하라. 운수납자(雲水衲子)란 떨어진 옷 입고 바랑 하
나에 지팡이 하나로 구름처럼 물처럼 도를 찾아다닌대서 붙인 이름
이다. 이 얼마나 뒷모습이 깨끗한 이름인가. 내가 오늘 진심을 다해
서 한 이 말을 듣는다면 그대들은 가난한 도인이 되리라.[27]

여기서 몸의 가난이란 물질적인 가난을 의미한다. 수행자는 물질
적인 가난은 가난이 아니다. 정신적인 가난이야말로 참으로 가난한
것이다. 수행자가 물질적으로 가난해도 용맹정진 수행에 물러서지
않는다면, 참된 도인이라고 할 수 있다고 한다. 또한 대중들에게 '가
난한 도인' '운수납자'라는 소리를 듣도록 하라고 당부하면서 '오늘 내

---

27   위의 책, p.279, "身貧未是貧 神貧始是貧 身貧能守道 名爲貧道人."

가 진심을 다해서 한 이 말을 명심하도록' 당부하고 있다.

논자는 이 법문은 수행자들이나 제자들에게 남긴 유언과 같다고 생각한다. 불국사는 어느 사찰보다 여유가 있는 본사이다. 자신을 위한 토굴도 만들 수 있고, 사설사암도 얼마든지 가질 수가 있었음에도 불구하고 월산 스님은 오로지 석굴암의 석굴과 불국선원에서만 주석하면서 용맹정진을 계속하였다. 월산 스님의 수행생활은 가난이 몸에 밴 수행이었다. 오늘날의 수행자들에게 조사관을 타파하여 확철대오한 도인은 못되더라도 가난을 실천한 향엄 스님의 여래선이라도 행하라는 것이다. 이러한 가난한 수행생활은 청도 적천사 도솔암 토굴의 가난 속에서 용맹정진한 경험으로부터 체험한 것이라고 보인다. 적천사 토굴에서 깨달은 바가 있었으니,

범부가 곧 부처이며
번뇌가 곧 보리이니
앞생각이 미하면 범부였으나
뒷생각에 깨치면 곧 부처이며
앞생각이 경계에 집착할 때는 곧 번뇌였으나
뒷생각이 경계를 여의면 곧 보리라.[28]

이 게송은 「월산대종사비문(月山大宗師碑文)」에 있다. 즉 범부와 부

---

28   智冠 編, 「慶州 佛國寺 聖林堂 月山大禪師碑文」, 伽山佛教文化研究院, 2000, p.1339.

처가 둘이 아니고, 번뇌와 보리가 둘이 아닌 경계이다. 전념(前念)과 후념(後念)에 따라 범부가 되고 부처가 되며, 번뇌와 보리의 경계는 한 생각과 집착에 있음을 깨달은 것이다. 청도 적천사 도솔암 토굴에서 용맹정진으로 득력을 한 것이다.

4. 오도송과 덕숭선맥의 전승

월산 스님은 청도 적천사 도솔암 토굴에서 큰 힘을 얻었으며, 평생 동안 당시의 수행을 가장 소중한 기간으로 여기고 있다. 그러나 종단의 상황이 오래 머물도록 두지 않았다. 1954년부터 전개된 불교정화운동에서 은사인 금오 스님이 핵심적인 주역을 담당하였기 때문이다.[29] 월산 스님의 토굴 정진은 오래 가지 못하였다. 1954년 6월 21일 금오 스님이 「불교정화준비위원회 준비위원장」으로 추대 되면서 월산 스님은 자연히 금오 스님을 모시고 정화에 참여하게 되었다.[30] 1954년 8월 24·25일 선학원에서 전국수좌대표자 대회가 개최되어 금오 스님은 종헌제정위원 및 정화추진대책위원으로 선출되었고, 월산 스님은 금오 스님을 돕는 실무위원으로 참여하였다. 월산 스님은 대회 참가 승려의 자격을 심사하는 5인 전형위원, 종헌의 제헌위원

---

29 김광식, 「정금오의 불교정화운동」, 『불교학보』, 57집, 동국대 불교문화연구원, 2011.
30 『한국근현대 불교자료전집』 권68, 「비구승단 발족약사」 p.421.

을 선출하는 7인 전형위원, 추진위원의 7인 전형위원, 대책위원의 7인 전형위원 등으로 참여하였다. 그 결과 1954년 9월 28·30일 선학원에서 '전국비구승니대회'를 개최하였다.[31]

1961년부터 동화사 주지, 법주사 주지, 1963년 신흥사 주지, 월정사, 상원사와 종단의 소임을 맡기도 하였다. 어디를 가든지 몸에 밴 가난은 철저한 신념으로 실천하였다.

1968년 금오 스님의 입적을 앞두고 완도의 여름 밤 '돌멩이 화두' 이뭣고에 대한 답을 하게 된다.

> 그 뒤 스님이 열반에 들기 전에 법주사에서 문도들을 모아놓고 오른손을 들었는데 그때서야 나서서 대답을 할 수 있었다. 그때 이야기는 문도들이 다 잘 아는 것이니까 여기서는 하지 않겠다.[32]

1946년경에 금오 스님으로부터 받은 '돌멩이 화두' 이뭣고의 답은 1968년 은사이신 금오 스님의 입적을 앞두고 해결하였다. 금오 스님은 임종을 앞두고 제자들을 모아놓고 최후의 정법안장(正法眼藏)을 누구에게 전할 것인지 시험하였다. 열반을 앞두고 오른손을 들어 보

---

31 김광식, 「전국비구승대표자 대회의 시말」, 『근현대불교의 재조명』, 민족사, 2000, p.446.
    김광식, 「월산 큰스님의 생애와 사상」, 『월산대종사의 생애와 삶』 2019년 대각사상 연구원 학술세미나 자료집, pp.56-57, 재인용.
32 앞의 책, 「서산에 해가 지면 동쪽에 달이 뜬다」, 『월산선사법어집(月山禪師法語集)』, 불국사, 1999, 개정판, p.307.

이니 아무도 답하지 못하였다. 이때의 상황에 대해 월산 스님께서 생전에 『불교춘추』에 직접 자세히 밝힌 기사가 있다.

> 그때가 1968년 금오 스님은 입적 직전 문도제자들을 법주사 조실방으로 모이게 하였다. 그때 월산(月山), 탄성(呑星), 월성(月性), 월만(月滿), 월고(月古) 등의 문도들을 한자리에 모이게 하고 묵묵히 계시다가 대중을 돌아보시며 오른손 손바닥을 보이시니 월산 스님이 일어나 은사스님께 다음과 같은 글을 올렸다.

忽覺本來事　　홀연히 본래사를 깨달으니
佛祖在何處　　부처와 조사가 어디에 있느냐
肚裏藏乾坤　　뱃속에 건곤을 간직하고
轉身獅子吼　　몸을 돌려 사자후를 한다.
不立　　　　　세우지 않고
不捨　　　　　버리지 않으며
不休　　　　　쉬지 않는다.

> 월산 스님이 올린 글을 보시더니 금오 스님은 '대중을 돌아보며 모든 일들을 월산에게 부촉하노라' 하셨다. 이에 월산 스님은 거듭 금오 스님을 향해 여쭈시길, '바라옵건대 저희들을 위하여 가르침을 내려 주십시오.' 이에 금오 스님은, '무념을 종으로 하는 이 일을 너(월산)에게 부촉한다[無念爲宗此事付汝]' 하고 아무 말 없이 벽에 걸

린 拂子를 가리키면서 월산 스님을 돌아보았다.[33]

금오 스님은 입적 직전까지 경허, 만공, 보월 스님으로부터 이어온 정법안장 열반묘심(正法眼藏涅槃妙心)을 누구에게 전할 것인지 정하지 못하였다. 마지막으로 제자들을 모이게 한 후 오른손을 들어 자신의 경계를 보인 것이다. 이때 모두가 묵묵부답이었을 때 월산 스님이 한 게송을 지어 바치므로 인가를 받고 불자를 전수 받으면서 문중의 수장과 정법안장을 부촉 받았다. 이 순간은 한국의 전통적인 선맥 중 하나인 덕숭문중의 경허 맥을 부촉 받은 것이다. 금오 스님은 자신의 불자(拂子)를 월산 스님에게 전수한 후 1968년 10월 8일(음력 8월 17일) 오후 7시 15분에 안심하고 입적에 들었다.

금오 스님의 입적에 앞서 월산 스님의 오도송은 이미 1946년경 완도의 여름 바닷가에서 금오 스님이 준 '돌멩이 화두' 이뭣고의 결과물이다. 이때 해결하지 못한 화두를 가지고 22년 동안 목숨을 건 용맹정진으로 해결한 것이다. 22년 전에 준 화두를 해결하였는지 못했는지를 열반을 앞두고 재점검한 스승도 대단하지만, 22년 동안 이 화두를 들고 오로지 씨름하여 스승의 임종 직전에 답을 낸 제자 월산 스님도 줄탁동시(啐啄同時)에 답을 낸 것도 대단한 일이다.

22년 만에 해결한 게송은 완도 여름 바닷가에서 금오 스님이 돌멩

---

33   최석환 인터뷰, 「참선만이 살길이다」 『불교춘추』 3호, 불교춘추사, 1996, 5, p.18.
        앞의 책, 「연보」, 『월산선사법어집(月山禪師法語集)』, 불국사, 1999, 개정판, p.370.

이를 들어 "일러 보아라. 이 돌멩이가 과연 마음 안에 있느냐 밖에 있느냐?" 하면서 세 번이나 돌멩이를 바다에 던지면서 다그쳤지만 대답 하지 못하니 "선지를 넓히려면 오직 화두를 참구하는 일에 게으르지 말아라."라고 하신 말씀을 평생 잊지 않고 만행과 봉암사결사와 적천사 토굴에서 화두와 씨름하였다. 그 결과 스승의 임종을 앞두고 스승이 다시 물으니 오도송으로 답하였다.

이 오도송을 분석해 보면 22년 전에 답하지 못했던 내용이 담겨져 있다. '깨닫고 보니 부처와 조사뿐만 아니라 건곤이 모두 뱃속에 간직하고 있다'고 답하고 있다. 이는 '돌멩이가 너의 마음 안에 있느냐, 마음 밖에 있느냐'는 답이다. 모두가 내 뱃속에 있으니 그 이상 무엇을 말하겠는가? 그러면서 '세우지도, 버리지도, 쉬지도 않는다.'고 하였다. 즉 내가 깨달았으나 내세울 것도, 버릴 것도, 화두를 놓고 정진을 잠시도 쉬지 않겠다는 월산 스님의 평소 중도적인 뜻임을 논자의 우둔한 견해로 사족을 달고자 한다. 이러한 예는 남악회양(南嶽懷讓)이 육조혜능을 찾아가서 법거량 후 15년을 시봉하면서 확철대오를 한 것과도 다르지 않을 것이다.[34]

1968년 9월 7일 총무원장에 취임하여 종무행정을 보기도 하였지만, 마음은 항상 선방에 있었고 화두를 놓지 않았다. 종단이 안정되

---

34 宗寶 編, 『六祖大師法寶壇經』(T48, 357b), "懷讓禪師 金州杜氏子也 初謁嵩山安國師 安發之曹溪參扣 讓至禮拜 師曰 甚處來 曰嵩山 師曰 什麼物恁麼來 曰説似一物即不中 師曰 還可修證否 曰修證即不無 汚染即不得 師曰 只此不汚染 諸佛之所護念 汝既如是 吾亦如是 西天般若多羅讖 汝足下出一馬駒 踏殺天下人 應在汝心 不須速説一本無西天以下二十七字讓豁然契會 遂執侍左右一十五載."

자 총무원장직을 내려놓고 수덕사 전월사 토굴로 들어가 화두와 씨름하였다. 그러나 1973년 3월에는 불국사 주지직무대행으로 오면서 석굴암을 토굴로 삼아 정진에 박차를 가했다. 석굴암에서의 수행은 청도 적천사 토굴의 수행과 다름이 없었다. 1974년 6월 23일 제11교구 불국사 주지로 임명되어 관광사찰에 머물러 있던 불국사를 수행도량으로 만들기 위해 노력하였다. 불국사는 문화재관리법에 의해 기와 한 장도 마음대로 할 수 있는 곳이 아니다. 그럼에도 불구하고 수행도량의 면모를 갖추기 위해 불국선원을 건립하기 위해 정부의 요로를 설득하여 불국선원을 개원하였으니 참선수행의 중요성을 얼마나 강조하였는지 알 수 있다. 그리고 입적에 들 때까지 석굴암에서 참선과 불국선원을 떠나지 않고 납자들과 함께 정진하였으며, 조실로서 납자들을 지도하고 결제, 반결제, 해제 법문을 하였다.

이상으로 월산 스님의 수행과정을 정리해보면, 첫 번째 1945년 수덕사에서 만공 스님으로부터 '이뭣고' 화두를 받았다. 두 번째는 3년간 만행수행 하던 도중 1946년경 금오 스님으로부터 완도 바닷가에서 '돌멩이 화두' 이뭣고를 재점검 받으면서 용맹정진의 결심을 굳히게 된다. 세 번째는 1948년경 봉암사결사에 참석하여 '부처님 법대로 살자'라고 하면서 공주규약(共住規約)대로 수행하였다. 네 번째는 짧은 기간이었지만, 1953년 청도 적천사 도솔암 토굴에서 가난과 허기로 철저히 홀로 수행정진에 전념하였다. 여기서 큰 힘을 얻고 오로지 '이뭣고' 화두에만 몰두하였다. 다섯 번째는 1968년 10월 금오 스님의 입적을 앞두고 오도송을 읊어 경허 스님으로부터 전해져온 덕숭문중의 선맥을 계승하게 된다. 여섯 번째는 1974년 불국사 주지로 부임하면서 석굴암에서 토굴수행과 불국선원을 개창하여 후학을 지도하였다.

III. 월산 스님의 참구화두

1. '이뭣고' 화두

월산 스님의 참구화두에 대해서는 이미 수행과정에서 밝힌 바 있다. 1945년 수덕사에서 금오 스님으로부터 받은 '이뭣고' 화두이다. 여기에는 전제조건이 있다. "아 자네는 멀쩡하게 생겨가지고 왜 중이 되었는가?"이다. 왜 중이 되었나? 왜 출가했는가? 무엇 때문에 출가했는가? 출가한 그놈이 무엇인가? '이뭣고'이다. 특히 1946년경 완도의 바닷가에서 금오 스님으로부터 '이 돌멩이는 마음 안에 있느냐? 마음 밖에 있느냐?'라고 세 번에 걸쳐 다그치면서 묻는 물음을 받고 답을 하지 못하였다. 이를 논자는 '돌멩이 화두' '이뭣고'라고 하였다. 이 '돌멩이 화두'는 이미 앞에서 언급한 바와 같이 나한계침과 법안문익 간에 거래되어 검정된 화두이다. 법안문인은 나한계침으로부터 '이 돌멩이가 너의 안에 있느냐, 밖에 있느냐'고 물었고 법안문익은 이 질문으로 용맹정진한 결과 깨달음을 얻었다. 월산 스님은 금오 스님이 질문한 이 화두를 가지고 22년 동안 오매불망 화두에 전념하다가 마지막 스승인 금오 스님의 임종 직전에 답을 내어놓고 인가를 받았다.

(노사께서 법상에 올라 주장자를 높이 들고 대중에게 물으셨다.)

是甚麼 이것이 무엇이뇨?

이것을 주장자라 하면 理에 맞지 않고 주장자가 아니라 하면 事에 맞지 않는다. 그러면 이것을 일러 무엇인고?

不是物 不是心 不是佛 不是祖 不是神 不是鬼 不是衆生이로다.

總是境界如何

물건도 아니요, 마음도 아니다. 부처도 아니요, 조사도 아니다. 귀신도 아니요, 도깨비도 아니다. 또한 중생도 아니다. 그러면 도대체 이것은 어떤 경계인고?

大似寇賊破家니라.

도적놈들을 그냥 두었다가는 집안이 망하는 것과 같도다.[35]

---

35   앞의 책, 「도적이 들면 집안이 망한다」, 『月山禪師法語集』, 불국사, 1999, 개정판, p.188.

월산 스님은 상당법문에서 주장자를 즐거이 사용하였다. 물론 우리나라 선사들이 법상에서 주장자를 사용하는 것은 다반사이지만, 월산 스님은 자유자재하게 주장자를 사용하였다. 금오 스님으로부터 전수받은 것은 불자(拂子)임에도 불구하고 불자를 내세운 흔적은 보이지 않고 주장자를 활용하였고, 사진에서도 주장자를 잡고 있는 장면이 유난히 많은 편이다. 어떻게 보면 월산 스님의 법문은 주장자로 시작하여 주장자로 끝난다고 할 수도 있을 것이다.

　　이 법어도 불국선원의 결제법문인데 주장자를 들어 보이시면서 '이것이 무엇이냐' '이뭣고' '주장자라고 하면 이치에 맞지 않고, 주장자가 아니라고 하면 사리에 맞지 않는다. 그러면 이것을 무엇이라고 해야 할 것인가? 일러 보아라.'고 대중들에게 말씀하셨다. 이는 마치 금오 스님이 완도의 여름 바닷가에서 돌멩이를 들어 보이시면서 '이것이 마음 안에 있느냐, 마음 밖에 있느냐 일러보아라'고 다그치던 상황과 다르지 않다.

　　또한 이것은 물건도, 마음도, 부처도, 조사도, 귀신도, 도깨비도, 중생이라고 해도 맞지 않다. 그러면 도대체 이것은 어떠한 경계인가? 이것을 모르는 사람은 도적놈과 같으니 집안에 그대로 두었다가는 집안이 망한다. 이 주장자를 일러서 무엇이라고 해야 할 것인가? 한번 일러보아라. 이 경계를 알지 못하는 사람은 집안을 망하게 하는 도적과도 같다. 도대체 이것이 무엇인고?

　　더욱 노파심절에서 관계지한(灌溪志閑, ?~895)이 말산(末山)의 비구니 요연(了然)에게 선문답에서 당하여 3년간 원두(園頭)를 살면서 절

치부심(切齒腐心), 와신상담(臥薪嘗膽) 하면서 '이뭣고' 화두로 용맹정
진하여 3년 만에 깨달음을 얻어 임제선사 문하로 가서 인가를 받았
다는 『선문염송(禪門拈頌)』의 일화를 소개하고 있다.[36] 그리고 다시
대중들에게 묻기를,

(노사께서 다시 주장자를 들으셨다.)

이것이 무엇인고?

무(無)도 아니요

유(有)도 아니요

부처(佛)도 아니요

중생(衆生)도 아니다.

그럼 무엇이란 말인가?

부지런히 공부해서 해제 날에는 한 마디 이르라.[37]

---

36 慧諶 述, 『禪門拈頌集』 권19(고려장46, 310하)
    慧諶, 覺雲 『禪門拈頌拈頌說話會本』 권19 (한불-전5, 573하), 【古則】(七六五) 灌溪
    垂語云 我在臨濟處得一杓 我在末山處 得一杓 又云十方無壁落 四面亦無門 露
    躶躶赤洒洒 沒可把 天童覺拈 灌溪恁麼說話 且道 是臨濟處得底 末山處得底 雖
    然一箭雙鵰 奈有時走殺 有時坐殺 且作麼生得恰好去 捏聚放開都在我 拈來拋去
    更由誰[一杓]臨濟處得一杓者 我見臨濟無言語 是一杓耶 此後疑有一段公案 末山
    處得一杓者 不露頂 非男女相尊貴家風也 十方無壁落云云者 都來是一箇虛空把
    捉不得也 然則捏聚放開都在我 拈來拋去更由誰天童 有時走殺者 臨濟處得地也
    坐殺者 末山處得地也 捏聚云云者 走殺坐殺 又有什麼."
37 앞의 책, 「도적이 들면 집안이 망한다」, 『월산선사법어집(月山禪師法語集)』, 불국사,
    1999, 개정판, p.190.

앞에서 내어준 화두를 다시 챙기고 있다. 전자는 물건도, 마음도, 부처도, 조사도, 귀신도, 도깨비도, 중생도 아니라고 하였지만, 후자는 무도, 유도, 부처도, 중생도 아니라고 했다. 혹시 유와 무에 떨어질 것을 염려하여 간절히 일러주고 있다. 즉 부처도, 조사도, 유도, 무도, 중생도 아닌 '이것이 무엇인고'라고 하는 화두이다.

월산 스님은 자취를 많이 남기지 않아서 논문의 전개에 어려움이 많았다. 그럼에도 불구하고 논자는『월산선사법어집(月山禪師法語集)』의 각종 법어를 보면서 반드시 어록에 근거를 들어서 설법한 모습을 발견하고 조사어록을 많이 편람하였음을 알 수 있었다. 자신의 말씀을 하시면서도 조사어록에 근거를 들어 예화를 제시하고 있다. 그것도 철저한 고증과 정확한 인명 예화를 제시하고 있음에 놀라웠다. 다시 '이뭣고'에 대한 화두는,

(노사께서 법상에 올라 주장자를 들어 보이고 대중에게 세 번 물으셨다.)

이것이 무엇인고?

이것이 무엇인고?

이것이 무엇인고?

(대중이 대답이 없자 차를 한 모금 마시고 게송을 읊으셨다.)

三界唯一心 삼계는 오직 마음뿐이니

心外無別法 마음 밖에는 아무것도 없다.

心佛及衆生 마음과 부처와 중생은

是三無差別 아무런 차별이 없다.

마음과 중생과 부처와 차별이 없는 사람, 여기에 딱 계합되어 둘이
아닌 경계에 있는 사람, 이 사람이 누구인가?[38]

여기서도 '이것이 무엇인고'라고 하여 '이뭣고' 화두를 강조하고 있
다. 앞에서도 마음도, 부처도, 중생도 아니라고 하였지만, 여기서는
마음과 중생과 부처와 차별 없는 사람을 설하면서 '이것이 무엇인고'
라고 하였다. 즉 앞에서는 부정으로 전개하였지만, 여기서는 긍정으
로 전개하면서 '이뭣고' 화두를 당부하고 있다. 논자는 얼마 전에 종
우 스님으로부터 월산 스님께서 '이뭣고' 화두를 챙기는 모습에 대해
전해들은 일이 있었다. 종우 스님은 현재 불국사 주지이고, 월산 스
님을 모시고 불국선원이 개원될 때부터 지금까지 선원에서 수행하고
있으며, 선원장을 맡아 수행을 지도하고 있다.

월산 큰스님을 모시고 불국선원에서 수행하면서 가끔 시내에 목욕
을 갈 때 차에서 내리시면서도 이-, 이-, 이-, 이뭣고라고 하셨습니
다. 이뭣고를 다 하지 않더라도 이-, 이-, 이- 를 반복하시면서 '이뭣
고'를 챙겼습니다.[39]

종우 스님은 월산 스님을 모시고 불국선원이 개원되면서부터 선원

---

38   앞의 책, 「쉬운 일과 어려운 일」, 『月山禪師法語集』, 불국사, 1999, 개정판, p.203.
39   필자는 종우 스님으로부터 이 이야기를 2019년 3월 30일 토요일 오후 3시경 경주
     코모드호텔에서 들었다.

에서만 수행했던 상좌이다. 그는 월산 스님께서 '이뭣고' 화두에 철저하였음을 직접 옆에서 보았다고 한다. 평소는 말할 것도 없고, 차를 타고 어디를 가다가 차에서 내리면서까지 이-, 이-, 이- 를 되풀이하였다고 한다.

월산 스님은 모든 화두로 해결되지 않고 미진할 때도 '이뭣고'를 하라고 한다.

> 여기에 이르면 구자무불성(狗子無佛性)이니, 정전백수자(庭前栢樹子)니 혹은 간시궐(乾屎橛), 마삼근(麻三斤)이니 하는 화두가 일시에 환해진다. 만약 이때 조금이라도 의심이 있으면 또 다시 이 무엇인고? 하고 전력의심해야 하느니라.[40]

이 법문은 참선지도 방법에서 다시 언급하고자 한다. 그러나 모든 화두가 다 해결된 뒤에도 조금이라도 의심이 있으면 '이뭣고' 화두를 참구하라고 하였다. 그러므로 무자화두나, 정전백수자, 간시궐, 마삼근 화두로도 해결되지 않는 것은 '이뭣고'로 해결할 수 있다고 강조하고 있음을 알 수 있다.

또 상좌의 49재를 맞아 영가법문을 하면서 '이뭣고' 화두를 일러주고 있다.

---

40   앞의 책, 「參禪學人이 새겨둘 法門」, 『月山禪師法語集』, 불국사, 1999, 개정판, p.302.

너 이놈 종명이 영가야! 종명이 영가야! 종명이 영가야!

영가는 내가 너를 세 번 고성으로 부른 뜻을 알겠느냐?

영가의 주인공은 지금 어디에 있는고?

아직 성성한가?

성성하다면 한 마디 일러보라.

(한참 양구하다가 주장자를 세 번 울리고 게송을 읊으셨다.)

生長喚主人公　　일생 동안 주인공을 부르며

不受人諫向不同　　남의 말 듣지 말라 신신당부했더니

今日惺惺何處去　　오늘은 정신 차리고 어디로 가는고

滿山松柏起悲風　　산 속 소나무에는 슬픈 바람만 이누나

내 오늘 이르러 너를 생각하니 참으로 만감이 교차하는구나.

너는 12살에 내게 왔다. 어린 나이에 반찬도 만들고 빨래도 하고 시봉도 참 잘했다. 1년이 지나 내가 '이뭣꼬?' 화두를 주니 불과 며칠이 안 돼 나에게 와서 이렇게 말했다.[41]

이 영가법문은 젊은 상좌의 49재를 맞이하여 스승으로서 참으로 가슴을 저미는 간절함이 묻어 있다. 일찍 세상을 떠난 아끼던 상좌를 보내면서 종명 수좌를 부르며 좀 더 다잡아 관리하지 못했음을 자책하고 있다. 12살에 문하로 들어와서 은사스님을 시봉하던 어

41　　위의 책, 「살구씨 기름에 입을 대지 말라」, 『月山禪師法語集』, 불국사, 1999, 개정판, p.336.

린 사미인 종명에게 13살 때 '이뭣고' 화두를 준 이야기와 며칠 지나지 않아서 답을 가져왔으나 부족하였다. 그 뒤 대학을 가겠다고 해서 가라고 했고, 세상맛을 보겠다고 해서 허락한 것이 너를 일찍 보내게 되었다고 한다.

'너 주인공이 어디에 있는지 일러보아라. 일생 동안 주인공을 부르면서 이뭣고를 찾으라'고 했더니 남의 말 듣고 정신 못 차리고 가버렸으니 참으로 슬프다고 하면서 영가를 위하여 여우가 독이 든 살구씨 기름을 먹다가 죽는 것과 같다고 자책하고 있다. 논자는 이 법문을 보면서 월산 스님께서 제자를 위하는 무한한 자비심을 엿볼 수 있었다.

이상으로 월산 스님의 참구화두는 '이뭣고'라고 할 수 있다. 만공 스님으로부터 받은 '이뭣고' 화두를 금오 스님에게 완도 바닷가에서 방심하는 사이에 급소를 찔린 후 한시도 놓지 않고 씨름하였다. 설사 수행자가 다른 화두로 해결되었다고 할지라도 미흡함이 있을 때는 오직 '이뭣고'로 해결해야 한다고 강조하였다.

2. '이뭣고'가 화두가 아니라는 주장

그런데 요즈음 일부학자들 가운데 '시심마(是甚麼) 이뭣고'가 화두가 아니라고 하는 견해가 있다. 이를 살펴보면 다음과 같다.

'什麼'의 의미는 다루지 않아도 시비의 논란이 없을 것으로 사료되지만, 혹자가 '是'에 대하여 지시대명사라고 하면서 '什麼'를 동사로 간주할까하여 스쳐 지나치지 못하고 간단하게 그 의미를 제시해 보기로 한다. …(단국대학교 출판 『漢韓大辭典』)

【什麼 심마】에는 무엇, 무슨, 什은 甚으로, 麼는 末로도 쓴다.[42] 로서 표기한 것과 같이 '무엇' '어떤'이라는 뜻으로 사용된다. '什麼'는 비슷한 발음의 다른 글자로 구성되어 '甚麼' 혹은 '什么', '甚么'로서 현대중국어에서도 의문사로 사용되며, 우리나라 선가에서 '是'와 함께 '是什麼' 혹은 '是甚麼', '是什么', '是甚么'로서 '이뭣고' 화두로 통용되고 있다.[43]

즉 위 논문의 전체 맥락에서는 '시(是)'는 be동사로 사용되어 '인고' '인가'라고 하여 지시대명사인 '이'가 아니라는 것이다. '什麼' '甚麼'는 '무엇'으로 해석되어 '부정칭의문대명사'이며, '是'는 '서술격동사'로 보고 있다.[44] 따라서 우리나라에서 '是'를 '이'로 해석해서 지시대명사로 사용하는 것은 맞지 않으며, '甚麼'를 동사로 볼 수 없다는 것이다. 그래서 '이뭣고'는 화두가 될 수 없다는 주장이다. 따라서 화두가 되려면,

---

42 명준, 「碧巖錄 '是什麼'의 用處에 관한 一考」, 『禪學』 52호, 한국선학회, 2019, 재인용, p.89.

43 위의 논문.

44 위의 논문, p.95.

이러한 선사들의 단순한 '是什麼' 앞에는 '是什麼'라고 한 상황이 전제되어 있다. 어떠한 상황에서 '是什麼'라고 하였는지를 잘 살펴보면, 그 모든 상황이 화두가 되는 것이지 '是什麼' 자체가 '이뭣고' 화두인 것은 아니다.[45]

지관 스님의 『가산불교대사림(伽山佛敎大辭林)』에서도 아래와 같이 나온다.

是什麼 : ①是箇什麼와 같은 말, ②什麼와 같은 말 箇什麼라고도 한다. ③是什麼物
恁麼來 : ~은 무엇인가. '시'는 어조사로 '이다' 정도를 뜻하고, '시'의 앞에는 주어가 온다. 此箇是什麼, 這箇是什麼 등도 이러한 예이다.
是什麼物恁麼來 : '어떤 것이 이렇게 왔는가'라는 뜻. 什麼는 甚麼로 쓰기도 하고, 恁은 與, 伊로도 쓴다. 육조혜능이 남악회양에게 물은 말로서, 화두로 정착하여 후대의 문답에 널리 활용된다.[46]

지관 스님의 사전에서도 '시(是)'를 어조사로 보고 있으며, 전제어가 있어야 하지만, 육조혜능 스님과 남악회양의 문답에서 사용된 후 화두로 널리 활용되었다고 한다. 그러나 일반적으로 우리나라 한자

---

45   위의 논문, p.110.
46   智冠 編, 『伽山佛敎大辭林』 권14, 伽山佛敎文化硏究院, 2013, pp.1107-1108.

사전에서는 '시(是)'를 be동사로 사용하지 않고 ①지시하는 말, 여기, 이곳 등으로 지시대명사로 '이 시'라고 한다. ②옳을 시, 바름을 뜻한다.[47] 따라서 일반적으로 '시(是)'를 '이 시'나 혹은 '바르다'로 해석하고 있다. '이 시'인 경우는 지시대명사로 볼 수 있다. 즉 다시 말해서 우리나라에서는 '시(是)'를 be동사로 사용하지 않고 지시대명사로 통용되고 있다. 그리고 '是'는 '이'라고 하여 전제어를 가리킨다.

물론 모든 화두에는 전제어가 있다. 조주의 무자화두(無字話頭)도 구자무불성(狗子無佛性)이라는 전제어에서 무자(無字)만을 줄여서 단구를 참구한다. 항상 일체중생개유불성(一切衆生皆有佛性)인데 어찌하여 조주선사는 개에게 불성이 없다고 하였을까? 에서 나온 '無'이다. 이와 같이 '이뭣고'도 전제어가 있다. 앞에서 언급한 바와 같이 월산 스님도 만공 스님으로부터 '이 돌멩이가 너의 마음 안에 있느냐, 마음 밖에 있느냐 일러보라'고 하는데서 '이것이 무엇인고'라는 '이뭣고' 화두가 뇌리에서 떠나지 않았다고 하였다. 뿐만 아니라 "물건도 아니요, 마음도 아니다. 부처도 아니요, 조사도 아니다. 귀신도 아니요, 도깨비도 아니다. 또한 중생도 아니다. 그러면 도대체 이것은 어떤 경계인고?", "이것이 무엇인고? 무(無)도 아니요, 유(有)도 아니요, 부처(佛)도 아니요, 중생(衆生)도 아니다. 그럼 무엇이란 말인가?"라고 하여 '이뭣고'의 전제어가 분명히 있다. 그러나 평소에는 이 전제어를 생략하고 단순화시켜 단구로 '이뭣고'만을 참구한다.

---

47   이상은 감수, 『漢韓大字典』, 민중서림, 1990, p.577.

이러한 예는 '무자화두'도 다르지 않다. 또한 조주의 '정전백수자(庭前柏樹子)' 화두를 우리나라에서는 '뜰 앞의 잣나무'라고 한다. 그런데 논자가 조주선사가 주석하면서 이 화두를 설하였던 백림선사(柏林禪寺)에 가보니 잣나무는 없고 측백나무가 무성한 지역이며, 그곳에서는 '柏'을 측백나무로 여기고 있었다. 조주선사께서 가리켰던 측백나무가 지금도 있다. 백림선원의 주변에는 측백나무가 많고, 우리나라에서는 잣나무가 많으므로 우리나라 식으로 '柏'자를 잣나무로 해석하였다. 만약 우리나라 선사들이 이 현장에만 직접 가보았더라면 '뜰 앞의 잣나무'가 아닌 '뜰 앞의 측백나무'라고 하였을 것이다. 따라서 화두를 너무 문장의 구조나 문법적인 해석으로만 거론하는 것은 무리가 있다고 보인다.

그런데 '이뭣고'는 아예 화두가 아니라고 하는 견해도 있다. 성본 스님은 그의 저술에서 다음과 같이 서술하였다.

최근 한국불교 선원에서는 '이뭣고?' 화두를 참구하는 사람이 많다. 선원에서는 선지식이 '이뭣고?'라는 화두를 수행자나 신도들에게 참구하도록 공안으로 제시하고 있다. '이뭣고?'라는 화두가 언제 누구에 의해서 주장되어 한국선원의 수행자들이 많이 참구하는 화두가 되었는지 잘 알 수가 없으나, 간화선의 수행에서 볼 때 '이뭣고?' 화두는 올바른 간화선 수행을 할 수 있는 화두라고 할 수가 없다. 간화선의 수행에서 '이뭣고?'라는 화두를 제시하고 있는 곳은 유일하게 한국뿐이며, 또한 고려시대나 조선시대에도 없었던 것을 근대에 처음 주장되고 있는 화두라는 점이다. 선불교의 역사에서 간화선을 수행하는 중국이나 한국, 일본 등지에서 '이뭣고?'라는 화두를 참구하여 수행한 역사적인 사례는 없다.

'이뭣고?'를 한자로 '시심마(是甚麼)'라고도 표기하고 있는데, 『오등회원』제3권 백장회해 장에 다음과 같은 일단이 보인다.

'백장 선사가 어느 날 설법을 마치고 대중이 모두 법당에서 내려가자, 백장 선사는 대중을 불렀다. 대중이 고개를 돌리자, 백장 선사는 "이것이 무엇인고(是甚麼)?"라고 말했다.'

불법은 말로서만 설법이 끝나지 않는다. 지금 여기 자기가 존재하고 있다는 사실이야말로 불법의 진실인 것이다. 멍청하게 설법을 듣고 그것으로 불법을 납득했다고 생각한 대중들을 다시 불러서 내 말을 듣고 고개를 돌리는 그대들 각자의 확실한 존재를 자각하라는 친절한 설법이다.

중국 선어록에서 '시심마(是甚麼)'라는 말은 지금 여기저기서 자기 자신이 불법의 지혜로운 삶을 전개하는 자각의 주체를 철저히 자각하라는 경고의 법문이지 단순한 의심을 참구하는 말은 아니다.[48]

성본 스님은 '이뭣고?'는 화두가 아니라고 단언하고 있다. 중국이나, 한국, 일본에도 없는 '이뭣고?' 화두가 근대 한국에서 주장되고

---

48   정성본,『간화선의 이론과 실제』, 동국대학교출판부, 2005, pp.290-291.

있다고 하면서 '이뭣고?'(공안이 아님)[49]이라고 강조하고 있다. 여기서 문제점은 백장 선사의 예를 들면서 "이것이 무엇인고(是甚麼)?"라고 하여 이것은 인정하고 있다. 그러면서 '자기가 존재하고 있다는 사실이야말로 불법의 진실인 것이다'고 하면서 '각자의 확실한 존재를 자각하라'는 친절한 설법이지 화두는 아니라는 것이다. 이와 같이 극단적으로 단정하는 것에는 우려가 있다. 현재 우리나라 선원에서 실참하는 방법에 문제가 있음을 지적하는 것은 있을 수 있다. 그러나 선원에서 수많은 선지식들이 실참하고 있는 '이뭣고'를 화두가 아니라고 단언하는 것에는 동의할 수 없다. 선사들이 '이뭣고' 화두를 줄 때는 전제어를 이야기 하면서 주지 단순히 '이뭣고'만 하라고 하지는 않는다.

논자의 단견으로는 화두란 자기의 불성자리를 확인하는 수단이다. 그런데 위의 주장은 중국이나 일본이나, 과거에 있었다고 하면 화두이고, 그곳에 없었으면 화두가 될 수 없다는 논리이다. 그렇지만 오늘날 화두라 말은 해결하기 어려운 문제를 사회적으로도 화두라는 말로 널리 사용되고 있다. 물론 사회적인 유행어와 깨달음을 얻기 위한 수단으로 사용되는 전문용어와는 차이가 있겠지만, 화두라는 단어가 이만큼 보편화되고 있다는 논증이다. 명준 스님의 주장과 같이 전제어가 있어야 한다는 것에는 동의할 수 있지만, '이뭣고?'가 화두가 아니라는 점에는 쉽게 동의하기 어렵다. 현시대에는 얼마든지 새

---

49   위의 책, p.347.

로운 화두가 나올 수 있어야 하고, 나와야 한다고 생각한다. 단순히 선어록에 매달려서 거기에 있으면 맞고, 그렇지 않으면 틀린다는 것은 다시 생각해 볼 문제이다.

3. '시심마(是甚麼)' 화두의 전개

앞에서 언급한 바와 같이 지관 스님의 『가산불교대사림(伽山佛教大辭林)』에서도 '육조혜능이 남악회양에게 물은 말로서, 화두로 정착하여 후대의 문답에 널리 활용된다.'라고 하였다. 백용성 스님은 『선한문역 선문촬요(鮮漢文譯 禪門撮要)』 부록 「수심정로(修心正路)」의 '1. 시심마(是甚麼) 화두(話頭)에 병을 간택(揀擇)함'에서 다음과 같이 서술하였다.

> 대저(大抵) 마음을 닦는 도인(道人)들은 먼저 공부(工夫) 길을 자세(仔細)히 간택(揀擇)하여 바른 길을 얻어야 헛고생(苦相)을 아니하고 탄탄대로(坦坦大路)로 걸림 없이 갈 것입니다. 수도인(修道人)들은 자세히 들어 보시오. 사람 사람마다 한 물건이 있으니, 천지와 허공을 온통 집어삼키어 있고, 또 가는 티끌 속에도 작아서 차지 아니하오. 밝기는 백천일월(百千日月)로 견주어 말할 수 없고, 검기는 칠통(漆桶)으로도 같다 할 수 없습니다.
> 이 물건(物件)이 우리의 옷 입고 밥 먹고 잠자는 데 있지만 이름 지

을 수 없고 얼굴(모습)을 그려 낼 수 없습니다. 이는 곧 마음도 아니요 마음 아님도 아니요, 생각(生覺)도 아니요 생각 아님도 아니요, 각도 아니요 각 아님도 아니요, 하늘도 아니요 하늘 아님도 아니요, 귀신(鬼神)도 아니요 귀신 아님도 아니요, 허공(虛空)도 아니요, 허공 아님도 아니요, 일물(一物)도 아니요 일물 아님도 아니니, 그가 종종(種種) 여러 가지가 아니지만 능히 종종 여러 가지를 건립(建立)하나니, 지극히 밝으며 지극히 신령(神靈)하며 지극히 비었으며 지극히 크며 지극히 가늘며 지극히 강(强)하며 지극히 유(柔)합니다. 이 물건은 명상(名相)이 없으며 명상이 아님도 없습니다. 이 물건은 마음이 있는 것으로도 알 수 없고, 마음이 없는 것으로도 알 수 없으며, 언설(言說)로도 지을 수 없으며, 고요하여 말 없는 것으로도 알 수 없으니, 이것이 무슨 물건(物件)인가? 의심하고 또 다시 의심함에 어린아이가 어머니 생각(生覺)하듯이 간절히 하며 닭이 알을 품고 앉아 그 따뜻함이 끊이지 아니한 것과 같이 하면 참 나의 본래면목(本來面目)을 깨칠 것입니다.[50]

용성 스님은 시심마(是甚麽) 화두에 대해서 전제어를 자세히 말하면서 '이것이 무슨 물건인가?' 의심하고 또 의심함에 끊이지 않고 간절히 하면 '참 나의 본래면목을 깨칠 것'이라고 한다. '시심마' 화두의

---

50   백상규 편집, 의역, 『鮮漢文譯 禪門撮要』 부록, 「修心正路」(백용성대종사총서2, 135), 동국대학교출판부, 2016.

목적은 '참 나의 본래면목'을 깨침을 분명히 하고 있다. 또 '시심마(是甚麼)' 화두를 육조혜능과 남악회양에서 근거를 찾고 있다.

한 선각자를 친견(親見)하고 법(法)을 물었더니 그 선각자가 이르길, "시심마 화두는 사구(死句)요, 무자 화두는 활구(活句)라고 하였소." 용성이 정색(正色)하며 대답하여 말하길, "감히 명(命)을 듣지 못하겠소. 그러한 이치(理致)가 만무(萬無)하오. 시심마는 사구도 아니요, 활구도 아닌 줄로 압니다. 시심마 화두가 사구로 확정(確定)될 것 같으면 남악회양 성인(南嶽懷讓聖人)이 숭산(崇山)으로부터 왔거늘 육조 성사(六祖聖師)께서 물어 말씀하시길, '네가 어떤 곳으로 왔는가?'

회양께서 망지소조(罔知所措)하여 팔 년(八年)을 궁구하다가 확철대오하여 육조 성사의 적자(嫡子)가 되시니, 도(道)가 천하에 으뜸이었소. 어찌 사구(死句)에서 깨치시고 활구(句) 문중(門中)에 동량(棟樑)이 되었겠는가? 시심마가 활구로 확정될 것 같으면 육조 성사께서 어느 날 이르시길, '내게 한 물건이 있는데, 천지에 기둥(柱)이 되며 밝기는 해와 달과 같이 밝으며 어둡기는 칠통과 같이 검으며 머리와 꼬리, 얼굴이 없지만 우리들이 움직이고 작용하는 가운데에 있으니, 이것이 무슨 물건인가?' 하시니, 하택신회(荷澤神會)가 나이 칠 세라 곧 나와서 정례하고 대답하길, '삼세각(三世覺)의 본원(本源)이요, 신회(神會)의 각성(覺性)입니다.' 육조 성사께서, '네가 종사관(宗師冠)을 머리에 쓰고 학자(學者)를 제접(提接)할지라도 지해(知解) 종사(宗

師)밖에는 되지 못하리라' 하시니, 어찌 활구문 중에서 깨치고 사구문 중에서 지해종도가 되겠습니까? 사구이니 활구이니 하는 것은 사람에게 있는 것이 분명합니다.[51]

이 질문의 시작은 한 수행자가 와서 시심마(是甚麼) 화두는 사구(死句)이고, 무자(無字) 화두는 활구(活句)라고 하던 당시 선가의 일부 선지식들의 지도방법에 대한 질문에서부터 전개되었다. 용성 스님은 시심마(是甚麼) 화두의 시초를 육조혜능과 하택신회의 문답에서 연원을 찾고 있으며, 또한 남악회양의 문답에서도 사례를 들고 있다. '이것이 무슨 물건인가?'라고 하였을 때 하택신회의 답에는 지해종사(知解宗師)라고 하였으며, 남악회양과의 문답에서 8년 뒤에 와서 그가 '설사 한 물건이라고 해도 맞지 않습니다.'고 답하였다. '그 어떤 물건이 왔는가?'라는 질문에 회양은 8년간 간절히 참구하다가 깨쳐서 혜능의 법을 이었다고 하였다. 따라서 용성 스님은 시심마(是甚麼) 화두의 시작을 육조혜능으로부터 보고 있다.

시심마(是甚麼)는 일물(一物)의 소이연(所以緣)[52]을 알지 못해서 의심

---

51   위의 책, p.138.

52   위의 책, p.139에서는 소이연(所以緣)이라고 표기하였지만, 이는 번역자의 오류임을 밝혀 둔다. 원자료인 백상규 편집, 의역 『鮮漢文譯 禪門撮要』 부록 「修心正路」(백용성대종사총서10, 231), 동국대학교출판부, 2016.)에서는 소이연(所以然)으로 표기되어 있으며, 또 진종 백상규 저술 『覺海日輪』 권3 「修心正路」(백용성대종사총서10, 581), 동국대학교출판부, 2016에서도 소이연(所以然)으로 표기하고 있다. 소이연(所

(疑心)하는 것이니, 이 물건은 천지 허공(虛空)과 만물(萬物)을 온통 집어삼키고 있는 물건(物件)이 있으니, 이것이 무슨 물건인가? 이 물건은 있는 것으로도 알 수 없고 없는 것으로도 알 수 없으며, 없고 있는 물건도 아니요 참으로 없는 물건도 아니요, 일물(一物)이 아니라고 할 것도 아니요 다만 일물이라고 할 것도 아니요, 일체 사의(思議)로 알 것도 아니요 일체 불사의(不思議)로 알 것도 아니니, 이것이 무슨 물건(物件)인가? 이와 같이 다만 의심(疑心)할지어다. 만일 이 밖에 다른 말과 다른 사상(思想)이 있으면 병이니라. 다만 이것이 무슨 물건(物件)인가만 할지어다.[53]

용성 스님은 시심마 화두 참구법에 대해서 간단명료하게 설명하고 있다. 즉 '시심마는 일물(一物)의 소이연(所以然)을 알지 못해서 의심(疑心)하는 것'이라고 하였다. 즉 '일물이 그렇게 된 까닭을 알지 못해서 의심하는 것이다.'라고 하였다. 앞에서 전제한 것을 설명하면서 '이것이 무슨 물건인가? 이와 같이 다만 의심하라.'고 하면서 '이 밖의 다른 말과 사상이 있으면, 병이다.'라고 한다. 다만 이것이 무슨 물건인가만 참구하라고 한다. 그러면서 화두병에 대하여 설명하고 있다.

以然)이란 사전적 의미로는 '그리된 까닭'을 말한다.(엣센스국어사전, 민중서림, 1980, p.898.) 또한 『晴空圓日』(백용성대종사총서1, 743), 동국대학교출판부, 2016에서도 소이연(所以然)이라고 하였는데 여기서는 번역자가 "무슨 존재(所以然)"라고 표기하였으나 이는 '그리된 까닭'으로 번역해야 할 것이다.

53 위의 책, p.139.

그런데 용성 스님은 같은 「수심정로(修心正路)」를 두 번에 걸쳐서 게재하고 있다. 첫 번째는 『선한문역 선문촬요(鮮漢文譯 禪門撮要)』 부록 「수심정로(修心正路)」에서는 '시심마(是甚麽)'라고 하였다. 여기 서는 보통 많이 사용하는 '시심마'라고 한글로 표기하고 있다. 이 「수 심정로(修心正路)」는 '대각응화 2949년 6월 7일'이라고 말미에 밝히고 있다.[54] 즉 북방불기로서 서기로는 1922년 6월 7일에 해당된다. 두 번 째는 『각해일륜(覺海日輪)』 권3 「수심정로(修心正路)」에서는 '시삼마 (是甚麽)'라고 표기하고 있다.[55] 이 저술은 '대각응세 2956년 기사(己 巳) 11월'이라고 말미에 밝히고 있다. 이는 1929년 11월에 해당된다. 내용상의 차이는 거의 없으나 앞에서는 불(佛)을 각(覺)이라고 표현 하여 불성(佛性)을 각성(覺性) 등으로 표기하고 있다. 가장 큰 차이는 '시심마(是甚麽)'를 '시삼마(是甚麽)'라고 하였으나 왜 굳이 '시심마'를 '시삼마'라고 하였는지 구체적인 설명은 없다. 아마도 당시에 '시심마' 라고 하기보다 '시삼마'라고 읽지 않았는지 추정할 뿐이다. 이에 대해 서는 향후에 심도 있는 연구를 하고자 한다.

또 『청공원일(晴空圓日)』 「15.論心功」에서도 '시심마(是什麽)' 화두

---

[54] 위의 책, p.158에서는 '대각응화 2939년 6월 초 7일'로 번역하였으나 이는 오기이다. 원본에는 '이천구백사십구년 유월 초 칠일'로 되어 있다. 백상규 편집, 의역 『선한문 역 선문촬요(鮮漢文譯 禪門撮要)』 부록 「수심정로(修心正路)」(백용성대종사총서10, 273), 동국대학교출판부, 2016.

[55] 위의 책, p.461에서는 『각해일륜』 저술과 「육조단경요역」과 함께 '대각응세 일천구백 오십육년 기사 십일월일'이므로 1929년에 해당된다. 진종 백상규 저술 『각해일륜(覺 海日輪)』 권3 「수심정로(修心正路)」(백용성대종사총서10, 664), 동국대학교출판부, 2016.

에 대해서 설하고 있다. 이 저술은 본래 한자로 된 것을『백용성대종사총서』에서는 번역서와 원문자료를 싣고 있다. 번역에서는 '是什麼'를 '이뭣고'로 하고 있으므로 독자들의 오해가 없기를 바라며, 이러한 노파심절에서 '是什麼'를 '이뭣고'라고 한 것은 용성 스님 본인의 뜻이 아님을 밝혀 두는 바이다.

그러나 명준 스님은 용성 스님의『수심정로(修心正路)』를 인용하면서 "이뭣고와 是什麼가 병기되어 있지 않으며, '이것이 무슨 물건인고'에 대한 한문문구인 '저개시심마물(這箇是什麼物)'의 화두를 줄여서 '시심마(是什麼)'라고 하는 것을 볼 수 있음에도"라고 하면서 성철 스님의『간화정로』에서 잘못 인용하고 있다고 한다.[56]

용성 스님은『청공원일(晴空圓日)』에서 다음과 같이 서술하였다.

백운자가 묻기를,
관법(觀法) 수행 말고, 간단하고 쉬운 수행법으로는 무엇이 있습니까?
용성이 대답하기를,
두 종류가 있다. 첫째는 '반조(返照)'이고, 둘째는 '화두 의심(疑話)'이다. '반조'라는 것은 마음을 가다듬고 (몸을) 단정하게 하여 앉되, 혹 (밖으로 향하는) 시선을 (안으로) 거둬들이고 (밖으로 향하는) 청각작용을 (안으로) 되돌리기도 하며, 혹은 (밖으로 향하는) 생각을 (안으로) 되돌

56 명준,「벽암록(碧巖錄) '시심마(是什麼)'의 용처(用處)에 관한 일고(一考)」『선학(禪學)』52호, 한국선학회, 2019, 재인용, p.113.

리고 (밖으로 흐르는 의식작용을 안으로) 흐르게 하는 것이다. 섬세하고 면밀하게 반조하되 행·주·좌·와·어·묵·동·정에 철저하게 정교롭게 하여 잊지 말아야 한다. (그렇게 계속하여) 시절 인연이 도래하면 그 이치가 자연히 빛난다.

또, '화두 의심(疑話)'이라는 것은 육조혜능 대감이신 성사(聖師)께서 이르시기를, '나에게 한 물건이 있는데, 위로는 하늘을 떠받치고 아래로는 땅을 떠받치며, 밝기는 해와 같고 어둡기는 칠흑과도 같다. (내가) 움직이는 가운데에 항상 있으나, 움직이는 가운데 얻을 수 없는 것, 이뭣고.'라고 하신 것이다. '이뭣고'에서 '이'는 '한 물건'의 모양을 지칭하신 것이고, '뭣고'는 의심을 일으키는 모양이다.

'한 물건'이 무슨 존재(所以然)인 줄을 알지 못하기 때문에 의심을 크게 일으켜 한 순간도 잊지 않으면 자연 (의심에서) 말끔하게 벗어날 기약이 있을 것이다.[57]

---

[57] 백상규 저, 『청공원일(晴空圓日)』 「15.論心功」(백용성대종사총서1, 742), 동국대학교 출판부, 2016, "白雲子ㅣ 問曰觀法修行之外에 有何簡易之法乎잇가? 龍城曰有二門하니 一曰返照요 二曰疑話也니라. 返照者는 正心端坐하야 或收視而返聽하며 或返思而逆流하야 細細密密히 返照하되 行住坐臥語默動靜에 專精不忘이니 時節因緣이 到來하면 其理가 自彰也니라.
又疑話者는 大鑑聖師云吾有一物호되 上柱天하고 下柱地하며 明如日黑似漆하야 常在動用中이나 動用中에 收不得者是什麼오하시니 是者는 指一物之樣子也오 什麼者는 起疑之樣子也니라.
不知一物之所以然故로大起疑情하야念念不忘하면自有透脫之期하리라."
* '所以然'을 '무슨 존재'라고 번역한 것에는 문제가 있다. '그리된 까닭'으로 보아야 할 것이다.

용성 스님은 첫째는 반조(返照)이고, 둘째는 의화(疑話)라고 하였다. 여기서 반조란 묵조선(黙照禪)의 좌선(坐禪)을 의미하며, 의화는 간화선(看話禪)의 참선(參禪)을 말하고 있다. 특히 의화(疑話)의 시작을 육조혜능의 일물(一物)이 '그렇게 된 까닭'을 알지 못하기 때문 의심을 크게 일으키고 한순간도 잊지 않으면 자연히 깨달음을 얻게 된다고 하였다. 여기서 그는 일물(一物)에서 근원을 찾고 있다. '시심마(是什麼)'에서 '시(是)'는 '한 물건의 모양을 지칭하며', '심마(什麼)'는 '의심을 일으키는 모양'이라고 하였다. 그런데 『백용성대종사총서』의 번역에서는 '시심마(是什麼)'를 '이뭣고'라고 번역하였다. 물론 여기서 한자를 한글로 번역하는 과정에서 '시심마(是什麼)'를 '이뭣고'라고 번역할 수밖에 없는 한계가 있겠지만, 용성 스님은 시심마(是什麼)를 '이뭣고'라고는 하지 않았으며, '이것이 무슨 물건인가?'라고 의심하라고 하였다. 『청공원일(晴空圓日)』의 원본을 참고하면 더욱 명확해진다.[58] 이어서 시심마(是什麼)가 공안(公案)임을 분명히 하고 있다.

(중국 송나라의) 영은보제(靈隱普濟, 1179~1253) 선사께서 '생각이 일어나고 생각이 소멸하는 것을 두고 생사에 윤회한다고 한다. 생사에 윤회하면서도 온 힘을 다해 공안(이뭣고)을 들어야 한다. 생각의 일어남과 소멸이 사라진 자리를 고요함(寂)이라 하고, 고요함 속에서도

---

58   백상규 저, 『청공원일(晴空圓日)』(백용성대종사총서 9, 569), 동국대학교출판부, 2016.

공안이 어둡지 않은 것을 신령스러움(靈)이라 한다. 이처럼 공하고 고요하고 신령스런 앎(空寂靈知)이 무너지지도 않고 (번뇌와) 뒤섞이지도 않으면 반드시 완전한 깨침이 있게 된다'고 하셨다.

마음을 닦고 공력(功力)을 활용하는 방법에 대해서는 『각해일륜(覺海日輪)』에 자세하게 기록했기 때문에 (여기에서는) 간략하게만 기록하였다.[59]

용성 스님은 송나라 영은보제 선사의 말을 인용하면서 생사윤회하는 가운데도 공안(公案)(是什麼也)을 들어야 한다고 하였다. 번역서에서는 '이뭣고'라고 하였지만 원문에는 '시심마(是甚麼)'라고만 표기하고 있다. 특히 여기서 주목할 점은 공안이라 하면서 괄호를 하여 시심마(是什麼)라고 표기까지 해두고 있다. 그러므로 시심마 공안을 들어 고요한 속에서도 공안이 어둡지 않으면 영(靈)이라 하였고, 여기서도 무너지지 않고, 번뇌와 뒤섞이지 않으면 반드시 완전한 깨침을 얻게 된다고 하였다. 따라서 시심마(是什麼)가 공안(公案)임을 분명히 밝히고 있다.

---

59   백상규 저, 『청공원일(晴空圓日)』「15.論心功」(백용성대종사총서1, 743), 동국대학교 출판부, 2016, "普濟正士云念起念滅이 謂之生死니 當生死之際하야 盡力提起公案是什麼也이니 起滅卽盡處를 謂之寂요 寂中不昧公案을 謂之靈이니 如是空寂靈知가 無壞無雜하야사 必有大悟也라 하니라. 修心用功之法을 於覺海日輪에 詳記故로 略錄하노라."

4. '이뭣고' 화두의 실참법

성철 스님은 '이뭣고' 화두에 대하여 『성철 스님 화두 참선법』에서 자세히 설하고 있다.

'이뭐꼬' 화두를 예로 들어 보겠습니다.

대부분 '이뭐꼬' 화두를 든다고 하면 그저 "이것이 무엇인고, 이것이 무엇인고?" 이렇게 하는데 이렇게만 생각하고 있으면, "이것이 무엇인고?" 하면서 가만히 들여다보고 앉아 있는 식이 되어 버립니다. … (중략)… 그래서 '이뭐꼬'를 할 때는 이 병폐 저 병폐를 없애기 위해 예전 조사스님들은 이렇게 하라고 하셨습니다.

'마음도 아니요, 물건도 아니요, 부처도 아닌 이것이 무엇인고?'

마음도 아니고 물건도 아니고 부처도 아니니, 그러면 이것이 무엇인고?

이렇게 해야 들여다볼 수도 없고 경계에 따라서 이리 저리 따라갈 수도 없게 되는 것입니다.[60]

'이뭐꼬'[61]라고 한 분은 성철 스님인 것 같다. 그러면서 단순히 '이뭐꼬'가 아니라 전제어인 마음도, 물건도, 부처도 아닌 이것이 무엇인

---

60   원택 엮음, 『성철 스님 화두 참선법』, 김영사, 2006, p.61.
61   성철 스님은 경상도 사투리로 '이뭣고'를 '이뭐꼬'라고 한 것 같다. 위의 책에서는 법문을 그대로 녹취한 것이다 보니 '이뭐꼬'로 표기하고 있다.

고?를 참구하라고 한다. 중복되는 감은 있지만, 다시 한 번 화두에 대해서 강조한 부분을 인용해 보면 다음과 같다.

> 이제 내가 화두를 일러주겠습니다.
> '마음도 아니요 물건도 아니요 부처도 아니니 이것이 무엇인고?'
> 내가 일러준 이 화두의 뜻을 바로 알면 부처가 되고 조사가 되고 자성을 바로 볼 수 있습니다. 흔히 화두를 잘못 알고 "마음이라 하면 어떻고 물건이라 하면 어떻고 부처라 하면 어떠냐"고 하는데 그렇게 하면 안 됩니다. 어느 때 어느 곳에서 무엇을 하든지 늘 마음속에 '이것이 무엇인고' 하고 의심을 지어 가야 합니다.[62]

성철 스님은 대중 법문에서 직접 화두를 주겠다고 하면서 '마음도, 물건도, 부처도 아닌 이것이 무엇인고'라는 '이뭣꼬'를 참구하라고 한다. 경계에 끄달려서 볼 때마다 이것이 무엇인고 라고 하면 잘못된 것이라고 한다. 그러면 마음이 산만해지므로 옛 조사의 말에 중심을 두고 '이뭣꼬'를 하라고 한다. 이러한 당부는 뒤에 「지상문답」에서도 이어지고 있다.[63]

근래에 월암 스님은 『간화정로(看話正路)』에서 아래와 같이 서술하였다.

---

62   위의 책, p.195.
63   위의 책, pp.203-206.

청허의 『선가귀감』에 시설된 이 공안법문이 그대로 용성의 이뭣고? 화두에 전승되었음을 알 수 있다. 이러한 사실에 근거해 보면 이뭣고? 화두는 우리나라에서 근대에 와서 어느 날 갑자기 근거 없이 형성된 것이 아니라, 중국 조사선의 본래무일물(本來無一物)의 사상으로부터 시작되어 중국과 우리나라의 선사상사에서 면면부절 이어져 내려온 조사활구로서 본참공안(本參公案)이라는 것이 확실해진다.[64]

월암 스님은 '이뭣고' 화두의 연원을 중국 조사선의 본래무일물(本來無一物)에 두면서 중국과 우리나라에 면면히 이어져 왔다고 한다. 그는 "근세에 와서 '이뭣고' 화두를 수선자들에게 정식으로 제시한 분은 경허 스님과 용성 스님이다. 사실 두 선사는 근세 한국 선불교의 중흥조라고 일컫는 분들이다. 이 두 분의 선사에 의해 전통적으로 선문에 전해져 내려오던 시심마(是甚麽: 이뭣고)의 화두가 다시 정립되어 제시된 것이라고 할 수 있다."[65]고 주장한다.

이는 앞에서 말한 성본 스님의 중국이나 고려, 조선, 일본에도 없던 것이 근대 와서 참구되었으며, '이뭣고'를 참구하여 수행한 사례가 없다고 하는 설과는 상반된다. 논자는 앞에서 용성 스님이 밝힌 바와 같이 육조혜능에서부터 그 근거를 유추할 수 있다고 생각한다.

---

64   월암, 『간화정로(看話正路)』, 클리어마인드, 2판, 2009, p.483.
65   월암, 『친절한 간화선』, 담앤북스, 2012, p.323.

대한불교조계종 교육원 불학연구소와 전국선원수좌회에서 공동으로 편찬한 『간화선』에서는 다음과 같이 나온다.

‘이 뭣고(是甚麼)?’ 화두 같으면 이렇다.

"밥 먹고 옷 입고 말하고 보고 듣는 이놈, 언제 어디서나 소소영영(昭昭靈靈)한 주인공 이놈이 무엇인고?"

"마음도 아니고, 부처도 아니고, 한 물건도 아닌 이것이 무엇인가?"

"부모미생전 나의 본래면목이 무엇인고?"

"이 송장을 끌고 다니는 이놈이 무엇인고?"

‘이 뭣고?’ 화두는 앞에 든 여러 가지 중 하나만 택해 의심을 지어가면 된다. 하나 더 부연하자면 전제를 통해 화두를 들 때는 한 전제만 들어야 한다. 물론 그 전제 사이에 우열의 차이는 없다. 하나만 택해 간절히 들면 된다. 단제만 들면서 ‘이 뭣고?’ 할 때는 ‘이’를 약간 길게 하면서 마음속으로 ‘이-’ 하는 이놈이 ‘뭣꼬?’ 하며 의심을 일으키든지, 아니면 조금 막연하지만 ‘이- 뭐- 고?’ 하면서 의심을 길고 간절하게 가져가는 것도 요령이다. 곧 전제는 간단히 해서 그것이 망상의 근원이 되지 않게 해야 한다.[66]

이 책은 2005년에 초판이 출판되었으나 옛 조사들의 가르침을 중

---

66   대한불교조계종 교육원 불학연구소, 전국선원수좌회 편저, 『간화선』, 조계종출판사, 2015, 개정판, p.228.

국 선사들 중심으로 하다 보니 한국 간화선의 특색을 드러낼 수 없어서 인용사례를 우리나라 선사들의 가르침으로 대체하였다고 한다. 뿐만 아니라 초판에서 각 선원에서 제기된 문제점과 선학자들의 의견을 수렴하여 증보 재판을 출간하였다. 종단 교육원의 불학연구소가 중심이 되었지만, 특히 현재 한국 각 선원에서 참선수행하는 선원수좌회에서 대표를 선정하여 편찬위원회 참석하여 실참하는 생생한 모습을 볼 수 있다는 점에서 중요하다.

그런데 '이뭣고' 화두에 대한 몇 가지 특색이 있다. 첫째는 지금까지 '이뭣고'라고 하여 '이'를 띄우지 않고 붙여서 사용하였지만, 여기서는 '이'와 '뭣고?'를 띄워서 표기하고 있다. 왜 그렇게 표기했는지에 대한 설명은 없지만, 지금까지는 '이뭣고?'가 '이 뭣고?'로 표기하므로 '이'를 한 단어로 보고 '뭣고?'도 다른 단어로 보고 있다는 점이다. 둘째는 이렇게 분리한 이유가 참구방법에서 "'이'를 약간 길게 하면서 마음속으로 '이-' 하는 이놈이 '뭣꼬?' 하면서 의심을 일으키든지 아니면 조금 막연하지만 '이-뭣-고?' 하면서 길고 간절하게 가져가는 것도 요령이다"고 한다. 이는 참선수행을 하면서 자신들의 경험을 가미한 방법을 제시하고 있다. 그렇기 때문에 '요령'이라고 표현한 것으로 보인다. 이러한 방법은 '나무아미타불'을 염불할 때 일자염불(一字念佛)처럼 '나-' '무-' '아-' '미-' '타-' '불-'과 같이 인성염불(引聲念佛)로 길게 뽑아 집중하는 방법과 유사하다. 더구나 염불선에서 '염불하는 자는 누구인가?(念佛者是誰)'를 참구하는 것과도 유사한 수행방법이다. 논자는 현재 한국선원에서 '이뭣고?' 화두가 이와 같이 수행 지도되고 있다는 점을 소개하고자 함에 있다.

이상에서 월산 스님의 참구화두를 중심으로 살펴보았다. 그런데 월산 스님이 참구한 화두가 '이뭣고'이다 보니 최근에 '이뭣고' 화두에 대한 진위의 문제가 제기되므로 이를 소개하고 잘못됨을 밝히는 과정에서 문장이 장황해졌다.

첫째, 월산 스님은 1945년 만공 스님으로부터 '이뭣고' 화두를 받아 선문에 들게 되었다. 그러나 별로 깊이 참구하지 않다가 1946년경 완도의 바닷가에서 금오 스님으로부터 '이 돌멩이는 마음 안에 있느냐? 마음 밖에 있느냐?'라고 세 번에 걸쳐 다그치면서 묻는 물음을 받고 답을 하지 못하였다. 이 '돌멩이 화두' '이뭣고'의 문제를 가지고 22년 동안 오매불망 화두에 전념하다가 1968년 스승인 금오 스님의 임종 직전에 답을 내어놓고 인가를 받았다. 이 화두를 들고 청도 적천사 도솔암 토굴에서 가난 속에서 처절한 수행은 말로 표현하기 어려울 정도였다. 가난과 청빈 속에서도 탁발하여 토굴의 양식보다 다리 밑의 걸인들에게 베풀었다는 이야기는 가난과 검소가 몸에 밴 월산 스님의 모습이 떠오른다. 비교적 여유 있는 불국사 주지를 하면서도 석굴암에서의 토굴생활과 불국선원에서 수좌들과 함께 보냈다. 자신의 토굴을 만들거나 사설 사암 하나 없이 수행자다운 모습을 보여주었다.

둘째, '이뭣고' 화두가 화두가 아니라고 하는 학자들의 학설을 소개하고 이 문제점을 살펴보았다. '이뭣고' 화두의 전제어가 있어야 한다는 점에서는 동의하고, 월산 스님도 전제어를 말하면서 '이뭣고'를 참구하라고 설법하였다. 그런데 '이뭣고'는 화두가 아니며, 중국이나 우리나라, 일본에도 없던 것이 근래에 와서 이를 화두화 하여 참구하라고 하니 잘못되었다는 학설에는 동의하기 어렵다.

셋째, 시심마(是甚麼) 화두의 전개에 대해 역사적인 자료를 제시하였다. 특히 용성 스님은 육조혜능이 하택신회와의 문답과 남악회양과의 문답에서 연원을 두고 있음을 밝혔다. 그러다가 서산 대사 등을 거쳐 근세에 와서 경허 스님과 용성 스님이 활발하게 '시심마(是甚麼)', '이뭣고' 화두로 제자들을 접인하였음을 밝혔다. 여기에는 반드시 전제어가 있으며, 이를 단순화 시켜서 '이뭣고' 하라고 지도하였음을 알아야 한다.

넷째, 현대 우리나라 선원에서 '이뭣고' 화두의 실참법에 대하여 언급하였다. 성철 스님의 '이뭣고' 화두의 실참지도 방법과, 종단과 수좌회에서 편찬한 『간화선』에서 게재된 것을 소개하였다. 현재 선원에서 '이뭣고'의 실참수행방법으로 선원의 생생한 모습을 볼 수 있어서 다행으로 생각한다.

이와 같이 월산 스님의 '이뭣고' 화두법이 잘못되지 않았음을 밝혔으며, 처절한 수행으로 덕숭선맥을 계승한 선지식의 수행과정을 정리해 보았다.

Ⅳ. 맺음말

이상으로 월산 스님의 선사상 중 일부를 논구해 보았다. 이번 논문에서는 월산 스님의 선수행 과정과 참구화두에 대해서 살펴보았다. 수행과정을 정리해보면, 첫 번째 1945년 수덕사에서 만공 스님으로부터 '이뭣고' 화두를 받아 정진하였다. 두 번째는 금오 스님으로부터 '돌멩이 화두' 이뭣고를 재점검 받으면서 용맹정진의 결심을 굳히게 된다. 세 번째는 1948년경 봉암사결사에 참석하여 '부처님 법대로 살자'라고 하면서 공주규약(共住規約)대로 수행하였다. 네 번째는 1953년 청도 적천사 도솔암 토굴에서 가난과 허기로 철저히 홀로 수행정진에 전념하였다. 여기서 큰 힘을 얻고 오로지 '이뭣고' 화두에만 몰두하였다. 다섯 번째는 1968년 10월 금오 스님의 입적을 앞두고 오도송을 읊어 경허 스님으로부터 전해져온 덕숭문중의 선맥을 계승하게 된다. 여섯 번째는 1974년 불국사 주지로 부임하면서 석굴암에서 토굴수행과 불국선원을 개창하여 후학을 지도하였다.

　다음으로 월산 스님의 참구화두를 중심으로 살펴보았다.

　첫째, 월산 스님은 1945년 만공 스님으로부터 '이뭣고' 화두를 받아 선문에 들게 되었다. '이뭣고' 화두를 참구하면서 처절히 수행정진한 끝에 22년 만에 금오 스님으로부터 인가를 받았다. 월산 스님의 삶과 수행은 '이뭣고'가 전부라고 하여도 과언이 아니다.

둘째, '이뭣고' 화두가 화두가 아니라고 하는 학자들의 학설을 소개하고 이 문제점을 살펴보았다. '이뭣고' 화두의 전제어가 있어야 한다는 점에서는 동의하고, 월산 스님도 전제어를 말하면서 '이뭣고'를 참구하라고 설법하였다. 그런데 '이뭣고'는 화두가 아니라고 하는 학설에는 동의하기 어렵다.

셋째, 시심마(是甚麼) 화두의 전개에 대해 역사적인 자료를 제시하였다. 용성 스님은 육조혜능으로부터 그 연원을 두고 있음을 밝혔다. 그러다가 서산 대사 등을 거쳐 근세에 와서 경허 스님과 용성 스님이 활발하게 '시심마(是甚麼)' '이뭣고' 화두로 제자들을 접인하였음을 밝혔다. 여기에는 반드시 전제어가 있으며, 이를 단순화 시켜서 '이뭣고' 하라고 지도하였음을 알아야 한다.

넷째, 현대 우리나라 선원에서 '이뭣고' 화두의 실참법에 대하여 언급하였다. 성철 스님의 '이뭣고' 화두의 실참지도 방법과, 종단과 수좌회에서 편찬한 『간화선』에서 게재된 것을 소개하였다. 현재 선원에서 '이뭣고'의 실참수행 방법으로 선원의 생생한 모습을 볼 수 있어서 다행으로 생각한다.

이와 같이 월산 스님의 '이뭣고' 화두법이 잘못되지 않았음을 밝혔으며, 처절한 수행으로 덕숭선맥을 계승한 선지식의 수행과정을 정리해 보았다.

참고문헌

- 宗寶編『六祖大師法寶壇經』(대정장48)
- 徑山沙門語風圓信, 無地地主人郭凝之 編集 『金陵淸涼院文益禪師語錄』
  (대정장47)
- 慧諶 述『禪門拈頌集』권15(고려장46)
- 慧諶,覺雲『禪門拈頌拈頌說話會本』권(한불전5)
- 月山門徒會『月山禪師法語集』, 불국사, 1999, 개정판.
- 智冠 編, 「慶州 佛國寺 聖林堂 月山大禪師碑文」, 伽山佛敎文化硏究院,
  2000.
- 聖林堂 月山大宗師之碑, 불국사 소재.
- 최석환 인터뷰 「참선만이 살길이다」『불교춘추』 3호, 불교춘추사, 1996, 5.
- 최석환, 「덕숭산 선맥을 이어온 큰스승 月山 선사」『선문화』 4월호, 선문화사,
  2009, 4.
- 단국대학교 출판부,『漢韓大辭典』.
- 智冠 編,『伽山佛敎大辭林』권14, 伽山佛敎文化硏究院, 2013, 3.
- 이상은 감수,『漢韓大字典』, 민중서림, 1990.
- 대한불교조계종 교육원 불학연구소, 전국선원수좌회 편저,『간화선』, 조계종
  출판사, 2015 개정판.
- 백상규 편집·의역『鮮漢文譯禪門撮要』부록「修心正路」(백용·성대종사총서 2),
  동국대학교출판부, 2016.
- 백상규 저,『청공원일(晴空圓日)』「15.論心功」(백용·성대종사총서 1,742), 동국대학
  교출판부, 2016.
- 진종 백상규 저술,『覺海日輪』권3「修心正路」(백용·성대종사총서 10,664), 동국대
  학교출판부, 2016.

- 원택 엮음, 『성철 스님 화두 참선법』, 김영사, 2006.
- 월암, 『看話正路』, 클리어마인드, 2판, 2009.
- ___, 『친절한 간화선』, 담앤북스, 2012.
- 정성본, 『간화선의 이론과 실제』, 동국대학교출판부, 2005.
- 『한국근현대 불교자료전집』 권68, 「비구승단 발족약사」.
- 김광식, 「전국비구승대표자 대회의 시말」, 『근현대불교의 재조명』, 민족사, 2000.
- 김광식, 「봉암사결사의 재조명」, 『봉암사결사와 현대 한국불교』, 불학연구소, 2008.
- ___, 「정금오의 불교정화운동」, 『불교학보』 57집, 동국대 불교문화연구원, 2011.
- 「1947년 봉암사결사」 『수다라』, 10집.
- 「혜암스님을 찾아서」 『고경』 2호, 불기 2540년 여름호.
- 명준, 「碧巖錄 '是什麼'의 用處에 관한 一考」, 『禪學』 52호, 한국선학회, 2019. 4.

Abstract

Thought of Seon by Wolsan Buddhist Monk

- Focused on its practice process and investigation of Whadu(話頭),
the topic of meditation

Han, Tae-sik(Bo-kwang)

(Director, Institute of Maha Bodhi Thought)

The purpose of this paper is to discuss part of the Seon Thought(禪思想) by Wolsan, a Buddhist Monk(1913-1997), especially on the process of his practice and investigation of Whadu(話頭), the topic of meditation.

Wolsan devoted himself to 'What is this?' and 'Stone Speech', inherited from Man-gong(滿空) and Geumo(金烏) respectively. He dwelled in tranquility among poverty and honesty in thebasement of the Jeok-cheon Temple(磧川寺) after 'Bongamsa Temple Association' in 1948 and 1953.

After that, he succeeded Deoksung Buddhist order following the approval of Geumo(金烏) in 1968 and devoted himself to its practice at the Seokgulam Grotto Hermitage and BulgukSeon Monastery since he was appointed as the abbot in 1974.

He also criticized theorists who insisted that 'What is this?' is not Seon Buddhism and revealed 'What is this?' was developed by Huineng, the Sixth Patriarch.

Key words

Wolsan, Geumo(金烏), Man-gong(滿空), Yong-sun(龍城), Sisimma(是甚麼), What is this?, Hwadu(話頭), Stone as topic of meditation,basement of Jeok-cheon Temple, Seokgulam(石窟庵), BulgukSeonMonastery, Bulguk Temple.

05.
월산 큰스님의 중도선 사상(2)*

한태식(보광)**

* 이 논문은 2021년 9월 9일, 월산문도회가 주최하고 대각사상연구원이 주관한 〈월산 대선사 사상의 재조명〉 학술대회에서 발표한 것을 수정 보완한 것임.
** 대각사상연구 원장, 동국대 명예교수.
ⓒ『大覺思想』제36집 (2021년 12월), pp.51-83.

한글요약

월산 스님(1913~1997)의 중도선 사상에 대해서 살펴보았다. 첫째는 월산 스님의 화두는 '이뭣고' 화두가 중심이었다. 그러면서 다양한 방법으로 선수행을 지도하고 있다. 크게 분류하면 전문선원의 수좌들을 위한 실참지도법과 재가자를 위한 근기에 맞는 지도법에 차이가 있다. 수행자의 견처(見處)를 표현하는 방법인 게송작송법과 수본진심(守本眞心)인 자심(自心)을 밝히고, 중생구제로 회향할 것을 강조하고 있다.

둘째는 월산 스님은 자신의 중도관적인 입장에서 선원대중들이 수행할 것을 설하고 있다. 스님의 중도적인 수선방법은 화두에 전념하되 양변을 버리고, 자신의 근기에 따라 중도적 입장에서 돈점수행(頓漸修行)을 하라고 하였다. 월산 스님의 중도선(中道禪)이란 자신의 근기에 따라 최적의 수행법을 선택하여 '한 법도 버리지 않는 것이 중(中)이고, 한 마음도 산란하지 않는 것이 도(道)이다'라고 한다.

셋째는 실크로드의 대미를 장식한 것은 석굴암이다. 여기서 주목해야 할 점은 달마 대사가 바다의 실크로드를 통해 중국에 와서 소림굴에서 선법을 전했고, 우리나라 대표적인 석굴인 석굴암에서 월산 스님은 정진하였고, 이를 펴기 위해 불국선원을 개원한 것이다. 특히 월산 스님은 청도 적천사 토굴에서 수행하였고, 그 연장선상에서 석굴암에서 용맹정진하였음을 볼 때 달마의 소림굴의 수행과도 유사점이 있다고 유추해 볼 수도 있다.

주제어
월산 스님, 중도선, 중도사상, 돈오점수, 달마 대사, 소림굴, 조당집, 바다의 실크로드

I. 머리말

월산 선사(1913~1997 : 월산 스님으로 통칭함)의 선사상에 대해서는 이미 발표한 바가 있다. 1차 발표에서는 주로 월산 스님의 수행과정과 참구화두가 중심이었다.[01] 그러나 2차로는 월산 스님의 선사상의 중심이 무엇인가 하는 점을 중심으로 살펴보고자 한다. 본 논문에서는 불국선원에서 결제, 해제의 선원법문과 기타 자료를 분석하고자 한다. 특히 월산 스님이 강조하였던 중도에 대한 개념과 이를 선수행에 어떻게 활용하여 수행자를 지도하였는지에 대해서 밝히고자 한다. 스님은 단순히 이론적으로만 중도를 주창한 것이 아니라 제자들이나 신도들에게도 많은 서묵 작품을 써주면서 이를 생활의 지표로 삼게 하였다. 따라서 본고에서는 「월산 선사의 중도선 사상」을 구명하고자 한다. 이를 세 가지로 요약하고자 한다.

먼저 이를 실천하는 선수행지도 방법으로 출가수행자를 위한 실참지도법과 재가자들을 위한 지도법으로 나누어 살펴보고자 한다. 월산 스님은 재가자의 선수행을 위해 부인선원을 개설하기도 하였다.

---

01 한태식(보광), 「월산 큰스님의 선사상(1)」, 『大覺思想』 32집, 대각사상연구원, 2019, 12, pp.87-136.

다음으로 월산 스님의 중도선 사상에 대해서 중도관은 과연 무엇인가 하는 점이다. 근세 우리나라 선사들 중에는 중도에 대해서 관심을 가진 분들이 있었다. 그러나 월산 스님의 중도관의 특색은 무엇인지 규명하고, 이를 선수행과 어떻게 수용하였는지 살펴보고자 한다.

끝으로 월산 스님의 선사상이 중국의 달마선과 어떻게 연관되어 있는지 구명하고자 한다. 선의 전래는 바다의 실크로드로 이어졌고, 그 종착점이 바로 석굴암이며, 여기에서 수행한 월산 스님이 결실을 맺었음을 밝히고자 한다.

Ⅱ. 선수행지도 방법

1. 실참지도법

월산 스님은 선원수좌들에게 오도송 작법을 가르치고 있다. 선원에서 수행했으나 자신의 견처(見處)를 밝힐 오도송을 짓지 못하는 납자들을 위함이다.

"우리 선가에서 사구(四句)라 함은 단단구비(單單俱非)를 말한다. 예를 들면 제1구가 '모든 것은 하나다'라고 하면, 제2구는 '모든 것은 하나가 아니다'이고, 제3구는 '하나이기도 하고 아니기도 하다' 제4구는 '하나가 아니면 아닌 것도 아니다'라고 부정하는 것을 말한다. 백비란 이런 부정이 백 번도 넘게 계속되는 것을 말한다."[02]

스님은 친절하게도 오도송의 작법인 사구게송 작법의 원리를 일러주고 있다. 선가(禪家)의 사구(四句)는 제1구는 긍정에서 제2구는 부정으로, 제3구는 긍정과 부정을 겸하고, 제4구는 부정에서 부정이니 긍정으로 다시 돌아온다는 것이다. 이렇게 백 번을 부정해도 끝이 없음을 말한다. 이는 중관학(中觀學)의 팔부중도(八不中道)와 같은 논리이다. 특히 월산 스님의 선사상에는 중도사상이 저변에 깔려 있다. 우리나라의 선사들 가운데 수좌들에게 오도송 작법의 원리를 법상에서 설하신 분은 아마도 흔하지 않는 일이다. 논자의 과문한 탓인지 모르지만 아직 들어 보지 못하였다. 이러한 수행자들의 오도송 작법은 반드시 배워야 할 필요가 있다.

이어서 수행방법에 대해 일상삼매와 일행삼매를 설하고 있다. 이 예화를 육조혜능에서 들고 있다. '육조혜능의 吾有一物하니 上柱天下柱地하고 明如日黑似漆한다. 常在動用中호대 動用中收不得이로

---

02   「此事를 모르면 咸興差事로다」, 『월산대선사법어집』, 월산문도회, 1999 개정판, p.94.

다 是甚麼?'라고 하였으나 육조혜능의 설과는 다소 차이가 있다. 혜능의 '吾有一物'[03]과 『從容庵録』雲門의 上柱天下柱地[04]와 함께 복합되어 있다. 그러면서 설하기를,

이는 모든 불조의 말이니 결정코 의심하지 말라. 마음 밖에는 한 물건도 따로 건립된 것이 없다. 근본 마음에서 만 가지 법이 생기는 것이다. 그러므로 고인이 이르기를 '심생즉종종법생(心生則種種法生)이요 심멸즉종종법멸(心滅則種種法滅)이라'고 했다. 마음이 생기면 모든 법이 따라서 생기고 마음이 멸하면 모든 법이 따라서 멸한다는 것이다.

이러한 도리를 바로 알고자 하면 그대들은 일상삼매(一相三昧)와 일행삼매(一行三昧)를 닦아야 한다. 무엇을 일상삼매라 하는가. 온갖 형상에 머물지 않고, 미움도 사랑도 없으며, 갖지도 버리지도 않으며, 이롭거나 손해거나, 무너뜨리거나 세우지 않으면 저절로 안락해지기 때문에 일상삼매라 하는 것이다. 또 무엇을 일행삼매라 하는가. 온갖 곳에 다니거나 멈추거나 앉거나 눕거나 모두가 하나의 마음이 되면 그것이 곧 도량이며, 정토가 되니 이를 일러 일행삼매라 한다. 이렇게 닦는 사람은 언하에서 광명천지를 보게 되리니 따로

---

03   宗寶 編, 『六祖大師法寶壇經』, 「頓漸第八」(대정장48, 359c01), "吾有一物 無頭無尾 無名無字 無背無面 諸人還識否."

04   離知 録, 『萬松老人評唱天童覺和尚頌古從容庵録』권2 第31則 雲門露柱 (대정장 48, 248a17), "一道神光 上柱天下柱地 初不覆藏淨裸裸赤 灑灑超見縁也."

헛수고를 할 필요가 없을 것이다.[05]

　월산 스님은 선원의 결제 상당법문에서 혜능의 '나에게 한 물건이 있으니'를 인용하면서 '마음 밖에 따로 한 물건이 없다'고 설한다. 그리고 그 증거로 『대승기신론』의 '마음이 일어나면 모든 법이 일어나고, 마음이 사라지면 모든 법이 사라진다'[06]라는 문장을 제시하고 있다. 그러면서 마음을 바르게 알고자 하면 일상삼매와 일행삼매를 닦을 것을 말하고 있다. 일상삼매(一相三昧)란 모든 형상에서 머무르지 않는 것이고, 일행삼매(一行三昧)란 행주좌와 어묵동정 간에 마음이 하나 되면 그것이 도량이고 정토이며 한 마디에 깨달을 수 있다고 한다. 이는 혜능의 『육조단경』에 근거를 두고 있다.[07] 일상삼매와 일행삼매를 성취하면 바른 마음을 얻을 수 있고, 이와 같이 되면 하늘을 버틸 수 있고 땅을 버틸 수 있다고 한다. 따라서 월산 스님은 수행의 방

05　「하늘을 버티고 땅을 버티라」, 『월산대선사법어집』, 월산문도회, 1999 개정판, p.101.

06　馬鳴菩薩 造, 眞諦 譯, 『大乘起信論』(대정장32, 577b20), "當知世間一切境界 皆依衆生無明妄心而得住持 是故一切法 如鏡中像無體可得 唯心虛妄 以心生則種種法生 心滅則種種法滅故."

07　宗寶 編, 『六祖大師法寶壇經』 定慧第4(대정장48, 352c25), "師示衆云 善知識 一行三昧者 於一切處行住坐臥 常行一直心是也 淨名云 直心是道場 直心是淨土 莫心行諂曲 口但說直 口說一行三昧不行直心 但行直心於一切法 勿有執著 迷人著法相 執一行三昧 直言常坐不動妄不起心 即是一行三昧"; 宗寶 編, 『六祖大師法寶壇經』 付囑第6(대정장48, 361a26), "師復曰 諸善知識 汝等各各淨心聽吾說 須達一相三昧一行三昧 若於一切處而不住相 於彼相中不生憎愛 亦無取捨 不念利益成壞等事 安閒恬靜虛融澹泊 此名一相三昧 若於一切處行住坐臥 純一直心不動道場 眞成淨土 此名一行三昧 若人具二三昧 如地有種含藏長 養成熟其實 一相一行亦復如是."

법에서 일상삼매와 일행삼매를 중시하고 있음을 알 수 있다.

한편으로는 수행의 방법으로 수본진심(守本眞心)이 제일수행법(第一修行法)이라고 강조하고 있다.

若欲修行인댄 先修頓悟하라. 守本眞心이 第一修行이니라. 迷心
修道하면 但助無明이니 病盡藥除하면 還是本人이니라.
만약 수행을 하고자 할진댄 모름지기 먼저 깨달으라. 본바탕이 천진
한 마음을 지키는 것이 제일 수승한 수행이니라. 마음을 모르고 도
를 닦는 것은 무명만 도와줄 뿐이니 병이 없어져 약조차 쓰지 않는
다면 앓기 전 그 사람이 아니겠는가.[08]

스님은 수행하기 위해서는 먼저 깨달아야 하고 본래 참된 마음을
지키는 것이 제일수행이라고 한다.

이 수본진심(守本眞心)에 대해서는 오조홍인의 『최상승론(最上乘
論)』에서 설하고 있다. 여기서는 수본진심을 중시하여 수차에 걸쳐
서 말하고 있다. "묻기를 수본진심(守本眞心)이 열반의 근본임을 어
떻게 알 수 있습니까? 열반의 체(體)는 적멸무위안락(寂滅無爲安樂)
이니 나의 마음이 곧 진심(眞心)이다. 망상을 끊고, 망상이 단절되면
곧 정념(正念)이니라. 정념(正念)을 갖추면 고요히 비추어 지혜가 생

---

08 「마음을 모르고 닦으면 無明만 깊어진다」, 『월산대선사법어집』, 월산문도회, 1999
개정판, p.170.

겨나느니라. 적조생지(寂照生智)하면 법성의 궁극에 도달하며, 곧 열반을 얻게 되느니라. 그러므로 수본진심(守本眞心)이 열반의 근본이니라."[09]고 한다.

또 서산 대사의 『선가귀감(禪家龜鑑)』에서도 수본진심(守本眞心)이 제일정진(第一精進)이라고 하였다.[10] 이어서 월산 스님은 설명하기를,

이렇게 말하면 그것이 頓悟頓修냐 頓悟漸修냐 하고 물으려 할 것이다. 요즘 이 문제로 천하총림이 시끄럽다. 그러나 그것은 같은 말이다. 돈수냐 점수냐를 놓고 解悟냐 證悟냐 하는 것을 간택하려는 것이 잘못된 것이다. 즉심시불임을 먼저 알면 자연히 진심이 지켜질 것이니 이는 돈수라 할 것이요. 순차상으로는 이를 알고 지키는 것이니 점수라 해도 틀린 것이 아니다. 이는 다만 천하총림의 노화상들이 공부인들의 병통을 다스리기 위해 한 방편이니 말끝을 쫓아서는 안 될 것이다.

달을 가리키면 달을 보아야지 자꾸 손가락을 보니 시비가 생기는 것이다.[11]

---

09 弘忍禪師 述, 『最上乘論』(대정장48. 377c14), "問曰 何知守本眞心是涅槃之根本 答曰 涅槃者體是寂滅無爲安樂 我心旣是眞心 妄想則斷 妄想斷故則具正念 正念具故寂照智生 寂照智生故窮達法性 窮達法性故則得涅槃 故知守本眞心是涅槃之根本."

10 休靜 述, 『禪家龜鑑』(한불전7, 640a18-a21), "守本眞心 第一精進 若起精進心 是妄非精進 故云莫妄想莫妄想 懈怠者 常常望後 是自棄人也."

11 「마음을 모르고 닦으면 無明만 깊어진다」, 『월산대선사법어집』, 월산문도회, 1999 개정판, p.170.

스님은 수행의 첫발은 돈오(頓悟)에서 비롯된다고 한다. 그 이유는 즉심시불(卽心是佛)에 두고 있다. 마음이 곧 부처이므로 이를 알고 이 참마음만 지키면 수행은 저절로 된다고 하면서 당시의 돈오돈수와 돈오점수설에 대하여 논란이 되고 있음을 말한다. 돈점을 구분하여 해오(解悟)와 증오(證悟)로 시시비비가 분분하지만, 둘 다 틀리는 것이 아니라 선지식들이 수행자들을 지도하는 방법상의 차이일 뿐이라고 한다. 그러면서 달을 가리키면 달을 보아야지 손가락만 보고 시비가 생긴다고 일갈하고 있다. 월산 스님은 수본진심(守本眞心)과 즉심시불(卽心是佛)로 당시에 크게 쟁점이 되었던 돈오돈수와 돈오점수에 대해 알기 쉽게 설하고 있다.

다음으로는 자심(自心)에 대해서 설하고 있다.

화두는 언어와 문자를 초월한 것이다. 생사윤회를 면하고자 한다면 화두를 깨쳐나가는 방법을 알아야 한다. 이것이 성불의 길이다. 성불은 自心이 곧 부처임을 깨닫는 것이다. 이 자심은 일체중생의 본성이요, 시방여래의 본래면목이다. 이 자심은 본래부터 청정하여 나고 죽음에 생멸상(生滅相)이 없고 남녀상(男女相)이 없으며, 선악상(善惡相)도 없으니 무어라 이름할 수 없고 만질 수도 볼 수도 없다.[12]

여기서는 자심(自心)을 설하고 있다. 이 자심은 위에서 말한 홍인

---

12   「參禪學人이 새겨둘 法門」,『월산대선사법어집』, 월산문도회, 1999 개정판, p.299.

의 수본진심(守本眞心)과 다르지 않다. 이 자심이 바로 부처이니 심즉시불(心卽是佛)과도 맥을 같이 하고 있다. 이것이 바로 본래면목(本來面目)이라고도 한다. 이어서 "자심을 알려면 우선 한 생각이 일어나는 근원을 볼 줄 알아야 한다. 오직 행주좌와에서 '이것이 무슨 물건인고?'를 깊이 의심하여 깨닫기를 간절히 원하는 것을 수행이라 하고 공부라 하며 참선이라 한다." 그러면서 깨달음을 믿고 죄업을 지어도 괜찮은가 하는 것이다. 즉 수행자는 철저히 계율을 지켜야 하며, 그렇지 않으면 크게 후회한다고 하였다. 즉 수행을 하면서 오는 경계과정과 수행자도 계율을 중시해야 함을 설하고 있다.

자신이 선원에서 평생 참선을 한 경험과 실참수행의 어려움에 대해서 설하면서 올바르게 수행하기를 독려하고 있다.

내가 평생 선방에서 참선을 해봐서 아는데 이 참선이란 것이 보통 하기 힘든 중 노릇이 아니다. 하루에 8시간, 10시간, 많게는 12시간도 넘게 선방에 앉아 있으려면 그것이 보통 고된 일이 아니다. 차라리 속가에 나가 농사를 짓는 것이 훨씬 편하지, 그저 청산이나 바라보며 하루 종일 앉아 있다는 것이 얼마나 힘든 일인 줄 안 해본 사람은 모른다. 그런데 그대들은 출세를 하려는 것도 아니고, 중 노릇 중에서도 가장 힘든 참선을 하려고 하니 모르는 사람은 미쳤다고 할 것이다.

그대들이 참선을 하려는 것은 그저 놀고먹기 위해서가 아니다. 생사일대사를 해결하기 위해서다. 자기의 본마음을 찾아 부처가 되기 위해서다. 그 장한 일을 하려고 그대들은 중이 되었고, 중 중에서도 참선중이 되었다.

억!

그런데 이 참선수좌들아!

지금 여러분들은 어디서 부처를 찾고 마음을 찾고 있는가?

마음을 떠나 부처가 따로 있는 것이 아니고, 부처를 떠나 마음이 따로 있는 것이 아니라고 제불제조가 그토록 간절하게 일렀거늘 지금 왜 그대들은 남의 허벅지를 긁고 있는고! 남의 다리 긁으면 거기서 부처가 보이고 마음이 보이는가?[13]

스님은 평생을 참선수행하면서 본인의 체험과 어려움을 자세히 설하고 있다. 참선수행이 쉬운 일이 아니다. 하루에 8시간, 10시간, 때로는 12시간까지 좌선을 한다는 것은 대근기가 아니면 불가능한 일이다. 그냥 선원에 앉아서 청산만 바라보고 있는 것이 아니라 육체적인 조복을 받아야 하고, 졸음을 이겨내어야 하며, 번뇌망상을 걸어 내어야 한다. 그런데 그 어려운 길을 선택하여 수행하면서 참선화두에 전념하지 않고 마음을 다른 곳에서 찾으려고 하는가라는 일침이다. 앞에서 수본진심(守本眞心)과 자심(自心)이 부처임을 강조하였다. 그러나 마음 찾기에는 전념하지 않고, 마음 밖에서 부처를 찾으려고 하니 이는 남의 허벅지를 긁고 있는 것과 무엇이 다른가라고 하는 질책이

---

13   「남의 허벅지를 긁지 말라」, 『월산대선사법어집』, 월산문도회, 1999 개정판, p.208.

다. 중 노릇 중에서도 가장 어려운 길을 선택하였으면, 가장 훌륭한 승려가 되어야 하는데 왜 깨달은 자가 나오지 못하는가라고 하는 반성이기도 하다. 이에 대해 당시 선원의 실태에 대해 수행납자들에게 일침을 가하는 법문이 있다.

> 一人은 說過佛祖하되 一步行不得이요. 一人은 行過佛祖하되 一句不得이요. 一人은 說得行得하고, 一人은 說不得行不得이라. …
> (중략) … 이 중에 어떤 사람이 뛰어난 사람인가? 자네들은 이 중 어디에 해당되는가?[14]

즉 한 사람은 말 잘하기를 부처나 조사보다 낫지만, 한 걸음도 행하지는 못하고, 한 사람은 행이 부처와 조사보다 뛰어나지만, 한 구절도 말할 줄 모른다. 또 한 사람은 말도 잘하고 행도 잘하며, 한 사람은 말도 못하고 행도 못한다. 선원에서 수행하는 그대들은 이들 중 누가 뛰어난 사람이라고 생각하는가? 또 그대들은 이들 중 어디에 해당된다고 생각하는가라고 강하게 의문을 던진다.

스님은 불국선원의 반결제 법어에서 달마 대사의 가르침을 설하면서 몸을 던져 공부에 전념하라고 한다. 그리고 경책하기를 서산 대사의 조서승(鳥鼠僧)에 대하여 설하고 있다.

---

14   「납자가 해야 할 일」, 『월산대선사법어집』, 월산문도회, 1999 개정판, p.248.

결제 때 공부하지 않으면 나중에 다섯 가지 도둑중으로 몰리게 된다. 다섯 가지 도둑중이란 어떤 중을 말하는 것인가. 서산 대사가 이르기를 말세의 비구에게는 여러 가지 이름이 있는데 조서승(鳥鼠僧), 아양승(啞羊僧), 독거사(禿居士), 지옥재(地獄滓), 피가사적(被袈裟賊)이라 했다. 조서승이란 박쥐중이란 말이니 중도 아니고 속도 아닌 모습으로 사는 자를 말한다. 아양승은 벙어리 염소중이란 말이니 염소처럼 매앰매앰 할 뿐 혀를 가지고도 설법을 못하는 자를 말한다. 독거사는 대머리 거사란 말이니 겉은 중인데 속으로는 속인의 마음을 쓰는 자를 말한다. 지옥재는 지옥 찌꺼기란 말이니 죄가 하도 무거워 지옥에 떨어져 옴짝달싹할 수 없는 자를 말한다. 피가사적이란 가사 입은 도둑놈이란 말이니 부처님을 팔아서 살아가는 자를 말한다. 이 어찌 부끄럽지 아니한가?[15]

스님은 공부하는 사람은 달마 대사의 가르침과 같이 밖으로 쉬고 안으로 헐떡거리지 않으며, 마음을 장벽과 같이 해야 도에 들어갈 수 있다고 하면서 서산 대사의 가사 입은 도적에 대해서 설하고 있다. 증거를 서산 대사의 『선가귀감』에서 인용하고 있다.[16] 즉 조서승은 박쥐

---

15 「공부를 하려거든 몸을 던지라」, 『월산대선사법어집』, 월산문도회, 1999 개정판, p.264.

16 休靜 述, 『禪家龜鑑』(한불전7, 641c16-p.642a8), "佛云云何賊人 假我衣服 裨販如來 造種種業 末法比丘 有多般名字 或鳥鼠僧 或啞羊僧 或禿居士 或地獄滓 或被袈裟賊 噫 其所以以此裨販如來者 撥因果排罪福 沸騰身口 迭起愛憎 可謂恐也 避僧避俗曰鳥鼠 舌不說法曰啞羊 僧形俗心曰禿居士 罪重不遷曰地獄滓 賣佛營生曰

처럼 출가자의 정신도 속인의 정신도 없이 비승비속 생활을 하는 승려, 아양승이란 설법을 하지 못하는 승려, 독거사란 겉으로는 머리를 깎은 승려인데 속 마음가짐은 속인처럼 마음을 쓰는 승려, 지옥재란 죄를 많이 지어서 앞으로 지옥에 떨어질 승려, 피가사적이란 가사 입은 도둑이라고 하여 이와 같은 수행자가 되어서는 안 된다는 경책이다. 온몸을 던져서 수행에 정진하라고 한다.

이어서 수선자의 마음가짐에 대하여 죽을 각오를 하고 공부하라고 한다.

> 百尺竿頭不動人　백 척 장대 끝에서 움직이지 않는 사람이
> 雖然得入未爲眞　깨달았다 하더라도 참이라 할 수 없다.
> 百尺竿頭須進步　장대 끝에서 모름지기 한 발 더 내딛어야
> 十方世界是全身　시방세계가 곧 자기의 온몸과 같이 되리라.
> 백척간두에서 뛰어내리라. 두 눈 딱 감고 뛰어내리라!
> 백척간두에서 한 발 앞으로 내딛지 못하는 것은 죽을 것이 겁나서다.
> 욕심껏 모은 것들을 잃어버릴까봐 애착하는 마음 때문이다.[17]

스님은 공부하는 방법과 공부인의 마음의 자세에 대해서 설한다. 모든 것을 다 버리고 백척간두에서도 한 걸음 더 내디뎌야 한다. 여

被裂袈賊 以被裂袈賊 證此多名 以此二字結之 此二字文出老子.”
17　「百尺竿頭에서 한 걸음 더 나서라」, 『월산대선사법어집』, 월산문도회, 1999 개정판, p.261.

기서 머뭇거리면 참으로 깨달은 사람이라고 할 수 없다. 선수행자가 무슨 애착과 욕심이 있어서 버리지 못하고 머뭇거리느냐고 수행자들을 다그치고 있다. 또한 '그대들은 건곤실색(乾坤失色)하고 일월무광(日月無光)한 그곳에 일단 몸을 던져야 한다. 크게 죽지 않으면 결코 크게 살 수 없나니라'고 한다.

결제법문에서 보조 스님의 『계초심학인문(誡初心學人文)』[18]을 인용하면서 수행자의 법문 듣는 자세에 대해서 설하고 있다.

> 법문을 잘 듣는 것도 공부하는 방법이니 이를 선문에서는 줄탁동시(啐啄同時)라 한다. 줄탁이란 달걀이 부화할 때 병아리가 안에서 톡톡 쪼으면 밖에서 어미닭이 탁탁 쪼아 마침내 껍질을 깨는 것과 같은 것을 비유함이니라. … (중략) … 그러나 줄탁동시는 다만 앉아서 시절인연이 도래하기를 기다리는 것이 아니라 병아리가 애써 분발하지 않으면 쪼아주지 않는 것이니 굳이 누가 먼저냐 하면 병아리가 먼저니라. 왜 그런고 하니 병아리는 껍질을 깨뜨리지 않으면 부화할 수 없고, 마침내 그 속에서 죽게 되기 마련이니 이는 공부인이 스스로 분발해야 할 이유이니라. 오늘 이렇게 결제를 하고 법문을 듣겠다고 모여 앉은 것은 줄(啐)이요, 산승이 법상에 오른 것은 탁(啄)이라, 이 자리가 줄탁동시의 자리니 현애상(懸崖想)을 짓거나 관문상(慣聞

---

18   知訥 述, 『誡初心學人文』(한불전4, 738b21-c04), "若遇 宗師陞座說法 切不得於法 作懸崖想 生退屈心 或作 慣聞想 生容易心 當須虛懷聞之 必有機發之時 不得隨 語學者 但取口辦 所謂 蛇飲水成毒 牛飲水成乳 智學成菩提 愚學成生死是也."

想)을 짓지 말고 허회문지(虛懷聞之)하야 기발지시(機發之時)를 만들어야 하리라.[19]

보조 스님의 『계초심학인문(誡初心學人文)』의 가르침을 인용하면서 법문 듣는 사람의 마음의 자세에 대하여 설하고 있다. 문법자(聞法者)는 법문이 어렵다고 생각하여 물러날 생각을 내거나, 평소에 늘 듣던 법문이라고 하여 쉽게 생각을 내어서도 안 된다. 마음을 비우고 법문을 들으면 반드시 깨달을 때가 있다고 하면서, 법문은 바로 줄탁동시와 같다고 한다. 법문 듣는 사람은 끊임없는 정진으로 병아리가 깨어날 준비가 되어 있어야 하고, 선지식은 이때를 놓치지 않고 쪼아 주어야 병아리가 탄생한다. 이와 같이 수행자는 늘 깨어날 준비가 되어 있어야 한다. 대부분이 스승과 제자는 줄탁동시라고 하지만, 그런데 월산 스님은 줄탁동시이지만, 병아리가 먼저라고 한다. 공부인의 자세가 되어 있어야 스승이 쪼아 줄 수 있다는 것이다. 이 결제법문이 바로 참선납자들은 깨어날 준비를 해야 하고 노승은 쪼아 주는 법문임을 말하고 있다. 따라서 수행자의 법문 듣는 자세가 얼마나 중요한지에 대한 설법이다.

또한 수행자의 자리(自利)를 위한 상구보리와 중생교화를 위한 하화중생에 대하여 설하고 있다. 이 중에서도 상구보리가 먼저임을 강

---

19   「법문(法門) 듣는 사람의 자세」, 『월산대선사법어집』, 월산문도회, 1999 개정판, p.272.

조하고 있다.

> 불교공부에는 두 가지 길이 있나니 하나는 향상일로(向上一路)하는
> 것이요. 또 하나는 향하일로(向下一路)하는 것이다. 향상일로는 참선
> 정진을 말하고, 향하일로는 중생교화를 말한다. 향상일로는 결국 향
> 하일로로 나아가기 위함이요. 향하일로는 향상일로로 나가기 위함
> 이니 이는 손등과 바닥 같으니라.[20]

수행자들이 상구보리는 하지 않고 하화중생을 하려면 되지 않는
다고 경계하고 있다. 물론 향상일로와 향하일로는 손등과 바닥같이
모두 중요하지만, 참선수행자는 먼저 자신의 수행에 전념하여 득력
을 한 후 중생구제나 남의 스승이 되고 다른 사람을 지도하여야 한
다. 산을 올라가 보지도 않고 어찌 산을 내려오려고 하느냐. 산은 올
라가기도 힘들지만 내려올 때도 조심해야 한다. 날개 부러진 새가 어
찌 거북이를 달고 하늘을 날으려고 하느냐면서 향상일로한 후에 향
하일로 할 것을 지도하고 있다.

이상으로 월산 스님의 실참지도법은 '이뭣고' 화두가 중심이지만,
다양한 상당법문을 통해 구체적으로 제시하고 있다. 이를 정리해보
면 첫째, 선원에서 수행자들에게 게송작법을 가르치고 있다. 둘째, 일

---

20   「향상일로(向上一路)와 향하일로(向下一路)」, 『월산대선사법어집』, 월산문도회,
      1999 개정판, p.221.

상삼매와 일행삼매를 중시하면서 외연과 내연을 쉬게 하고, 즉심즉 불(卽心卽佛)이기에 수본진심(守本眞心)은 바로 자심(自心)이며, 본래 면목이라고 하면서 선수행자들이 계율을 경시해서는 안 된다고 한다. 셋째, 참선이 참으로 어려운 수행인데도 도인이 못 나오는 것은 마음 밖에서 부처를 찾고 있기 때문이며, 선문답도 못하는 벙어리 수 좌들이 반찬타령이나 해제비 타령만 하고 있다고 당시 선원의 폐단을 지적하고 있다. 넷째, 공부인은 백척간두에서도 진일보해야 하며, 조사관을 투철하려면 대의심, 대분심, 대신심을 내어야 한다. 다섯째, 참선수행자의 법문 듣는 자세는 항상 줄탁동시의 준비가 되어야 하고, 향상일로로 공부하여 향하일로의 중생구제를 회향하며, 시주물의 무서움을 일깨워주고 있다.

2. 재가자 지도법

스님은 재가신도들에게도 참선을 지도하고 부인선원을 개원하였다. 대중들에게는 근기에 맞는 법문으로 지도하였지만, 언제나 선수행으로 회통하고 있다. 특히 시의적절한 법문으로 참여한 대중들에게 감동을 주었다. 식목일을 맞이한 법문에서 조주선사의 정전백수자(庭前柏樹子) 화두를 다음과 같이 이야기하였다.

조주의 잣나무는 그냥 잣나무가 아니다. 종자가 아주 귀한 것이어서

여간해서는 바람에 쓰러지거나 벌레 먹는 일이 없다. 그러나 이 잣나무는 이상한 버릇이 하나 있어서 나무 주인이 잠시만 눈을 팔거나 외출을 하면 금방 시들시들해서 말라 죽는다. 그래서 이 나무를 키우려는 사람은 한시도 잣나무에서 눈을 떼거나 바람을 피우면 안 된다. 그러므로 한 번 잣나무를 심으면 아예 늙어 죽을 때까지 잣나무 옆에서 살든가, 이사를 가더라도 반드시 파서 품속에 담고 다녀야 한다. 그러면 이 잣나무는 언제나 푸르러서 죽는 일이 없고 맛있는 잣도 주렁주렁 열린다.[21]

식목일 법회에서 조주의 정전백수자(庭前栢樹子) 화두로 잣나무 키우는 법문을 하고 있다. 참으로 시의적절한 선사다운 법문이다. 조주의 잣나무는 바로 화두이며, 땅에 심는 것이 아니라 마음에 심어서 자나 깨나 이 화두에 전념하라는 법어이다. 조금만 방심해도 화두는 멀리 달아나며 시들어 죽고 만다. 항상 마음 깊이 새겨서 참구할 것을 설하고 있다.

월하백수무현영(月下栢樹無現影)
달빛 아래 잣나무에 그림자가 나타나지 않도다.
이것이 나의 잣나무니라.

---

21   「뜰앞의 잣나무는 잘 크고 있는가」, 『월산대선사법어집』, 월산문도회, 1999 개정판, p.55.

대중들도 그대들의 잣나무를 잘 키우라.

그 잣나무 한 그루만 잘 키우면 삼세에 걸쳐 의식주 걱정을 하지 않으리라.[22]

자신의 경계를 설하고 있다. 자신은 화두가 잘 들리고 있으니 그대들도 정전백수자(庭前栢樹子) 화두를 잘 들라고 한다. 또한 이 화두만 잘 들면 깨달음을 얻어 삼세의 문제가 해결됨을 말하고 있다. 식목일 날 법문에서 나무를 잘 심자든지, 산림녹화를 하자는 것이 아니라 선사답게 조주의 정전백수자(庭前栢樹子) 화두를 예화로 들어 화두의 나무를 심자고 하였다. 참으로 선사다운 모습이다. 불교의 연중행사 대중법문에서도 항상 화두를 제시하고 있다.

또 성도재일 법문에서 대중들에게 문제를 제시하고 있다.

견명성오도(見明星悟道)라.

석가대성은 납월 팔일 새벽 동쪽에서 떠오른 샛별을 보고 도를 깨쳤다. 석가는 새벽 별을 보고 깨달았는데 그대들은 어떤 별을 보고 깨달을 것인가.

지금 그대들의 별은 어디에 떠 있는가?[23]

---

22   위의 책 p.56.
23   「그대의 별은 어떤 별인가」, 『월산대선사법어집』, 월산문도회, 1999 개정판, p.322.

납월 팔일 성도절에 대중들에게 한 법문이다. '석가모니부처님은 샛별을 보고 깨달음을 성취하였다고 하는데, 과연 그대들은 어떤 별을 보고 깨달음을 얻을 것인가'라고 하는 화두를 던졌다. 그대들의 별은 어디에 있으며, 무엇을 보고 깨달을 것인가. 그대들의 별을 가져오라고 하는 화두는 참으로 성도재일에 맞는 선사다운 법문이라고 할 수 있다.

어느 날 불자교수회의 교수들이 불국사를 찾아와서 스님께 법문을 청하였다.

여러분들은 지식이 많은 사람들이니 내가 한 가지 묻겠다. 셋은 둘에서 나오고 둘은 하나에서 나왔다. 그리고 이 1, 2, 3은 0에서 나온다. 0이 없으면 1, 2, 3, 4, 5가 나오지 않는다. 여기까지는 여러분도 잘 알 것이다. 이 산승이 묻고자 하는 것은 그러면 0은 어디서 나오느냐 하는 것이다. 내가 수학을 잘 몰라서 그러니 아는 사람 있으면 좀 가르쳐 주라.(대중이 말이 없자 노사가 대갈하셨다.)

억!

0은 바로 여기서 나왔도다.[24]

불국사를 찾은 교수불자들의 법회에서 새로운 화두를 던졌다. 불

---

24   「하나 이전에는 무엇이 있는가」, 『월산대선사법어집』, 월산문도회, 1999 개정판, p.340.

교에 대한 설법이 아니라 수학에 관해서 문제를 제시하고 있다. 모든 숫자의 근원인 0에 대한 문제를 제시하고 답하라고 다그치고 있다. 누구도 답을 하지 못하자 할을 하면서 이 할 속에서 0이 나왔다고 하는 선사다운 모습이다. 이를 알려면 참선을 하라. 참선을 하면 바로 그것을 깨달을 수 있다고 한다. 스님은 틀에 박힌 정형화 된 화두를 제시하는 것이 아니라 중생의 근기에 따라 그들만이 집중할 수 있는 화두를 대중들에게 제시하면서 정진할 것을 당부하고 있다.

이상으로 재가자를 위한 법문에서 시의적절한 법을 설하면서도 화두를 제시하고 있다. 식목일날은 정전백수자(庭前栢樹子) 화두를, 교수불자들에게는 0의 출처를 밝히라고 설하며, 성도절에는 너의 별을 찾으라고 한다. 전국신도회 간부들의 연찬회에서는 호법과 삼보의 외호를 부탁하면서 자성불(自性佛)을 찾도록 하고, 일반신도들에게는 지구의 종말이 오더라도 주인공 화두를 참구하며, 분별심과 집착심을 떠나 하루에 30분이라도 정진하는 생활선(生活禪)을 설하고 있다. 따라서 각자의 본분이나 생업에 맞는 환경 속에서 분별심과 집착심을 여의고 매일 30분만이라도 화두참구를 하는 것이 생활선임을 강조하고 있다.

III. 월산 스님의 중도선 사상

1. 월산 스님의 중도관

월산 스님의 선의 특색을 한 마디로 규정한다면 무엇이라고 해야 할까? 논자는 이 점에 많은 고민을 하였다. 예를 든다면 용성 스님의 선은 '대각선(大覺禪)'이라고 할 수 있으며, 성철 스님은 '돈오선(頓悟禪)'이라고 정리할 수 있지 않을까? 물론 이는 논자의 독자적인 견해이며 학문적으로 더 깊이 연구할 문제라고 생각한다. 이러한 면에서 월산 스님의 선은 무엇이라고 해야 할까? 결론부터 말하자면, 많은 자료와 법문 등을 분석한 결과 '중도선(中道禪)'이라고 할 수 있을 것이다. 물론 이러한 논리에 대해서는 동의하는 사람도 있겠지만, 그렇지 않은 사람도 있을 것이다. 따라서 왜 월산 스님의 간화선 특색을 '중도선'이라고 규정지을 수 있는지에 관해서 그 증거자료를 제시하면서 본 항을 전개하고자 한다.

월산 스님은 불국선원의 안거 중 법문에서 중도에 관한 상당법문이 많은 부분을 차지하고 있으며, 선수행자들의 중도에 대해 바른 이해를 촉구하고 있다. 뿐만 아니라 유묵(遺墨) 중 '중도(中道)'라는 작품을 많이 남겼다. 스님들이나 신도들에게도 중도라는 서예 작품을 많이 써주었으며, 지금도 불국사에서는 이 글씨를 판각하여 중요한 곳에 걸어두고 수행의 지표로 삼고 있다.

월산 스님은 언론사와 인터뷰를 좀처럼 허락하지 않았다. 그런데 입적 1년 전에 법체가 불편함에도 불구하고 성타 스님의 간곡한 권유에 의해 『불교춘추』와의 인터뷰를 가지면서 세상을 향해 하고 싶었던 말씀을 하셨다. 어렵게 인터뷰가 이루어졌음을 발행인 최석환은 편집자 주에서 밝히고 있다.

중도의 가르침을 전하라.
큰스님께서는 몇 차례의 인터뷰 요청을 극구 사양하셨는데 성타 스님의 배려로 큰스님의 법음을 청해 들을 수가 있었다.
3시간에 걸친 사상 초유의 대담과 2차례에 걸친 인터뷰에서 중도사상을 통해 한국불교를 바로 세우고자 강조하셨다. 〈편집자 주〉[25]

이 인터뷰에 응하신 이유는 '중도의 가르침을 전하라'라는 월산 스님께서 대중들에게 남기고 싶었던 마지막 유언과 같은 말씀에 있다. 월산 스님께서 대중들에게 전하고 싶었던 말씀이 바로 중도라는 것이다. 중도사상을 바르게 이해해야 한국불교가 바로 서며, 선수행을 제대로 할 수 있다고 한다. 『불교춘추』 최석환 발행인과의 인터뷰는 「참선만이 살길이다」는 주제어로 제목을 삼았고, 편집위원 의림 스님

---

25   최석환 인터뷰, 「참선만이 살길이다」, 『불교춘추』 3호, 불교춘추사, 1996, 5, p.15.

과의 인터뷰는 「중도를 지키면 모든 선악시비 사라져」라고 하였다.

1차 인터뷰에서는 탄생부터 출가수행의 전 과정을 소상히 밝히고 있다. 여기서 중도에 관한 말씀은 다음과 같다.

중도라는 것은 모든 것을 초월해서 모든 것을 버리지 않는 것이 중도이지. 나의 중도관은 일체 것을 초월해서 일체 것을 여의지 않는 것이 나의 중도관이지요.[26]

월산 스님의 1차 인터뷰 내용의 주제는 주로 참선에 관한 이야기와 중도에 관한 견해를 밝히고 있다. 스님은 중도란 양변을 버리는 것이 아니라 초월하는 것이라고 한다. 즉 초월하지만, 여의지 않는 것이라고 자신의 중도관을 밝히고 있다. 2차 인터뷰에서는 중도에 관해서 더욱 자세히 설명하였다.

한국의 여러 큰스님이 중도사상을 주장하시는 분이 드물어요
모르겠어요. 다른 사람은, 나는 중도를 주장해요
큰스님의 중도사상이 상당히 중요합니다.
나는 중도사상을 늘 강조해. 대개가 좋은 것은 받아들이고 나쁜 것은 버리라고 하는 것이 중도인데, 나의 중도관은 모든 것을 버리지 않고 수용하는 것이 나의 중도관이지요. 나쁜 것 버릴 것이 있어, 나쁜

<hr>

26   최석환 인터뷰, 「참선만이 살길이다」, 『불교춘추』 3호, 불교춘추사, 1996, 5, p.16.

것 고쳐서 써야지, 악이라고 버리면 돼, 고쳐야지. 더군다나 언론기관에서 좋은 것만 취하고 나쁜 것은 버리려고 하지 말고, 나쁜 것도 고쳐서. 요새 정부가 나쁜 일을 많이 하데. 마음을 고쳐야 되는데, 백성들이 조그만 법 어긴 것을 들춰내고, 대가리 큰 놈은 큰 법을 어기고 나쁜 일을 하는데, 그런 사람한테 법을 엄하게 다뤄야 해.[27]

기자가 중도에 대한 질문을 하자 1차 인터뷰 때보다 더 구체적으로 답하고 있다. 다른 선지식들은 중도에 대해서 말하지 않고 있을지도 모르지만, 자신은 중도를 주장한다고 강조하고 있다. 그러면서 다른 사람들의 중도설은 '대개가 좋은 것은 받아들이고, 나쁜 것을 버리라고 하지만' 월산 스님의 중도관은 '모든 것을 버리지 않고 수용하는 것'이라고 간단명료하게 정의를 내리고 있다. 이어서 '나쁜 것은 버릴 것이 아니라 고쳐서 써야 하고, 악도 버리지 않고 고쳐야 한다'고 하였다. 대부분이 중도를 난해하게 해석하고 있는 데 비해서 월산 스님은 중도관을 간결하게 정의하고 있다. 즉 선악을 막론하고 모두 수용하여 나쁜 것은 좋게 고치고, 좋은 것은 더 좋게 하는 것이다. 그러면서 언론기관에도 중도관적인 입장에서 좋은 기사만 쓰지 말고 나쁜 것도 고쳐서 좋게 될 수 있도록 쓰라고 한다. 또한 정치를 하는 사람들도 정부가 나쁜 짓을 많이 하면서 자신들은 빠져나가고 힘없는

---

27 의림 인터뷰, 「중도를 지키면 모든 선악시비 사라져」, 『불교춘추』 3호, 불교춘추사, 1996, 5, p.28.

백성들의 작은 죄만 들추어낸다고 일침을 가하고 있다. 월산 스님의 이러한 중도관에 대해서 불국사 회주 성타 스님과 관장 종상 스님은 월산 스님께서 평소에 자주 사용하던 중도 게송을 소개해 주었다.

不捨一法이 中이요   한 법도 버리지 않는 것이 중이며
一心不亂이 道니라   한 마음도 산란하지 않는 것이 도이니라.[28]

중도에 대한 인터뷰 기사와 같이 나쁘고 좋은 것을 하나도 버리지 않는 것이 '중(中)'이요. 어떠한 경계에도 마음이 산란하고 흔들리지 않는 것이 '도(道)'라고 정의하고 있다. 그러면서 '중도(中道)'라는 붓글씨를 많이 쓰셨다고 한다.

2. 월산 스님의 중도선

월산 스님은 중도관에 입각해서 선원수행자들을 지도하였다. 결제 법문에서도 다음과 같이 중도법문을 하였다.

---

28   『大覺思想』, 32집 화보, 「성림당 월산 대종사 中道觀」, 대각사상연구원, 2019.12.
      성타 스님, 종상 스님과의 인터뷰. 논자는 2019년 7월 22일 오후 5시 50분경 중국성
      지순례 후 귀국 중에 '이 문장을 월산 스님께서 평소에 즐겨이 사용했던 게송이며,
      中道라는 붓글씨를 쓸 때도 늘 말씀하셨다'고 하는 이야기를 불국사 승가대학장 정
      수 스님과 같이 듣고 확인하였음.

佛法門中에는 不捨一法이라. 부처의 경계에서는 하나도 버릴 것이 없다 했다. 왜 그런가? 예를 들어 법당 하나 짓는다고 하자. 법당에는 기둥도 필요하고 대들보도 필요하고 서까래와 기와도 필요하다. 이렇게 보면 먼지 하나도 버릴 것이 없다.

그러나 祖師關門에는 不受一塵이라. 조사의 관문을 투철하고자 하면 티끌 하나도 용납할 수 없다. 왜 그런가? 일체의 경계는 환화요 번뇌이니 이를 버리지 않고서는 조사의 관문을 통과할 수 없기 때문이다. 이렇게 보면 하나도 취할 것이 없다.

하나는 하나도 버릴 것이 없다는 것이고, 또 하나는 취할 것이 없다.

하나는 하나도 버릴 것이 없다는 것이고, 또 하나는 하나도 받아들일 수 없다는 것이니 그러면 이 경계에 이르러 어떻게 해야 하는가?

버려야 하는가?

오늘은 이 한 마디를 묻겠다.

이르라![29]

월산 스님은 불국선원에서 상당법문을 하면서 부처님 법에는 '한 법도 버릴 것이 없다'고 했는데 조사관문에서는 '한 티끌조차도 받아들일 수 없다'라고 했으니 서로 다르지 않은가? 조사관을 하려면 '모든 것을 버리고, 번뇌를 놓아야 하니 취할 것도 없다. 이때 어떻게 해

29   「일월(日月)은 동서(東西)에 걸리지 않는다」, 『월산대선사법어집』, 월산문도회, 1999 개정판, p.91.

야 하는가?'라고 수좌들을 다그쳤다. 이 물음에 한번 일러보라고 하면서 부처님과 제바달다의 이야기를 예를 들고, 또 통효범일(通曉梵日)국사가 중국의 염관제안(鹽官齊安) 화상을 만나 참문한 일화를 소개하였다.

어디서 왔는가?
東國에서 왔습니다.
陸路로 왔는가, 水路로 왔는가?
두 길을 모두 거치지 않고 왔습니다.
일월이 다니는데 동서가 무슨 장애가 되겠습니까?
이 말에 염관화상은 인가를 했다.
과연 동방의 보살이로다.
실로 그러하다. 좌우에 머물지 않고 시비선악을 벗어나며 그 마음이 한가로우면 극락과 지옥이 모두 쓸데없는 것이다. 여기에 이르면 不捨一法과 不受一塵이 손바닥이요 손등임을 알게 되리라.[30]

이 일화는 통효범일(通曉梵日, 810~889)이 염관제안(鹽官齊安, ?~842)을 참알하여 깨달음을 인가 받은 대목이다. 사굴산파의 개산조인 범일은 22세에 당나라로 유학을 가서 제안화상을 만나 거침없는 문답에서 선지를 보인 것이다. 제안화상은 범일국사를 동방의 보살

---

30   위의 책, p.93.

이라고 하였다. 그러자 범일은 '어떻게 해야 성불할 수 있습니까'라고 묻자 제안은 '도는 닦을 필요가 없고 다만 오염되지 말고 부처도 보려고 하지 말고 보살도 보려고 하지 말아라. 평상심이 도이니라'고 하였다. 이 말에 범일은 크게 깨쳤다고 한다.[31]

왜 월산 스님은 중도법문을 설하면서 제안과 범일의 일화를 소개하고 있을까? 스님은 불사일법(不捨一法)과 불수일진(不受一塵)의 상반된 말을 하면서 범일의 일월(日月)은 동서가 없음을 말하고 있다. 이어서 시비선악을 벗어나면 불사일법(不捨一法)과 불수일진(不受一塵)은 손바닥과 손등과 같이 하나임을 설하고 있다. 중도란 양변에 치우치지 않으면서 서로 상반된 논리가 하나임을 말하고 있다. 그 하나는 바로 양변을 초월한 경지이다.

우리나라의 선수행자들은 남종선의 혜능이 신수보다 우수하고, 신수의 돈오점수(頓悟漸修)보다 혜능의 돈오돈수(頓悟頓修)가 뛰어난 수행방법이라고 여기고 있었다. 그런데 월산 스님은 돈오돈수와 돈오점수의 시비에 휘말리지 말라고 하였다. 신수와 혜능의 두 게송을 읊은 후 다음과 같이 법문을 하였다.

그러나 여러분은 이를 두고 신수와 혜능의 법기(法器)에 대해 가볍게

---

31   『祖堂集』권17(고려대장경영인본 45, 339a, 동국대학교 역경원 1976), "尋善知識 參彼鹽官齊安大師 大師問曰 什摩處來 答曰 東國來, 大師進曰 水路來陸路來, 對云 不踏兩路來, 旣不踏兩路闍梨爭得到這裏, 對曰 日月東西有什摩障碍, 大師曰 實是東方菩薩, 梵日問曰 如何卽成佛, 大師答曰 道不用修 但莫汚染 莫作佛見菩薩見 平常心是道 梵日言下大悟."

말하지 말라. 신수 대사도 나중에 측천무후와 중종, 예종의 귀의를 받아 낙양과 장안에서 문풍을 크게 날려 뒷날 三帝國師 兩京法主라는 이름을 얻게 되었다. 그리하여 뒷날 사람들은 南能北秀라 하여 양자강 남쪽에는 혜능이요 북쪽에는 신수가 크게 떨친다 했다.

우리가 이 법문에서 배워야 할 것은 고인들이 먼지를 없애기 위해 얼마나 많은 정진을 했느냐에 있다. 頓悟頓修냐 頓悟漸修냐에 매달려 시비를 하다보면 고양이 한 마리 때문에 온 난리를 치던 저 남전문하의 烏合緇衆과 같으리니 내 문하에서는 그 같은 일을 삼가라. 다만 근기에 따라 공부를 하되 물러섬이 없어야 하리니 그것이 공부하는 이의 길이니라.

人人盡欲出常流　　사람마다 보통 사람보다 뛰어나길 원하지만
折合還歸炭裏坐　　편견에 치우치면 숯더미 속으로 돌아가리라.[32]

한국선은 혜능의 남종선의 선맥을 전승하다 보니 그의 돈오돈수(頓悟頓修)가 최고의 가치로 생각하고 있다. 그런데 월산 스님은 신수의 돈오점수(頓悟漸修)도 대단히 중요한 수행방법임을 설하고 있다. 한 곳에 치우치다 보니 남전참묘(南泉斬猫)와 같은 공안이 나온 것이다. 한 곳에 치우치므로 고양이만 죽이게 되었다는 말이다. 선수행자들이 경계해야 할 것은 양변에 치우치는 것이다. 자신의 근기에 따라 돈오돈수든지 돈오점수를 할 수 있는 것이지 반드시 돈오돈수만이

32　　「허공의 먼지를 쓸어내라」, 『월산대선사법어집』, 월산문도회, 1999 개정판, p.247.

196　월산 대선사 생애와 中道禪 사상

바르다는 것은 아님을 설하면서 중도적 입장에서 수행할 것을 강조하고 있다.

또한 월산 스님은 중도란 말 이전의 소식이라고 피력하였다.

참선공부하는 납자가 항상 조심할 일은 말끝에 매달리는 일이다. 언어나 문자란 하나의 감옥이니 말끝을 따라다니다 보면 그르치게 되니라. 그래서 이르기를 '聲句以前의 소식을 알라'고 했느니라. 성구 이전의 소식을 알고자 하는가?

喚馬何曾馬   말이라 부른들 어찌 말이 되며
呼牛未必牛   소라 부른들 반드시 소가 아니니
兩頭都放下   두 가지를 모두 놓아버리고
中道一時休   중도도 한꺼번에 쉬어야 하리.³³

참선공부하는 납자들은 말이나 문자에 매달려서는 안 되고, 언어나 문자는 하나의 감옥과도 같다고 하면서 말 이전의 소식을 아는 것이 불교라고 한다. 그러면서 중도(中道)라는 말에도 매이지 말고, 한꺼번에 쉬라고 한다. 즉 중도란 말에 있는 것이 아님을 설하고 있다. 말 이전의 소식임을 알아야 한다. 앞에서 언급한 바와 같이 혜능과 신수에서부터 시작된 돈점의 논쟁은 1990년경 한국불교계의 수행방법에서 큰 이슈로 대두되었다. 당시에는 해인사 성철 스님의 돈

---

33   「경구이전(聲句以前)의 경계」, 『월산대선사법어집』, 월산문도회, 1999 개정판, p.157.

오돈수(頓悟頓修)와 송광사 보조 스님의 돈오점수(頓悟漸修) 논쟁이
불교계뿐만 아니라 학계의 관심 사항이었다. 이에 대해 월산 스님은
다음과 같이 자신의 견해를 개진하였다.

요즘 학인들 사이에 돈오돈수가 맞느냐 돈오점수가 맞느냐로 시끄럽
다. 나에게도 여러 사람이 견해를 물었다. 그러나 여러분은 이 시비
에 휘말리지 말라.
頓悟頓修 無行足虎　돈오돈수는 움직일 발이 없는 범이요
頓悟漸修 無智目鳳　돈오점수는 바라 볼 눈이 없는 봉황이로다.

돈오돈수와 돈오점수는 종문의 스승들이 근기에 따라 공부를 가르
치기 위한 처방에 불과하다. 그러나 이로 인해 공부가 방해가 되고
학인들이 말끝만 쫓아다니니 산승이 처방을 내리리라.
向上一路行禪子　향상일로를 걷는 참선학도는
頓漸兼去東海投　돈점을 모두 거둬 동해바다에 버려라.
咄!　　　　　　　애닯구나!³⁴

이 법어는 당시에 불교계의 수행에 있어서 뜨거운 논쟁의 대상이
되었으며, 고려시대의 보조선에 대해 성철 스님이 문제를 제기한 것

34　「頓悟頓修와 頓悟漸修를 모두 버리라」, 『월산대선사법어집』, 월산문도회, 1999 개
　　정판, p.135.

이다. 보조선은 조계종의 종지에도 어긋나며, 돈오점수(頓悟漸修)의 수행방법은 맞지 않는다고 주장하였다. 그러다 보니 대부분의 선지식들이나 학자들이 어느 한 편을 지지하면서 자신의 수행방법을 밝힐 때였다. 이러한 시기에 월산 스님은 '돈오돈수와 돈오점수 모두에 문제점이 있다. 돈오돈수는 호랑이지만 발이 없어서 한 걸음도 앞을 못 가고, 돈오점수는 봉황이지만 지혜의 눈이 없어 앞을 못 본다.'고 지적하면서 돈점(頓漸)의 논쟁을 모두 동해에 버리라고 일갈하였다. 당시의 교단으로서는 신선한 충격이 아닐 수 없다.

월산 스님은 중도실상에 대해서도 분명하게 설하였다.

佛法은 처음에는 恁麼也不得이요 不恁麼也不得이다. 그래서 總不得又不得이다. 그러나 恁麼也打요 不恁麼也打로다. 그러나 여기서 進一步하면 恁麼也得이요 不恁麼也得이니, 恁麼也不打요 不恁麼也不打가 된다. 이것이 中道實相이니 中道란 바로 二邊處中의 中道이기 때문이니라.[35]

즉 월산 스님의 중도관은 처음에는 이래도 맞지 않고 저래도 맞지 않는다. 그래서 모두 다 아니요 아닌 것도 아니다. 이래도 한 방망이, 저래도 한 방망이 맞는 까닭이다. 그러다가 더 나아가면 이래도 맞고 저래도 맞는다. 그래서 이래서 안 때리고 저래도 안 때린다. 이것이

---

35   「中道의 자리」, 『월산대선사법어집』, 월산문도회, 1999 개정판, p.232.

중도실상이며, 중도란 두 변을 떠나 가운데 머물러 있기 때문에 중도라고 한다. 즉 중도관은 이변처중(二邊處中)이라고 하였다.

(처음에는) 이래도 맞고 저래도 맞는 것이다. 그리고 (다음에는) 이래도 때리지 않고 저래도 때리지 않는 것이다. 이러한 경계를 중도라 한다. 중도는 이것이라거나 저것이라거나 하는 양변의 집착을 모두 떠난 경계다. 유와 무를 떠나되 유와 무를 떠나지 않으니 비유하면 수레의 두 바퀴를 움직이는 것은 바퀴 자체가 아니라 두 바퀴를 움직이는 축이다. 이 축을 끌면 두 바퀴가 따라서 움직이는 것이니 이는 좌우를 초월하되 그것을 버리지 않는 것이다. 여기에 이르러야 能生能活의 경지가 된다.

더 쉬운 예를 하나 들겠다. 출가한 사람은 처음에는 일체를 버리나니 일체는 유요, 출가는 무다. 그러나 공부가 익으면 다시 그 버렸던 일체를 제도하러 나서니 이는 유무를 초월한 세계다. 여기서 다시 그것을 떠나고, 떠난 것도 떠나게 되면 이는 還歸本處가 된다.[36]

월산 스님은 이 앞에 전제로 황룡조심(黃龍祖心, 1025~1100)의 제자인 청원유신(靑原有信)의 상당법문인 산시산 수시수(山是山 水是水)를 예화로 들고 있다. 유신선사(有信禪師)는 법상에 올라 "노승이 30년 전에 아직 참선을 하지 않았을 때는 산을 보면 산이었고, 물을 보면

---

36   위의 책.

물이었지만, 그 뒤 선지식을 친견하고 깨달은 경계가 조금 있게 되자 산을 보아도 산이 아니었고, 물을 보아도 물이 아니었다. 지금 번뇌망상이 모두 없어진 경지가 되고 보니 이전 그대로 산을 보면 바로 산일뿐이고 물을 보면 물일뿐이다. 대중들이여, 이 세 가지 견해는 같은가, 다른가?"[37] 라고 법문을 하였다.

이 말이 우리나라의 온 국민에게 회자 된 것은 성철 스님의 신년 법어에서 비롯되었다. 그로 인해 성철 스님의 대표적인 법어처럼 알려졌지만, 실은 청원유신(靑原惟信)의 유일한 상당법문이다. 아무런 느낌도 없이 단순히 보았을 때 산은 산이고 물은 물이지만, 다시 한번 살펴보면 부정 인식으로 산은 산이 아니고, 물은 물이 아니다. 그러나 그 부정의 단계를 넘어서면 다시 긍정으로 돌아와서 환귀본처(還歸本處)하면 참모습이 보인다. 이것이 진여실상(眞如實相)이며 중도실상(中道實相)이라고 월산 스님은 설하였다. 월산 스님은 이를 쉽게 이해시키기 위하여 출가자의 수행방법을 예화로 들고 있다. 초심자에게는 일체를 버리라고 하지만, 수행이 무르익으면 중생구제를 위해 환귀본처(還歸本處)해야 하라고 한다. 그리고 중도란 수레의 두 바퀴가 아니고 두 바퀴를 움직이는 축이라고 하면서 수선자들에게 중도적으로 수행정진할 것을 독려하였다.

---

37 元代 圓極居頂 編, 『續傳燈錄』 권22 (대정장51, 614b29), 『五燈會元』(만속장138, 670a8), "吉州青原惟信禪師上堂 老僧三十年前未參禪時 見山是山水是水 及至後來親見知識有箇入處 見山不是山 見水不是水 而今得箇休歇處 依然見山祇是山 見水祇是水° 大衆這三般見解是同是別."

월산 스님은 자신의 중도관적인 입장에서 선원대중들이 수행할 것을 설하고 있다. 스님의 중도적인 수선방법은 화두에 전념하되 첫째는 양변을 버리는 것이 아니라 초월하여 이변처중(二邊處中)이라고 한다. 둘째는 자신의 근기에 따라 중도적 입장에서 돈점수행(頓漸修行)을 하라고 한다. 셋째는 불사일법(不捨一法)과 불수일진(不受一塵)이 손바닥이요 손등과 같으니 둘이 하나라는 것이다. 넷째는 수레 두 바퀴의 축과 같으니 환귀본처(還歸本處)하라고 한다. 이를 정리하면, 한 법도 버리지 않는 것이 중이며(不捨一法是中), 한 마음도 산란하지 않는 것이 도라고 하였다(一心不亂是道), 즉 월산 스님의 중도선(中道禪)이란 자신의 근기에 따라 최적의 수행법을 선택하여 불사일법(不捨一法)과 일심불란(一心不亂)으로 용맹정진하는 수행방법이라고 할 수 있을 것 같다.

IV. 바다 실크로드의 결실
- 토굴, 석굴수행, 청도 적천사 토굴

월산 스님의 선수행은 단순한 것이라고 보기 어렵다. 청도 적천사 토굴에서 큰 체험을 한 스님은 회향을 토함산 석굴암과 불국사에서 회향한다. 이러한 회향은 바로 달마 대사의 소림굴과도 같으며, 석굴암은 실크로드의 결실이라고 할 수도 있다. 이에 대해 바다의 실크로드 중심으로 살펴보고자 한다.

황순일은 해상 실크로드로 테라와다불교가 전파되었다고 한다. 이를 요약하면, 인도에서 부처님법이 전래되는 과정에는 여러 가지 루트가 있다. 구법자들의 목숨을 건 구도행각도 있었지만, 불법을 전파하기 위하여 언어와 문자가 다른 이국으로 떠나 전법한 선지식들도 많이 있다. 특히 남방 쪽으로 간 소승불교는 바다를 이용한 해상길을 선택하였다. 이러한 길은 단지 불법을 전파하기 위해서 만들어진 것이 아니라 오래전부터 무역로로 활용된 것을 구법승이나 전법승들이 불법을 전파하는 데 이용하였던 것이다. 소승불교의 전파길인 스리랑카, 태국, 미얀마, 라오스, 캄보디아, 인도네시아, 말레이시아 등은 주로 바다의 실크로드를 이용하였다.[38]

그런데 육로로는 초원의 실크로드와 사막의 실크로드가 있다. 이 두 실크로드의 교통수단은 말과 낙타이다. 특히 초원의 실크로드에는 기마민족을 중심으로 말이 중요한 교통수단이었고, 사막의 실크로드에서는 낙타가 중심이 되고 말도 사용되었다고 볼 수 있다. 이러한 실크로드는 무역의 교역도 있었지만, 여기에 못지 않게 종교와 문화의 전파도 중요한 역할 중 하나이다.

38 　황순일, 「해상 실크로드」, 『테라와다불교의 동남아시아 전파』, 가산불교문화연구원 출판부, 1990, pp.23-29.

정수일 박사는『문명의 루트 실크로드』에서 이렇게 밝히고 있다.

기원전 3세기 인도 마우리아 왕조의 아쇼카 왕이 실론을 비롯한 3
대륙에 공식 포교단을 파견함으로써 불교의 전파가 시작되었다. 성
공적인 실론 전파에 이어 기원전 1세기 무렵부터 불교는 서역 지방
을 거쳐 동북아 일대로 확산되었다. 불교는 주로 오아시스 육로를 통
해 파미르고원을 중심으로 한 서역 일원으로 부상한 후 동쪽으로
전해져 중국이나 한국, 일본에까지 전파되어 최대의 동북아 불교권
을 형성하였다.
1천여 년간에 걸친 불교의 아시아 전파는 실크로드의 3대 간선은
물론, 佛陀路나 라마로 같은 지선을 통해서도 이루어졌다.[39]

그는 실크로드를 통한 불교문명의 전파에 대하여 바다의 실크로
드와 오아시스의 실크로드를 말하고 있다. 해로로는 스리랑카, 미얀
마, 태국, 캄보디아, 라오스, 베트남, 말레이시아반도, 자바 등을 이야
기하고 있으며, 9세기경에 티베트 등 히말라야 산속을 중심으로 밀
교가 전래 되었다고 한다. 그러면서 1천 년 동안 불교의 전파는 초
원, 사막, 바다의 3대 실크로드를 통하여 전해졌으며, 이를 불타로(佛
陀路)라고 하였다.
그는 실크로드의 백미로 석굴암을 말하고 있다.

---

39   정수일,『문명의 루트 실크로드』, 효형출판, 2002, pp.94-95.

토함산 자락 해발 565m에 자리한 석굴암은 불교석굴의 연파(延播) 선상에서 피어난 한 떨기의 꽃이다. 문명의 전파에는 중단 없이 연속적으로 이어지는 연파와 여기저기 점점이 이루어지는 점파(點播)의 두 가지 형태가 있다. 그중 연파는 전파의 연속성이 보장된 가장 확실하고도 효과적인 형태다. 인도에서 간다라미술과 융합되어 고유의 석굴미술을 구비한 채 출발한 불교석굴은 아프가니스탄의 바미얀 석굴군, 우즈베키스탄의 테르메스 석굴, 중국 신장의 키질과 쿰투리 석굴, 투르판의 베제클릭 석굴, 뚠황과 뤼양, 윈깡의 석굴, 그리고 신라의 군위 삼존석굴 등 수많은 대소 석굴들로 이어짐으로써 동서에 걸친 하나의 긴 연파대를 조성했다. 석굴암은 이 연파대의 동쪽 끝에서 가장 완숙된 모습으로 그 대미를 장식한 석굴이다.[40]

이미 알려진 일반적인 학설이긴 하지만 정수일은 석굴암이 우연히 생긴 것이 아니라 인도의 간다라미술과 융합되어 아프가니스탄의 바미얀 석굴, 우즈베키스탄의 테르메스 석굴, 투르판 석굴, 돈황 석굴, 윈깡 석굴 등과 연결된 연파형 석굴의 마지막 백미라고 한다. 특히 다른 석굴들은 대부분 암석을 파고 들어가서 이루어진 석굴이지만, 토함산의 석굴암은 창의성을 발휘하여 외부에서 부분적으로 화강석에 조각하여 산에 굴을 파고 이를 조립하여 흙을 덮은 미증유의

40   정수일, 「문명교류의 화신 석굴암」, 『한국속의 세계』(하), 창비, 2005, pp.26-27.

시공법을 도입했다고 한다.[41]

앞에서 불교학과 밀교의 전파에 대해서는 살펴보았다. 이어서 선불교의 전승에 대해서 살펴보고자 한다. 선불교의 전래는 보리달마에서 시작되고 있다. 『경덕전등록(景德傳燈錄)』 보리달마장(菩提達磨章)에는 다음과 같이 나온다.

제 이십팔조 보리달마는 남인도 향지국의 셋째 왕자이다. 종성은 刹帝利이고, 본명은 菩提多羅이다. 후에 제 이십칠조 반야다라를 만났다. (반야다라는) 본국에 이르러 왕한테 공양을 받고 보리다라[師]의 비밀스런 자취를 알고서 두 형들과 함께 시험 삼아 보시 받은 보주에 대하여 변론하게 하였는데, (이로써 보리다라는) 마음을 깨달았다. 그러자 이에 존자가 말했다.

그대는 이미 제법에 통달하였다. 대저 達磨란 通과 大의 뜻이다. 마땅히 이름을 達磨라고 해라. 이로써 보리달마라고 이름[號]을 고쳤다. 이에 달마는 반야다라 존자에게 고하여 말했다.

제가 이미 법을 얻었습니다. 장차 어느 나라로 가서 불사를 지어야 하겠습니까. 바라건대 개시를 내려주십시오.

존자가 말했다.

비록 그대가 법을 얻었지만 멀리 유행해서는 안 된다. 잠시 남천축에 머무르고 있으면서 나의 열반을 기다렸다가 이후 67년이 지나면 반

---

41   위의 책, p.22.

드시 震旦으로 가서 大法樂을 시설하여 상근기를 직접 접화하라.
결코 너무 빨리 가서 햇빛에 시들어서는 안 된다.[42]

보리달마는 인도 향지국의 셋째 왕자였다. 그의 스승은 27조 반야
다라(般若多羅) 존자였고, 그에게서 법을 받았다. 그는 반야다라가 입
적한 후 인도에서 중국으로 갈 것을 스승으로부터 부촉 받았다. 여기
서 말하는 남인도의 향지국(香至國)은 지금의 남인도 첸나이 인근이
라고 한다.

논자는 2016년 3월 19일에서 26일까지 첸나이에 있는 힌두스탄
대학과 동국대학교의 교류협정관계로 이 지역을 방문하면서 안나 대
학도 방문하였다. 그리고 아잔타 석굴, 엘로라 석굴 등을 참배하고,
뭄바이까지 순례한 일이 있었다. 이 순례 도중 3월 22일 달마 대사의
고향이라고 알려진 캄치프람의 달마 대사 사찰을 방문하여 주지인
스마다하스 스님과 불자들을 만났다. 그리고 달마 대사의 석상을 조
성하고 있는 조각회사까지 방문하였다. 이 주변에는 고대 불교유적지
가 많았고, 2세기경의 팔라와 왕조 때 조성한 불상으로 추정되는 곳

---

42 「景德傳燈錄」 권3 (대정장51. 217a), "第二十八祖菩提達磨者 南天竺國香至王第三
子也 姓剎帝利 本名菩提多羅 後遇二十七祖般若多羅 至本國受王供養 知師密迹
因試令與二兄辨所施寶珠 發明心要 既而尊者謂曰 汝於諸法已得通量 夫達磨者
通大之義也 宜名達磨 因改號菩提達磨 師乃告尊者曰 我既得法 當往何國而作
佛事 願垂開示 尊者曰 汝雖得法未可遠遊 且止南天待吾滅後六十七載 當往震旦
設大法藥直接上根 慎勿速行衰於日下."

도 참배하였다.[43]

향지국의 국왕은 달마 대사가 인도에서 중국으로 가는 여정의 준비를 잘해주었다. 왕은 큰 배를 마련하여 인도에서 중국으로 오는데 3년 동안 먹을 식량과 필수품을 가득 실어 보내면서 전송을 하였다고 한다.

왕이 곧 큰 배를 마련하여 갖가지 보배를 가득 채우고, 몸소 시료들을 거느려 해변까지 나가서 전송하였다. 달마 대사는 바다[重溟]를 떠다니며 무릇 3년 동안 추위와 더위를 겪다가 남해에 도착하였는데, 그때가 梁의 普通 8년 정미년 9월 21일이었다. 광주의 자사 蕭昂이 主禮가 되어 영접하고 武帝에게 보고[表]를 드렸다. 황제가 보고[奏]를 살펴보고 사신을 파견하여 조서를 보내 迎請하자, 10월 1일 金陵에 도착했다.[44]

달마 대사가 인도의 향지국에서 배를 타고 3년간 항해를 하여 중국에 도착한 것은 바다의 실크로드라고 할 수 있다. 특히 달마 대사는 선법(禪法)을 전하기 위해 인도에서 배를 타고 험난한 바닷길을 통하여 중국에 왔다. 따라서 선법(禪法)은 바닷길을 이용하여 전래되

---

43   「万日念佛結社」21호, 정토사, 2020.6.6., p.81.

44   「景德傳燈錄」권3 (대정장51, 219a), "王即具大舟實以眾寶 躬率臣寮送至海壖 師汎重溟凡三周寒暑達于南海 實梁普通八年丁未歲九月二十一日也 廣州剌史蕭昂具主禮迎接 表聞武帝 帝覽奏遣使齎詔迎請 十月一日至金陵."

었다. 그의 바닷길은 험난하였으며, 추위와 더위를 겪고, 파도와 싸우면서 3년 만에 중국에 도착하였다고 한다. 바다의 실크로드의 전법도 간단하지는 않다.

그는 금릉에서 무제(武帝)를 만나 법담을 나누었으나 마음이 기연에 계합하지 못함을 알고 혼자서 자리를 떠났다.

嵩山의 少林寺에서 머물면서 면벽하며 종일토록 묵연히 앉아 있었는데 아무도 그 행위를 헤아리지 못하고, 그를 壁觀婆羅門이라고 불렀다.[45]

달마 대사는 무제와의 문답에서 인연이 아님을 알고 숭산 소림사의 소림굴에서 오로지 면벽관(面壁觀)에 전념하였다. 그를 찾아온 신광(神光)을 만나 혜가(慧可)라는 불명을 주면서 정법안장열반묘심(正法眼藏涅槃妙心)을 전하였다. 27대 반야다라의 법을 받은 28대 달마 대사의 법은 29대 혜가에게 전해졌다.

달마의 벽관(壁觀)에 대하여 야나기다 세이잔(柳田聖山)은 『ダルマ』에서 '벽(壁)을 관(觀)하는 것이 아니라, 벽(壁)이 관(觀)하는 것이다'고 하면서 "벽을 관한다"는 것은 『전등록(傳燈錄)』의 달마전에서 비롯된 오해라고 한다. 그는 '달마의 벽관은 석굴사(石窟寺)의 벽면

---

45 위의 책, (대정장51. 219b), "寓止于嵩山少林寺 面壁而坐〈座?〉終日默然 人莫之測 謂之壁觀婆羅門."

을 장식하는 천불(千佛)의 부처가 부처를 보고, 불불상념(佛佛相念)의 모습을 떠나서는 있을 수 없다. 벽관(壁觀)이라고 하는 발자취는 천불동(千佛洞)의 벽이 사막을 넘어서 온 호승 달마를 관한 것으로부터 시작된다'고 한다.[46]

또한 야나기다 세이잔(柳田聖山)은 선불교의 탄생에 대하여 흥미로운 의견을 제시하고 있다. 중국 민족은 하나의 독자의 새로운 종교를 탄생시켰다. 그것은 일찍이 인도의 불교도 중국 고래의 종교와도 다른 새로운 중국사상의 탄생이라고 한다. 달마를 조사로 하는 선종(禪宗)의 발생은 그 연장선상에 있다.[47]

야나기다 세이잔의 달마의 면벽관(面壁觀)의 해석과 천불동과 석굴사원의 연계성은 새로운 학설이며, 달마의 선종이 중국불교의 새로운 탄생으로 보는 견해는 주목할 만하다. 이와 같이 중국불교의 새로운 탄생인 선종은 바다의 실크로드로 전해졌다.

---

46 柳田聖山 저, 『ダルマ』, 일본 동경 講談社, 昭和56年, pp.84-85, "ダルマの教えの基本となる實踐を, 壁觀とよぶ. 壁觀とは, 壁が觀るのである. 往往にして, 壁を觀ることと混同されて, ダルマは終日, 壁に向かって坐禪していたとか, 九年面壁したとかいわれる. 誤解はすでに古く唐代にさかのぼる. 『傳燈錄』のダルマ傳に, 「嵩山少林寺に寓止し, 面壁して坐して終日黙然たり, 人は之を測る莫く, 之を面壁バラモンと謂う」, とあるのがそれである. 昔も今も, ダルマの壁觀の正體を測る人はないのである. しかし, 壁觀は壁を觀ることではない. ダルマは, 西域を通って北魏にくる. 西域に點在する千佛洞は, ダルマのあしあとにほかならぬ. ダルマの壁觀は, 石窟寺の壁面を飾る千佛の, 佛が佛を見る, 佛佛相念のけしきをはなれてはありえない. 壁觀という言葉は, 千佛洞の壁が, 流沙を越えて來た胡僧ダルマを觀たことからはじまる."

47 위의 책, p.80, "この時以來, 中國民族は一つの獨自の新しい宗教を生む. それは, かつてのインドの佛教とも中國古來の宗教ともちがう, 新しい中國思想の誕生といえた. ダルマを祖とする禪宗の發生は, その延長線の上にある."

이와 같은 야나기다 세이잔의 달마의 벽관에 대한 재해석은 인도나 중국의 석굴사원서만 아니고 우리나라 토함산 석굴암에서도 그대로 보여주고 있다. 중앙의 석불을 중심으로 둥근 석굴벽면에는 10대 제자·관세음보살·문수보살·보현보살 등이 벽면에 서로 둘러서 마주보고 있다. 이는 유불여불(唯佛與佛)의 경지로써 부처와 부처만이 서로 주고받는 이심전심(以心傳心)의 정법안장열반묘심(正法眼藏涅槃妙心)을 상징하는 것으로 보인다.

그런데 중국 초기선종사인『조당집(祖堂集)』도 바다의 실크로드와 연관성을 지어 볼 수 있다.『조당집』은 952년 오대(五代)시대인 남당(南唐) 천주(泉州)의 초경사(招慶寺)에서 편찬되었다. 천주는 지금 복건성(福建省)의 무역항으로 국제교류가 활발한 도시였다. 특히 여기서 8킬로미터 정도 떨어진 진강(晉江) 변에는 신라원이 있어서 신라에서 내왕하는 사람들도 많았으며, 신라원에는 신라 스님들도 거주하였던 것으로 보인다. 여기에는 과거칠불부터 당말 오대까지의 선사 253명의 행적과 법어, 게송, 선문답이 실려 있고, 신라의 선사들도 10여 명이 포함되어 있다. 이 책을 편찬한 사람은 정(靜)과 균(均)의 두 사람으로 되어 있는데 야나기다 세이잔은 '두 사람 모두가 조선에서 입당한 승려가 아닐까'라고 한다.[48] 그러나 변인석은 정(靜)은 중국의 승려이고, 균(均)은 해동구법승으로 보고 있다.[49] 그런데 이 선종서가

---

48   柳田聖山, 대승불교 13,『조당집』, 일본 동경 中央公論社, 1990, p.321.
49   변인석,「한국선승 10인전기『조당집』에 처음부터 수」,「법보신문」 2014.7.30.

중국에서는 거의 알려지지 않았지만, 고려 고종 32년(1245)에 재조대장경 보판(再彫大藏經 補板)에 편입되어 있다. 이때 서문을 쓴 사람은 석광준(釋匡儁)으로 되어 있으나 그의 행적을 찾을 수 없다.

아마도 천주에서 신라인들에 의해 편찬된 선종서가 중국에서는 크게 호응을 받지 못했으나 고려에서는 귀중하게 여겨서 재조대장경 보유판에 편입시켰던 것으로 보인다. 그러나 이 전등서는 50년 뒤 『경덕전등록』의 편찬에 큰 영향을 미친 것으로 보인다.

따라서 우리나라의 선불교도 바다의 실크로드로 전해졌으며, 그 증거는 구산선문의 유학승이 대부분 서해를 이용하여 구법의 길을 떠났고, 귀국 시에도 바닷길을 이용하였다.

앞에서도 언급한 바와 같이 실크로드의 대미를 장식한 것은 석굴암이다. 여기서 주목해야 할 점은 달마 대사가 바다의 실크로드를 통해 선법이 전해졌고, 천불동도 달마의 벽관과 연관성이 있음을 살펴보았다. 그런데 우리나라 대표적인 석굴인 석굴암에서 월산 스님은 정진하였고, 이를 펴기 위해 불국선원을 개원한 것이다. 특히 월산 스님은 청도 적천사 토굴에서 수행하였고, 그 연장선상에서 석굴암에서 용맹정진하였음을 볼 때 달마의 소림굴의 수행과도 유사점이 있다고 유추해 볼 수도 있다.

V. 맺음말

이상으로 월산 스님의 중도선 사상에 대해서 살펴보았다.

첫째는 월산 스님의 화두는 '이뭣고' 화두가 중심이었다. 그러면서 다양한 방법으로 선수행을 지도하고 있다. 크게 분류하면 전문 선원의 수좌들을 위한 실참지도법과 재가자를 위한 근기에 맞는 지도법에 차이가 있다. 수행자의 견처(見處)를 표현하는 방법인 게송작송법과 수본진심(守本眞心)인 자심(自心)을 밝히고, 중생구제로 회향할 것을 강조하고 있다.

둘째는 월산 스님은 자신의 중도관적인 입장에서 선원대중들이 수행할 것을 설하고 있다. 스님의 중도적인 수선방법은 화두에 전념하되 양변을 버리고, 자신의 근기에 따라 중도적 입장에서 돈점수행(頓漸修行)을 하라고 하였다. 월산 스님의 중도선(中道禪)이란 자신의 근기에 따라 최적의 수행법을 선택하여 '한 법도 버리지 않는 것이 중(中)이고, 한 마음도 산란하지 않는 것이 도(道)이다'라고 한다.

셋째는 실크로드의 대미를 장식한 것은 석굴암이다. 여기서 주목해야 할 점은 달마 대사가 바다의 실크로드를 통해 중국에 와서 소림굴에서 선법이 전해졌고, 우리나라 대표적인 석굴인 석굴암에서 월산 스님은 정진하였고, 이를 펴기 위해 불국선원을 개원한 것이다.

특히 월산 스님은 청도 적천사 토굴에서 수행하였고, 그 연장선상에서 석굴암에서 용맹정진하였음을 볼 때 달마의 소림굴의 수행과도 유사점이 있다고 유추해 볼 수도 있다.

참고문헌

- 馬鳴菩薩 造, 眞諦 譯,『大乘起信論』, 대정장32
- 宗寶 編,『六祖大師法寶壇經』,「頓漸第八」, 대정장48
- 『祖堂集』권17, 고려대장경 영인본45
- 離知 錄,『萬松老人評唱天童覺和尚頌古從容庵録』권2 第31則 雲門露柱, 대정장48
- 弘忍禪師 述,『最上乘論』, 대정장48
- 『景德傳燈錄』권3, 대정장51
- 元代 圓極居頂 編,『續傳燈錄』권22, 대정장51
- 『五燈會元』, 만속장138
- 知訥 述,『誡初心學人文』, 한불전4
- 休靜 述,『禪家龜鑑』, 한불전7
- 『월산대선사법어집』,.월산문도회, 1999 개정판
- 柳田聖山,『ダルマ』, 일본 동경 講談社, 昭和56年
- 柳田聖山, 대승불교 13,『조당집』, 일본 동경 中央公論社, 1990.
- 황순일,「해상 실크로드」,『테라와다불교의 동남아시아 전파』, 가산불교문화연 구원 출판부, 1990.
- 정수일 저,『문명의 루트 실크로드』, 효형출판, 2002.
- 정수일 저,「문명교류의 화신 석굴암」,『한국속의 세계』(하), 창비, 2005.
- 변인석, '한국선승 10인전기『조당집』에 처음부터 수록',「법보신문」2014.7.30.
- 『대각사상』32집 화보,「성림당 월산 대종사 中道觀」, 대각사상연구원, 2019.
- 한태식(보광),「월산 큰스님의 선사상(1)」,『大覺思想』32집, 대각사상연구원, 2019.
- 「万日念佛結社」21호, 정토사, 2020.6.6.

Abstract

Middle Way Thought of Seon by
Wolsan Buddhist Monk(2)

Han, Tae-sik(Bo-kwang)

(Director, Institute of Maha Bodhi Thought)

This research examines Middle Way Thought of Seon by Great Seon Master Wolsan(1913-1997) as follows :

First, the topic of Wolsan's Hwadu(話頭) was 'What is it?.' In the meantime, he taught Seon meditation in various ways. There is a difference according to their capabilities between the actual guide for the senior monks of Seon monastery and the more suitable for the layperson. He emphasizes the need to turn to the salvation of sentient beings. It was presented the method of expressing the meditator's deluded views(見處), the Gatha hymn practice, and the own mind(自心) as the keeping the original and true mind(守本眞心).

Second, Wolsan explained what the meditators in Seon monastery should practice from a middle way point of view. He suggested was the moderate method, which is to concentrate on the Hwadu. But it was to abandon both sides, and to take a middle way stance in accordance with one's own tenacity. Wolsan's middle way thought of Seon (中道禪) means that we chooses the optimal method of training according to his or her strength. He said, "The middle way is to not throw away a single, and the ultimate principle to not give up even one mind is the way."

Third, it is necessary to concentrate at Seokguram Grotto(石窟庵), which marked the end of the Silk Road. It should be noted that the Bodhidharma came to China via the Maritime Silk Road, and the Chan(Seon) practice was transmitted to the Shaolin Cave. Afterwards, Wolsan devoted himself to Seokguram, a representative cave in Korea, and opened Bulguk Seonwon to spread his way. In particular, it can be inferred that he practiced in the crypt of Jeokcheonsa Temple in Cheongdo, performed valiantly at Seokguram as an extension of that line, that his ceremonies are similar to practice of the Bodhidharma's Shaolin Cave.

Key words

Seon Master Wolsan, Middle Way of Seon, Middle Way, Jodang Collection(祖堂集), Maritime Silk Road

06.

월산 큰스님과 불국사 선원*
-불국사 선원 개설의 역사적 배경과 의미를 중심으로

석길암**

* 이 논문은 2019년 9월 1일, 월산문도회가 주최하고 대각사상연구원이 주관한 〈월산 대종사의 생애와 삶〉 학술대회에서 발표한 것을 수정보완한 것임.
** 동국대학교 경주캠퍼스 불교학부 조교수.
ⓒ 『大覺思想』 제32집 (2019년 12월), pp.175-203.

한글요약

불국사가 오늘날 우리가 볼 수 있는 모습으로 변화하게 되는 것은 1969년 5월~1973년 7월까지 진행된 불국사 복원공사를 통해서이다. 하지만 신라의 불교문화를 대표하는 사찰로서의 불국사가 아니라, 현대 한국불교를 대표하는 사찰 중의 하나로서 불국사를 인식하고자 한다면 불국사 선원의 개설과 그 전개과정에 주목할 필요가 있다. 그리고 불국사 선원의 개설과 수좌양성에 전력을 다했던 월산 스님의 가풍과 불국사 선원의 특징을 이해할 필요가 있다.

본 논문은 그러한 점에 주목하여 '불국사 복원공사'와 '불국사 선원의 개설 및 운영'이 서로 다른 역사 문화적 배경 위에 서 있는 것임을 해명하였다. 곧 창건 이후부터 1973년에 마무리되는 불국사 복원공사에 이르기까지 불국사 가람 조영에 중심이 된 사상적 토대와 불국사 선원 건립의 사상적 토대가 서로 다른 점에 주목하였다. 그리고 이 지점으로부터 경허 스님의 불국사 선원 불사와 운영의 의미를 명확히 짚을 수 있다고 생각되기 때문이다.

불국선원은 짧은 역사에도 불구하고 범룡 스님, 송담 스님, 일타 스님, 정일 스님, 혜정 스님 등 여러 명안종사가 거쳐가면서 선풍을 떨쳤다. 무엇보다 경허-만공-보월-금오 스님으로 이어지는 덕숭선맥을 이은 월산 스님의 지도와 가르침으로 불국선원은 일시에 번성기에 들었다. 선원이 짧은 기간에도 불구하고 안착한 것은 무엇보다도 불국선원의 조실로서 바깥살림보다 안살림에 치중했던, 그랬기에 찾아드는 납자들의 제접에 소홀하지 않았던 월산 스님의 원력이 작용한 결과로 볼 수 있을 것이다.

주제어
월산, 금오, 불국사, 불국사 선원(불국선원), 신라불교문화, 현대한국불교, 가람조영

I. 머리말

한국불교는 전래와 수용의 초기 단계 이후 다양한 변화를 겪으며 오늘에 이르렀다. 불교 수용 이후 각 시대마다 새로운 불교의 흐름이 더해졌고, 그 새로운 흐름은 이전의 흐름과 융합되면서 전통의 굵은 물줄기에 새로운 힘을 더했다. 우리가 한국불교를 대표하는 사찰 중의 하나로 거론하는 불국사 역시 그 다양한 변화의 흐름을 겪어온 산증인이라 할 것이다. 창건 이후, 불국사는 통일신라의 불교인들이 그렸던 불국토를 이 땅에 형상화한 대표적인 가람으로 자리매김했다.

1300년 가까운 역사인 만큼, 불국사 역시 시대의 부침을 피해갈 수는 없었다. 창건 이후 조선 전기에 이르기까지 중수(重修)한 기록이 남아 있다. 특히 임진란 초기(1593년 5월)에 대웅전과 극락전, 자하문 그리고 금동불상과 석교, 석탑을 제외한 대부분의 건물이 왜군의 손에 일시에 소실되고 말았다. 창건 이후 약 1천 년에 이르는 동안의 중수와 복원에 관한 기록, 특히 임진왜란 이후의 복원중수에 관한 것은 영조 시대의 동은(東隱)이 지은 『불국사고금역대기(佛國寺古今歷代記)』에 상세하게 기록되어 있다.

이 불국사와 인연을 맺었던 선현들 역시 적지 않다. 『삼국유사』에 전하는 「향전」의 기록에 따르면, 창건 당시에는 표훈(表訓)과 신림(神

林)의 두 성사(聖師)가 머물렀다고 전한다. 고려 전기에는 화엄종의 원경왕사 낙진(樂眞, 1045~1114)이 1108년에 불국사에 주석했다는 기록이 전하고, 고려 후기에는 유가종의 홍진국사 혜영(惠永, 1228~1294) 역시 1274년부터 2년 동안 주석하였다는 기록이 전한다. 그리고 혜영보다 조금 늦은 시기의 인물인 유가학승 해원(海圓, 1262~1340) 역시 불국사에서 주석하였던 승려라고 전한다. 이 외에도 신라 말의 고운 최치원(857~?)은 불국사와 꽤 많은 인연을 맺고 있고, 고려 말의 문인인 이규보와 조선 전기 선승인 설잠(雪岑, 1434~1493) 등도 불국사 참배의 기록을 남기고 있다.

군이 서론에서 창건으로부터 중수, 복원불사 등에 대해서 언급한 것은 논자가 다루고자 하는 주제 때문이다. 본 논문의 주제는 '성림월산과 불국사 선원', 곧 성림월산이 불국사 선원을 창설한 배경과 선원의 특징에 대해서 논하고자 하는 것인데, 불국사에 선원이 별원으로서 독립된 공간을 구획하여 개설된 것은 월산의 선원 개설이 거의 최초라고 추정된다. 추정하기로는 조선 후기에 불국사에 수선(修禪)을 위한 전용공간이 없었다고 단정 지어서 말하기는 무리가 있다고 생각된다.[01] 그렇지만 현재로서는 불국사에 수선(修禪)을 위한 별도의 전용공간이 조성되었다는 기록은 존재하지 않기 때문에, 성림월산의

---

01 『불국사고금창기(佛國寺古今創記)』에는 영조 25년(1749)에 태인(太仁)이 광일당선실을 중건하였다는 기록이 있다. 이로 보면, 별개 공간으로서 선원이 설치되지는 않았다고 하더라도 수선(修禪)에 초점을 둔 공간은 설치되었을 가능성이 있음을 짐작할 수 있다.

불국선원 개설이 현재로서는 공식적으로 선원을 개설한 최초라고 할 수 있을 것이다. 그런데 이 불국선원의 개설은 불국사 창건 당시의 조영배경과는 일정한 거리가 있다고 생각된다.

하지만 한편으로는 불국사 선원의 개설은 근현대기 한국불교 승려들의 한국불교 전통에 대한 인식의 중요한 측면을 단적으로 보여주는 사례라고도 할 수 있다. 조선 전기 이후 한국불교는 점차 선교양종(禪敎兩宗)으로 통폐합되었고, 실질적으로는 선종 중심으로 불교 전체가 재편되는 양상을 보이게 된다. 조선 후기인 18세기 말을 전후하여 일시 화엄을 중심으로 하는 교학불교가 흥성하기도 하지만, 그 경우에도 본령이 선종에 있었음은 부정하기 힘들 것이다. 또한 근대 한국 선불교의 중흥조로 추앙받는 경허(鏡虛, 1849~1912) 이후의 일제강점기 불교의 전개 및 봉암사결사를 출발점으로 하는 현대 한국불교의 전개는 결과론적 측면에서 본다면 선문(禪門) 중심의 전통 인식과 전개를 보이고 있다고 할 것이다. 이 같은 측면에서 본다면 불국사 선원의 개설은 근현대 시기 한국불교사 전개라는 측면에서 본다면 오히려 당연한 결과물이라고도 할 수 있을 것이다.

본 논문에서는 이 같은 점, 곧 창건 이후부터 1973년에 마무리되는 불국사 복원공사에 이르기까지 불국사 가람 조영에 중심이 된 사상적 토대와 불국사 선원 건립의 사상적 토대가 서로 다른 점에 주목하고자 한다. 그리고 이 지점으로부터 성림월산의 불국사 선원 개설이 가지는 의미를 추궁해보고자 한다. 이 같은 접근은 불국사 선원이 개원하는 시기와 1973년 6월에 마무리되는 불국사 복원공사 시기가 거의 일치한다는 점에 주목한 데서 비롯된다. 불국사 복원공사와 불국사 선원 불사는 비슷한 시기에 이루어지지만, 그 지향점은 다른 데 있다고 생각되기 때문에 그 지향점을 분명히 함으로써, 불국사 선원 불사와 운영의 의미를 명확히 짚을 수 있다고 생각되기 때문이다.

이 점을 해명하기 위해서 아래에서는 불국사 창건 및 역대에 걸친 중수 및 복원불사의 지향점을 먼저 간략히 정리한다. 그런 연후에 불국사 선원 개설의 배경과 의미, 그리고 스님이 선원 운영에 있어서 지향했던 점이 무엇이었던가에 대하여 정리해보고자 한다.

II. 불국사 선원 개설 전후의 상황

중국불교와 한국불교로 대표되는 동아시아불교에 있어서 가람 곧 사원 조영의 가장 큰 특징으로 주목할 수 있는 것으로, 필자는 두 가지 측면이 있다고 생각한다. 한 가지는 대승경전의 사유구조를 반영하는 사원 조영이다. 또 한 가지는 선종의 출현과 발전에 따라 나타나는 선원(禪院) 곧 선종사원의 조영이다. 사원의 조영에 있어서 인도불교의 사원 형태와 구조가 동아시아 불교에도 반영되는 것임은 기본적으로 부정할 수 없을 것이다. 사원에서 중요한 핵심구조로 등장하는 탑의 조영이라든가, 선굴(禪窟)의 조성이라든가, 승방(僧房)이라든가 하는 요소는 인도불교에서 사원의 등장 이후 필수적인 요소이기 때문이다.

중국에서 불교가 수용되고 발전하던 초기의 사원은 대체로 추선과 공덕을 위한 예배 그리고 좌선을 위한 수행처의 역할을 동시에 겸하는 경우가 많았다. 중국 초기의 불교사원이 서역으로부터 전해진 석굴사원의 형태를 답습하고 있었고, 많은 경우 그러한 석굴사원들이 추선과 예배의 용도는 물론 선정수행을 위한 공간으로 사용되었음을 전하는 기록들[02]이 존재한다. 이로 보면, 초기의 중국불교 사원은 인도와 서역의 그것을 답습하면서 점차 중국적인 형태로 변해가는 과정을 보여준다고 하겠다.

그런데 동아시아 불교의 사원에는 이들 기본적이고 필수적인 요소 외에 특정 대승경전의 사유구조 혹은 실천과 신행의 구조를 반영하는 사원이 등장한다. 선종(禪宗)의 사원인 선원(禪院) 역시 단순히 인도의 선정수행을 위한 선굴(禪窟)이라는 단순한 형태에서 벗어나,

---

02　『續高僧傳』,「釋曇曜」(T50, 427c), "釋曇曜, 詳何許人也. 小出家, 攝行堅貞風鑒閑約. 以元魏和平年, 住北臺昭玄統, 綏緝僧衆, 妙得其心. 住恒安石窟通樂寺, 即魏帝之所造也. 去恒安西北三十里, 武周山谷北面石崖, 就而鑴之, 建立佛寺, 名曰靈巖. 龕之大者, 擧高二十餘丈, 可受三千許人. 面別鑴像窮諸巧麗, 龕別異狀駭動人神. 櫛比相連三十餘里, 東頭僧寺恒共千人."
『魏書』,「釋老志」권1, "高祖踐位, 顯祖移御北苑崇光宮, 覽習玄籍. 建鹿野佛圖於苑中之西山, 去崇光右十里, 巖房禪堂, 禪僧居其中焉."

선종(禪宗)의 출현과 선종 내부의 전승방식에 따른 독특한 구조를 반영하는 새로운 사원의 형태로서 동아시아 불교에 등장한 것이다. 8세기 중반에 이루어진 불국사 창건 당시의 조영은 이 중에서도 대승 경전의 사유, 실천, 신행의 구조를 반영한 것이라고 생각된다. 이 점을 염두에 두고 먼저 불국사의 조영과 중수 및 복원의 역사에 대해 조영의 사상적 배경이라는 문제를 중심으로 간략히 서술한다.

1. 불국사 창건의 구상에 대하여

불국사 창건에 있어서 기반이 된 경전 혹은 사유가 무엇인가에 대해서는 학계에서 의견이 분분한 편에 속한다. 현재 선원이 있는 영역을 제외하면, 불국사 전체는 크게 대웅전 영역과 극락전 영역 그리고 비로전 영역 및 관음전 영역으로 구획되어 있다. 창건과 이후의 중수 중창 과정을 거친 후에 불국사 전체 영역의 확장이 있었다고 하더라도, 기본적으로는 이 네 영역 좁게는 대웅전 영역과 극락전 영역을 앞으로 하고 비로전 영역을 뒤로 하는 기본 구조가 핵심이라고 하는 것에는 학계에 크게 이견이 존재하는 것 같지는 않다. 각 영역이 각기 주존이 되는 석가모니불, 아미타불, 비로자나불을 모신 전각을 중심으로 구획되고, 부속되는 전각과 탑 그리고 석조물 등에도 거기에 따른 명칭이 전해져 오고 있다.

한국불교연구원에서 간행한『한국의 사찰1-불국사』에서는 비로전

(毘盧殿)을 설명하는 부분에서 "불국사의 이름에 華嚴이란 두 글자를 첨가한 바 있었고, 또 義湘大師와 그 제자 神林과 表訓 등이 화엄사상에 밝은 스님들로서 이 절과 관련을 가졌다는 점 등으로 미루어 불국사가 華嚴의 교리를 기본 배경으로 하는 사찰이 아닌가 생각하는 것이 일반적인 학계의 견해였지만, 앞서도 언급한 바와 같이 불국사의 교리적인 배경은 단순히 화엄사상에만 국한되지는 않는다는 사실을 알고 있다. 그리고 또 화엄이 그 사상 배경의 주류가 되지 못하고 있다는 것도 우리는 비로전의 위치나 규모로 보아 능히 짐작할 수 있다."[03] 고 지적하고 있다. 화엄을 의미하는 비로전의 규모와 위치로 볼 때, 화엄경 및 화엄사상이 불국사 조영에 있어서 주류는 아니었을 것이라는 설명이다.

한편 김상현은 "불국사가 화엄의 연화장 세계에 대한 상징적 표현임은 두루 알려진 사실이다. 그런데 불국사의 가람배치에는 연화장 세계와 더불어 석가불의 영산 불국(靈山佛國)과 아미타불의 극락세계 등을 동시에 보여주고 있어서 주목할 만하다. 비로전, 무설전 등은 비로자나불의 침묵을 상징하는 화엄적 표현이다. 석가탑과 다보탑은 『법화경』에 토대한 석가불의 사바세계 불국을 그리고 안양문과 극락전은 『아미타경』에 근거한 극락세계 정토를 각각 표현한 것으로 알려져 있다"[04] 고 말한다. 기본적으로 화엄경의 사상을 중심으로

---

03   한국불교연구원(1974), 『한국의 사찰-불국사』(일지사), 73쪽. 참고로 이 책의 집필에는 이기영, 이민용, 정병조, 장충식 등이 참여하였다.

04   김상현 외(1992), 『불국사』, 대원사, p.9. 거의 동일한 서술이 김상현(1991), 「석불사

불국사 전체의 조영 배경을 설명하고 있는 사례이다.

이상 주로 화엄적 배경에 대한 설명을 위주로 소개하였지만, 화엄경의 사상을 조영의 기본적인 배경으로 하고 있는가의 여부는 본 논문의 논지에서는 별로 중요한 부분은 아니다. 중요한 것은 어느 쪽이 되었든, 불국사의 창건 당시 조영에는 우리가 잘 알고 있는 『화엄경』, 『아미타경』, 『법화경』 같은 여러 대승경전과 그 대승경전의 사상에 대한 이해가 조영 설계의 기본적인 배경이 되고 있다는 점일 것이다.[05]

지금까지 학계에 제출되어 있는 다양한 관점들은 대부분 불국사의 조영이 특정의 대승경전 혹은 다수의 대승경전이 표출하고 있는 세계관을 투영하고 있다는 점을 의미한다. 다만 여기에는 초기 중국 불교의 사원에 보이는 선정수행을 위한 특별한 고려를 담고 있는 조영은 발견되지 않는다는 점을 특기해두고자 한다. 아울러 빠르게는 동산법문 시대로부터 9세기 초를 전후하여 확산되는 중국 선종 사원의 특징도 가미되지 않는다는 점 역시 분명하다고 생각된다.

및 불국사에 표출된 화엄세계관」, 『신라화엄사상사연구』, 민족사, pp.203-218에도 선행한다.

05   그리고 특정 경전에 의거한 조영 여부에 관계없이, 불국사가 화엄종의 사찰이었는 가 혹은 유가종의 사찰이었는가에 대한 논의 역시 학계에 논란이 있는 부분이다. 특히 김상현이 주로 화엄의 입장에서 불국사를 파악하고 있는 것과 달리(김상현, 1991), 김복순의 경우 주로 유가계 불교와의 연관성 아래에서 불국사를 파악하고 있다(김복순, 1992, 「신라 유가계 불교 -8~9세기를 중심으로-」, 『한국 고대불교사 연구』, 민족사, 2002, 재수록), 김복순의 경우, 사원의 조형 역시 유가사찰의 입장에 의한 것임을 지적하고 있다. 그러나 어느 쪽의 의견에 따르든, 불국사의 조영에 있어서 기반이 되는 것이 대승경전과 그 해석에 따른 표현이라는 연계성은 부정하기 힘들다.

2. 창건 이후~조선시대의 불국사

창건 이후의 9세기부터 조선 후기 특히 1740년 무렵까지의 중창, 중수, 임진왜란으로 인한 소실 이후의 복원 등에 대해서는『불국사고금창기(佛國寺古今創記, 일명 佛國寺古今歷代記)』(이하『고금창기』라 약칭함)에 조선시대의 관련 기록이 상당히 상세하게 전하고 있다. 이 외에 최근에 복원되어 공개된 「불국사서석탑중수형지기(佛國寺西石塔重修形止記)」 등의 자료를 통해서 고려 전기인 11세기 초의 불국사 중수에 관한 기록들이 확인된다. 약 1,000년간의 중수와 복원에 있어서 사찰 창건의 기본적인 사상 배경의 변경을 의미하는 중수 기록은 적어도 현재로서는 발견하기 힘들다는 것이 필자의 생각이다.

우선 창건 이후로부터 1740년까지의 복원 및 중수 기록을 담고 있는『고금창기』의 기록을 참고하면, 적어도 임진왜란 때 왜의 병화로 인한 소실 이전의 기록에서 특별히 새로운 건물을 조성한 기록은 보이지 않는다. 하지만『고금창기』에 기록하고 있는 751년 기준의 건물이 모두 751년 당시에 조성된 것이라고 보기도 역시 힘들며, 후대에 첨가된 부분이 적잖게『고금창기』에 포함되었을 것이라고 추정된다.[06] 지금의 불국사 배치 혹은 기록에 이름이 남아 있긴 해도 위치가 확인되지 않는 전각들이 있는데 거의 45종에 이른다.[07]

---

06   한국불교연구원(1974), p.23.
07   같은 책, p.23.

이 중에 임의로 중요하다고 생각되는 몇몇 전각을 거론하면 규모가 큰 것으로 32간에 이르는 오백성중전(五百聖衆殿)과 25간의 천불전(千佛殿) 및 22간의 만세루(萬歲樓), 규모가 작은 것으로 시왕전(十王殿)과 십육응진전(十六應眞殿) 및 문수전(文殊殿), 그 외에 규모를 알 수 없지만 중요하다고 생각되는 전각으로 왕자문설선당(王子問說禪堂)과 심검당(尋釰堂) 등이 있다.

현존 기록상 오백나한 신앙과 관련한 가장 빠른 우리나라의 기록은 고려 태조 6년, "여름 6월 계미 복부경(福府卿) 윤질(尹質)이 양(梁, 후량)에 사신으로 갔다가 귀국하면서 오백나한(五百羅漢)의 화상(畵像)을 바치자 명하여 해주(海州) 숭산사(崇山寺)에 두게 하였다."[08]는 기록이다. 이 기록을 기준점으로 본다면, 불국사의 오백성중전은 창건 당시보다는 이후에 조성된 전각일 가능성이 있다. 대체로 나한신앙이 우리나라에 확산되는 시점을 생각한다면, 십육응진전이나 오백성중전은 신라하대 이후 고려시대에 조성된 것으로 보는 것이 보다 적절하다고 생각된다.

또 하나 중요한 것은 왕자문설선당(王子問說禪堂)과 심검당(尋釰堂)이다. 이 두 전각은 그 명칭으로 볼 때, 수선(修禪)을 목적으로 한 전각으로 추정된다. 따라서 이들 전각 역시 신라시대에 조성되었을 것이라고 보기는 힘들다고 생각된다.

또 『고금창기』에는 중창 혹은 중수 외에 창건(創建), 건립(建立), 시

---

08   『고려사』, 「세가」 권제1, 태조 6년 6월조.

창(始創) 등으로 설명하는 전각들이 있다. 순치 4년(1647)의 "十六羅漢殿을 세우고 等像을 만들다."는 기록이나, 강희 13년(1674)의 "十王殿을 창건하였다."는 기록, 강희 10년의 조사전을 처음 세웠다는 기록, 옹정 9년(1731) 첨성각(瞻星閣)을 법당 동쪽 모퉁이에 새로 세웠다는 기록 등이 남아 있다.

이들 기록은 『고금창기』에 751년 창건 당시의 전각으로 기록하고 있는 것들이 온전히 751년 당시의 전각만은 아님을 보여준다. 다만 『고금창기』에 기록하고 있는 왕자문설선당(王子問說禪堂)과 심검당(尋釰堂) 그리고 건륭 14년(1749년)의 광일당선실(光日堂禪室)의 중창 기록 등은 고려시대와 조선시대의 어느 즈음에 불국사 내부에 수선(修禪)을 위한 공간이 조성되었다는 사실을 알려주는 기록으로서 주목된다.

3. 일제강점기와 선원 개설 전후의 불국사 중수

황수영은 「불국사의 창건과 그 연혁」에서 1805년의 비로전 중수 이후 일제의 1924년 전후의 개수공사 때까지의 불국사 상황을 "이 같은 퇴락의 정도는 더욱이 19세기 말에 이르러 尤甚하였다. 1902년 일본인 건축학자 세키노 타다시(關野 貞) 박사는 경주를 찾아 불국사를 조사하였고 그 기록과 사진을 남겨놓고 있다. 그리하여 한일합방을 전후하여서는 불국사는 겨우 소수의 승려가 있을 뿐 거의 空寺

의 비운을 당하였다고 전한다. 그리하여 이때부터 1910년에 이르는 사이에 무설전(無說殿)이 도괴(倒壞)되었으며, 사중의 석조물, 예컨대 다보탑의 석사자나 비로전 앞의 석조부도(光學浮圖)가 일본으로 반출됨에 이르렀던 것이다. 또 자하문에 연결되었던 전면의 낭무(廊廡)도 1905년경에 붕괴되었다. 그러나 이 같은 위기는 일정기에 들어서서 그들이 먼저 석굴암을 해체수리한 후에 이르러 1924년경 불국사에 대한 대규모의 개수공사를 실시함으로써 사원의 면모를 그런대로 일신함에 이르렀던 것이다. … (중략) … 불국사는 일정 초 그 당시의 남은 규모만을 따르던 중수가 있었고, 그 후에도 같은 규모만을 오랫동안 유지하여 왔을 뿐 새로운 가람을 복원하는 일은 거의 없었다.[09] 고 정리하고 있다.

이것은 19세기 초 이후 일제강점기까지의 불국사 중수에 대한 간단한 정리라고 할 수 있는데, 1911년 조선총독부가 조선불교의 침탈을 염두에 두고 제정한 「사찰령시행규칙」의 30본산에 기림사를 본사로 그리고 불국사를 기림사의 말사로 소속시키고 있는 데서도 불국사 사격의 쇠잔함을 엿볼 수 있다고 생각된다.

불국사가 오늘날 우리가 볼 수 있는 모습으로 변화하게 되는 것은 1969년 5월~1973년 7월까지 진행된 불국사 복원공사를 통해서이다. 다만 이때에도 창건 당시의 옛 모습 혹은 전성기의 옛 모습을 완전히

09   황수영(1976), 「불국사의 창건과 연혁」, 『불국사복원공사보고서』, 문화공보부 문화재관리국, pp.35-36.

복원한 것은 아니었다. 복원공사 이전에 대웅전, 극락전, 자하문, 범영루, 안양문 등이 남아 있었는데, 이 중 범영루는 새로 짓고 나머지는 부분적인 보수와 단청이 이루어졌다. 또 옛터에 무설전, 비로전, 관음전 등을 복원하고, 범영루, 좌경루, 대웅전 일곽의 회랑, 극락전 일곽의 회랑, 비로전 앞의 문, 관음전 앞의 문, 일주문 등을 신축하였고, 석축과 계단을 크게 수리하였다.[10]

이상 창건 당시부터 1973년에 이르기까지의 가람배치의 변화상에 대해 간략하게 살펴보았는데, 사찰 창건 당시 조영의 배경으로 삼았던 경전적 배경으로부터 크게 벗어나는 변화는 없었다고 말할 수 있다. 오백성중전이나 십육응진전 같은 경우는 시대의 변화와 그에 부응하는 신앙적 요청에 따른 추가적인 배치였다고 생각된다. 또 이미 지적한 바와 같이 왕자문설선당(王子問說禪堂)과 심검당(尋釰堂) 그리고 광일당선실(光日堂禪室)의 경우는 불교사상 및 수행실천의 새로운 흐름을 따른 전각의 조영이라고 생각되지만, 그 전각들이 대웅전·극락전·비로전·관음전 영역 안에 배치되었던 것은 아니라고 생각된다. 그리고 그마저도 불국사 복원공사에서는 복원대상이 되지 않았기 때문에 그 자취를 찾을 수 없는 상태이기도 하다.

어떻게 보면 광복 이후 국가 차원에서 진행된 첫 번째라고 할 수 있는 대규모의 문화재 복원역사였던 불국사 복원공사의 경우에도, 실은 최소한 범위에서 이루어진 복원에 그쳤다고 볼 수 있다. 여기에

---

10   『불국사 복원공사보고서』, pp.110-161 참조.

는 시대에 따른 불교의 변화와 그 변화에 따른 불국사의 변천을 고려한다는 인식은 크게 고려되지 못했다고 생각된다.

그리고 그러한 측면이 성림월산이 불국사에 주지로 부임하면서 맞닥뜨릴 수밖에 없었던 문제의식 중의 하나였을 것으로 추정되며, 그러한 문제의식이 불국사 선원의 개설이라는 새로운 불사로 나아가는 한 계기였지 않았을까 생각된다. 아래에서는 그 점에 대해 서술하기로 한다.

III. 불국사 선원 개설과 성림월산

성림당 월산 대종사(聖林堂 月山 大宗師, 1912~1997)가 현대 한국불교의 흐름에서 고비마다 대단히 중요한 역할을 짊어졌었고, 그 고비마다 주역의 역할을 마다하지 않았음은 다시 재론할 필요가 없을 것이다. 그가 사자상승한 현대 한국불교의 법맥이 그러했고, 그가 마주쳤던 현대 한국불교사의 주요 분기점이 그럴 수밖에 없는 계제였다고 하더라도, 그 고비마다 능동적 대처를 마다하지 않았음을 부정할 수 없기 때문이다. 때문에 불국사 선원의 개설은, 그가 계승했던 법맥의 정신, 그리고 그가 생각했던 한국불교의 전통과 정체성에 대한 인식의 연장선상에서 해명되어야 할 필요가 있다고 생각된다. 아래에서는 그 점에 초점을 맞추어 살펴보며, 특히 한국불교의 전통 인식이라는 측면에 중점을 두어 서술한다.

1. 한국 근현대불교의 전개와 성림월산, 그리고 그 가풍

경허-만공-보월-금오로 이어지는 근현대 한국불교를 대표하는 금오문중의 법맥을 계승한 선사, 법주사 총지선원에서 납자들을 제접하는 것을 시작으로 불국사, 금산사, 대승사, 불영사 등 제방선원 조실로서 납자를 제접함에 삼십여 년을 영일했던 조실스님, 그것이 스님을 표현하는 수식어이다. 하지만 동시에 한편으로는 봉암사결사에 참여하고 종단 정화운동의 중심부에서 활동하였으며, 법주사와 신흥사, 동화사와 불국사의 주지 소임은 물론 총무원장직까지 수행하였던 한국불교 현대사의 주역 중의 한 사람이기도 하다. 그런 스님의 수행자로서의 삶은 1943년 은사이자 법사인 안변 석왕사에서 금오 스님을 만나면서 시작된다.

"집도 절도 가질 수 없으며, 처자와 자식을 가질 수 없으며, 재물도 권세도 가질 수 없으며, 그 저 빈손인 것이 수행자의 삶인데 그대는 이 길을 가겠는가?"

그래도 청년의 대답은 확고했다. 이에 금오선사는 청년을 향해 몇 마디 던졌다.

"무슨 까닭으로 출가할 생각을 했는고?"

"오래전부터 출가 수행자가 되고 싶었습니다."

"출가수행자의 길이 편하고 좋은 것만은 아닐세. 형극의 길이라는 것을 짐작이나 하고 있는가?"

"예, 잘 알고 있습니다."

"다시 한 번 잘 생각하시게. 경솔하게 출가하면 후회만 하게 되느니…"

"결코 후회하지 않겠습니다. 스님 문하에서 수행하게 허락해 주십시오."[11]

출가를 열망하는 청년과 그를 맞이하는 스승 간에 흔히 오갈 법한 대화이다. 하지만 이 대화는 단순히 그렇게만 받아들일 만한 것은 아니다. 일제강점기의 말미에 이른 이 시기에는, 조선에 비구승은 승려라고 자처하는 이들 중에 극히 일부에 불과할 뿐이었다. 게다가 출가한다고 하더라도 비구승이 수행할 만한 사찰은 더더욱 드물었던 시절이다. 대부분의 사찰이 일본불교의 영향 아래 대처승이 되었던 이들의 관할 아래 있었던 까닭이다. 그런 때에 비구승이 되겠다고 나

---

11   박부영, 「금오 스님과 불교정화운동⑫」, 〈불교신문〉 2015년 2월 4일 16면.

섰으니, 그에 대한 스승의 대답은 '형극의 길'이라도 택하겠냐는 것일
수밖에 없는 시절이기도 했다. 단순히 출가수행 자체만이 아니라, 당
시의 조선불교에서 비구승이 가야 할 길의 외적 조건조차 형극일 수
밖에 없는 시대상황을 반영하고 있는 문답이기도 한 까닭이다.

이 같은 대화를 거쳐 제자를 맞아들인 금오 스님은 석왕사를 떠
나 소요산 자재암을 거쳐 도봉산 망월사에 이르러 행장을 풀고 제자
와 함께 정진에 들어가기에 이른다. 1944년의 일이고, 여기에서 스님
은 출가하여 '월산(月山)'이라는 법명을 받게 된다.

첫 제자를 맞이한 선사는 제자에게 화두를 건네며 참선정진을 지도
했다.
"참다운 수행자란 첫째도 참선, 둘째도 참선이며, 셋째도 참선이다.
그러므로 오직 참선 수행을 으뜸으로 삼아야 한다."
금오 선사가 금강산 마하연에서 도암 스님에게 받았던 화두, '시심마
(是甚麼)'를 내렸다. 월산 스님은 화두를 받아 정진했다.[12]

스승의 가르침은 제자에게 화두가 된다. 받은 화두가 아니라, 참
선 수행을 으뜸으로 삶의 시시각각을 놓치지 않고 정진하라는 그 부
분이 수행정신의 중요한 토대를 이루게 되는 것이다. 한번은 법문 중
에 1950년 금오 스님을 모시고 완도에 갔을 때 "일러 보아라. 이 돌멩

---

12   박부영, 「금오 스님과 불교정화운동⑫」, 〈불교신문〉 2015년 2월 4일 16면.

이가 과연 마음 안에 있느냐 밖에 있느냐?"는 말씀에 대답하지 못한 일화를 들고는 다음과 같이 회고하고 있다.

그날 나는 참으로 부끄러웠다. 중 노릇을 하고 참선을 한다면서 돌 멩이가 마음 밖에 있는지 안에 있는지도 모르다니 얼마나 건성건성 살아온 것인가. 그래서 다음부터는 정말로 앞뒤를 돌아보지 않고 화두를 참구하는 데 매달렸다. 그 뒤 스님이 열반에 들기 전에 법주 사에서 문도들을 모아놓고 오른손을 들었는데 그때서야 나서서 대 답할 수 있었다. 그때 얘기는 문도들이 다 잘 아는 것이니 여기서는 하지 않겠다. 내가 여러 문도들에게 당부하고 싶은 것은 화두참구를 목숨 걸고 하라는 것이다. 해도 그만, 안 해도 그만인 사람은 차라리 중 노릇을 그만두는 것이 시주밥 덜 축내는 길이다. 그대들은 부디 내가 일러주는 대로 하라.[13]

스님은 누누이 참구정진을 강조하고 있거니와, 스님이 강조한 수 행가풍은 다음과 같은 현 불국선원장 종우 스님의 회고에서 잘 드러 난다.

조실스님은 용맹정진이다, 묵언한다, 불식한다, 그런 것은 안 좋아하 셨어요. 일상생활이 정진이 되어야 한다, 자나 깨나 누구를 만나나

---

13   월산문도회(1998), 『월산선사법어집』, 「서산에 해가 지면 동쪽에 달이 뜬다」, p.307.

항상 정진을 강조하셨어요. 정진이 삶과 하나가 되는 것, 기도하는 사람이 열심히 기도하면 생활이 기도가 되듯이, 오나가나 항상 정진이지, '불식한다, 묵언이다' 하는 것은 정신이 빼앗기는 것이라고 하셨어요. 조실스님이 차를 타고 가실 때에도 자기도 모르게 '이~' 하실 때가 있거든, 그것이 정진하는 말인데, '이 뭣고' 하는 말을 길가다가 여행하다가도 항상 하시는 것이죠. 스님은 따로 강조하신 것은 없으시고 '항상 타성일편(打成一片) 정진하라' 그것이 내가 볼 때 스님 사상이지.[14]

이상의 내용에서 스님이 지향하신 바 수행가풍을 어느 정도 짐작해볼 수 있다. 스님의 삶이 '행역선(行亦禪)·좌역선(坐亦禪)의 자세로 바깥살림이 아니라 안살림 수행에 간단이 없었다.'[15]는 행장의 표현은 이 같은 본분납자로서의 스님의 삶이 그렸던 지향점에 대한 표현에 다름 아니라고 생각된다. 1968년 은법사(恩法師)인 금오로부터의 인가 이후, 스님의 삶이 법주사 총지선원(聰持禪院)에서 납자들을 제접하기 시작하여 불국사, 금산사, 대승사, 불영사 등 제방선원의 조실로서 납자들을 제접하는 데 초점이 두어져 있는 것 역시 그러한 삶의 일상성을 드러내는 것이라고 할 수 있을 것이다.

이처럼 스님이 계승한 법맥과 그 계승한 법을 따라 실천한 궤적을

---

14   필자가 2019년 8월 5일, 본 논문의 작성을 위해 불국사 종무실에서 종우 스님으로부터 직접 들은 회고담의 일부이다.

15   월산문도회(1998), 『월산선사법어집』, 「행장」, p.365.

보자면, 간화선을 참구하는 본분의 수행자 그대로의 모습이고, 복원 공사 직후 한국을 대표하는 문화유산이자 관광자원으로 자리매김 한 불국사에 주석하면서부터 곧바로 선원을 개원하려 했던 것은 당연한 결과라고 보아도 무리가 아닐 것이다.

2. 한국불교의 전통에 대한 인식

고려 말의 삼화상 이후, 한국불교는 점차 임제종 법통을 중심으로 하는 형태로 통합하는 과정을 거치게 된다. 이는 조선 초기의 불교의 종파 통합을 통한 불교계의 정리과정과 맞물려서 선교양종(禪敎兩宗)으로 통폐합되게 되고, 그 과정에서 임제종 계통의 선종이 조선불교의 중핵을 이루게 되는 흐름과 관련되어 있다.

이러한 흐름은 근현대 불교에 있어서 선종의 중흥조로 등장하게 되는 경허를 거쳐서, 1910년 10월의 한국불교의 원종과 일본의 조동종이 원종종무원의 인가를 목적으로 연합맹약을 성사시키면서, 그 반발로 일어나는 임제종운동의 주체들에게도 동일하게 계승되고 있는 것으로 생각된다. 그리고 이 임제종운동은 비록 실패로 일단락되지만, 임제종운동에 참여하였던 인물들을 중심으로 1921년의 선학원 창설로 이어지게 된다.

월산의 은사가 되는 금오 스님은 1935년 이후 안변 석왕사, 서울 도봉산 망월사, 청계산 청계사, 지리산 칠불선원, 모악산 금산사, 팔공산 동화사, 그리고 선학원 조실을 역임하였던 인물이기도 하다. 특히 정화운동 전후에는 선학원을 대표하는 조실의 입장에 있었다. 금오 스님이 정화운동의 핵심부에서 역할을 맡게 되었던 것은 1954년 전국비구승대회 추진위원장을 맡게 되면서부터였다. 정화운동 전반기에 금오 스님이 그 핵심역할을 맡게 된 배경에 대해서는 다음과 같은 지적이 있다.

첫째, 선학원이 비구승들의 본찰인데 그 대표가 금오 스님이었다는 사실이다. 선학원은 일제 때 우리 민족 고유의 임제선 전통과 독신비구승단을 지키기 위해 비구승 지도자들이 나서 세운 비구승의 본산이었다. 해방 후에도 대처승들이 중앙과 사찰을 장악해, 마음 놓고 공부할 도량은 물론 먹을거리도 없었던 비구승들이 서울에 가면 머물 곳은 선학원과 대각사밖에 없었다. 선학원 조실이었던 금오 스님이 자연스럽게 수좌들로부터 정화운동의 대표역할을 부여받은 것이다.

둘째, 금오 스님은 그 이전에도 수좌의 대표였다는 점이다. 금오 스님이 수좌들의 대표가 될 수 있었던 것은 당신 스스로가 가장 모범적인 수좌상을 보여줬기 때문이다. 스님은 경허-만공-보월로 이어지는 한국 정통의 간화선맥을 이었으며, 청정 비구승이며, 계율에 엄격한 율사였다. 그리고 수행생활에서도 한 치의 빈틈이 없었다. 이러한 이유들로 인해 스님은 일제시대 젊을 적부터 선원의 조실로 추대

돼 제자들을 지도했다.[16]

한국 근대를 대표하는 전통 간화선맥의 계승자라는 점, 청정 비구
승이자 율사였다는 점, 그리고 일제강점기부터 여러 선원의 조실을
역임했을 뿐만 아니라 당시 서울에서 비구승들이 머물 수 있는 두
개의 공간 중 한 곳이었던 선학원의 조실이었다는 점 등이 반영되었
다는 지적이다. 이렇게 보면 그러한 법맥의 계승자였던 월산이 한국
불교의 전통에 대해 간화선풍을 중심으로 인식하는 것은 오히려 자
연스럽다고도 할 수 있다.

'부처님 법대로 살자'는 기치를 내걸고 1948년에 이루어진 봉암사결
사는, 부처와 조사의 교법이 파괴된 현실에 대한 극복의 필요성이라
는 수좌들의 현실인식을 바탕으로 한 운동이었다. 이 운동은 일제
식민지 불교의 잔재청산 및 교단의 혁신이 좌절되었던 현실의 극복,
한국 불교전통의 복원을 목표로 하였다. 봉암사결사는 공주규약을
바탕으로 청정수행과 간화선 위주의 수행을 표방하였으며, 그 자체
가 봉암사결사에 참여한 구성원들의 한국불교 전통과 정체성에 대
한 인식을 보여준다고 할 수 있을 것이다. 이 운동은 비록 미완으로
끝났지만, 불교정화운동의 모태가 되었으며, 나아가 조계종으로 대

---

16   박부영, 「금오 스님과 불교정화운동⑫」, 〈불교신문〉 2014년 11월 1일 11면.

표되는 현대 한국불교의 중요한 원천으로 작동하게 되었다.[17]

인용문은 1948년 봉암사결사에 대한 간략한 정리인데, 봉암사결사의 지향점 역시 비구승 중심의 청정수행과, 간화선의 수행, 그리고 대처로 상징되는 일본불교의 잔재에 대한 청산에 있다고 할 것이다. 이러한 지향은 일면 임제종운동으로부터 선학원으로 이어지는 일제강점기 비구승들의 수행가풍 및 전통 인식과 맞닿아 있는 것이라고 할 수 있다. 그리고 이 봉암사결사는 그대로 정화운동의 모태로 작동하게 된다. 월산 역시 이 봉암사결사의 일원으로서 참여하고 있다는 점에서, 그리고 이어진 정화운동의 중심부에서 활동하고 있었다는 점에서 한국불교의 전통에 대해 임제종 가풍의 간화선맥으로 인식하고 있었다는 점에서는 크게 어긋나지 않을 것으로 생각된다.

이와 같은 한국불교의 전통에 대한 인식, 그리고 인가 전이나 이후에나 행역선(行亦禪)·좌역선(坐亦禪)하는 수행자세와 그것을 핵심으로 하는 수행가풍의 강조 등을 고려할 때, 불국사 주지로 부임하는 순간 불국선원의 개원은 필연적이고 예견된 결과라고도 말할 수 있을 것이다.

---

17   김광식(2006), 「봉암사결사의 전개와 성격」, 『한국 현대불교사 연구』, 불교시대사, pp.72-76.

3. 불국사 복원공사와 불국선원 불사

앞 두 절에서 불국선원을 개원하게 되는 스님의 사상과 수행에 있어서 드러나는 배경을 간략히 정리하였다. 그런데 이 같은 측면에서 본다면, 불국사 복원공사와 그 직후에 부임하면서 시작되는 스님의 불국선원 개원은 서로 대비되는 측면이 존재한다. 먼저 불국사 복원 공사의 성격을 검토해보자.

우리 역사상 가장 빛난 문화의 황금시대는 통일신라 시대였다. … (중략) … 이 시대 문화유산 중에 가장 대표적인 것이 석굴암과 불국사다. … (중략) … 이제 불국사 복원의 큰 의의는 첫째, 민족문화유산의 보존사업이고 둘째, 호국하는 신앙정신의 계승이며 셋째, 전통 있는 민족의 슬기로운 문화를 선양하고 보급하는 터전을 만든 것이다. 우리는 불국사에서 처음으로 신라 가람의 복원된 원형을 찾아보게 되었으며, 새로운 창조의 기반으로 자주적 민족정신의 구현도량이 될 수 있을 것이다. 그리고 석가탑, 다보탑을 위시하여 백운교, 청운교, 연화교, 칠보교 등 남아 있던 석조물과 신라 금동불상 등이 복원가람과 함께 규모있고 조화있게 본래의 의도에 따라 그 가치가 재생되어 학술적 의의를 더하게 되었고 우리 문화를 자랑하여 민족의 긍지를 높이면서 신앙의 깊은 정신을 보급하고 격조 높은 관광자

원으로도 활용하게 된 것이다.[18]

인용문은 『불국사 복원공사보고서』에서 밝힌 의의이다. 그 핵심은 문화적으로 가장 찬란했다고 간주되었던 통일신라시대를 대표하는 문화유산으로서의 불국사 복원, 그리고 그것을 통한 민족긍지의 제고와 격조 높은 관광자원으로서의 활용에 있다고 생각된다. 이 불국사 복원공사에는 모든 초점이 '문화의 황금시대를 대표하는 통일신라시대의 사찰, 불국사'의 원형을 복원하는 데 있다. 창건 이후 신라 하대와 고려시대 그리고 조선시대를 거치면서 중수되고 필요에 따라 새롭게 조영된 전각들이 담고 있었을 역사적 변천의 내용은 도외시되고 있다고 보아도 크게 틀리지는 않을 것이다.

반면 월산의 불국선원 조영불사는 통일신라시대의 불국사가 아니라, 자신이 몸담고 살아오면서 인식하고 있었던 한국불교의 전통 복원 그리고 선양과 더 밀접한 관련이 있는 불사라고 할 수 있다. 아마도 여기에는 두 가지 인식이 동시에 고려되지 않았을까 짐작된다. 한 가지는 복원공사를 통해 한국을 대표하는 문화유산이자 가람으로 거듭난 관광사찰의 수행도량화라는 의지, 그리고 또 한 가지는 한국불교를 대표하는 사찰로서 불국사의 복원은 신라시대의 원형을 복원하는 것으로서 완성되는 것이 아니라 불국선원을 개원하고 그 선원에서 납자를 제접하는 참구수행이 이루어짐으로써 비로소 완성되

---

18   문화공보부 문화재관리국(1976), 『불국사 복원공사보고서』, p.17.

는 것이라는 인식이 겹쳐 있는 것이라고 짐작해볼 수도 있지 않을까.

이 같은 취지는 불국선원 개원식에서 이루어진 불국선원 불사 경과보고에서 "선(禪)이 왕성하면 불교가 왕성하고, 불교가 왕성하면 나라가 왕성하다는 취지 아래 불국사가 복원되었으나 선(禪)·강원이 없음을 안타깝게 생각, 선원 건립에 뜻을 두어 직접 지휘 감독, 오늘의 선원이 건립되었다."[19]는 월산의 발언에서도 명료하게 읽을 수 있다.

4. 불국선원의 개원과 의미

불국선원의 시작은 월산 스님이 불국사의 주지로 임명된 직후인 1974년 향곡 스님을 조실로 모시고 안거에 들면서 시작되었다. 이때의 불국선원은 현재의 선원 건물이 지어지기 이전이었으며, 현재의 불국사 구역에서 진행되었을 것이다. 그리고 그것이 수행의 곤란함으로 이어졌을 것은, 관광자원화 된 불국사를 생각하면 그리 어렵지 않다. 그리고 그 곤란함이 현재의 선원 불사로 이어지게 된다.

1976년 당시 불국사 주지였던 월산(月山) 스님이 1억 원의 공사비를 들여 만든 것이다. 스님은 현재의 선원 자리를 바라보던 중 이곳만

---

19   〈대한불교〉 1976년 6월 6일자, '佛國禪院 역사적 開院'(교육원 불학연구소 편, 2000, 『선원총람』, 「불국사 불국선원」, p.501.)

이 눈이 녹아 있는 길지(吉地)임을 알고, 말년에 지낼 토굴을 지으려고 했다. 하지만 경상북도와 경주시가 국립공원이라는 이유로 반대가 극심해 진척이 되지 않았다. 이에 스님은 불국사 복원 진행상황을 파악하기 위해 내려온 박정희 대통령에게 말해 청와대가 5천만 원을 지원하는 등 전폭적인 지원을 얻었다. 이에 스님은 이왕 시작된 일 선원을 짓는 것이 좋겠다고 하여 규모가 큰 선원으로 거듭났다.[20]

인용문은 불사 과정에 부닥친 어려움을 전한다. 현재의 선원은 1,300여 평의 대지에 건평만 156평에 달한다. 큰방과 염화실, 객실, 지대방, 간병실, 다각실, 식당 등으로 구성되어 있는 하나의 독립된 사찰 곧 별원(別院)으로서, 불국사 경내와는 일정한 거리를 두고 조영되어 있다.

큰 방의 선실 구조는 처음에는 문수보살을 모신 방 가운데 방의 양 옆으로 한 층 높여서 좌선 공간을 두었는데, 각자 공부할 수 있는 28개의 작은 방으로 나누어지도록 설계되었다고 한다. 이러한 형식은 한국 전통의 선방 형태가 아닌 중국 선원과 한국 선원의 장점을 결합한 형태의 것으로, 다년간 중국에 다녀온 바 있는 월산 스님의 의중이 반영된 결과였다고 한다.[21]

---

20   같은 책, p.494.
21   같은 책, 같은 곳.

실제의 규모와 넓이로 보나, 큰 방 선실의 독특한 구조로 보나, 거기에 쏟은 월산 스님의 심려가 드러나는 부분이라고 할 수 있을 것이다. 그러한 심려 때문인지 불국선원의 방함록은 거의 만실을 헤아리고 있었음을 방함록을 통해 확인할 수 있다.

불국선원은 짧은 역사에도 불구하고 범룡, 송담, 일타, 정일, 혜정 등 여러 명안종사가 거쳐 가면서 선풍을 떨쳤다. 무엇보다 경허-만공-보월-금오로 이어지는 덕숭선맥을 이은 월산 스님의 지도와 가르침으로 불국선원은 일시에 번성기에 들었다.

『선원총람』에 의하면, 불기 2524(1980)년 하안거부터 불기 2543 (1999)년 하안거까지 불국선원에서 안거를 난 대중의 인원수는 1981년 하안거와 1982년 하안거를 제외하고도 외호대중을 포함하여 총 대중이 1,048명에 이르고 있다. 월산은 불국선원 개원 이후부터 입적하는 1997년까지 선원을 이끄는 조실로 주석하면서 선원의 수좌를 제접함을 소홀히 하지 않고 있다. 1982년부터 1984년까지는 월산 스님의 제자인 법달 스님이 선원장으로서 이름을 올리고 있으며, 1995년부터 월산 스님이 입적하는 1999년까지는 다시 종우 스님이 선원장으로 이름을 올리고 있다. 이 외의 기간에는 대부분 조실-입승-열중 혹은 청중의 체제로서 대중을 구성하고 있다. 그런데 입승과 청중에 이름을 올린 스님들의 본사를 살펴보면 전국 대부분의 본사를 망라하고 있어서, 월산 가풍 아래 참구하고자 모여든 전국 수좌들의 열기가 대단했음을 짐작할 수 있다.

1980년 7월 20일자의 「대한불교」에서는 불국사 불국선원을 소개하면서 "현재 전 총무원장 혜정(慧淨) 스님 등이 이곳에서 정진 중이 며, 선원의 짧은 연혁과는 달리 범룡(梵龍)·송담(松潭)·일타(日陀)·법 달(法達) 스님 등이 이곳에서 정진했다."[22]고 특기하고 있다. 한 시대 를 이끌었던 수행자들의 면면이 길지 않은 역사의 불국선원에서 보 이는 것은 그만큼 불국선원을 빠른 시간 안에 안정시키고자 하는 스 님의 의지가 작용했음을 보여주는 것이고, 동시에 시대를 이끌어갔 던 월산의 선지식다운 면모가 불국선원에 그대로 투영되었던 까닭으 로도 볼 수 있을 것이다. 이처럼 선원이 짧은 기간에도 불구하고 안 착한 것은 무엇보다도 불국선원의 조실로서 바깥살림보다 안살림에 치중했던, 그랬기에 찾아드는 납자들의 제접에 소홀하지 않았던 스 님의 원력이 작용한 결과일 것이다.

월산 스님이 주석하셨던 동안에도 그리고 현 선원장 종우 스님에 이르러서도 여전히 고수되는 선원 운영의 방침은, 월산 스님이 지향 하고 실천했던 가풍을 여실히 드러내 보여준다.

월산 스님이 세운 방침이 제자인 현 선원장스님 대에도 그대로 이어 지고 있다. 월산 스님이 조실로 주석할 때 동안거 때 용맹정진과 가 행정진을 했었다. 10여 년 그렇게 이어갔다. 하지만 월산 스님이 용 맹정진을 못하게 했다. 스님은 다른 선원에서도 그런 규칙을 정했었 다. 종우 스님은 "나를 비롯 여러 스님들이 용맹정진 하자고 강력하

---

22   〈대한불교〉 1980년 7월 20일, 「선원순례-불국사 불국선원-월산조실 새 가풍 진작」.

게 말씀 드렸는데 끝내 허락하지 않으셨어." 그 이유가 무엇일까. "오직 참선에만 매진하라는 것이 그 이유였지." 참선 공부 더 하겠다는데 참선 공부에만 매진하라니. 선원장스님은 "조실스님은 용맹정진을 하다보면 참선이라는 본질은 간 데 없고 그 형식만 남을 것을 우려하셨지. 무엇보다 참선은 특별한 것이 아니고 일상생활에서 이루어진다는 것을 강조하셨어."[23]

월산 스님은 용맹정진과 가행정진을 못하게 막았는데, 그 의도가 "조실스님은 용맹정진을 하다보면 참선이라는 본질은 간 데 없고, 그 형식만 남을 것을 우려했다."는 그리고 "참선은 특별한 것이 아니고 일상생활에서 이루어진다는 것을 강조하셨다."는 현 선원장 종우 스님의 전언에서 스님이 지향하신 독특한 가풍의 여전함을 엿볼 수 있다. 타성일편(打成一片), 평상의 마음이 부딪치는 하나하나의 경계에서 주객분별을 넘어 일체에 통하게 되는 그 자리를 평상의 삶에서 놓치지 않아야, 비로소 정진다운 정진이요, 그것이야말로 수행자가 되찾아야 하는 본분사라는 경계의 말씀일 것이다. 그리고 미루어 추정해 보자면, 그 말씀의 자리야말로 스님이 불국선원과 제방선원의 조실로서 추구했던 바일 수도 있을 것이다.

이 부분은 월산 스님이 불국선원 조실로서 일구어 가고자 하는 가풍이 당시의 용맹정진, 가행정진 하는 가풍과는 일정한 거리를 두

---

23   「경주 불국사 불국선원」, 〈불교신문〉 2006년 10월 21일.

고 있는 독자의 것임을 보여주는 사례이다. 본질과 형식 간의 거리, 그것이 제방의 선원을 마다하고 불국사에 다시 불국선원을 개설하게 된 독자적인 가풍을 진작하고자 했던 의도와 무관하다고 말하기는 어렵다고 생각된다. 그 독자적인 가풍의 특징은 '형식'에 치우치는 것을 경계함에 그 한 특징이 있다고 생각된다. 이것은 선원불사를 할 때, 굳이 재래식과 중국식을 절충한 구조를 월산 스님이 직접 설계했다는 점에서도 엿볼 수 있다. 형식보다는 내실, 그 실질에 수행의 본래면목을 두고 추구했던 모습이 드러난 사례라고 볼 수 있을 것이며, 이것이 굳이 불국선원을 개설했던 스님의 독자적인 가풍의 추구와 관련이 있다고 보아야 할 것으로 생각된다.

불국선원을 새롭게 창건하고 난 직후에 당시 「대한불교」(불교신문의 전신)의 편집국장을 맡고 있던 향봉 스님과 대담한 기록이 있다.[24]

지난 달 불국선원(佛國禪院)의 개원은 어떤 의미에서는 한국불교 선종사(禪宗史)에 새로운 선을 그은 게 분명합니다. 재래식 한국선원의 장점과 중국 총림선원의 장점을 적절히 절충하여 선불도량(選佛道場)의 면모를 혁신시킨 것으로 매우 의의가 깊고 크다고 하겠습니다. 스님께서 불국선원의 원장 스님으로서 한 말씀 해주시지요. 요즘의 심경(心境)도 곁들여주시고요.

"흰 종이에 먹물 칠한 게나 다를 바 없지. 지금 내 기분은 시방세계

---

24   이 기사에 의하면 오현 스님과 정휴 스님도 함께 동참한 자리였다.

(十方世界)가 내 뱃속에 들어있는 느낌이지… 하하하."[25]

선원 개원에 대한 스님의 답변이다. 탐방을 마치고 나서는 세 스님의 등 뒤에 월산 스님이 다시 말씀을 남기셨다고 향봉 스님은 적고 있다. "시방세계일집안(十方世界一集眼)하라."

IV. 맺음말

지금까지 월산 스님의 불국선원 개원이 어떤 의미를 가지는지에 대해 부족하나마 검토를 진행해보았다.

논자가 가장 고심했던 것은 스님의 불국선원 개원을 어떤 시각에서 포착해야 그 의미를 제대로 드러낼 수 있는가 하는 점이었다. 그 부분에서 가장 많이 시야를 흐린 부분이 바로 불국사 복원공사였다. 스님이 불국사에 주지대행으로 부임하시기 직전에 불국사 복원공사

---

[25] 향봉 스님 대담, 「불국사 불국선원 조실 월산 스님」, 〈대한불교〉 1976년 7월 4일자 염화실 탐방.

라고 하는 대역사가 진행되었고, 주지로 발령받은 이듬해 1974에 불국선원이 개원되었기 때문이다. 물론 새로운 별원으로서 선원이 독립적인 공간을 가지게 된 것은 1976년에서야 가능했지만, 사실상 스님이 불국사 주지로 부임한 후 첫 번째의 불사가 불국선원이었고, 그것이 복원공사가 끝나는 시점과 맞물려 있다는 것은 미묘한 교차점이기도 했기 때문이다.

앞부분에서 불국사 창건 당시의 조영과 중수기록을 간략하게나마 검토한 것은, 복원공사가 끝난 직후 부임하자마자 왜 선원 개원을 서둘러야 했는가 하는 고민과 맞닿아 있다. 불국사 창건기인 8세기 중반의 불국사에 초점이 맞추어진 불국사 복원공사와 근현대 한국불교의 임제종 중심의 전통복원과 계승에 대한 인식이 철저하던 스님의 불국사선원 불사를 별개의 것으로만 볼 수는 없었기 때문이다.

마지막으로 결론삼아 언급하자면, 월산 스님에게 있어서 당시 정부에 의해서 진행된 불국사 복원공사는 1973년 7월에 완성된 것이 아니라 미완성이었지 않을까 하는 점이고, 불국선원 불사는 그 복원공사가 마무리된 시점을 진정한 출발점으로 삼아 근현대 시기 본분종사들이 지녔던 한국불교의 전통을 복원하는 데서 마무리된다는 의식이지 않았을까 하는 의미를 섣불리 부여해보고자 한다. 그리고 그것은 단순히 불국선원에 그치지 않고, 부인선원을 개설하여 경주시내의 재가자들이 스님이 생각하는 전통에 걸맞은 수행을 하도록 이끌어냄으로써, 신라시대의 불국사와 고려시대의 불국사가 경주의 중요한 중심 역할을 했던 것과 마찬가지로, 신행을 넘어서 닦음에 이르는 불자들의 경주를 기획한 데서도 그 심려의 한 편린을 볼 수 있는 것이 아닐까 한다.

참고문헌

- 『위서(魏書)』,「석노지(釋老志)」.
- 『고려사(高麗史)』,「세가(世家)」권제1.
- 道宣 撰,『續高僧傳』,「釋曇曜」, T(대정신수대장경) 50.
- 동은(東隱),『불국사고금역대기(佛國寺古今歷代記)』(혹은『불국사고금창기(佛國寺古今創記)』)
- 교육원 불학연구소 편,『선원총람』, 2000.
- 김상현 외,『불국사』, 대원사, 1992.
- 문화공보부 문화재관리국,『불국사 복원공사보고서』, 1976.
- 배진달,『연화장세계의 도상학』, 일지사, 2009.
- 월산문도회,『월산선사법어집』, 1998.
- 한국불교연구원,『한국의 사찰1 - 불국사』, 일지사, 1974.
- 김광식,「봉암사결사의 전개와 성격」,『한국 현대불교사 연구』, 불교시대사, 2006.
- _____,「정금오의 불교정화운동」,『불교학보』57, 2011.
- 김복순,「신라 유가계 불교-8~9세기를 중심으로-」(『한국 고대불교사연구』, 민족사, 2002, 재수록), 1992.
- 김상현,「석불사 및 불국사에 표출된 화엄세계관」,『신라화엄사상사연구』(민족사, 1991, 재수록), 1991.
- 성본,「선원의 역사」, 교육원 불학연구소 편,『선원총람』, 2000.
- 최연식,「표훈의 일승세계론과 불국사」,『불교학보』70, 2015.
- 황수영,「불국사의 창건과 연혁」, 문화공보부 문화재관리국,『불국사복원공사보고서』, 1976.

- 향봉 스님 대담, 「불국사 불국선원 조실 월산 스님」, 〈대한불교〉 1976년 7월 4
  일자 염화실 탐방.
- 박부영, 「금오 스님과 불교정화운동⑫」, 〈불교신문〉 2015년 2월 4일자.
- 〈불교신문〉 2006년 10월 21일자, 「경주 불국사 불국선원」.

Abstract

Ven. Wolsan and the Seon Center of the Bulguksa Temple
: Focusing on the historical background and meaning of establishing the Center

Seok, Gil-am

(Professor, Gyeongju Campus, Dongguk University)

Bulguksa Temple has changed into what we can see today through the restoration between May 1969 and July 1973. However, if one wants to recognize Bulguksa as one of the representative temples of modern Korean Buddhism -- not as a temple representing the Buddhist culture of Silla, one needs to pay attention to establishing and developing process of the Seon Center of the Bulguksa Temple. And it is necessary to understand Ven. Wolsan who worked hard to open the center and teach monks, and know the characteristics of the center.

Taking note of this point, this paper expounded that the 'Bulguksa Restoration Project' and 'Establishing and Operating the Center' were based on different historical and cultural backgrounds. It is noted that the ideological foundation for establishing the Center was different from that for constructing the Temple, from the time of founding the Temple to the restoration completed in 1973. And this point, the meaning of Ven. Wolsan's establishing and operating the Center is clearly able to be understood.

Despite its short history, the Seon Center was sensational and famous owing to many great masters like Ven. Beomryong, Ven. Songdam, Ven. Il-ta, Ven. Jeong-il, and Ven. Hyejeong. Most of all, the Cenetr began to flourish thanks to the guidance and teachings of Ven. Wolsan who following the Mt. Deoksung Linage that led from Ven. Gyong-heo to Ven. Man-gong, Ven. Bo-wol, and Ven, Geumo. The Center's settling in spite of a short period of time could be seen as the result of a guiding teacher of the Center, Ven. Wolsan's efforts to focus on teaching monks.

Key words

Ven. Wolsan, Ven, Geumo, Bulguksa Temple, the Seon Center of the Bulguksa Temple, Buddhist culture of Silla, modern Korean Buddhism

07.
불국선원 건립의
사상적 의미와 특징*

김종두(혜명)**

* 이 논문은 2021년 9월 9일, 월산문도회가 주최하고 대각사상연구원이 주관한 〈월산 대선사 사상의 재조명〉 학술대회에서 발표한 것을 수정 보완한 것임.
** 동국대학교 경주캠퍼스 불교학부 교수.
ⓒ『大覺思想』 제36집 (2021년 12월), pp.85-116.

한글요약

불국사는 신라시대에 조성되어 지금까지 찬란한 문화의 꽃을 피우면서 우리에게 문화적 자긍심과 불교의 진리를 설파해주는 성지로서 많은 역할을 해오고 있다.

특히 불국사의 경내에 있는 불국선원은 월산 큰스님의 원력과 발원으로 이루어진 수행처이다. 월산 큰스님은 선교율(禪敎律)에 정통하시면서 철저한 간화선수행과 지혜의 안목을 갖추시었고 이사(理事)에 원융무애한 명안종사이셨다.

1974년에 주지로 취임하신 월산 큰스님은 폐사나 다름없이 폐허된 불국사를 복원하는 데 온 힘을 쏟았고 큰스님은 사찰은 관광지가 아니라 수행과 신행도량임을 중시하였다. 그래서 정부의 관심 밖인 수행처인 승당과 선원, 강원 등이 갖추어져야 한다고 생각하였다. 이후에 큰스님은 민가를 사고 선원을 건립하기 시작하였는데 많은 난관에도 불구하고 큰스님의 원력과 종상 스님의 은사에 대한 지극한 효심이 어우러져 수행도량으로 면모를 새롭게 하게 된다.

큰스님께서는 조실로서 열반에 드시기까지 납자들을 지도하시었는데 이것은 평생 큰스님께서 화두를 놓치지 않고 정진하신 진정한 스승의 모습이었다.

　이러한 불국선원은 많은 명안종사께서 수행을 하시었고 선풍을 드날
리셨다. 1982년 하안거부터 1984년 동안거까지 월산 큰스님의 제자인 법
달(法達) 스님이 선원장의 소임을 보았다. 이후 1995년 동안거부터 종우
(宗雨) 스님이 선원장의 소임을 보면서 1997년 동안거부터 설당(雪堂, 종
우) 스님께서 선원장의 소임을 지금까지 이어가고 있다. 그리고 이외에 입
승스님과 대중스님들의 본사들을 보면 대체적으로 법주사와 불국사를
중심으로 전국 교구본사의 많은 스님들이 동참하고 수행 정진하면서 한
국선의 종풍을 드날리고 있음을 알 수 있다.

주제어
월산 큰스님, 불국선원, 종상 스님, 법주사, 불국사

I. 머리말

불국사는 신라시대에 조성되어 지금까지 찬란한 문화의 꽃을 피우면서 우리에게 문화적 자긍심과 불교의 진리를 설파해주는 성지로서 많은 역할을 해오고 있다.

특히 불국사의 경내에 있는 불국선원은 월산 큰스님의 원력과 발원으로 이루어진 수행처다. 월산 큰스님은 선교율(禪敎律)에 정통하시면서 철저한 간화선수행과 지혜의 안목을 갖추시었고 이사(理事)에 원융무애한 명안종사이셨다.

큰스님은 모든 사람은 불성을 가지고 있기 때문에 일체의 차등이나 차별 없이 대하셨고 그래서 소중하고 존귀하며 열심히 수행하여 성불할 것을 강조하시었다. 그래서 진정한 인간존중의 배려와 따뜻한 마음을 가지셨던 분이셨다. 그리고 항상 강조하신 것은 철저하게 계율을 지키면서 계로써 스승을 삼아야(以戒爲師) 한다고 하셨고, 또한 계율이 있기 때문에 모든 비구들이 편안하게 수행을 할 수 있다고 말씀하였다. 그러면서 공부를 할 때에는 목숨을 돌보지 말고 열심히 해야 할 것을 말씀하고 있는데, 특히 개인적인 편안함이나 한가함이 아닌 진정한 화두를 타파하기 위하여 정진해야 되는 것을 백 척이나 되는 장대에서 한 걸음 더 나아가는 마음으로 표현하고 있다.

또한 큰스님은 교학공부에 밝아야 한다고 말씀하시면서 대승경전의 공부에 힘써야 한다고 하시었다.

실제로 큰스님은 선사상(禪思想)에 정통하시면서도 교학의 깊이도 대단하시었다.『유마경』의 불이법문(不二法門)을 좋아하시었고『문수설반야경』의 일행삼매(一行三昧)와『법화경』에서 부처님은 과거전생에 상불경보살(常不輕菩薩)로 수행하고 있었을 때, 모든 중생을 향하여 '나는 당신을 가볍게 보지 않습니다. 당신이 부처님이십니다.'라는 내용을 인용하시면서 모두가 다 이렇게 인욕보살로서 살면서 모든 사람을 부처님으로 여기면서 수행하면 궁극적으로 성불하게 된다는 말씀도 하시었다.

그리고 많은 대승경전들을 공부하면서 그 경전의 언어적 표현에 매이거나 집착하게 되면 안 되고 그 모든 것을 뛰어넘어야 함을 강조하고 있다. 아울러『중론』의 사구(四句)의 논리도 설파하시면서 중도(中道)의 이치를 말씀하고 있다. 그리고 선가(禪家)에서 수행의 정진과 가르침으로 활용하는 다도(茶道)의 이치를 조주 스님의 끽다거(喫茶去)를 통해서 평상심의 마음이 진리임을 드러내고 있다. 그 외에도 무수히 많은 가르침이 있지만 다 언급하기는 어렵고 이러한 내용을 모든 대중들에게 가르치고 지도하려고 하는 큰스님의 마음을 읽을 수가 있다.

본 논문에서는 이러한 뜻을 가진 큰스님께서 어떻게 불국선원을 만드시고 수행자들을 지도하였는가를 살펴보고자 한다. 먼저 불국선원이 만들어져야만 하는 당위성과 필요성에 대하여 살펴보고 다음은 월산 큰스님께서 불국선원을 건립하신 과정에 대하여 살펴본다. 그리고 이후 불국선원의 구조적 특징과 사상적 연원, 결제와 해제 법문 그리고 방함록 등을 살펴보고 불국선원이 어떠한 사상적 특징과 역사를 가지고 조성되었는가를 논구해 보고자 한다.

Ⅱ. 불국선원 건립의 필요성과 건립 발원

1. 불국선원 건립의 필요성

불국사의 설선당(說禪堂)과 심검당(心劍堂)은 경을 강론하고 좌선을 하는 곳이다. 그리고 태인이 1749년에 중창한 광명당선실(光明堂禪室)도 좌선을 하는 공간이다. 그러나 불국사 창건 이래로 지금까지 그 정확한 위치를 알기가 어렵다. 대체로 신라나 고려 때에는 이런 이름의 건축물이 없었고 조선 중기에 나타나는 이름이기 때문이다. 자세히 알 수는 없지만 구산선문이 형성되고 남종선이 보급되면서 신라와 고려시대에 서서히 선이 알려지면서 전문적인 수행처가 만들어졌다고 본다. 그런데 그 좌선을 하는 곳을 어떻게 지정하고 어느 위치에 있었는지는 알기가 어렵다 이것은 불국사에서도 마찬가지이다. 그러나 설선당과 심검당, 그리고 광명당선실의 이름을 통해 살펴봤을 때 분명히 조선 중기 이전부터 선수행이 면면이 이루어지고 있었음을 알 수 있다.

삼국시대와 신라 중대인 8세기 중엽까지는 미륵신앙, 정토신앙, 밀교신앙, 법화신앙, 삼론학, 유식학, 화엄학 등 대승불교의 여러 신앙과 교학이 고르게 발전하였다. 그러다가 점차로 화엄교학이 성행하여 전국에는 화엄십찰(華嚴十刹)을 위시해서 화엄도량이 보편화하였다.

그러나 신라 하대에 이르러서 당대(唐代)의 조사선풍(祖師禪風)이 수용되었다. 당시의 조사선풍은 신조류를 이루어 당에 가서 조사선법을 인가받고 귀국한 선사에 대한 신뢰와 기대가 매우 높았다. 그리하여 전국에 걸쳐 여러 선찰이 개창되었다. 이렇게 개창되기 시작한 선찰은 신라 하대와 고려 초기에 가장 많이 건립되었으며, 고려 중·후기에도 간헐적으로 건립되었다. 고려시대에는 선종사찰을 구산선문(九山禪門)으로 불렀다. 조선시대에는 독립된 선찰은 없었으나 신라, 고려와는 달리 대찰에는 반드시 선당(禪堂)이 배치되었으며 산중의 사암에 소규모의 선우(禪宇)가 많이 이루어졌다. 이와 같이 신라, 고려, 조선시대에 걸쳐 건립된 선원은 그 위상과 역할이 참으로 중요하고 큰 것이었다.[01]

---

01   첫째, 선원은 수행과 교육의 도량이었다. 선원에서는 구법대중이 운집하여 노역(勞役)과 좌선의 실천으로 수행을 연마했다. 수행도량으로서의 선원을 가장 먼저 생각하지 않을 수 없다. 그리고 선원에서는 상당법어(上堂法語), 입실참문(入室參問), 수

특히 조선시대의 선원은 대찰에서 선원이 수행의 당우(堂宇)로 위상을 지키어 전체의 사격을 높여주었고, 산중의 사암에서는 선우(禪宇)가 법난시대에 법등을 이어주는 법연지로서의 역할을 하였다. 그러므로 한국선원의 위상과 역할은 한국불교사와 한국문화 속에서 길이 주목되지 않을 수 없는 것이다.[02]

아울러 신라시대 창건 이후 불국사는 수많은 중수와 중창을 거듭하였다. 특히 18세기 말에는 중수가 집중되어 웅장한 가람을 지닐 수 있었다.[03] 1740년(영조 16) 동은(東隱)이 편찬한『불국사고금역대기(佛國寺古今歷代記)』에는 가람을 5개 구역으로 구분하였다. 대웅전을 중심으로 17개의 전각과 회랑, 극락전을 중심으로 11개의 전각, 비로전 일대에 3개, 관음전을 중심으로 7개의 문루(門樓)와 전각, 지장전을

시문답(隨時問答), 담선법회(談禪法會), 총림법회(叢林法會) 등을 통해서 중생의 미혹함을 깨우쳤으니, 이것은 특수한 방법의 훌륭한 교육행위였다. 둘째는 국가의 중요한 원찰(願刹)이었다. 한국의 역대 선찰에서는 국왕의 수명과 선왕의 명복을 위하여 불상을 조성하고 탑을 건립한 것을 볼 수 있었다. 신라 선찰의 주변에는 사방에 경계를 정하여 금살당(禁殺幢)을 세워서 사냥을 금하게 하고 특수영역으로 보호한 예도 적지 않았으니 이것은 국가의 원찰도량으로 그만큼 중요하게 인식했기 때문이다. 고려의 선찰에서는 북병의 침입을 막기 위해 담선법회를 격년제로 열었는데 담선법회가 중요한 호국적 염원이 담긴 행사였다. 선찰을 호국의 도량으로서도 중요시 되었다. 셋째는 국민의 복지(福地)였다. 한국의 명산에는 어디에나 보찰(寶刹)이 있고, 보찰은 항상 국민이 수명과 복을 기원하는 도량이었다. 이것은 선찰도 다를 바가 없었다. 복을 닦고 죄를 멸하는 것은 일반사찰뿐만 아니라 선찰에서도 부족함이 없이 이행해 왔다(교육원 불학연구소 편,『선원총람』,「선원의 역사」, 불교시대사, p.76).

02 교육원 불학연구소 편,「선원의 역사」『선원총람』, 불교시대사, 2000, pp.75-76.

03 이강근,「佛國寺의 목조건물과 修理·復原의 역사에 대한 연구」,『경주문화연구』7, 2000, pp.3-5.

중심으로 9개의 전각과 누각이 있었음을 밝히고 있다.[04] 그리고 이
외에 위치를 알 수 없는 건물을 언급하고 있다.[05]

> 오백성중전(五百聖衆殿, 32간), 천불전(天佛殿, 25간), 시왕전(十王殿, 5
> 간), 십육응진전(十六應眞殿, 5간), 문수전(文殊殿, 5간), 동당(東堂, 4간),
> 서당(西堂, 4간), 동별실(東別室, 5간), 서별실(西別室, 5간), 청풍료(淸風
> 寮), 명월료(明月寮), 영빈료(迎賓寮), 객실(客室), 왕자문설선당(王子問
> 說禪堂), 심검당(心劍堂).

이러한 것들은 조선의 선조 26년(1593년)에 이곳에 침략한 왜병들
이 불국사에 불을 질렀을 때까지 건립되었던 모든 건물들이 여기에
기록되어 있다고 보아야 할 것이다. 비록 불국사 창건 당시의 규모를
정확한 기록의 부재로 알 수는 없지만, 그 당시에 불국사가 갖고 있
는 상징적 의미와 석불사(石佛寺)의 정교함과 그 크기를 보아도 아마
상당히 큰 가람으로 창건된 것으로 보인다.[06]

---

04 「佛國寺古今創記」,『불국사 복원공사보고서』, 문화공보부 문화재관리국, 1976,
    pp.271-286.

05 그런데 이상과 같이 언급한 모든 시설들이 과연 창건 당시의 것으로 속단해서는 안
    될 것이다. 왜냐하면 창건 당시를 전한다고 기록되어 있으나 후대에 첨가하고 증축
    된 부분이 적지 않게 포함되어 있으리라 추측되기 때문이다. 또한『불국사고금역대
    기』의 이 부분 기록을 보면 글씨도 일정하지 않고 크기도 달라서 후대의 가필(加
    筆)로 보이기 때문이다. 아마도 임진왜란 이전의 장엄(莊嚴) 모두를 기록하여 오늘
    에 전해준 것으로 생각된다(한국불교연구원,『불국사』, 일지사, 1974, p.24).

06 한지윤,「佛國寺 構造에 나타난 密敎的 要素 硏究」, 동국대 석사학위논문, 1995,
    pp.11-12.

그리고 임진왜란 이후 1604년 관음전 중건의 시작으로 1659년 대웅전의 건립으로 재건 공사가 일단락되었다. 그 후 실시한 공사는 이전에 지어진 건물의 보수 및 단청 공사가 주로 실시되었다. 그러나 100여 년간의 공사가 원래의 가람 구조를 제대로 복원한 것은 아니었다. 1729년 도승(道僧) 태인(太仁)이 호남으로부터 와서 보고 "절의 규모가 서역의 불국을 모방하기는 하였으나 깨끗하고 더러운 곳, 성스러운 곳과 범속한 곳을 구별하지 않아서 질서를 잃었다고 개탄하면서 3곳의 요사채를 경루 밑으로 옮겼다."는 기록으로 보아 승방을 불전 구역에 함께 배치하였던 것으로 보인다. 이후 태인은 1749년에 광명당선실을 중건하고 1765년에는 대웅전을 중창하였다. 이때 그는 호남의 승려 18인을 불러 모아 영남의 승려 10여 명과 함께 대웅전 중창 공사를 벌였다. 이때 명부전(1759년), 적광전(1768년), 자하문(1781년) 등이 함께 중창되고 불국사는 비로소 옛 모습을 복구하였다고 말할 수 있게 되었다.[07]

그런데 여기에서 특히 유의해서 보아야 할 것이 왕자문설선당과 심검당이다. 이것은 여기에 기록되어 있지만 정확한 설립시기와 연대를 알 수가 없다. 그리고 이 두 건물은 건축구조상 조선시대의 건물에 해당하기 때문이다.

현재 심검당과 설선당이 남아 있는 사찰은 영천 은해사(1264년 중

---

07   장지정, 「제3, 4공화국의 문화정책과 불국사 복원 과정을 통해 본 문화재 보존의 의미와 역할에 관한 연구」, 한양대 석사학위논문, 2014, pp.45-46.

창)인데 이 심검당은 대웅전 앞 동쪽에 있다. 큰 대중방 뒤쪽에 부엌과 채공소를 ㄱ자로 꺾어 붙이고 북쪽에 작은 승방채가 접속되어 이루어진 ㄷ자 평면의 내정 동쪽에 따로 2층 목조 고루가 배치돼 전체적으로 트인 ㅁ자 형의 후원이다. 고루 북쪽 끝에서 다시 객실동을 ㄱ자로 꺾어 붙여 하나의 거대한 승료가 되었다. 설선당은 심검당과 앞뜰을 사이에 두고 마주하고 있다.

그리고 내소사는 대웅보전의 좌측에 설선당(1640년 건립)이 있고 선암사에는 대웅전을 중심으로 왼쪽과 오른쪽에 심검당과 설선당이 배치되어 있다. 마곡사(1651년 중건)의 심검당은 대광보전의 노전, 또는 대방으로서의 역할을 겸하는 규모가 큰 요사로서 대광보전보다 조금 아래쪽 동편에 광장과 면하여 위치하고 있다. 장곡사의 설선당은 하대웅전(보물 181) 왼쪽에 있으며 조선 중기에 건립되었다.[08]

대체적으로 조선시대에 건립된 것으로 보이는 심검당과 설선당은 대웅전의 왼쪽과 오른쪽에 위치하고 있으며 선방과 강당의 기능을 하는 듯 보인다.

따라서 『불국사고금역대기』에서 언급하고 있는 곳은 다른 사찰로 보면 대웅전의 좌우에 있어야 하는데 불국사에는 그 곳을 찾기가 어렵다. 그 이유는 신라시대에 만들어지고 임진왜란 이후 수많은 중건과 중수를 거쳤기 때문이다. 이러한 여러 가지 어려움으로 인해 불국

---

08   박현정, 「사찰요사(寮舍)의 특성과 변화에 관한 고찰」, 건국대 석사학위논문, 2008, pp.51-65 참조.

사에서는 전문적인 선원의 필요성이 대두되었다.

2. 월산 대선사의 불국선원 건립 발원

1974년 초에 불국사 주지로 부임한 월산 대선사께서는 마무리 되지 않은 불국사를 복원하는 데 온 힘을 기울였다. 당시 박정희 대통령이 경주관광단지 발전 계획을 세우고 불국사와 석굴암의 복원 및 보문단지의 개발 계획을 직접 진두지휘하였다. 특히 박정희 정부는 불국사의 경내지를 중심으로 대웅전, 회랑 등 담장 안을 복원하는 데 전력을 다하였다. 이때 불국사의 경내지는 약 3만여 평으로 그 속에는 승당이나 수행처는 전혀 고려되지 않았다.

월산 대선사의 생각은 달랐다. 정부에서는 대웅전, 무설전, 관음전 등 전각이나 회랑을 복원하여 관광 사찰로서의 모습을 갖추려고 하였지만, 대선사께서는 사찰은 관광지가 아니라 수행과 신행도량임을 중시하였다. 정부의 관심 밖인 수행처인 승당과 선원, 강원, 요사채 등이 갖추어져야 한다고 생각하였다.

불국사의 진정한 복원은 수행처로 거듭나는 것이라는 생각을 가지고 원력을 세웠다. 평생을 참선수행하고 전국 각 선원에서 오랜 정진을 한 월산 대선사께서는 무엇보다 선원건립의 원력이 첫 번째 불사였다. 그렇지만 이러한 원력은 정부의 불국사 복원계획에는 포함되어 있지 않았다. 박정희 대통령의 생각은 황룡사와 왕궁 등을 복원하여 경주를 세계적인 문화유적지로 방문자들에게 손색이 없는 문화복합도시계획을 수립하라고 문화관광부에 지시를 하였다. 신라천년 고도인 경주를 관광사업화하여 해외 관광객을 유치하는 수단으로 생각하였다. 그래서 불국사, 석굴암의 복원과 함께 관광객이 머물수 있는 보문단지개발도 시작하였다. 즉 해외나 국내관광객이 경주에 와서 불국사, 석굴암을 참배하고, 보문단지에서 레저를 즐기면서 숙박하도록 하는 계획이었다. 그러므로 박정희 대통령이나 문화관광부에서는 경주개발계획 및 보문관광단지개발을 하고 불국사, 석굴암의 성역화 사업도 병행하여 진행을 하였다.

따라서 월산 대선사께서는 정부에서 진행하고 있는 불국사의 복원과 관계없이 경내지 담장 밖의 토지 구입에 관심을 가졌다. 그리고 이러한 불사는 정부에 의지하지 않고 독자적으로 진행할 것을 발원하였다.

그러나 경내지에는 이러한 시설을 건립할 수 없었다. 그래서 경외지인 주위를 살펴본 결과 포도나무 등 과실수를 심어놓고 농사를 짓는 집에 관심을 가졌다. 농막과 같았지만, 부부가 살고 있었기 때문에 이들에게 농막과 전답을 구입하였다. 전답에는 소나무 등 숲이 무성하였고, 진입로조차도 없는 맹지였다. 먼저 진입도로를 개설하고 선원본당, 요사채(조실실), 후원채, 화장실 등을 건립하였다. 불국선원불사는 1974년 가을에 시작하여 1975년 말경에 회향하였다. 선원불사에는 많은 경비가 필요하였다. 초기에는 3억 원 정도로 예상한 것과 달리 약 7천만 원으로 마무리하게 되었으며, 선원건립불사에는 행정절차상에 많은 난관이 있었다. 당시 상좌인 성타 스님, 종상 스님, 종우 스님 등은 은사인 월산 대선사의 선원건립불사에 대한 큰 원력을 성취하여야겠다는 일념으로 그 누구보다도 앞장서서 난관을 하나하나씩 어려움을 무릅쓰고 해결하여 오늘의 불국선원을 완성하게 되었다.

그리고 월산 대선사께서는 경내지 3만 평을 5만 평으로 확장하여 전체를 담장으로 도량을 정비하였다. 이어서 일주문과 사천왕문을 건립하고 사천왕상을 새로이 조성하여 봉안하였으며, 선원과 강원, 요사채도 마무리하였다. 이로써 신라대가람의 면모를 갖추게 되었으며, 천년이 넘는 문화유산 사찰임과 동시에 수행과 포교의 신행도량으로 일신하게 되었다. 그 후 전 대중이 이어서 불국사문화회관, 불국유치원, 성림어린이집, 경주시장애인종합복지관, 성림요양원, 성림문화재연구원, 불국사복지재단, 원효재단, 경주선원 등을 건립하여 원만히 운영을 하고 있다.

불국선원은 사부대중이 함께 동참하여 원만히 불사가 이루어지게 되어 불국사는 수행과 신앙의 귀의처인 불교 본래의 기능을 시작하게 되었다. 그 과정에는 문화재사찰의 인허가의 어려움과 불사비 화주 등 난관이 많았다. 그러나 이러한 대작불사를 무사히 회향할 수 있었던 것은 월산 대선사의 초지일관된 대원력과 사부대중의 노력이 함께하였기 때문이다. 이와 같이 지난한 과정을 살펴보면, 월산 대선사의 원력과 종상 스님의 은사에 대한 지극한 효심이 어우러져 불보살의 가피가 내려진 것이라고 생각할 수 있다.

이러한 불국선원 건립과 도량정비의 어려움에 대한 자료는 문도들이 모인 가운데 당시의 상황에 대해서 기록한 것을 정리하였다.[09]

Ⅲ. 월산 큰스님의 해결제법문의 특징

1. 모든 중생의 불성(眞佛)과 수행정진

◆— **제바달다(악인)도 성불할 수 있는 악인성불**

『법화경』은 수기와 비유의 경으로 모든 중생이 불성을 가지고 있고 수행하여 성불할 수 있다는 기약의 경이다. 그래서 인간에 대한 존중과 배려가 그 어느 경보다 뛰어나다고 할 수 있다. 인도의 카스트제

---

09   이 기록은 2021년 6월 28일 오후 6시 제37차 불국사발전위원회 회의장에서 대화한 내용이다. 기림사에서 성타 스님, 법달 스님, 덕민 스님, 종상 스님, 종우 스님, 정문 스님, 보광 스님, 운성 스님, 종성 스님, 종천 스님, 성웅 스님 등 발전위원 13명이 참석하여 당시 상황에 대해 토론한 것을 보광 스님이 기록하여 작성하였음. 2차는 정문 스님 차 안에서 동일 오후 8시경 정문 스님과 보광 스님이 대화한 것을 기록함. 2021년 7월 23일 보광 스님이 초안 정리하였고, 문도스님들의 의견을 반영하여 수정 보완하였음.

도나 한국의 노비제도와 같은 비차별적인 인간 단면의 참혹성을 자비적으로 포용하여 누구나 성불의 길로 이끄는 자애의 경이라 할 수 있다. 그래서 이 경은 「관세음보살보문품」을 비롯하여 「묘음보살품」 등과 함께 민중의 아픔을 함께하고 쓰다듬으며 고해를 건너게 해주는 역할을 충실히 해왔다. 그 모습은 불국사의 대웅전과 그 앞의 석가탑과 다보탑과 법화전지로 상징되어 신라인의 혼에 영원히 각인되어 있는 구원의 화신으로 나타나 있다. 이러한 중생의 아픔과 함께하고 고통을 구제해주시는 관세음보살이 함께 있는 불국선원은 당연히 자신의 성불과 더불어 중생구제를 화두로 삼게 된다.

월산 큰스님은 결제법문에서 모두가 불성을 가지고 있는 존재라고 다음과 같이 말씀하고 있다.

여러 대중들은 그대로가 참다운 부처이니라, 부처란 다른 것이 아니라 곧 마음이기 때문이다. 이 세상에 마음 없는 사람이 어디에 있는가. 부처도 있고, 가섭도 있고, 조달(제바달다)도 있다. 소 끄는 견우도 있고, 베 짜는 직녀도 있다. 그래서 일체중생 실유불성(一切衆生 悉有佛性) 즉 모든 중생이 다 부처의 본성이 있다고 하는 것이다.[10]

여기서 심지어 악인의 대명사로 불리는 제바달다도 성불할 수도 있다는 가능성을 제시해 주고 있다. 사실 『법화경』에서도 제바달다

---

10   월산문도회, 『월산선사법어집』, 불국사, 1998, p.100.

는 부처님께서 악인의 대명사로 언급하고 있지만 수기를 주는데, 천왕(天王)여래라는 부처가 되어 중생을 제도한다는 것이다. 그러면서 제바달다와 석가모니부처님이 전생부터 오랜 인연이 있었다는 사실을 밝힌다.[11] 이러한 내용은 다음과 같다.

그때 세상 사람의 수명은 한량없었는데, 법을 위하는 까닭에 왕위를 버리어 정사(政事)를 태자에게 맡기고 북을 쳐 선포한 다음, 사방으로 법을 구하였느니라. '누가 나를 위하여 대승을 설하겠느냐? 내가 몸이 다하도록 공양하여 모시리라.' 그때 한 선인(仙人)이 와서 왕에게 말하였느니라. '나에게 묘법연화경이라는 대승경이 있으니, 만일 내 뜻을 어기지 않는다면 마땅히 설해주리라.' 왕은 선인의 말을 듣고 뛸 듯이 기뻐하며 곧 선인을 따라가서 필요한 것을 공급하되, 과실을 따고 물을 긷고 나무를 하고 음식을 장만하거나 몸으로 그의 침상이나 앉는 자리가 되더라도 몸과 마음에 게으름이 없었느니라. 그때 이렇게 받들어 모시기를 천 년 동안 하였는데 법을 위하는 까닭에 부지런히 힘쓰며 지성으로 시봉하여 조금도 부족함이 없게 하였느니라. … (중략) … 부처님께서 모든 비구에게 말씀하셨다. "그때의 왕은 바로 지금의 내 몸이고, 그 선인은 지금의 제바달다이니라. … (중략) … 모든 사부대중에게 이르노라 제바달다는 이후 한량없는 겁을 지나서 마땅히 성불하리니, 이름을 천왕여래 응공 정변지

---

11   차차석, 『다시 읽는 법화경』, 조계종출판사, 2010, p.206.

명행족 선서 세간해 무상사 조어장부 천인사 불세존이라 하며 그 세계의 이름은 천도(天道)이니라." … (중략) … 부처님께서 모든 비구에게 말씀하셨다. "미래세에 어떤 선남자 선여인이 묘법연화경의 제바달다품을 듣고 청정한 마음으로 믿고 공경하여 의심하지 않는다면, 지옥, 아귀, 축생에 떨어지지 않고 시방의 모든 부처님들 앞에 태어나며 나는 곳에서 항상 이 경을 들으리라."[12]

사실 부처님을 괴롭힌 제바달다도 성불할 수 있다는 사실을 가볍게 여겨서는 안 된다. 거기에는 '마음의 미혹을 없애고 수행을 한다면'이라는 조건이 붙어 있다. 어떠한 악인이라도 반드시 불성은 있는 것이기에, 부처님의 법을 접하여 마음의 표면에 덮여 있던 구름을 걷고 나면, 내면으로부터 진정한 자신, 즉 불성이 찬란히 빛을 내기 시작하는 것이다. 이토록 자세하게 설해주신 불법에 대해서는 말세의

---

12 『妙法蓮華經』(T9, 34b-35a), "時世人民壽命無量 爲於法故 捐捨國位委政太子 擊鼓宣令 四方求法 誰能爲我說大乘者 吾當終身 供給走使 時有仙人來白王言 我有大乘 名妙法華經 若不違我當爲宣說 王聞仙言歡喜踊躍 卽隨仙人供給所須 採果汲水拾薪設食 乃至以身而爲床座 身心無惓 于時奉事經於千歲 爲於法故 精勤給侍令無所乏 … 佛告諸比丘 爾時王者 則我身是 時仙人者 今提婆達多是 由提婆達多善知識故 令我具足六波羅蜜慈悲喜捨三十二相八十種好紫磨金色 十力四無所畏四攝法 十八不共神通道力 成等正覺廣度衆生 皆因提婆達多善知識故 告諸四衆 提婆達多 卻後過無量劫 當得成佛 號曰天王如來應供正遍知明行足善逝世間解無上士調御丈夫天人師佛世尊 世界名天道 … 佛告諸比丘 未來世中 若有善男子善女人 聞妙法華經提婆達多品 淨心信敬不生疑惑者 不墮地獄餓鬼畜生 生十方佛前所生之處常聞此經."

사람들에게는 그야말로 큰 구원이라고[13] 할 수 있다.[14]

결국 『법화경』에서는 비록 제바달다는 악인이지만 불성을 가지고 있어서 성불할 수 있고, 나쁜 사람이라도 우리가 친절히 대해주고 공경한다면, 우리 자신도 성불할 수 있는 가르침을 제시해주고 있다. 따라서 제바달다는 악인이 아니라 선인으로 볼 수 있는 존중과 배려의 마음을 가져야 할 것이다.[15]

◆─ **인간존중의 배려와 상불경보살**

또한 월산 큰스님은 모든 중생이 불성을 가지고 있는 부처이기 때문에 존중해야 되고 항상 가볍게 여기지 않는다는 『법화경』의 상불경보살의 법문을 설하여 주시었다.

---

13   니와노 닛쿄, 『다시 읽는 법화경』, 경서원, 1996, pp.270-271.

14   또한 제바달다의 수기와 신앙은 악에 대한 새로운 해석이라고 말할 수 있다. 악이란 그 절대성을 지니고 있지 않다는 점이다. '죄란 자성이 없는 것이며, 다만 사람들의 마음에 따라 생길 뿐'이라는 『천수경』의 가르침이 그것을 알려준다. 즉 인간들의 약속과 사회적 관습에 의해 선악이 갈리지만 그것은 영원한 것이 아니다. 과거의 선이 오늘의 악이 될 수도 있으며, 과거의 악이 오늘의 선이 될 수도 있다. 그런 점에서 절대적 악이란 존재하지 않는다. 선악의 절대성을 부정하는 것이며, 그런 점에서 절대적인 선은 열반과 구원뿐이라 말한다. 따라서 절대 악이란 존재하지 않으며 윤리적인 악도 인간이 어떠한 마음으로 활용하는가에 따라서 선이 될 수도 악이 될 수도 있다고 생각했던 것이다.(차차석, 『다시 읽는 법화경』, 조계종출판사, 2010, p.207).

15   김종두, 「『법화경』의 신행(信行)에 관한 고찰」, 『한국불교학』, 한국불교학회, 2018, pp.102-104.

사람마다 구족한 참다운 부처는(人人具足天眞佛)

곳곳에 모습을 나타내 광명을 놓네(處處開現放光明)

이렇게 이 세상은 부처로 가득 찼다. 왜 이들이 다 부처냐? 본래 부처이기 때문이다. 일월이란 아무리 구름이 가린다 해도 일월이 아닐 수 없듯이 비록 그대들이 외면하고 눈을 돌리고 싶어 하는 사람일지라도 부처 아닌 자가 없도다.[16]

실제 부처님의 과거 전생의 상불경보살은 큰 인간을 존중하는 큰 서원을 세웠는데 부처님이 과거 전생에 수행하면서 세웠던 서원이기도 하다. 즉 부처님은 전생 위음왕불(威音王佛) 시절에 비구였다. 위음왕불이 열반하고 상법시대에 그 나라의 비구들은 증상만(增上慢)이 가득하고 큰 세력을 가진 비구가 많았다. 그때 상불경보살은 누구를 만나든 간에 그들에게 예배하고 찬탄하면서 이렇게 말했다.

나는 그대들을 깊이 공경하고 감히 가볍게 여기지 않습니다. 왜냐하면 그대들은 다 보살도를 행하여 장차 마땅히 성불할 것이기 때문입니다.[17]

사람들은 이런 그를 보고 모두 경멸하여도, 상불경보살은 이런 박

---

16   월산문도회, 『월산선사법어집』, 불국사, 1998, p.65.

17   『妙法蓮華經』(T9, 50c), "我深敬汝等 不敢輕慢 所以者何 汝等 皆行菩薩道 當得作佛."

해에도 굴하지 않고 그대들은 보살도를 행하여 마땅히 성불할 것이라고 하였다. 이것이 바로 상불경보살의 서원이다. 부처님이나 위대한 성자만이 아니라, 지금 우리 앞에 있는 일반 중생들이 모두 존중받을 대상이라는 것이다. 즉 상불경보살은 우리 모든 중생이 본래 청정한 불성(佛性)이 내재되어 있음을 자각시키고자 했던 것이다.[18]

또한 상불경보살은 모든 사람이 부처가 될 수 있음을 굳게 믿었다. 그의 실천행은 모든 중생들이 스스로의 불성을 깨달을 수 있도록 노력하였고, 온몸을 바쳐 정진하여 공덕으로 부처가 된 것이다. 상불경보살은 우리에게 모든 인간을 모시고 존경할 것을 가르친다. 모든 인간이 불성을 지닌 고귀한 존재임을 믿고 그들을 부처의 길로 이끄는 참다운 법화행자가 되라고 온몸으로 보여주고 있다. 우리는 모든 사람들이 자신의 내면에 있는 성불할 수 있는 가능성을 일깨워야 하고, 이를 올바로 인식해야 한다. 아울러 더 나아가 모든 다른 사람들에게서도 부처가 될 수 있음을 똑바로 보아야 한다. 이러한 점이 나와 남을 구제할 수 있는 『법화경』의 가르침이다.[19]

월산 큰스님은 상불경보살님처럼 어느 누구도 차별하지 않으시고 모두를 불성을 가진 부처로 보시며 수행을 하여 성불하기를 진심으로 바라셨던 것이다.

---

18   신명희, 「『法華經』에 나타난 禪思想 一考」, 『동아시아불교문화』 21호, 동아시아불교문화학회, 2015, pp.180-181.

19   이재수, 「『법화경』에 나타난 인간에 대한 이해」, 『천태학연구』 6집, 천태불교문화연구원, 2016, p.352.

◆— 불성과 깨달음의 노래인 『증도가』

월산 큰스님은 모든 사람이 불성을 가지고 있고 부처라는 것을 영가현각의 『증도가』를 통하여 말씀하고 계신다. 이 영가현각은 6조혜능의 법을 이은 상수제자로서 하택신회, 남악회양, 청원행사, 남양혜충 등과 함께 6조문하의 5대 선장 중의 한 분으로 손꼽힌다. 영가스님은 내외의 경전에 두루 통달하였고, 본래 천태종 계통으로 『불조통기』 권10에는 천태지관(天台止觀)을 많이 익히고 항상 선관(禪觀)을 수행하였다고 한다. 천태종 제5조인 좌계현랑(左溪玄朗, 673~754)은 스님과 동문이었고 후에 6조문하에서 득도한 후에도 서로 서신 왕래를 하였다.[20] 그리고 세키구치 신타이(關口眞大)도 『선종영가집』 등을 분석하여 현각을 천태종의 승려로서 분류하고 최초로 천태종과 선종의 모습이 보인다고 서술하고 있다.[21] 이러한 현각이 6조혜능을 만나서 일숙각(一宿覺)이라는 이름을 받게 되는데, 그 중요한 계기는 차(茶)와 관련이 되어 『조당집』에 잘 서술되어 있는데 여기서는 생략하기로 한다.[22]

월산 큰스님은 법문에서 이러한 내용을 다음과 같이 말씀하고 있다.

삼세제불과 천하 선지식과 여기 모인 대중과 다른 것이 무엇인가. 내

---

20   불교신문사 편, 『선사신론』, 우리출판사, 1991, pp.75-76.
21   關口眞大 지음, 혜명 옮김, 『천태지관의 연구』, 민족사, 2007, pp.290-291.
22   김종두, 「중국 선차(禪茶)의 연원(淵源)에 관한 고찰」, 『한국불교학』 92집, 한국불교학회, 2019, pp.201-202.

가 보니 하나도 없도다. 그런데 삼세제불과 천하 선지식은 무엇이 잘
나서 부처이고 조사이며 여기 대중은 무엇이 못나서 범부 중생인가?

배움을 끊고 할 일을 마친 한가한 사람은(絶學無爲閑道人)
망상도 없애지 않고 진리도 구하지 않는다.(不除妄想不求眞)
무명이라 하는 것도 그 자체가 불성이고(無明實性卽佛性)
환화공신 그대로가 법신이기 때문이다.(幻化空身卽法身)

너무나도 유명한 영가 스님의 『증도가』 첫머리에 나오는 게송이다.
영가 스님이 거짓말을 하지 않았다면 여기 있는 대중들은 그대로가
부처이다. 더 이상 무슨 증명이며, 인가가 필요하단 말인가? 그리고
범부 노릇을 그쳐라. 성인공부가 따로 없느니라.[23]

따라서 월산 큰스님의 진리관은 모든 사람이 불성을 가지고 있기
때문에 소중하고 귀중하며 존중과 배려의 대상으로 인자함과 자비
심으로 포용하였음을 알 수 있다. 그리고 아무리 천한 사람일지라도
가볍게 여기거나 천하게 대하지 않고 미래의 부처로 대하여 종국에
수행으로 이끌어서 성불의 길로 인도하심을 알 수 있다.

---

23 월산문도회,『월산선사법어집』, 불국사, 1998, pp.111-113.

2. 참된 지혜의 완성으로서
일행삼매(一行三昧)와 중도(中道)

월산 큰스님은 결제법문에서 일행삼매의 실천을 강조하시었다. 일행삼매는 양나라의 만다라선(曼陀羅仙)이 천감(天監) 2년(503년)에 『칠백송반야(七百頌般若)』를 번역한 『문수사리소설마하반야바라밀경(文殊師利所說摩訶般若波羅蜜經)』 2권(『문수소설경(文殊所說經)』으로 약칭)과 양나라의 승가바라(僧伽波羅, 460~524)가 천감17년(518년)에 번역한 『문수사리문경(文殊師利問經)』을 근거로 하고 있고 이외에도 『대지도론』에도 기초해서 설해져 있다.

일행삼매라는 명칭은 『대품반야경』의 108삼매 중에 81번째 삼매라고 간단한 규정을 하고 있으며 『대지도론』 권제47에는 일행삼매를 공삼매만을 닦는 것으로 설명하고 있고, 『대품반야경』과 『대지도론』에는 일행삼매의 구체적인 내용과 형식에 대해서는 완전히 서술되어 있지 않다. 일행삼매에 들어가는 방법에 대해 『문수소설경』은 다음과 같이 설하고 있다.[24]

문수사리가 말하길 세존이시여 어떠한 것을 일행삼매라 합니까? 부처님께서 말씀하시되 법계는 일상이다. 연을 법계에 거는 것, 이것을 일행삼매라 이름한다. 이 일행삼매에 들어가고자 한다면 마땅히 먼

---

24   김종두, 『마하지관의 이론과 실천』, 경서원, 2007, pp.275-279.

저 반야바라밀을 듣고 설한 바와 같이 수학하여야 한다. 그런 후에 능히 일행삼매에 들어간다. 법계의 불퇴(不退), 불괴(不壞), 부사의, 무애(無礙), 무상을 연하는 것과 같다. 또 일행삼매에 들어가고자 하면 한적한 곳에 있으면서 혼란한 생각을 버리고 모습에 취착하지 말고 마음을 한 부처님에 두고 명자를 오로지 부르고 부처님 계신 곳을 따라 단정히 앉아 능히 한 부처님을 생각한다. 곧 이 생각 속에서 능히 과거 현재 미래의 모든 부처님을 본다.[25]

여기서 일행삼매란 '법계가 한 모습임을 깨닫고 생각을 그 법계에 고정해 멈추어 흩어지지 않게 하는 것'이며 이러한 일행삼매에 들어가고자 하는 수행자는 그 요건으로 반드시 반야바라밀을 듣고 그 설한대로 수행하여 배운 뒤에야 가능하다는 것이다.

그리고 먼저 한적하고 고요한 장소에서 몸의 자세를 바르게 하고 뜻으로는 바깥 경계에 대한 분별망상을 버리며 오로지 일념으로 부처님의 명호를 부른다. 이 가운데 앞의 것은 좌선에 요구되는 일반적인 요건에 해당되며 일심칭명염불은 정토종에서 수용하기에 충분한 경의 전거를 제시해 준 것이라 여겨진다. 그러므로 일행삼매는 선에서는 일심칭명염불 대신 화두를 일심으로 드는 것으로, 그 밖의 다

---

25 『文殊師利所說摩訶般若波羅蜜經』(T8, 731a-b), "文殊師利言 世尊 云何名一行三昧 佛言 法界一相 繫緣法界是名一行三昧 若善男子善女人 欲入一行三昧 當先聞般若波羅蜜如說修學然後能入一行三昧 如法界緣不退不壞 不思議無礙無相 善男子善女人欲入一行三昧 應處空閑捨諸亂意 不取相貌繫心一佛專稱名字 隨佛方所端身正向 能於一佛念念相續 卽是念中能見過去未來現在諸佛."

른 종파에서는 일행삼매의 요점을 나름대로 수용하여 발전시켜 온 전거를 제시해 준 것으로 생각된다.[26]

그래서 일행삼매는 선종의 도신뿐만 아니라 화엄종과 정토종에 있어서도 담란이 처음 『찬아미타불게(讚阿彌陀佛偈)』에 『문수소설경』을 사용하고 있으며[27] 도작(道綽, 567~645)의 『안락집(安樂集)』 권하에는 반주삼매와 문수반야의 일행삼매의 뒷 구절을 인용해서 염불삼매로 하고 있다.[28] 또 비석(飛錫)의 『염불삼매보왕론(念佛三昧寶王論)』 권하[29]등에 인용하고 있고 이어 선도(613~681)의 『왕생예찬게(往生禮讚偈)』에서 일행삼매를 오로지 부처님의 명호를 부르는 일행삼매로서 인증하고 그 의의를 두니 정토종의 입장이 명확히 된 것은 잘 알려진 사실이기도 하다.[30]

이상과 같이 『문수소설경』의 일행삼매는 천태의 『마하지관』을 비롯하여 중국불교의 여러 종파에서 특히 자기 종파의 실천행법의 근거로서 널리 주목되고 사용됐음을 알 수 있다.[31]

---

26 황금연, 「一行三昧의 淵源과 展開」, 『한국선학』 10호, 한국선학회, 2005, pp.295 -297.
27 『讚阿彌陀佛偈』(T47, 420c).
28 『安樂集』(T47,14c).
29 『念佛三昧寶王論』(T47, 142a), "則文殊所說摩訶般若經云 若人學射 久習則巧 後雖無心 箭發皆中 若人欲入一行三昧 隨佛方所 專稱名字 念念相續 即於念中 見三世佛 如彼習射 旣孰之後 無心皆中 非無念也何耶."
30 『往生禮讚偈』(T47, 439a), 정토종의 일행삼매에 대해선 藤原凌雪, 「일행삼매につい て」(『龍谷大學論集』 제360호, 1959년 2월) 참조.
31 김종두, 『마하지관의 이론과 실천』, 경서원, 2007, pp.275-279.

월산 큰스님은 이러한 일행삼매와 일상삼매를 강조하시며 다음과 같이 말씀하셨다.

참된 지혜를 완성하여 온갖 형상에도 머무르지 않고 미움도 사랑도 없으며 갖지도 버리지도 않으며 이롭거나 손해거나 무너뜨리거나 세우지 않으면 저절로 안락해지기 때문에 일상삼매라고 말씀하셨다. 그리고 온갖 곳에 다니거나 멈추거나 앉거나 눕거나 모두가 하나의 마음이 되면 그것이 곧 도량이며 정토가 되니 이를 일러 일행삼매라 한다. 이렇게 닦는 사람은 언하(言下)에서 광명천지를 보게 되리니 따로 헛수고를 할 필요가 없을 것이라고 하셨다.[32]

이것은 참된 지혜로써 얻어지는 진리의 세계를 설하고 있는 것이다. 그리고 이러한 지혜로써 증득되는 사상은 중도의 가르침으로 설명할 수 있는데, 큰스님은 이러한 중도의 논리를 다음과 같이 말씀하셨다.[33]

불법이란 처음에는 이래도 맞지 않고 저래도 맞지 않는다. 그래서 모

---

32   월산문도회, 『월산선사법어집』, 불국사, 1998, pp.101-112.
33   김광식은 월산 큰스님의 사상을 선사상과 중도사상으로 살펴보고 있다. 특히 선교
      율을 분리시키지 않고 선이 중심이고 최선이라고 보았지만 교학, 율행을 배제하지
      않고 균형적 수행을 강조하였다. 그리고 월산 큰스님의 중도사상에 대한 내용을 기
      록하고 월산 큰스님의 불교사상, 선사상의 구현에는 중도사상이 있음을 밝히고 있
      다.(김광식, 「월산의 생애와 사상」, 『대각사상』 32집, 대각사상연구원, pp.80-81)

두다 아니요 아닌 것도 아니다. 이것이 이래도 한 방망이를 맞아야 하고 저래도 한 방망이를 맞아야 하는 까닭이다. 그러나 여기 한 발자국을 더 나가게 되면 이래도 맞고 저래도 맞는다. 그러니 이래도 안 때리고 저래도 안 때린다. 이것이 중도의 실상이니 중도는 두 개의 변을 떠나 가운데 머물기 때문이다.[34]

이러한 말씀은 경전에 밝으셔도 문자에 얽매이지 않고 많은 일을 하여도 진정으로 그 어디에도 걸림없는 대 자유인의 심지법문을 우리에게 전해주시고 참된 지혜와 중도의 논리를 알려주신 것으로 생각된다.

---

34   월산문도회, 『월산선사법어집』, 불국사, 1998, pp.232-233.

IV. 불국선원의 구조적 특징과 안거

1. 인도의 위하라(vihāra) 석굴사원

불국선원의 역사를 조명하는 데 있어서 중국의 총림선원의 연원뿐만 아니라 부처님 당시 인도의 수하좌부터 시작된 수행공간부터 살펴보는 것이 순서라고 생각된다.

부처님 당시의 초기 승가는 사의법(四依法)에 의지해서 의식주 문제를 해결했는데 대표적인 주거문제의 해결방식은 수하좌(樹下坐)로 큰 나무 밑이나 동굴, 계곡, 노지, 묘지 등을 의지해서 비바람을 피하며 수행하는 형태였다. 이러한 장소에서도 3일 이상을 머무르지 못하게 했는데 이는 머무는 자리에 대한 애착이 생길 것을 염려해서 생긴 제도이다.

이후 수행자의 수가 늘어나고 빔비사라왕 등 국왕 및 거사, 장자 등이 귀의하면서 상주하며 정진할 수 있는 정사(精舍)가 지어지게 되었는데 죽림정사, 기원정사 등이 대표적인 경우이다.[35] 이 가운데 기원정사를 건립하는 과정을 기록한 『대반열반경』에는 다음과 같이 정

---

35   덕문, 『알면 편하고 행복해지는 것들』, 불교신문사, 2017, p.243.

사의 건립을 기록하고 있다.

바닥을 금으로 깔고 금이 모자라는 부위는 문루(門樓, 출입 공간)를
세우고 300인이 거처하는 큰방과 선방(禪坊) 63개, 주방, 욕실, 발 씻
는 곳, 크고 작은 변소 등을 완비하였다.[36]

이 경전에서는 석가생존 시기의 중심건물은 강당으로 설명되며,
'중각강당'이라는 명칭들이 빈번하게 등장하는 점에서 석가모니 사후
교단화시기의 금당과 동일한 위상을 가졌던 것으로 보인다.[37]
그리고 정사(精舍)를 위하라(vihāra)[38]라고도 하는데 초기의 위하라

---

36   『大般涅槃經』(T12, 786c), 405년 이후 동진에서 법현이 한역하였다.
37   최태선, 「경전으로 본 신라 사찰 공간의 배치」, 『신라사찰의 공간과 기능』, 국립 경
     주문화재(30주년 기념학술대회 자료집), 2020, pp.115-116.
38   위하라라는 말은 일반적으로 '출가자의 주거'라고 하는 의미로 쓰이지만, 율의 건축
     규정에 의하면 매우 큰 건축물들을 가리킨다. 위하라가 세워져 있는 장소는 번화가
     나 마을에서 멀지도 가깝지도 않아 걸식하러 가기에 적당한 거리에 위치한다. 게다
     가 일반인의 출입이 빈번하거나 수행에 방해가 될 정도로 마을에 지나치게 가깝지
     만 않은 곳이라면 괜찮다고 한다. 구조는 벽을 바르고 지붕은 벽돌이나 돌, 풀 등으
     로 잇는다. 마루나 벽은 백, 흑, 적토색으로 나누어 바르고 보기 좋게 완성한다.(사
     사키 시즈카 지음, 원영 옮김, 『출가, 세속의 번뇌를 놓다』, 민족사, 2007, p.164)
     그리고 세월이 흐르면서 위하라의 안뜰에 성스러운 유물을 안치한 작은 탑과 여러
     불상들이 놓이게 되었고, 그래서 위하라는 신성한 장소로서의 특성을 갖추게 되었
     다. 위하라의 구조는 인도 서부에 있는 몇몇 위하라에서 정확하게 알 수 있는데, 그
     곳의 위하라들은 종종 암벽에 굴을 파서 만들기도 했다. 이처럼 암벽을 깎아서 위
     하라를 건축하는 전통은 중앙아시아의 무역로를 따라 바미얀을 비롯한 여러 곳에
     널리 전파되어 다양한 조각과 회화를 지닌 수많은 훌륭한 기념물들을 남겨놓았다.
     그리고 승려 공동체의 규모가 커지자 여러 개의 위하라, 탑, 그리고 불당 등으로 이
     루어진 '마하위하라'(거대한 사원이라는 뜻)들이 발달하기 시작했다. 이들 대사원은

는 간소한 규모였으나, 승가의 생활이나 승가를 둘러싼 일반사회가 발전하고 다양해짐에 따라 위하라의 규모도 커지고 설비나 외관도 갖추게 된다.[39] 그리고 위하라는 후대 부파불교 시대를 기점으로 굴원의 형태로 나타나게 된다. 이 굴원은 위하라와 차이트야로 분류한다.

위하라 석굴은 중앙의 뜰의 공간을 중심으로 승려들이 수행을 할 때에 거처로 사용하는 작은 방들을 돌아가며 배치한 것이며 승방과 선당(禪堂)을 겸한 것이다. 위하라 석굴은 차이트야 석굴에 근접한 곳에 만드는 것이 일반적이다. 현재 남아 있는 위하라 석굴은 수가 많으나 차이트야 석굴은 그 수가 적다.

당시에 개착하기 어려운 석굴건축을 만든 이유는 석굴건축이 영구적인 것이며, 굴 내부공간이 시원하고 조용하여 수도 생활에 적합한 까닭이었다. 또한 오랜 우기에도 비가 새지 않으며 인도의 그 지방에는 석굴을 만들기 좋은 암산이 많았던 이유라고 생각된다.[40]

그 대표적인 위하라 석굴 예는 아잔타 석굴군의 제12호 굴이다. 이 굴은 1층으로 된 전형적인 초기의 위하라 석굴이며 각 승방 입구 상부에는 반원형 박공 형태가 조각되어 있는 것으로 보인다.[41]

학문의 중심지이자 고등교육기관으로서도 이름이 높았다.
(https://m.cafe.daum.net 〉BLDM 〉MMMs 〉MMMs)

39 교육원 불학연구소 편찬,『계율과 불교윤리』, 조계종출판사, 2011, p.91.
40 村田治郎,『東洋建築史』, 彰國社, 1980, p.51.
41 윤장섭,『印度의 建築』, 서울대학교출판부, 2002, pp.75-76.

아잔타 제12굴(위하라 석굴) 내부

이러한 석굴은 불교의 북전로, 즉 중앙아시아 지역에 길게 펼쳐진
실크로드상에 전파되어 각지에 위대한 석굴사원군을 만들어 냈다. 현
아프가니스탄의 바미얀 석굴을 비롯하여 지금은 중국 땅이 된 키질
석굴, 베제클리크 석굴 등을 거쳐 돈황 막고굴로 중국에 상륙했다.

중국에서도 석굴사원 조성 활동은 열풍과도 같아서, 용문 석굴,
운강 석굴 등 위대한 석굴군들을 창조하게 되었다. 고대 한반도에서
도 불교가 전래된 이래 끊임없이 석굴 조성을 시도해왔다.[42]

따라서 이러한 석굴사원은 철저한 무소유의 정신에 기반한 수행
자의 수행정신을 드러내고 있음을 알 수 있다. 월산 큰스님도 항상
무소유를 실천해 보이셨고 수행자의 가난은 부끄러운 것이 아니라

---

42   김봉렬, 『불교건축』, 솔출판사, 2005, pp.17-18.

수행자를 수행자답게 만들어 준다고 강조하셨는데,[43] 이러한 정신이 석굴사원과 공통점이 있다고 생각된다.

2. 중국의 칠당가람(七堂伽藍)

중국 초기 사찰의 구조는 일반주택을 개조하여 사원으로 사용하였기 때문에 전문적인 선원이 없었다고 할 수 있다. 이후 총림선원은 당나라의 백장 선사가 선원을 율원으로부터 독립하여 불전을 세우지 않고 법당을 세우면서 시작되었다. 이후에 중국과 한국에 많은 영향을 미치게 되었다.

실제로 중국역사에서는 400년 전후부터 인도나 서역에서 온 유행승들이 많아지면서 그 가운데 선정을 닦는 선승들도 많이 있었던 것 같다. 그리고 인도나 서역의 영향을 받아 중국에서도 승려들이 거주하는 수행 공간으로 사원을 건립하게 되었으며 이때부터 사원에 선원(禪院, 禪堂)을 설립하기 시작했다.[44]

---

43   월산문도회, 『월산선사법어집』, 불국사, 1998, p.283.

44   중국 초기의 사원형태는 일반주택을 개조하여 사용했기 때문에 스님들이 수행하는 장소로는 크게 지장이 없었다. 그러나 이러한 건물은 불교적 특색을 나타내기에 부족하여 탑을 세워 불사(佛寺)의 특징을 나타내게 된 것이다. 이때 탑이 건축의 정면 앞쪽이나 중앙에 배치되어 불사의 중심이 되었으며 불전(佛殿)은 부수적인 위치에 놓았다. 이러한 형태는 동한(東漢)에서 남북조까지 지속되었다. 이후 수나라와 당나라 시대가 되면 불교는 더욱 융성하여 사찰의 규모가 커지고 화려해진다. 특히 불상의 조성이 성행하여 사원도 탑 중심에서 불전중심으로 변하게 된다. 당나라

『고승전』에 전하고 있는 중국 초기의 수행자들은 주로 낙양이나 장안의 국립사찰에 마련된 선원에서 거주하는 경우도 있었지만,『속고승전』에 전하는 초기의 선승들은 대개 산중에 석굴 등을 파서 좌선당(坐禪堂, 禪窟)을 만들어 선정을 닦는 사람들이 많았다.

그리고 중국불교사에서 본격적인 선원은 숭산 소림사의 창건이라고 할 수 있다.『속고승전』「불타선사전」에는 북위의 효문제가 태화(太和) 20년(496년)에 불타선사를 위해 숭산 소림사를 지어 기증하여 많은 선승들이 불타선사의 지도를 받으며 선정을 닦았다고 하는 것처럼, 그는 사실 숭산 소림사의 선원을 최초로 개설한 선승이라고 할 수 있다.[45]

이후 달마가 중국에 와서 중국선종이 만들어지는데 도신과 홍인에 이르러 대규모 교단이 형성되었다. 특히 백장회해에 이르러 선원을 율원에서 독립하고 율장에 기초한 독자적인 청규를 만들어 선종 총림의 수행가풍을 유지해갔다.

선종가람의 구조는 칠당가람(七堂伽藍)[46]의 형태를 갖추고 있다. 특

의 사찰건축은 복합중정(複合中庭)의 가람배치를 하였으며 회랑이 주위에 둘러져 있다. 서기 600년부터 800년까지 동아시아 사원의 가람형태에 일어난 변화는 중국, 한국, 일본의 사원 형태에서 쉽게 볼 수 있다.(신공,『淸規와 禪院文化』, 붓다가야, 2008, pp.188-190).

45　교육원 불학연구소 편,『선원총람』,「선원의 역사」, 불교시대사, 2000, pp.30-35.

46　남송의 총림에 있어서는 산문, 불전, 불단이 일직선상에 놓여있고 오른쪽으로 욕실, 고원(庫院)이 왼쪽으로는 동사(東司), 승당이 좌우로 대조되어 늘어서 있어서 질서정연한 가람배치를 보여주고 있다. 그러나 북송의『선원청규』에서는 아직 이러한 가람배치는 정비되어 있지 않은 것으로 보인다.(최현각,『선학의 이해』, 불교시대사, 2003, p.326).

히 남송시대에 정형화되었으며 일본선가에서도 마찬가지이다. 칠당가람은 선종사원의 형태에서만 나타난 것은 아니지만, 선종사원에서 칠당은 산문(山門), 불전(佛殿), 법당(法堂), 고원(庫院), 승당(僧堂), 욕실(浴室), 동사(東司)인 칠당우(七堂宇)를 가리킨다.[47]

도충은 『선림상기전(禪林象器箋)』에서 칠당은 법당, 불전, 산문, 주고(廚庫), 승당(僧堂), 욕실(浴室), 서정(西淨)을 들고 있다.[48]

이 가람배치에서 실제로 선원의 역할을 했던 승당[49]은 선원총림에서 좌선을 행하고 재죽을 받으며 다탕(茶湯)을 행하고 수면을 취하는 등 수행자들이 수행생활을 영위하는 곳이다. 많은 대중들이 구름같이 모여서 생활한다는 뜻에서 운당(雲堂)이라고도 하고, 재당(齋堂)이라고도 한다. 또한 식당(食堂)이라고도 하며, 좌선을 행하는 곳이므로 선당(禪堂)이라고도 한다.[50]

그리고 주목해야 할 것은 불전(佛殿)이 존재하지 않는다는 것이

---

47 鏡島元隆, 『百丈清規變化科程の一考察』, 駒澤大學, 1967, p.2.

48 신공, 『清規와 禪院文化』, 붓다가야, 2008, pp.201-202.

49 사실 부처님 생전시에는 이러한 승당의 역할은 강당이 했던 것으로 보이며 강당에는 설법을 위한 사자좌가 설치되어 있고(『경율이상』), 강당의 다른 명칭으로 승(勝, 『대루탄경』), 득승당(得勝堂, 『대반열반경』)으로 표현되며, 강당에서 좌선(『마하승기율』)을 하기도 하고, 공양을 받아 회합(『대반열반경』)하는 곳으로 표현하고 있다. 이들 경전의 내용을 종합할 때, 강당은 승단이 모이는 공식적인 곳으로 공양에서 좌선, 설법에 이르기까지 승단의 공식행사를 위한 곳으로 생각된다.(최태선, 「경전으로 본 신라 사찰 공간의 배치」, 『신라사찰의 공간과 기능』, 국립 경주문화재(30주년 기념 학술대회 자료집), 2020, pp.124-125).

50 적멸, 「慈覺宗賾의 『禪苑清規』 研究」, 동국대 박사학위논문, 2005, pp.201-203 참조.

다.[51] 특히 백장은 당시 불교사원의 중심 건물인 불전(佛殿)의 기능이 국가와 황제에 대한 예의와 기도 중심이었던 것에서 법당을 세워 수행 중심도량으로 바꾸고자 했다. 이것은 선종사원의 가람 기능과 구조 변화에 있어 매우 획기적인 일로 선종사원의 가람구조에 있어 불전과 법당의 의미가 매우 중요하게 대두된다. 불전은 부처님을 모시는 전당(殿堂)으로 불전의 기능은 단순히 불보살님께 귀의하는 도량으로만 사용된 것이 아니었다. 당대에는 불전의 기능이 나라를 위한 기도와 모든 제왕의 수명장수를 축원하는 법요의식을 봉행하는 도량으로 나타났다.[52] 그래서 백장은 당시 선종사원에 법당을 세워 의례 중심적 사원의 기능을 수행 중심적인 선원의 가람구조로 바꾸고자 했던 것이다.[53]

이러한 점에서 월산 큰스님도 불국사가 단순히 불교문화를 선도하는 관광사찰의 이미지를 뛰어넘어서 본래 승가의 선수행 풍토를 회복하려고 했던 곳에 그 접점이 있다고 생각된다. 백장은 수행자의 본분을 자각하고 끊임없이 수행의 본원으로 돌아가려고 노력하면서 국가권력과 불교와의 관계를 설정하면서 수행자의 진정한 모습은 권

---

51   백장회해에 의하면, 법당은 한 산의 주지가 상당(上堂)하여 부처님을 대신하여 설
      법을 하는 것이며, 이 설법을 하는 곳이 법당이므로 선종의 가람에서는 법당이 가
      장 중요한 위치에 있다고 할 수 있다. 백장은 현신의 부처님으로서의 주지가 상주하
      는 한 새삼스럽게 부처님을 모시는 당우(堂宇)는 필요하지 않다고 생각했던 것이다.
      그럼에도 불전의 기능은 없어지지 않았을 것이다(앞의 논문, pp.173-175 참조).

52   近藤良一, 「唐代禪宗における 佛殿の問題」, 『印度哲學と佛教』, 平樂社, 1982, p.667.

53   신공, 『淸規와 禪院文化』, 붓다가야, 2008, pp.203-204.

력을 초탈한 데 있다고 생각하였다. 월산 큰스님도 마찬가지로 수행자의 본분사를 생각하시면서 끊임없이 수행에 정진하면서 그 공간과 환경을 조성하신 것으로 보인다. 그러한 결실이 불국선원의 완성이라고 볼 수 있다.

그리고 이러한 불국선원의 건립 정신은 부처님 당시의 철저한 사의법(四依法)에 의지한 무소유의 철저한 수하좌의 정신에 바탕하고, 위하라의 석굴사원과 중국의 석굴 및 백장회해의 선원을 이은 칠당가람의 수행정신을 계승한 것으로 보인다. 이러한 부분이 한국의 전통선원과 조화를 이루어 불국선원으로 조성되었다고 판단된다.[54] 즉 불국선원은 인도와 중국과 한국의 선수행전통의 장점을 통시적 관점에서 계승 발전시킨 것으로 보이는데 여기에 큰스님의 커다란 지혜의 안목이 있다고 판단된다. 그리고 이러한 바탕이 선원안거 대중의 지속적 참여와 증가로 이어지는 동력이 된 것으로 보인다.

---

54 불국선원은 지혜의 상징인 문수보살을 모신 방 가운데 방의 양옆으로 한 층 높여서 좌선 장소를 만든 각자의 방에서 28명이 공부할 수 있게끔 특수구조로 꾸며져 있고, 선실은 재래식과 중국식을 절충하여 정진하기에 편리하게 되어 있다. 이것은 젊은 시절 중국에 다녀온 바 있는 조실스님이 직접 설계한 것이다. 이 선실의 구조에 대하여 6철을 이곳에서 공부하고 있는 범상(梵相) 스님은 "한 방이면서도 좌선과 포행실이 분리되어 편리하다."고 말했다. 식당, 목욕탕 등 완벽한 위생시설 및 공부할 수 있는 뒷받침이 가장 잘되고 있음 또한 불국선원의 특징 중의 하나라고 할 수 있다.(교육원 불학연구소 편, 「선원의 역사」, 『선원총람』, 불교시대사, 2000, pp.502-503).

3. 선원안거 대중의 특징

불국선원[55]은 월산 큰스님의 크신 원력과 자상하면서도 철저한 지도로 인하여 범룡(梵龍), 송담(松潭), 일타(日陀), 법달(法達), 혜정(慧淨) 스님 등의 많은 명안종사께서 수행을 하시었고 선풍을 드날리셨다.[56] 무엇보다 경허-만공-보월-금오 스님으로 이어지는 덕숭선맥을 이은 월산 큰스님의 지도와 가르침으로 불국선원은 일시에 번성기에 들었다. 선원이 짧은 기간에도 불구하고 안착한 것은 무엇보다도 불국선원의 조실로서 바깥살림보다 안살림에 치중했던, 그랬기에 찾아드는 납자들의 제접에 소홀하지 않았던 스님의 원력이 작용한 결과일 것이다.[57] 그리고 전 총무원장이었던 혜정 스님께서는 1986년 하안거에도 선덕으로 참여하고 있음을 알 수 있다.

---

55 『선원총람』에 의하면, 불기 2524(1980)년 하안거부터 불기 2543(1999)년 하안거까지 불국선원에서 안거를 난 대중의 인원수는 1981년 하안거와 1982년 하안거를 제외하고도 외호대중을 포함하여 총대중이 1,048명에 이르고 있다. 월산 큰스님은 불국선원 개원 이후부터 입적하는 1997년까지 선원을 이끄는 조실로 주석하면서 선원의 수좌를 제접함을 소홀히 하지 않고 있다.(석길암, 「성림월산과 불국사 선원」, 『대각사상』 32집, 대각사상연구원, p.196)

56 교육원 불학연구소 편, 「선원의 역사」, 『선원총람』, 불교시대사, 2000, p.494.

57 석길암, 「성림월산과 불국사 선원」, 『대각사상』 32집, 대각사상연구원, pp.196-197.

불기 2530년(1986) 하안거
큰방내 26, 큰방외 0, 외호 1, 총대중 27
조실 : 월산
선덕 : 혜정(慧淨, 법주사), 월은(月隱, 법주사), 능연(能然, 통도사) 입승 : 원각(源覺, 해인사)

  그리고 선원의 방함록에 월산 큰스님은 열반하시기 바로 직전인
1997년의 하안거까지 선원의 조실로서 납자들을 지도하시었다. 이것
은 평생 큰스님께서 화두를 놓치지 않고 정진하신 진정한 스승의 모
습이었다. 그리고 항상 염화실보다 선원에 오셔서 대중과 함께 좌선
에 들고 간혹 조는 수좌 스님들이 있으면 몸소 경책을 해주시었는데
월산 큰스님의 부드러우면서 은은한 덕화는 많은 감화를 주시었고
무소유의 정신을 몸소 실천해 보이셨다. 이로 인해 많은 후학들이 큰
스님의 회상에 모이게 되었다.[58] 이에 관한 자료는 다음과 같다.

불기 2541년(1997) 하안거
큰방내 30, 큰방외 1, 외호 4, 총대중 35
조실 : 월산
선원장 : 종우(宗雨, 불국사), 입승 : 대전(大田, 해인사)

58　　교육원 불학연구소 편, 「선원의 역사」, 『선원총람』, 불교시대사, 2000, p.503.

그리고 1982년 하안거부터 1984년 동안거까지 월산 큰스님의 제자인 법달(法達) 스님이 선원장의 소임을 보고 있다. 이후 1995년 동안거부터 종우(宗雨) 스님이 선원장의 소임을 보면서 1997년 동안거부터 설당(雪堂, 종우) 스님께서 선원장의 소임을 지금까지 이어가고 있다. 그리고 이외에 입승스님과 대중스님들의 본사들을 보면 대체적으로 법주사와 불국사를 중심으로 전국교구본사의 많은 스님들이 동참하여서 수행정진하고 있음을 알 수 있다.

그리고 선원방함록에는 2004년부터 외호대중이 기록되지 않고 큰방대중 스님들만 기록되어 있다. 지금까지 방부를 들인 스님들은 안거마다 대략 28명에서 41명을 전후로 하여 많은 납자들이 동참하고 있음을 알 수 있다.

월산 큰스님이 주석하셨던 동안에도 그리고 현 선원장 종우 스님에 이르러서도 여전히 고수되는 선원 운영의 방침은, 월산 스님이 지향하고 실천했던 가풍을 여실히 드러내 보여준다. 특히 월산 큰스님은 용맹정진과 가행정진을 못하게 막았는데, 그 의도가 "조실스님은 용맹정진을 하다보면 참선이라는 본질은 간 데 없고, 그 형식만 남을 것을 우려했다"는, 그리고 "참선은 특별한 것이 아니고 일상생활에서 이루어진다는 것을 강조하셨다"는 선원장 종우 스님의 전언에서 스님이 지향하신 독특한 가풍의 여전함을 엿볼 수 있다.[59]

그리고 이것은 큰스님의 평상의 마음이 도(道)라는 법문에서 알

59   석길암, 「성림월산과 불국사 선원」, 『대각사상』 32집, 대각사상연구원, pp.190-199.

수 있다.

무자공안으로 유명한 조주 스님도 한 소식을 얻기 전에는 바보천치
나 다름없었다. 스승이 아무리 일러 주어도 알아듣지 못했다.

어느 날, 조주 스님이 남전화상에게 물었다.

"어떤 것이 도입니까?"

"평상심시도(平常心是道)이니라."

그러나 조주는 평상심이 곧 도라는 말을 알지 못했다. 믿지 못했다.
그래서 다시 물었다.

"그러면 도란 나아가서 향하는 바가 있습니까, 없습니까?"

"도란 그대로다. 향할 바가 있어서 생각을 낸다면 그르치느니라."

그래도 조주 스님은 알 수 없었다.

"생각을 내지 않으면 어떻게 도를 압니까?"

남전화상은 끝까지 친절하게 가르쳐 주었다.

"도란 아는 것이나 알지 못하는 것 어느 것에도 속하지 않는다. 안다
면 망각이요, 모른다면 무기(無記)일 뿐이다. 만약 의심이 없는 도를
참으로 요달할 것 같으면 허공과 같이 활달하여 넓고 넓어서 옳다
그르다 시비할 수 없게 된다."

이토록 자세히 일러주자 조주는 그때서야 활연대오(豁然大悟)했다.[60]

60   월산문도회, 『월산선사법어집』, 불국사, 1998, p.155.

큰스님은 마조도일의 제자인 남전보원이 조주 스님을 깨달음의 길로 인도하신 기연을 소개하시면서 모든 대중들의 이분법화되어 있는 분별적 사유의 틀을 없애주는 평상심의 도를 법문으로 일러주고 계심을 알 수 있다.

V. 맺음말

불국선원은 여러 가지 어려운 난관에도 불구하고 월산 큰스님의 원력과 발원으로 건립되어 한국선의 종풍을 드날리고 있다.

1974년에 주지로 취임하신 월산 큰스님은 폐사나 다름없이 폐허된 불국사를 복원하는 데 온 힘을 쏟았고 큰스님은 사찰은 관광지가 아니라 수행과 신행도량임을 중시하였다. 그래서 정부의 관심 밖인 수행처인 승당과 선원, 강원 등이 갖추어져야 한다고 생각하였다.

이후에 큰스님은 민가를 사고 선원을 건립하기 시작하였는데 많은 난관에도 불구하고 큰스님의 원력과 종상 스님의 은사에 대한 지극한 효심이 어우러져 수행도량으로 면모를 새롭게 하게 된다.

큰스님께서는 조실로서 열반에 드시기까지 납자들을 지도하시었고 그 누구도 소홀히 대하지 않고 자비롭고 인자하게 지도하시었다. 이것은 평생 큰스님께서 화두를 놓치지 않고 정진하신 진정한 스승의 모습이었다. 이러한 큰스님의 부드러우면서 은은한 덕화는 많은 감화를 주시었고 무소유를 몸소 실천해 보이시면서 이로 인해 많은 후학들이 큰스님의 회상에 모이게 되었다.

특히 선교율에 회통하신 큰스님은 해제와 결제 법문에서 모든 중생이 불성을 가지고 있기 때문에 수행정진하여 성불할 것을 강조하셨다. 그리고 상불경보살처럼 상대를 가볍게 여기지 않고 존중하면서 모든 중생의 성불을 말씀하시었다. 이것은 모든 중생을 차별하지 않고 평등적으로 대하면서 깊은 인간존중과 배려의 정신을 가르치고 있다고 여겨진다. 또한 반야의 지혜를 완성하여 완벽한 중도의 이치를 터득할 것을 말씀하고 계셨다. 특히 큰스님은 선수행을 기반으로 교학과 율을 회통하여 완벽히 균형 있는 지혜의 안목을 갖게 지도해주시었다.

또한 백장회해는 율원에서 선원을 독립하고 당대에 국가와 황제에 대한 예의와 기도 중심이었던 불전(佛殿)을 없애고 법당을 세워 수행 중심도량으로 바꾸고자 했다.

이러한 관점에서 큰스님의 원력도 불국사가 단순히 불교문화를 선도하는 관광사찰의 이미지를 뛰어넘어서 본래 승가의 선수행 풍토를 회복하려고 했던 곳에 그 접점이 있었다. 백장은 수행자의 본분을 자각하고 끊임없이 수행의 본원으로 돌아가려고 노력하면서 국가권력과 불교와의 관계를 설정하면서 수행자의 진정한 모습은 권력을 초탈한 데 있다고 생각하였다. 큰스님도 마찬가지로 수행자의 본분사를 생각하시면서 끊임없이 수행에 정진하면서 그 공간과 환경을 조성하신 것으로 보인다. 그러한 결실이 불국선원의 완성이라고 볼 수 있다.

그리고 불국선원의 건립 정신은 부처님 당시의 철저한 사의법(四依法)에 의지한 무소유의 정신에 바탕하고, 위하라의 석굴사원과 중국의 석굴 및 칠당가람의 수행정신을 계승한 것으로 보인다. 이러한 부분을 한국의 전통선원과 조화를 이루어 불국선원으로 조성되었다고 판단된다. 즉 불국선원은 인도와 중국과 한국의 선수행전통의 장점을 통시적 관점에서 계승 발전시킨 것으로 보이는데 여기에 큰스님의 커다란 지혜의 안목이 있다고 판단된다.

불국선원은 많은 명안종사께서 수행을 하시었고 선풍을 드날리셨다. 1982년 하안거부터 1984년 동안거까지 월산 큰스님의 제자인 법달(法達) 스님이 선원장의 소임을 보았다. 이후 1995년 동안거부터 종우(宗雨) 스님이 선원장의 소임을 보면서 1997년 동안거부터 설당(雪堂, 종우) 스님께서 선원장의 소임을 지금까지 이어가고 있다. 그리고 이외에 입승스님과 대중스님들의 본사들을 보면 대체적으로 법주사와 불국사를 중심으로 전국교구본사의 많은 스님들이 동참하고 수행정진하면서 한국선의 종풍을 드날리고 있음을 알 수 있다.

참고문헌

1. 원문

- 『續高僧傳』(T50, 427c)
- 『景德傳燈錄』(T51, 251a)

2. 단행본

- 김종두, 『마하지관의 이론과 실천』, 경서원, 2007.
- 關口眞大 지음, 혜명 옮김, 『천태지관의 연구』, 민족사, 2007.
- 교육원 불학연구소 편, 『선원총람』, 「선원의 역사」, 불교시대사, 2000.
- 교육원 불학연구소 편찬, 『계율과 불교윤리』, 조계종출판사, 2011.
- 김봉렬, 『불교건축』, 솔출판사, 2005.
- 나라야스아키, 정호영 옮김, 『인도불교』, 민족사, 1990.
- 니와노 닛쿄, 『다시읽는 법화경』, 경서원, 1996.
- 덕문, 『알면 편하고 행복해지는 것들』, 불교신문사, 2017.
- 불교신문사 편, 『선사신론』, 우리출판사, 1991.
- 신공, 『淸規와 禪院文化』, 붓다가야, 2008.
- 이강근, 「佛國寺의 목조건물과 修理·復原의 역사에 대한 연구」, 『경주문화연구』 7, 2005.
- 윤장섭, 『印度의 建築』, 서울대학교출판부, 2002.
- 월산문도회, 『월산선사 법어집』, 불국사, 1998.
- 최현각, 『선학의 이해』, 불교시대사, 2003.
- 최태선, 「경전으로 본 신라 사찰 공간의 배치」, 『신라사찰의 공간과 기능』, 국립경주문화재, 30주년 기념학술대회 자료집, 2020.
- 차차석, 『다시 읽는 법화경』, 조계종출판사, 2010.

- 한국불교연구원, 『불국사』, 일지사, 1974.
- 홍윤식, 『한국의 불교미술』, 대원정사, 1994.
- 鏡島元降, 『百丈淸規變化科程の一考察』東京: 駒澤大學, 1967.
- 近藤良一, 「唐代禪宗における 佛殿の問題」, 『印度哲學と佛敎』, 京都: 平樂社, 1982.
- 道忠 撰, 『勅修百丈淸規左觽』, 京都: 中文出版社, 1977.
- 道忠 撰, 『禪林象器箋』, 京都: 中文出版社, 1977.
- 村田治郎, 『東洋建築史』, 東京: 彰國社, 1980.

3. 논문

- 김종두, 「『법화경』의 신행(信行)에 관한 고찰」, 『한국불교학』 87집, 한국불교학회, 2018.
- 김종두, 「중국 선차(禪茶)의 연원(淵源)에 관한 고찰」, 『한국불교학』 92집, 한국불교학회, 2019.
- 김광식, 「월산의 생애와 사상」, 『대각사상』 32집, 대각사상연구원, 2019.
- 석길암, 「성림월산과 불국사 선원」, 『대각사상』 32집, 대각사상연구원, 2019.
- 박현정, 「사찰요사(寮舍)의 특성과 변화에 관한 고찰」, 건국대 석사학위논문, 2008.
- 한상길, 「근현대 불국사의 사격」, 『대각사상』 32집, 대각사상연구원, 2019.
- 한지윤, 「佛國寺 構造에 나타난 密敎的 要素 硏究」, 동국대 석사학위논문, 1995.
- 장지정, 「제3, 4공화국의 문화정책과 불국사 복원 과정을 통해 본 문화재 보존의 의미와 역할에 관한 연구」, 한양대 석사학위논문, 2014.
- 적멸, 「慈覺宗賾의 『禪苑淸規』 硏究」, 동국대 박사학위논문, 2005.
- 황금연, 「一行三昧의 淵源과 展開」, 『한국선학』 10호, 한국선학회, 2005.

Abstract

The Ideological Meaning and the Special Features of the Building of the Bulguk Seonwon

Kim, Jong-doo(Hye-myeong)

(Assistant professor, Department of Buddhism, Gyeongju Campus, Dongguk University.)

Regarding the Bulguksa Temple, by being created in the Silla Dynasty, while the flower of the splendid culture had been blooming until now, it has been playing a lot of the roles as a sacred place that elucidates the cultural pride and the truth of Buddhism to us.

Especially, the Bulguk Seonwon that is in the precinct of the Bulguksa Temple is a place of practice that is materialized with the power and the origin of the great Buddhist monk Wolsan.Regarding the great Buddhist monk Wolsan, while being familiar with the missionary law, he had possessed the meticulous koan meditation practice and the discerning eye of the wisdom.And he was a good-eye worker who had been wonyungmuae to the director.

The great Buddhist monk Wolsan, who was inaugurated as the chief Buddhist monk in the year 1974, he had poured in all of his strength on restoring the Bulguksa Temple, which had become a ruin without any difference from a ruined temple.And the great Buddhist monk had laid the emphasis that the Buddhist temple is not a tourist destination but a place for practice and a shinhaeng doryang.So, I had thought that the Seungdang, the Seonwon, the Gangwon, etc., which are outside the interest of the government, must be possessed.Afterwards, the great Buddhist monk bought a private house and began to build a seonwon.Despite a lot of the difficulties, the power of the great Buddhist monk and the extreme filial piety regarding the teacher of the Buddhist monk Jongsang had harmonized, the appearance gets around to being done newly with the performance skills.

Regarding the great Buddhist monk, as a joshil, until entering the nirvana, he had guided the napjas.This had been the appearance of a true teacher who had been devoted while not missing the topic of conversation on the part of the great Buddhist monk for the whole life.

Regarding such a Bulguk Seonwon, a lot of good eye workers had practiced, and it had been a sensation.From the haangeo in the year 1982 until the dongangeo in the year 1984, the Buddhist monk Beopdal, who was a disciple of the great Buddhist monk Wolsan, had been seeing the duties of the sailor. Afterwards, in the year 1995, from the dongangeo, while the Buddhist monk Jongwoo had been seeing the duties of the sailor, in the year 1997, from the dongangeo, the Buddhist monk Seoldang (Jongwoo) has been continuing the duties of a sailor until now.And, other than these, if the bonsas of the Buddhist monk Ipseung and the public monks are seen, mostly, centered on the Beopjusa Temple and the Bulguksa Temple, while a lot of the Buddhist monks of the National Parish Headquarters co-participate and performance devote, it can be known that the bell wind of the Korean line has been flying.

Key words

Great Buddhist Monk Wolsan, Bulguk Seonwon, Buddhist Monk Jongsang, Beopjusa Temple, and Bulguksa Temple.

08.
불국사의 강학 전통*

한상길**

* 이 논문은 2021년 9월 9일, 월산문도회가 주최하고 대각사상연구원이 주관한 〈월산 대
선사 사상의 재조명〉 학술대회에서 발표한 것을 수정 보완한 것임.

** 동국대학교 불교학술원 조교수.

ⓒ『大覺思想』제36집 (2021년 12월), pp.117-158.

한글요약

불국사는 우리나라 사찰 가운데 가장 유명한 곳 중의 하나이다. 찬란한 신라불교문화의 정수를 간직하여 신라의 역사와 전통, 나아가 한민족의 문화를 대표하는 으뜸가는 문화유산이다. 불국사의 이러한 위상은 외적인 가람의 중창과 더불어 내적으로 수행과 교육을 조화시킨 결과라는 사실을 잊어서는 안 된다. 사찰의 역사와 문화는 일상의 예경과 수행을 통해 끊임없이 정진하는 수행자의 노력으로 만들어지기 마련이다. 이러한 의미에서 이 글은 수행공간으로서의 불국사에 주목하고자 한다. 구체적으로는 절의 교학 연찬에 관한 역사를 찾아보고자 강학 전통이라는 이름을 붙였다.

교학 연찬은 강원에서 이루어진다. 즉 강원은 승가교육을 대표하는 곳이다. 불교수용과 함께 강원이 존재하였지만, 이 '강원'이라는 정식명칭이 확인된 사례는 지금까지 9세기 말의 불국사 기록이 최초이다. 처음이 갖는 의미는 매우 크다. 그만큼 불국사의 강학 전통이 오래되었다는 뜻이기 때문이다. 근대 불국사의 강원교육은 1913년부터 확인된다. 현대에 들어 강원은 1975년부터 공식적으로 시작되었다. 1973년까지의 대대적인 중창을 토대로 도제 양성의 중요성을 강조한 월산의 발원에서 비롯되었다. 이

보다 앞선 1960년에도 행자와 사미를 망라한 강원교육을 진행하였고, 많은 수행자들이 몰려들었다. 1975년 '불국사 승가학원'으로 다시 개원하였다. 이후 대한불교조계종의 교육체계에 따라 승가대학으로 재편성하면서 1976년 제1회 졸업생을 시작으로 2020년까지 모두 45회에 걸쳐 수백 명의 젊은 승가를 배출하였다.

이러한 강학 전통의 중심에는 강주와 강사가 있었다. 선지식을 찾아 배움을 청하는 전통은 교학도 다를 바 없어 빼어난 강사를 찾아 많은 이들이 불국사 강원에서 경을 펼쳤다. 통일신라의 표훈과 유가, 1913년의 송설우, 1960년의 진용, 1961년의 설봉, 1966년의 김철수, 1975년의 법공, 1978년의 범룡, 1979년의 운기, 1982년의 재선, 1984년의 상묵, 1994년의 용문, 1996년의 지욱, 2002년의 웅각, 그리고 현재의 승가대학원 원장 덕민, 승가대학 학장 정수, 학감 성화, 교수 상락, 일선 등이다. 불국사의 강학 전통은 이들의 강석에서 면면히 계승되고 있다.

주제어
불국사, 강원, 승가대학, 불국사 승가대학, 삼성강원, 표훈, 유가, 원측, 월산, 운기, 덕민

I. 머리말

불국사는 우리나라 사찰 가운데 가장 유명한 곳 중의 하나이다. 찬란한 신라불교문화의 정수를 간직하여 신라의 역사와 전통, 나아가 한민족의 문화를 대표하는 으뜸가는 문화유산이다. 사실 불국사가 지금처럼 한국의 대표 사찰로 자리매김한 것은 불과 백 년 정도에 불과하다. 통일신라 8세기 중엽에 창건한 이래 유구한 역사가 전개되면서 수많은 중수와 중건, 중창의 과정을 거듭하였다. 때로는 이민족의 침탈을 맞아 폐사의 위기를 겪기도 하였다. 조선시대 억불의 사회에서는 근근이 법등을 이어왔다. 근대에 들어 1910년 이전 불국사의 가람은 크게 훼손되었고, 사격도 저하되었다. 일제가 모든 사찰을 본말사로 구획하면서 절은 기림사의 말사로 편입되었다.

그러나 1930년대 이후 불국사의 사격 현창을 위한 노력과 관광 붐이 일어나면서 절은 옛 신라의 명성을 회복하기 시작하였다. 신라의 고도 경주가 문화관광의 중심으로 떠오르고, 특히 불국사와 석굴암은 신라문화의 실체를 확인하는 중요한 문화유산이 되었다. 1970년대 들어 국가적 차원에서 대대적인 발굴, 중창을 거치면서 절은 신라문화의 정수로서의 위상과 사격을 재정립할 수 있었다.

불국사의 이러한 위상은 외적인 가람의 중창과 더불어 내적으로 수행과 교육을 조화시킨 결과라는 사실을 잊어서는 안 된다. 절은 기본적으로 참배와 수행의 공간이다. 예배와 공경을 위해 불상과 탑을 봉안하고 전각을 조성한다. 일상의 예경이 이루어지는 공간이다. 더불어 깨달음을 이루기 위한 참회와 수행이 이루어지는 곳이다. 즉 역사와 문화는 일상의 예경과 수행을 통해 끊임없이 정진하는 수행자의 노력으로 만들어지기 마련이다. 이러한 의미에서 이 글은 수행공간으로서의 불국사에 주목하고자 한다. 구체적으로는 절의 교학 연찬에 관한 역사를 찾아보고자 강학 전통이라는 이름을 붙였다.

이를 위해 역사 속에 등장하는 강원과 교학의 전통을 탐색하고, 현재의 승가대학 현황을 통해 불국사의 강학 전통이 오늘날 어떻게 계승되고 있는가를 이해하고자 한다. 끝으로 이곳에서 교학을 펼친 강사들의 면모를 살펴보고자 한다. 이를 통해 불국사가 과거의 문화유산을 간직한 명찰에만 머무는 것이 아니라, 강학 수행이 살아 숨쉬는 수행도량임을 인식하는 계기가 되기를 바란다.

II. 불국사의 역사와 강원

1. 최초의 강원 명칭, 불국사 삼성강원

삼국시대 불교의 전래와 함께 사찰에 강당이 들어서고, 이곳에서 교학을 강설하는 전통이 시작되었다. 지금까지 '강원'이라는 정식명칭이 등장하는 것은 1342년(충혜왕 3)에 조성한 보은 법주사 자정국존비(慈淨國尊碑)라고 알려져 왔다.[01] 비문 중에 "1318년(충숙왕 5) 법가(法駕)를 갖추고 (자정국존을) 대민천사(大旻天寺) 강원(講院)에 초청하여, 삼가(三家)의 장소(章疏)를 강경하도록 하였다."는 내용이 있다.[02] 민천사는 충선왕이 1309년(충선왕 복위 1)에 모후(母后)의 추복을 위해 개성에 창건하였다. 자정국존[03]이 민천사 강원에서 강경하였다는 기록인데 이를 최초의 '강원' 명칭으로 이해하였다.

---

01 효탄, 「한국불교 강맥전등의 고찰」, 『강원총람』, 대한불교조계종교육원 불학연구소, 1997, p.53.

02 이지관 편, 『교감역주 역대고승비문』 고려편(4), 「報恩法住寺慈淨國尊普明塔碑文」, 가산불교문화연구원, 1997, pp.324-329, "戊午 備法駕 邀入大旻天寺講院 講三家章疏."

03 자정국존(慈淨彌授, 1240~1327)은 유식에 능통하여 국녕사·웅신사·장의사·중흥사·유가사·동화사 등에 주석하며 법을 펼쳤다. 1324년(충숙왕 11)에 국존에 책봉되었고 법주사에서 입적하였다.

강원은 일찍이 불교의 전래와 함께 시작되었지만, 대개는 그저 '강(講)'이라고 하였고, '강당(講堂)', '강석(講席)' 등의 명칭으로 쓰기도 하였다. 그러다가 '강원'의 정식명칭이 보이는 것은 1342년의 기록이다. 그러나 '강원'의 명칭은 이보다 훨씬 앞선 9세기 말 불국사의 기록에 처음 등장한다. 즉 최치원(崔致遠, 857~?)이 찬한 「왕비 김씨가 그의 선고(先考)와 망형(亡兄)을 위하여 명복을 빌며 곡식을 시주하는 발원문(王妃金氏奉爲先考及亡兄追福施穀願文)」에 '강원'의 명칭이 보인다.

이제 선고(先考)이신 이찬(夷粲) 및 망형(亡兄)을 위하여 명복을 빌고자 벼 3천 점(苫)을 서울[경주]의 동쪽 산에 있는 광학침릉(光學寢陵)과 불국사의 표훈(表訓)·유가(瑜伽)·원측(圓測)의 삼성강원(三聖講院)에 함께 희사하옵니다. 감히 구명(求名)하는 보살을 끌어들이려 함도 아니요, 감히 무학(無學)의 비구를 멀리하려 함도 아니오며, 오직 濟濟多士들이 이 애타게 근심하는 것을 함께 염려해 주기를 바라옵니다. 혹여 우산을 들고 포교하는 스님들이나 책 상자를 지고 배움을 찾아가는 학승들에게 (물질적으로) 넉넉하도록 하면 시주하는 단월의 가문에 조금이나마 나음이 있을 듯하여, 드디어 향기로운 곡식을 희사하여 학림(學林)에 이바지하나이다.[04]

---

04 최영성, 『역주 최치원 전집 2 고운문집』, 아세아문화사, 1999, pp.234-240, "今奉爲先考夷粲及亡兄追福 共捨稻穀三千苫於京城東山光學寢陵 佛國寺表訓瑜伽圓測 三聖講院 非敢誘求名菩薩 非敢疎無學比丘 惟希濟濟之徒 共念祭祭之懇 或聰於擔簦負笈 粗勝於施路檀門 遂使香秔 仰資學藪."

왕비 김씨가 돌아가신 아버지와 형의 명복을 빌고자 '광학침릉'과 '삼성강원'에 곡식을 시주하였다는 내용이다. 여기서 주목하는 구절이 '불국사의 표훈(表訓)·유가(瑜伽)·원측(圓測)의 삼성강원(三聖講院)'이다. 표훈은 김대성(金大城, 700~774)의 불국사 창건과 깊은 인연이 있었고, 유가는 당시 화엄종의 대덕이었다. 그리고 원측은 불국사와 직접 관련이 없는 인물이지만, 『80화엄경』 번역 과정에서 증의(證義)로 참가했었다. 즉 원측은 『80화엄경』 번역의 인연으로 불국사에서 숭배하였을 것이라고 한다.[05] 이 세 분의 성인을 기리는 의미에서 강원의 이름을 '삼성강원'이라고 하였음을 짐작할 수 있다.

이 발원문은 불국사의 역사와 사상 등을 헤아리는 중요한 자료로서 일찍부터 주목받아 왔다. 주로 「화엄사사적기」와의 연관성, 유가(瑜伽)의 존재 등에 천착하였지만, 이 '삼성강원'의 용례는 큰 주목을 받지 못하였다.[06] 그러나 9세기 말 불국사의 '삼성강원'은 현재까지 기록으로 확인되는 최초의 '강원' 사례이다. 표훈과 유가 등의 고승이 불국사에서 『화엄경』을 강경하였다는 기록이 있으므로 절에는 9세기 말 이전에 이미 강원이 존재하고 있었던 것으로 확인된다. 이와 관련하여 위의 기록에 등장하는 '광학침릉'에 주목하게 된다. 광학침

---

05   김상현, 「석불사 및 불국사의 연구 - 그 창건과 사상적 배경」, 『불교연구』 2, 한국불교연구원, 1986, pp.11-13.

06   김복순, 「최치원의 불교관계저술에 대한 검토」, 『한국사연구』 43, 한국사연구회, 1983, pp.157-173.; 김상현, 「불국사의 문헌자료 검토」, 『신라의 사상과 문화』, 일지사, 1999, pp.453-501.; 이문기, 「최치원 찬 9세기 후반 불국사 관련자료의 검토」, 『신라문화』 26, 동국대 신라문화연구소, 2005, pp.209-255.

릉은 '광학장(光學藏)'을 말한다. 불국사의 창건 초기 사정을 자세히 전하는 『불국사고금창기(佛國寺古今創記)』에 당시의 주요 전각과 석조물에 관한 기록이 있다. 여기에 '광학장'이 등장한다.

광학장강실(光學藏講室) 21칸. 석가자수상(釋迦紫繡像) 1정(幀). 왼쪽 벽에는 헌강대왕의 화상(畵像)이 있는데 경문왕대의 선화니(善畵尼) 원해(圓海)의 필(筆)이다. 원해는 북사정공주(北寺定公主)의 딸이다. 그림 수로 세상의 제일이라고 알려졌다.[07]

광학장강실은 21칸으로 안에는 자수로 조성한 석가여래상을 봉안하였다. 왼쪽 벽에는 원해라는 비구니가 그린 헌강왕의 초상을 봉안하였다고 한다. 최치원은 앞서의 기록에서 헌강왕의 초상을 봉안하였기 때문에 '광학침릉'이라고 표기하였다.[08] '광학장강실'은 이름에 그대로 나타나듯이 '빛나는 학문을 닦는 강의실'을 말한다. 이로써 불국사에는 창건 당시부터 강원이 설립되어 있었음을 확인할 수 있다. 한편 당시 절의 대웅전이 25칸, 극락전과 지장전이 각각 12칸이었음을 볼 때,[09] 광학장강실 21칸은 꽤 큰 규모로 볼수 있다. 이후 1백여 년이 지난 9세기 말 불국사의 강원은 표훈과 유가, 원측의 세 성인을

---

07   『佛國寺古今創記』, 문화공보부, 출간년도 미상, p.7.
08   최영성, 앞의 책, p.239, 각주) 122.
09   『佛國寺古今創記』, 앞의 책, pp.4-6.

기리는 의미에서 '삼성강원'이라 이름붙였고, 이 기록이 '강원' 표기의 최초 사례가 된다.

2. 근현대 불국사의 강학

불국사에 관한 연구는 지금까지 공통적으로 통일신라의 창건 시기에 집중되어 있다. 『삼국유사』에 전하는 김대성의 창건담, 불국사와 석굴암과의 관계, 석가탑과 다보탑의 우수성, 그리고 세계에서 가장 오래된 목판인쇄물인 『무구정광대다라니경』 등이 주요 주제였다. 이러한 편중 현상은 사실 고려 중기 이후 조선시대까지의 역사기록이 거의 전하지 않는 현실 때문이기도 하다.

최근 불국사의 근현대 사격을 조망한 연구가 있었지만[10] 절의 역사를 온전히 이해하기에는 여전히 부족하다. 새로운 자료의 발굴과 연구 시각의 다변화가 필요한 시점이다. 이러한 점에서 절의 강학 전통이 근현대 시기에 어떻게 진행되었는가를 살펴보는 것은 불국사의 사격을 이해하는 데 도움이 될 것이다. 주지하듯이 교학을 전수하는 강학의 체계는 우리 역사에서 다양하게 전개되었다. 전통시대에는 강학을 통할하는 종단이 없었기 때문에 시대에 따라, 사찰에 따라 또 강사에 따라 다르게 진행되었다.

---

10   한상길, 「근현대 불국사의 사격」, 『대각사상』 32, 대각사상연구원, 2019, pp.139-170.

근현대 시기 불국사의 강학 활동도 이러한 한국불교의 흐름과 크게 다르지 않았다. 즉 체계적 혹은 표준화된 승가교육 체제가 마련되지 않았다. 또한 1930년대부터 비로소 사격을 회복하기 시작하였으므로 제대로 된 강학 활동을 펼칠 수 없었다. 그러나 이러한 어려운 시기에도 절의 강학과 교육은 단절되지 않았다. 1910년대부터 1960년대까지의 몇몇 사례를 통해 절의 강학 전통을 살펴보고자 한다.

먼저 1913년에 불교강숙(佛教講塾)이 설립, 운영되고 있었던 사실이다.

불국강설(佛國講設)

경주군 불국사 주지 송설우(宋雪牛) 화상은 사무(寺務)에 심동(甚勤)은 무론(無論) 우(又)에 불교강숙(佛教講塾)을 당사내에 설립ᄒ고 열심교육은 모범가작(模範可作)이라더라.[11]

1910년대 불국사는 몹시 퇴락해 있었다. 18세기 말에는 수차례의 중수가 진행되어 웅장한 가람을 지닐 수 있었다.[12] 1740년(영조 16)에는 대웅전을 중심으로 17개의 전각과 회랑, 극락전을 중심으로 11개의 전각, 비로전 일대에 3개, 관음전을 중심으로 7개의 문루(門樓)와 전

---

11   『불교진흥회월보』17, 1913. 6, p.74.
12   이강근, 「佛國寺의 목조건물과 修理·復原의 역사에 대한 연구」, 『경주문화연구』7, 경주대 경주문화연구소, 2005, pp.3-5.

각, 지장전을 중심으로 9개의 전각과 누각이 장엄을 이루고 있었다.[13]

그러나 1805년(순조 5)의 비로전 중수를 끝으로 더 이상의 중건·중수 기록을 찾을 수 없다. 이후 1902년 일본인 건축학자 세키노 타다시가 절을 조사하고 간략한 보고서를 남겼는데 대부분의 전각과 석조물이 손상된 모습이다.[14] 이후에도 절의 퇴락은 급속히 진행되어 1905년에는 자하문에 연결된 회랑이 붕괴되었고, 1910년 이전에 무설전도 무너졌다.[15] 1914년에 촬영한 사진을 보면 청운교와 백운교 앞으로 잡초가 무성하고 계단과 석축이 무너져 폐사와 다를 바 없는 모습이다. 이때는 사찰령에 의해 기림사가 본산으로 지정되고 불국사는 일반 말사로 규정되었던 시기이다. 이러한 지경에서 일본인이 다보탑의 석사자나 비로전 앞의 부도 등을 강탈하기도 하였다.

---

13   「佛國寺古今創記」, 『불국사 복원공사보고서』, 문화공보부 문화재관리국, 1976, pp.271-286.

14   關野 貞, 『韓國建築調査報告』, 東京大學工大學術報告 6, 1902.

15   『불국사 복원공사보고서』, 앞의 책, pp.35-36.

1914년 불국사

그러나 안타까운 현실에서도 승가교육에 대한 열의만은 포기하지 않았다. 1913년 주지 송설우는 절에 불교강숙을 설립, 교육에 매진하였는데 당시의 모범이라 칭송할 만하다는 것이다. 송설우 스님은 불국사에 앞서 1910년 통도사 명신학교 학감을 지낸 일이 있어 승가교육에 노력한 인물이었음을 알 수 있다.[16]

이후의 강원에 관해서는 1960년의 사실이 전한다. 대강백 무비는 1960년 출가 초기에 불국사 강원에서 수학하였던 당시를 다음과 같

---

16   「양씨 열심」 경상남도 양산군 하북면 통도사 명신학교에서 거월에 제2학기 시험을 하였는데 그때 관광하는 사람이 수백 명에 달하여 성대한 정황이 있었고, 그 학교의 정도가 이렇듯이 확장함은 그 학감 장청호 씨와 교감 송설우 씨가 열심권면한 효력이라고 칭송이 자자하다더라."『대한매일신보』 1910.1.5. 송설우는 1926년에는 통도사 주지에 취임하였다.

이 회고하였다.

▶ 1960년도 출가하실 당시 불국사는 어떤 분위기였는지요?

─ 당시 불국사에는 지효 스님이 주지였고, 제 은사가 되는 여환 스님이 총무 겸 재무 소임을 맡고 계셨지요. 원형 스님, 허현 스님, 일원 스님, 관행 스님, 무륜 스님 등이 계셨어요. 나는 불국사에서 처음에는 공양주, 갱두 소임을 했어요. 밥할 때는 당시에는 보리쌀을 섞어 먹었으니까 미리 보리쌀을 삶아 또 밥을 했지요. 장작을 때서 가마솥에 밥을 할 때였으니, 일이 여간 많지 않았죠. 그런데 나는 가자마자 사미계 수계식이 있어 『천수경』도 제대로 외우지 않고 사미계 수계를 받았어요. 열흘도 안 되어 사미가 되었는데 지금은 그런 것이 제도적으로 불가능하지만, 아마 당시에도 매우 드물었을 겁니다. 하여간 행자 생활도 거의 하지 않은 상태에서 사미가 되어 바로 불국사 강원에 들어가 「초발심자경문」 공부를 시작했습니다. 그 무렵 불국사 스님들이 은해사 주지이자 강사였던 진용 스님을 초청하여 행자와 사미들 대상으로 강의를 듣게 했는데 거기에 바로 들어갔어요.

▶ 당시에 출가하신 분들 말씀을 들으면 행자 생활을 혹독하게 했다는데, 불국사는 바로 강원 공부를 가르쳤다는 것은 의외입니다.

─ 그게 아마 당시 범어사 스님들이 불국사를 운영하고 있어서 그랬을 겁니다. 범어사 스님들은 워낙 참선을 중시해서인지 행자에게 일보다는 경전을 가르치는 등 공부를 강조했어요. 불국사에서 그렇게 공부하다가 다시 범어사로 가서 강원의 사집반에 편입하여 본격적

인 공부를 했어요. 비구계와 보살계도 범어사에서 받았죠.[17]

1959년 불교정화의 과정에서 비구 측은 24개의 수사찰(首寺刹)을 확보하였다. 여기에 불국사가 포함되면서 절은 비로소 경북을 대표하는 수사찰로 공식 인정받기 시작하였다.[18] 1960년 1월 수사(首寺) 불국사의 주지를 석주(昔珠, 1909~2004) 스님이 맡았다가[19] 곧바로 2월 25일에는 지효(智曉, 1909~1989) 스님이 이어받았다.[20] 바로 이 무렵 무비는 은사 여환(如幻, 1924~2001) 스님이 불국사의 총무 겸 재무 소임을 맡게 되자 불국사에 머물게 되었다. 그런데 무비는 이제 갓 출가한 행자 신분이었는데도 강원에 들어가 「초발심자경문」을 공부하였다고 한다. 무비만의 특별한 경우가 아니라 행자와 사미 모두가 강원에 입학하였다. 이때 강사는 은해사 주지였던 진용 스님이었다. 이와 같이 불국사는 경북을 대표하는 수사찰로 거듭나면서 승가교육의 중요성을 일찍부터 실천하여 행자와 사미들에게도 강원교육을 시행하였다.

1961년에는 절에서 『벽암록』 강좌를 개설하였다. 1961년 초 능가(能嘉, 1923~2020) 스님이 주지를 맡아 당시 박정희 사령관의 도움을 받아 가람을 정비하였다. 이 무렵 청운교·백운교 바로 앞까지 80여

---

17   여천 무비 엮음, 『拈花室 그림자』, 염화실, 2008, pp.151-153.
18   한상길, 앞의 글, pp.156-157.
19   「광고」, 『대한불교』 1960.1.1.
20   「首寺住持 發令名單」, 『대한불교』 1960.3.1.

채나 되는 상점과 민가들이 들어서 가람을 크게 훼손하고 있었다. 박정희 사령관의 재정 지원으로 상점을 모두 이주시키고 가람을 정비할 수 있었다고 한다.[21]

능가 스님은 가람을 정비하는 한편 절을 강학의 터전으로 만들기 위해 노력하였다. 즉 '선학연수법회(禪學硏修法會)'라는 이름의 『벽암록』 강좌를 열어 정화불사의 원만한 회향과 종풍(宗風)의 현양을 기원하였다.[22]

[선어록 강의는] 범어사에서도 하였지만, 내가 불국사 주지를 하였을 때도 그것을 하였어. 그거는 범어사 돈으로 내가 한 거야. 내가 그런 것을 구상하게 된 것은 정화가 어느 정도 안정은 되어가는데도 여러 문제가 계속해서 생긴다 말야. 이게 왜 그럴까? 이게 무슨 병일까를 생각하게 되었지. 정화의 일선에 관여를 하다 보니, 서울을 자주 올라가고, 내려오다 보니 자연 전국의 승려들의 수준을 알게 되고, 승려들의 사고방식도 이해하게 되었지. 그래서 나는 선풍을 다시 일으키고, 다시 시작해야 하겠다고 생각하였지. 나부터도 중이 된 처음

21   능가 스님, 『내 영혼을 뜨겁게 달구었던 정화운동』; 김광식, 『범어사와 불교정화운동』, 영광도서, 2008, pp.71-73.

22   "「禪學硏修法會 開催」 今般 慶州 佛國寺에서는 禪學硏修法會를 開催한다. 그의 緣由인 즉 宗團淨化佛事-終局의 段階에 이른 此際에 佛國寺에서는 淨化佛事의 圓滿한 回向과 아울러 宗風의 格段의 顯揚을 冀願하여 左記와 같이 禪學硏修法會를 奉修한다. 記 一, 硏修科目 碧巖錄 一, 指導講師 性昊大禪師 一, 場所 佛國寺 禪院 一, 期日 開講 10월 15일(음) 回向 明年 1월 15일 3個月間". 『범어사와 불교정화운동』, 앞의 책, p.54에서 재인용.

에는 뭐가 뭔지 몰랐어. 그러니 나도 공부를 해야 하겠다는 마음을 내었지. 그리고 정화불사만 가지고서는 안 되겠다는 것을 뼈저리게 파악했어. 불국사에서 처음에 시작할 때는 내 생각은 우리 스님[동산 스님]을 모실까, 설봉 스님을 모실까, 그때에는 성철 스님도 생각은 해보았지. 여러 생각은 하였지만 안 되겠다 싶어 설봉 스님을 모시고 시작하였지. 그래서 그 강의한 것을 정리, 보완하여 책으로도 냈지. 그때 전국의 승려들이 불국사에 안 온 사람이 없어.[23]

정화운동의 와중에서 당시 승려들의 수준을 절감한 능가는 교육과 수행이 교계의 문제를 해소할 수 있는 대안이라고 생각하였다. 1950년대 대부분의 명찰과 고찰은 대처승이 점유하고 있었다. 6백 명 남짓의 독신승은 교육과 수행의 기회조차 얻을 수 없는 현실이었다.[24] 1953년 4월 불국사에서 개최된 조계종 법규위원회에서 18개 사찰을 수좌 측에 할당할 것을 결의하였다. 이 자리에 참석한 석주 스님은 "만암 스님이 불국사에서 회의를 했는데 나도 갔었지. 그때 독신 승에게 수행사찰 몇 개만이라도 달라고 했지. 그것이 잘되었으면 일이 커지지 않았어."[25]라고 술회하였다. 1960년대에 들어서도 이러한 정화운동은 여전히 난항을 거듭하였다. 능가는 이러한 현실이 승려

23 『내 영혼을 뜨겁게 달구었던 정화운동』, 앞의 책, pp.70-71.
24 1941년 선학원의 전국선원방함록에 하안거 540명, 동안거 482명이 전한다. 『조계종 사 근현대편』, 대한불교조계종교육원 불학연구소, 2001, p.192.
25 「석주 스님 선학원과 함께 한 40년」, 『22인의 증언을 통해 본 근현대 불교사』, 선우

들의 부족한 자질 때문이라고 판단하고 절에 『벽암록』 강의를 개설한 것이다. 강의를 개설하자, 전국에서 많은 학인들이 불국사에 모여들었다고 한다.

당시 이 강의에 참여했던 각원선과(覺園善果)의 보다 자세한 증언이 있다.

『벽암록』 이야기가 나왔으니, 우리나라 해방 이후 최초로 『벽암록』 강의를 하고 책을 낸 이야기를 해야겠다. 당시 불국사 주지였던 능가 스님과 선방 수좌로 있다가 범어사 교무를 맡았던 진상 스님과 광덕 스님, 이 세 분은 삼총사로 불릴 만큼 서로 절친한 도반이었다. … (중략) … 그래서 1961년 동안거 때, 불국사에서 『벽암록』 강설을 준비하였고, 그 결과는 매우 성공적이었다. 그 일을 시작하면서 처음부터 (범어사) 조실스님의 염려를 감안하여 모든 동참 대중들은 불국사 선방에서 철저하게 정진하도록 규칙을 세웠고 거기에 따라 방을 짰다. 즉 참선 정진의 토대 위에서 하루 두 차례씩 『벽암록』 강설을 열었던 것이, 이것은 전적으로 조실스님께서 이르신 경책의 힘이었다. 조실스님의 말씀을 조금도 어기지 않았던 삼총사 스님들이 의논하고 협력하여 한국 초유의 『벽암록』 강의가 그렇게 막이 올랐다. 장소가 불국사였던 것은 능가 스님이 주지인 때문이고, 진상 스님은 대중을 모았고 광덕 스님은 강사인 설봉 큰스님을 모시는 일과 교재

도량 한국불교근대사연구회, 선우도량출판부, 2002, p.50.

를 책으로 엮는 일 등, 기타 여러 일을 맡았다. … (중략) … 나는 그때, 범어사 강원 강사이신 고봉 스님께 『능엄경』을 듣다가 홍원, 선래, 정달 등 도반들과 함께 『벽암록』 살림에 동참하기 위해 불국사로 향했다. 내 나이 불과 스물셋 무렵이었다. 『벽암록』 강의는 하루에 두 차례씩 꼬박 3개월이 걸렸으니, 1961년 동안거는 그렇게 뜨겁고 숨 가쁘게 지나갔다. 당시 동참 대중들은 모두 불국사 선방에 방부를 들여서 소임을 정하여 대중생활을 여법하게 했고, 참선정진에 소홀함이 없이 하루 두 차례, 오전·오후에 열리는 강의에 참석하는 빈틈없는 일과가 결연히 진행되었다.

내가 알기로는 『벽암록』이 근래 우리나라에서는 책 발간도 그때가 처음이었고 강의도 처음이었으며 현토도 처음이었을 것이라고 본다. 종문 제1서(宗門第一書)라고 칭송하는 『벽암록』 살림이 불국사에서 한겨울 내내 뜨거운 열기 속에서 진행되었다. 나는 그때 비록 어린 나이였지만 딴 세상에 사는 것 같았다. 어쩌면 제불회상에 있는 듯 넘쳐 오르는 법열로 잠을 덜 자도 피곤하지도 않았고 졸립지도 않았다. 어떻게 하든 도인이 되겠다는 옹골찬 결의로 순식간에 석 달을 보냈다.[26]

---

26   각원선과, 「범어사에서 광덕 사형님과 보낸 시절」, 『광덕스님시봉일기』 4, 도피안사, 2004, pp.159-164.

1961년 동안거 3개월 동안 불국사에는 이처럼 결사(結社)를 떠올리게 하는 교학 연찬이 진행되었다. 하루 두 번의 강의는 한겨울 내내 뜨거운 열기 속에서 진행되었다. 모두가 제불회상에 모인 듯 법열로 가득 차 있었다고 한다. 정화운동의 혼란이 거듭되는 와중에서도 이처럼 불국사에는 진리에 대한 열망과 배움의 의지가 가득하였다.

1966년에는 불국사에 전문강원이 운영되고 있었다. 이해 8월 30일에 사집과와 사미과의 수료식이 거행되었다.

불국사 강원 수료식

지난 (1966년) 8월 30일 불국사 전문강원에서는 사집과 및 사미과의 수료식이 채벽암 원장 주재하에 거행했다. 채벽암 스님이 주지로 취임하자 도제양성에 착안하여 김철수(金哲守) 스님을 강사로 초빙하여 오늘에 와서 사집과 4명[아래 명단에는 3명이다. 필자 주], 사미과 3명을 배출하였다.(중략) 이번 수료자의 명단은 사집과 김법전(金法田), 김보산(金普山), 강성현(姜聖賢), 사미과 권일원(權一願), 이적광(李寂光), 최자행(崔慈行)이다.[27]

1962년 대한불교조계종이 출범하면서 종단은 종무 전반에 관한 체계적 행정체제를 구축하기 시작하였다. 이때 승가교육에 관한 교육법을 제정하여 승가교육의 단초를 마련하였다. 당시 교육법에는 초등

---

27   『대한불교』 1966.9.11.

학림, 전문학림, 총림, 종비생 등의 일련의 과정을 성안하였다.[28] 1964
년부터 시작한 종비생제도에 의해 일부 승려가 동국대에 입학하였지
만, 이 시기 동국대 입학 승려들은 이미 강원교육을 마친 경우가 대
부분이었다. 동국대는 이른바 '재교육기관'으로서의 성격이 강했다.
강원은 이처럼 조계종을 대표하는 교육기관으로서의 위상을 간직하
고 있었지만, 실제 1960~1970년대의 강원교육은 위상에 부응하지
못하는 수준에 머물고 말았다. 이 시기 강원은 강원마다 학제가 달
랐으며, 사찰 운영자들의 판단에 따라 수시로 설립, 폐지를 거듭하
는 경우도 많았다. 당시 종단은 일정한 강원교육 체계를 마련하지 않
았고, 이로 인해 이 시기 강원교육에서 대교과를 수료하는 학인들은
매우 드물었다고 한다.[29] 또한 당시 불교계의 일반적인 분위기가 강원
보다 선원을 선호하는 경향이어서 강원교육에 대한 체계적 발전을
모색하기가 힘들었다. 이 같은 상황 속에서도 1969년에는 총 12개의
강원에 5백여 명의 학인들이 수학하고 있었다. 당시에 강원을 운영하
던 사찰은 해인총림·동화사·운문사·법주사·범어사·선운사·금산
사·화엄사·통도사·동학사·백양사·화운사 등이었다. 이후 10년 지
난 1979년에는 강원(승가학원)이 18개로 늘어나게 되는데, 봉녕사·화
운사·봉선사·신흥사·월정사·법주사·동학사·직지사·동화사·운문
사·해인사·대원사·범어사·통도사·표충사·석남사·금산사·선운사

---

28   『불교신문으로 본 조계종단 50년사』, 대한불교조계종 불교신문, 2012, pp.267-268.
29   문순회(퇴휴), 「한국 근현대 승가교육사 연구」, 중앙승가대학교 박사학위논문, 2012,
      p.112.

등이다.[30]

불국사는 조선시대의 강학 전통을 꾸준히 계승하여 1913년에는 불교강숙을 개설하였고, 1959년 수사찰로 지정된 이후에는 본격적으로 강원을 운영하였다. 1960년의 강원에는 행자와 사미에게도 강원교육을 진행하였고, 이듬해인 1961년에는 가람 주변의 유락시설을 일체 정비하고 『벽암록』 강좌를 개설하였다. 동안거 3개월 동안 진행된 『능엄경』 강설은 전국의 많은 학인들이 동참하여 마치 결사와도 같은 열띤 분위기였다. 1966년에는 전문강원에서 7인을 배출하였다. 엄정한 심사를 거쳐 입학한 학인들은 장학 혜택을 받으며 내외전을 두루 섭렵할 수 있었다.

---

30 『조계종사 근현대편』, 대한불교조계종 교육원, 2001, pp.236-237. 이 책의 집계에는 모두 불국사 강원이 누락되었다. 불국사를 포함하면 1969년에는 13개, 1979년에는 19개의 강원이 운영되고 있었다.

Ⅲ. 불국사 승가대학

1. 승가대학 개원

불국사 승가대학[31]은 1975년 8월 31일에 개원하였다. 불국사는 1969
년부터 1973년까지 대대적인 발굴과 중창이 진행되었다.[32] 이후 1974
년 6월에 월산 선사(月山禪師, 1913~1997)가 주지로 부임하여 수행과
전법도량으로서 거듭나기 위한 노력을 시작하였다.[33] 그 첫 번째 과업
이 승가학원과 선원의 설립이었다.

> 불국사 승가학원 개원
>
> 제11교구 본사 불국사는 지난달[1975년 8월] 31일 주지스님을 비
> 롯 대중 60여 명이 참석한 가운데 불국사승가학원 개원식을 가
> 졌다. 강사는 法空 스님. 이날 식은 총무국장 月性 스님의 개식

---

31   승가대학 : 불국사 승가대학이 공식 명칭이다. 종단의 법령에 따라 강원 → 지방승
     가대학 → 사찰승가대학 등으로 명칭이 변하였다. 그런데 자료와 증언 등에는 '승가
     학원', '강원', '전문강원', '학림' 등 다양한 이름으로 등장한다. 원자료의 취지에 따라
     그대로 표기하지만 모두 승가대학을 가리킨다.

32   『불국사 복원공사보고서』, 문화공보부 문화재관리국, 1976.

33   김광식, 「월산의 생애와 사상」, 『대각사상』 32, 2019, pp.75-76.

사와 교무국장 性陀 스님의 강사 약력 소개의 순으로 진행됐다. 강사 법공 스님은 인사에서 "항시 도제양성에 염원이 되어 오던 바 본사 주지스님의 원력으로 소원이 이루어졌으나 중책감을 느낀다."고 말했다. 이어 신도회장의 축사가 있었으며 주지스님은 격려사에서 "종단 백년대계를 위해 도제양성이 시급하므로 이를 뒷받침하기 위해 개원했다."고 말했다. 스님은 이어 금년에는 선원을 신축하고 내년에는 강원을 증축하여 명실공히 모범적인 선·강원을 이룩하여 도제양성과 수도도량으로서의 면모를 갖추겠다고 말했다. 스님은 또한 "말사에 1인 이상 학인을 의무적으로 강원에 보내도록 하겠다."고 밝혔다. 불국사는 그간 강원이 신설되어 있었으나 실상 운영을 하지 않고 있었다. 불국사 말사는 50여 개로 알려지고 있어 강원생을 적어도 60~70명 이상 수용할 것으로 보인다.[34]

선사는 "종단 백년대계를 위해 도제양성이 시급하므로 이를 뒷받침하기 위해 개원했다."고 하였다. 선사는 1969년 9월 대한불교조계종 총무원장에 취임한 바 있으므로 종단의 미래를 위해 무엇보다 도제양성이 시급함을 인식하고 있었다. 구체적인 시행 방안으로 "금년에는 선원을 신축하고 내년에는 강원을 증축하여 명실공히 모범적인 선·강원을 이룩하여 도제양성과 수도 도량으로서의 면모를 갖추

---

34   『대한불교』 1975.9.7.

겠다."고 하였다. 당시 승가대학의 강사는 법공(法空) 스님이었고, 총무국장 월성(月性) 스님과 교무국장 성타(性陀) 스님이 이 수행불사에 동참하였다.

월산 선사는 일찍이 은사 금오 선사의 가르침을 받으며 수행에 매진하였고 1948년에는 봉암사결사에서 치열한 구도에 진력하였다. 1969년에는 대한불교조계종 총무원장에 취임하여 정화불사와 종단 유신안 등의 어지러운 현실을 점차 안정시켰다.[35] 이와 같이 이(理)와 사(事)에 두루 형통하여 불국사의 중흥을 일궈냈던 것이다. 이때 입학한 학인들은 이듬해인 1976년 4월에 졸업하였다. 자세한 내용이 『대한불교』에 전한다.

불국사 승가학원 첫 수료식

제11교구 본사 불국사(주지 월산 스님)에서는 지난 4월 15일(음 3월 16일) 제1회 승가학원 수료식을 동학원 강의실에서 가졌다. 이날 수료식에서 학원장 월산 스님은 수료생들에게 그간의 노고를 치하하고 경학에서 배운 바를 참선을 통해 직접 체득해서 계속 정진할 것을 당부했으며 강주 法空 스님은 종단의 내일을 맡아갈 훌륭한 동량이 되도록 더욱 노력할 것을 훈시했고, 그외에도 교구말사 주지 대표 月南, 德庵 스님과 신도회장 趙仁佐 거사의 축사 등이 있었다. 불국사 승가학원은 지난해 9월 1

---

35   「5대 총무원장 월산 스님」, 『법보신문』 2018.6.13.

일부터 개원한 이래 그 첫 수료생을 배출하였는데 당사에서는 현재 신축 중인 선원공사가 완공되는 대로 학원의 강의실도 새로 신축하여 강사진 구성 및 제반 시설이 완료되는 대로 구(한) 말 강원의 운영방식과는 다른 학교식 운영방식으로 바꾸고 徒弟教育의 새로운 기원을 세우고자 계획하고 있는 바 차제에 많은 참신한 학인들의 입원을 바라고 있다. 이번의 수료생 명단은 다음과 같다. 대교과 졸업 宗厚, 사미과 수료 英丘, 觀性, 衆德, 一止, 大耕, 三玄, 虛求, 性坦, 宗水.[36]

이날 승가학원 졸업생은 대교과 1인, 사미과 9인 등 모두 10인이었다.

제1회 강원생 졸업기념(1976. 4. 15.)

---

36   「불국사 승가학원 첫 수료식」, 『대한불교』 1976.4.25.

한편 불국사에서는 강의실을 새로 신축하고 강사진을 구비하여 "구한말 강원의 운영방식과는 다른 학교식 운영방식으로 바꾸고 도제교육의 새로운 기원을 세울 계획"이라고 하였다. 즉 전통강원을 지양하고 현대식 학교 교육 방식을 도입할 것이라고 하였다. 이 계획을 그대로 실천하여 1978년 9월 새로운 강원을 준공하였다.

불국강원 완공 9월 10일 회향식
불국사 5천만 원 들여 72평, 9월 10일 회향식
9월 5일까지 학인 모집

불국사(주지 최월산 스님)에서는 지난 4월 착공했던 불국사 강원을 5개월간의 공사에 걸쳐 완공, 9월 10일 오전 10시에 준공식 겸 개강식을 갖는다. 총공사비 5천만 원이 소요된 새 강원은 건평 71평에 보일러까지 설비, 수용인원 30명의 대강원으로서 새 출발하게 됐다. 불국사는 지난 76년도에 이미 선원을 신축 금년 강원이 준공됨으로써 명실공히 선과 교를 집대성하여 꽃피울 수 있는 터전을 마련한 셈이다. 비록 관광붐으로 인해 사찰이 관광 명소화 되어가는 시대 상황 속에서도 세파에 휩쓸리지 않고 학업과 정진에 몰두하는 불가의 기풍을 진작시키겠다고 주지 월산 스님은 소견을 피력, 내일의 불교를 위한 조용한 정화를 약속했다. 또한 동 강원은 裵雲起 대강백을 강사로 9월 10일의 개강을 위해 학인 모집을 공고, 희망자는 9월 5일까지 직

접 불국사에 출두, 원서 제출을 바라고 있다.[37]

강원 중수는 1978년 4월부터 9월까지 5개월간 진행되었다. 5천만 원이라는 당시로서는 거액을 투입하여 건평 71평에 난방시설을 갖추고 30명까지 수용 가능한 대강원으로 거듭났다. 강원의 외적 토대를 갖추고 이때부터 대흥사의 강주를 지냈던 배운기(裵雲起) 대강백을 강주로 초빙하여 내실을 갖춰 나가기 시작하였다.[38]

1981년 조계종 총무원은 전국 강원교직자들의 의견수렴을 거쳐 '승가학원(강원) 설치령'을 발표하였다. 치문·사집·사교·대교과 등 전통 강원의 교과과정에 불교사 및 선종사상사를 추가하고, 외국어와 인문학을 선택과목으로 이수하도록 하였다. 공식적으로 승가교육에서 전통과 현대의 접목을 시도하였다. 그러나 부족한 강사와 미흡한 교재로 가시적인 결실은 그리 많지 않았다.[39]

이후 언론에서 80년대의 학인 모집, 졸업 등에 관한 기사광고 등을 통해 강원 활동을 요약하면 다음과 같다.

---

37 「불국강원 완공 9월 10일 회향식」, 『대한불교』 1978.9.3.
38 "제11교구 본사 불국사(주지, 월산 스님)에서는 지난 10일 오전 10시 불국강원 신축공사 준공식을 가졌다. 이날 준공식에서는 각 강원 강주스님 및 종단의 중진스님, 지방 기관장 등 사부대중 4백여 명이 참석해 성황을 이루었다. 특히 함께 열린 개강식에는 대흥사 강원의 전강주였던 석학 雲起 스님이 새 강주로 취임, 강원 출범에 의의를 더했다." 「불국강원 준공식」, 『대한불교』 1978.9.24.
39 「통합종단 50주년 성과와 과제 ③ 도제 양성(승가교육)」, 『불교신문』 2012.4.5.

- 1978년 10월 「강원생 모집」 능엄반 보결생 모집[40]
- 1980년 3월 「불국사 승가학원 편입생 모집」[41]
- 1981년 2월 「불국사 승가학원 졸업식」, 제4회 졸업식으로 졸업생은 공연, 현섭, 법전, 법초, 수원, 혜봉, 득도, 처광 등 8인[42]
- 1982년 2월 「불국사 승가학원 신입생 모집」, 시험과목은 초발심자경문, 의식, 국어, 외국어(한문·영어·일어 중 택일) 등이었다. 이해부터 월서가 강원 원장 취임[43]
- 1982년 11월 「불국사 승가학원 졸업식」, 제7회 졸업식으로 졸업자는 무연, 정도, 법상, 종광, 황면 등 6인[44]
- 1983년 3월 「불국사 승가학원 학인모집」 사미과 신입학인 모집[45]
- 1984년 2월 「대교과 7명 졸업」 졸업자는 백성, 혜산, 지열, 지욱, 지현, 법상, 정심 등 7인[46]

이와 같이 불국사 승가대학은 정식 개원한 1975년 이후 변함없이 학인을 모집하고 교육시키며 많은 승가를 배출하였다. 그러나 강원 행정이나 종무행정이 제대로 구비되지 않았던 시절이라 아쉽게도

40   「광고」, 『대한불교』 1978.10.
41   「광고」, 『대한불교』 1980.3.30.
42   「불국사 승가학원 졸업식」, 『대한불교』 1981.3.15.
43   「광고」, 『불교신문』 1982.2.21.
44   「불국사 승가학원 졸업식」, 『불교신문』 1982.12.12.
45   「광고」, 『불교신문』 1983.3.13.
46   「대교과 7명 졸업, 불국사 승가학원」. 『불교신문』 1984.2.29.

정확한 입학생·졸업생 수, 강사, 수업과목 등의 자세한 현황은 전하지 않는다.

한편 1984년 9월 승가대학 설립자인 월산 조실과의 인터뷰에서 당시의 수행과 교학에 관한 이야기를 찾아볼 수 있다.

불국사라면 단순한 관광의 명소쯤으로 알고 있다. 그러나 불국사는 강원과 선원을 갖춘 수도원이 있고 그 속에서 천 년 전의 찬란한 불교문화를 다시 일으킬 웅지에 불타는 수행승들이 모여 살고 있다. 이러한 수도원이 있게 한 장본인은 한국불교의 원로 월산 큰스님! 그분이 이 땅에 새로운 가람을 이루어 수행승을 불러 모아 오로지 관광지 불국사에서 수행처 불국사가 되게 하신 분이시다. 75년에 개원한 선원은 별천지, 명산 토함산 아래 포근한 알자리 제2의 불국사인 이곳이 시끄러울 것이라고 생각했던 것과는 전혀 다른 이미지를 준다. 불국선원이라 쓴 대문에는 오도자 불입(悟道者不入)이라고 쓴 편액이 우선 눈에 뜨이고 "이 문에 들려거든 분별망상을 버려라(入次門內 莫存知解)"는 글이 보인다. 해제철이라 선실은 조용하다. 고졸(高卒)한 경봉 스님의 주련이 붙은 채가 염화실 즉 조실스님이 거처하시는 방이다.

▶ 요즘 수좌들, 스님께서 보시기에는 어떻습니까? 옛 스님께서 공부하시던 것과 비교해서 좀 말씀해 주십시오.

— 내가 시원찮으니 우리 선원에는 공부 열심히 하는 수좌들은 안 오는 모양이야. 공부를 잘하든 못하든 요즘 걸망 메고 선방이라고

오는 것만 해도 여간 고맙지 않아요. 요즘 얼마나 세상에 팔리기 쉬워 명예와 쾌락과 돈… 등 물질문명이 극도에 달하여 자칫 노예가 되기 쉬운 말세에 걸망이라도 지고 다니는 것만 해도 대견스럽고 고맙지. 옛날에도 대근기(大根器)는 찾기 어려웠고 지금은 더욱 말할 것이 없지요.

▶ 스님께서는 어떻게 공부를 하셨는지요?

— 우리가 젊을 때에는 다들 화두를 들고 공부를 했지요. 지금과 마찬가지로… 부산 선암사에서 오래 지냈지요. 육이오를 중심으로 해서… 내원사에도 있었고.

▶ 그때는 아침저녁으로 선지식이나 조실스님께서 계속 화두 점검을 하셨습니까?

— 그래 요즘도 그렇게 해야 하는데… 수좌들도 게으르고 나도 마찬가지고… 내 생각은 금강경 정도는 수좌들이 아침저녁으로 송경했으면 좋겠어. 신심도 나고, 그러나 통하려고 해야지.

▶ 언제부터 우리나라 선원에서 불립문자 하는 풍조가 있었는가요?

— 진정한 수행승은 일체의 모든 것을 다 포기해야지, 득도하려면 화두 타파하는 것만이 그 전부여야 해. 물론 어록이나 부처님 말씀은 필요하지만 선원에서는 화두 타파하는 것에 전심전력을 투구해야 해요. 그 밖에 일체 것은 다 없애고… 선원에서는 오직 일념으로 화두 타파를 해야 합니다. 애써서 화두타파 하려고 해도 잘 안되니까 부처님 말씀도 참고로 하고 조사어록도 좀 보고 깨달음과 연관 없는 것은 다 없애고 오직 화두 일념으로 가야 한다고 보지요.

▶ 그러면 포교 문제나 교학을 중심으로 하는 불교와의 갈등이 심각하다고 보는데 그 문제는 어떻게 보시는지요?

— 견성을 중심으로 하는 수좌들과 교학과 포교하는 학자나 포교사는 그 방법이나 소질을 개발하고 또 종단적인 지원도 있어야 하리라고 봅니다. 한국불교는 선종이 대표적인 것이긴 해도 선종만이 유일한 것이 아니니까 염불종이나 그 밖의 의식의 문제도 더욱 찬란하게 하고 포교에도 더욱 힘써야 되리라고 봅니다.

▶ 견성과 포교 문제 양분(兩分)적인 것에서 퍽 젊은 수행자들이 고민하고 갈등을 가지는데 스님의 견해는 어떻습니까?

— 내가 볼 때는 견성이 급하고 중요하다고 봐요. 그것은 곧 자기 문제를 해결하고 난 뒤에 남의 문제를 생각하는 것과 같지요. 내 발등의 불을 끈 연후에 남의 발등에 불이 보이는 것과 같이 내가 견성하고 난 연후에 포교도 있다고 보지요.

… (중략) …

▶ 생활불교라는 말이 있는데 진정한 생활불교란 무엇이라고 생각하십니까?

— 생활불교라는 말에 우선 생각나는 것은 원효 스님이 신라 땅을 다니면서 바가지를 두드리며 노래도 하고 교화도 했는데 우선 불교가 생활 속으로 들어가야 해요. 연극이나 영화를 통해서 매스컴을 통해서 미술이나 공예… 그밖에 여러 가지 방법을 동원하여 생활 속으로 들어가야 합니다. 염불을 하더라도 옛날과 같이 북과 징을 치면서 더욱 신명이 나고 찬란하게 해서 그들과 우선 가까워져야

된다고 보지요. 그리고 동사섭(同事攝) 즉 동고동락하는 자세가 되어야 하리라고 봅니다. 그럴려면 그들의 기쁨과 아픔의 현장에 같이 있어야 합니다. 그들이 원하는 것이 무엇인지 파악을 해서 그것에 따라 교화해야 되겠어요. 우리의 조상들은 산 이름을 전부 불교경전에 의하여 붙인 것을 보면 퍽 현명한 생활불교 실천자였다고 생각합니다. 내 개인으로는 화두 하는 것을 주장하지만 불교 전체를 봐서는 여러 가지 모든 종파가 다 필요하다고 봅니다. 개인은 불교 전체가 아닙니다. 그러므로 개인의 의견이 전체 불교의 앞길을 가로막는 어리석음은 피해야 된다고 생각합니다. 수도장은 수도장답게 포교당은 포교당답게 각기 특징을 가지면서도 유기적인 관련을 가지고 있어야만 진정한 불교의 발전이 되리라고 생각합니다.[47]

월산 스님은 '선사'였다. 1945년 수덕사에서 만공으로부터 '이뭣고' 화두를 받아 정진을 시작한 이래 금오 스님으로부터 '돌맹이 화두' 이뭣고를 재점검 받으면서 용맹정진의 결심을 굳혔다. 1948년경 봉암사결사에 참석할 때는 '부처님 법대로 살자'라고 하면서 공주규약(共住規約)대로 수행하였다. 1953년 청도 적천사 도솔암 토굴에서는 가난과 허기에 고통 받으면서도 철저히 홀로 수행정진하였다. 여기서 큰 힘을 얻고 오로지 '이뭣고' 화두에만 몰두하였다. 이러한 참선수행 정신을 바탕으로 1974년 불국사 주지로 부임하면서 석굴암에서 토굴수

---

47   「불국(佛國)선원을 찾아서, 월산 큰스님」, 『월간 해인』 31호, 해인사, 1984. 9.

행과 불국선원을 개창하여 후학을 지도하였다.[48]

자신은 평생 철저한 참선 수행자였으면서도 앞의 인터뷰에서 월산 스님은 "내 개인으로는 화두 하는 것을 주장하지만 불교 전체를 봐서는 여러 가지 모든 종파가 다 필요하다고 봅니다. 개인은 불교 전체가 아닙니다. 그러므로 개인의 의견이 전체 불교의 앞길을 가로막는 어리석음은 피해야 된다고 생각합니다. 수도장은 수도장답게 포교당은 포교당답게 각기 특징을 가지면서도 유기적인 관련을 가지고 있어야만 진정한 불교의 발전이 되리라고 생각합니다."라며 종파의 다양성과 포교의 중요성을 강조하였다. 또한 교학과 의식에 대해서도 열린 의식을 지녔다. "견성을 중심으로 하는 수좌들과 교학과 포교하는 학자나 포교사는 그 방법이나 소질을 개발하고 또 종단적인 지원도 있어야 하리라고 봅니다. 한국 불교는 선종이 대표적인 것이긴 해도 선종만이 유일한 것이 아니니까 염불종이나 그 밖의 의식의 문제도 더욱 찬란하게 하고 포교에도 더욱 힘써야 되리라고 봅니다."

2. 1990년 이후의 승가대학

1990년에는 상묵(象默) 스님이 승가대학의 강주를 맡았고, 이듬해

---

48   한태식(보광), 「월산 큰스님의 선사상(1) - 수행과정과 참구화두를 중심으로」, 『대각사상』 32, 2019, pp.91-131.

인 1991년에는 종원(宗圓) 스님이 주지로 취임하면서 학장을 겸임하였다. 당시 승가대학은 3년 과정이었고, 20여 명의 학인이 재학하고 있었다.[49]

1994년 대한불교조계종 교육원이 출범하면서 종단의 교육행정이 일원화하기 시작하였다. 승가교육체계를 행자교육, 기본교육, 전문교육, 특수교육, 연수교육의 다섯으로 구분하고 모든 출가자들은 법계를 받기 위해서는 매년 승가고시를 치르도록 하였다. 이에 따라 승가대학은 기본교육에 포함시켰다. 승가대학을 "행자교육을 이수한 사미·사미니에 대해 비구·비구니로서의 필요한 자질을 갖추게 하고, 인천의 사표로서 지혜와 원력을 함양하게 하기 위하여 기본 의무교육을 실시하는 상설기관"으로 규정하였다. 이어 교육법 66조에서는 기본교육의 이념 및 목표는 스님으로서 필요한 자질을 갖추게 하고, 인천의 사표로서 지혜와 원력을 함양하게 하기 위해 조계종지의 체득을 비롯한 8가지의 구체적인 교육의 방향을 제시하였다. 이를 요약하면 첫째, 불교의 기본원리를 학습하는 과정이 필요하며 둘째, 불교교단의 전통정신을 체득하고 계승하도록 배려되어야 하며 셋째, 교화에 임해서 원만히 교화불사를 실행할 수 있도록 수련하는 훈업(熏業)이 있어야 하고 넷째, 내부적으로 교단을 수호하고 관리하는 힘을 길

---

49   "63개의 말사를 두고 있는 80여 명의 대중 스님들이 주석하고 있는 불국사가 교구 본사로서의 위용과 활약을 크게 펼쳐 보이게 된 것은 1974년 현 조실 월산 스님의 원력이 일궈낸 작품이다. 1백 평의 선원을 중수해 선방납자의 정진을 돕고 있고 3년 과정의 승가대를 개설, 현재 20여 명의 학인승려가 '이론실수'에 열중하고 있다." 「미래사회 밝힐 한국불교의 법등」, 『불교신문』 1991.5.8.

러주는 교과목을 개설한다는 것이다.[50]

이러한 교육법에 따라 전국의 강원들이 승가대학으로 인가되고, 학제와 교과과정이 동일화되었다.[51] 불국사 승가대학은 1995년 이에 맞춰 '불국사 승가대학'으로 정식 개원하게 된다. 1997년 조계종교육원에서 강원의 역사와 현황을 망라한 『강원총람』을 간행하였다. 이 가운데 당시의 불국사 승가대학의 주요 현황은 다음과 같다.

『강원총람』(1997년)의 불국사 승가대학 주요 현황

- 원훈 : 인불학 불지도(人不學 不知道)
- 불국사 승가대학은 사미승가대학으로서 1975년 이전에 설치되었으나 실제적으로 1975년부터 법공 스님이 강의를 맡으면서 운영되기 시작하였다. 이어서 범룡(梵龍), 운기(雲起), 재선(在禪), 상묵(象黙), 용문(龍門) 스님으로 강의가 이어져 왔으며 현재는 지욱(智旭) 스님이 강의를 맡고 있다.
- 강원(승가대학) 역대 강주·강사
  - 법공(法空, 1975~1978)
  - 범룡(梵龍, 1978~1979)
  - 운기(雲起, 1979~1982)
  - 재선(在禪, 1982~1984)
  - 상묵(象黙, 1984~1994)
  - 용문(龍門, 1994~1996)
  - 지욱(智旭, 1996~)

---

50 능허, 「강원의 교육이념 및 목표에 대한 고찰과 진단」, 『승가교육』 4, 대한불교조계종 교육원, 2001, pp.133-134.

51 양관 스님, 「통도사 승가대학의 역사와 문화」, 『대각사상』 15, pp.227-228.

■ 학제 및 교과과정

사미과	치문, 외국어, 서예, 컴퓨터, 특강
사집과	서장, 도서, 선요, 절요, 외국어, 서예, 컴퓨터, 특강
사교과	능엄경, 기신론, 금강경, 원각경, 외국어, 서예, 컴퓨터, 특강
대교과	화엄경, 서예, 컴퓨터, 특강
특강	1. 학인의 질적 향상을 위하여 외래교수를 초빙, 특강할 수 있다. 2. 특강 내용은 행정, 문화, 교육, 복지, 포교 등으로 한다.

■ 강원(승가대학) 학인 현황

치문반 13인, 사집반 3인, 사교반 2인, 대교반 0인

■ 강원 졸업자 명단[52]

졸업회차 / 시기	졸업자수(인)
제1회 – 제9회	누락
제10회 / 1988. 3.	3
제11회 / 1989. 2.	15
제12회 / 1990. 2.	8
제13회 / 1991. 3.	7
제14회 / 1991. 11.	5
제15회 / 1993. 2.	4
제16회 / 1994. 3.	8
제17회 / 누락	누락
제18회 / 1996. 2.	6
제19회 / 1997. 2.	6

---

52 「강원졸업자 명단」, 『강원총람』 별책 부록. 대한불교조계종교육원 불학연구소, 1997, pp.17-18.

제19회 졸업식(1997. 2.)

이와 같은 1997년 당시의 승가대학 현황을 요약하면 다음과 같다. 당시 강주는 지욱(智旭) 스님, 중강은 종천(宗泉) 스님으로 학인은 모두 21인이었다. 졸업생 수는 1회부터 9회까지 즉 1976년 이후 1987년까지 는 자료의 누락으로 확인되지 않고, 이를 제외하면 모두 62인이었다.

그런데 『대한불교』 등의 기사에서 제1회(1976년) 대교과 수료 1인, 사미과 수료 9인이 확인된다.[53] 또한 제4회(1981년) 졸업생은 8인이었

---

53   「불국사 승가학원 첫 수료식」, 『대한불교』 1976.4.25.

고,[54] 제7회((1982년) 졸업생은 6인,[55] 제9회(1984년) 졸업생은 7인이었다.[56] 즉 『강원총람』에서 누락한 1회~9회 졸업생 가운데, 1회, 4회, 7회, 9회의 졸업생을 확인할 수 있다. 이를 모두 포함하면 82인이 된다. 1999년에는 17인의 학인이 재학 중이었고,[57] 2003년에는 16인이 재학하였다.[58] 당시 학장은 웅각 스님, 교수는 종천·정묵·정수 스님 등이었다.

2010년에 들어 종단은 승가교육의 변화와 개혁을 추진하였다. 교육원은 2009년 승가교육 진흥위원회를 출범하여 승가교육의 현대화와 내실화라는 큰 틀에서 교육불사를 추진하였다. 이 가운데 교육불사의 핵심은 단연 교과과정 개편이다. 기왕의 한문 위주의 교재를 현대화·한글화하고, 교과목도 대폭 늘렸다. 학인들은 4년, 8학기 동안 48개의 과목을 배우게 된다. 한문 불전을 강독하는 것 외에도 초기, 대승, 선, 불교사, 계율, 비교종교학, 불교문화, 사회복지학, 참선 지도방법론 등을 익히도록 하였다. 교육 개편안은 그간 진행돼온 승가교육과는 차이가 크다. 기존 승가대학은 4년간 치문, 사집, 사교, 대교를 배우고 여기에 대승경전 몇 권을 공부하는 형태였다. 한문 경전을 중심으로 한 훈고학적 수업 위주였기 때문에 원문해석에 많은 시간

54   「불국사 승가학원 졸업식」, 『대한불교』 1981.3.15.
55   「불국사 승가학원 졸업식」, 『불교신문』 1982.12.12.
56   「대교과 7명 졸업, 불국사 승가학원」, 『불교신문』 1984.2.29.
57   「승가대학(강원) 종합평가 사업 보고서」, 『승가교육』 3, 대한불교조계종 교육원, 2000, pp.64-91.
58   「2002·3승가교육의 현황」, 『승가교육』 5, 2004, pp.41-57.

을 쏟아왔던 것이 사실이다. 때문에 이번 교과개편은 개별 승가대학 입장에서는 개혁과 같다고 한다.[59] 이러한 교육법 개정에 따라 2011년 신학기부터 채택하는 신 교과과정 시행 승가대학에 선정되었다. 불국사를 비롯하여 동화사, 운문사, 수덕사, 해인사, 쌍계사, 범어사, 송광사, 봉녕사 등 9개소였다.[60]

이러한 개혁안이 현장에서 어떻게 이루어지는가를 이해하기 위해 『불교신문』은 그 사례로 2010년 12월 불국사 승가대학을 집중 취재하였다.

변화하는 한국불교 - 승가교육 현장
승가교육개혁은 불교미래 밝히는 원동력
'미래 人天의 스승 육성' 교육시스템 구축하는 불국사 승가대학

조계종 승가대학이 달라지고 있다. 교과 개편과 전문승가대학원 설립을 필두로 한 승가교육 진흥불사가 시작되면서 조선시대부터 300년간 이어온 강원의 교육법에 현대화 바람이 불고 있다. 이를 위해 교육원은 지난해 수십여 차례의 간담회와 공청회를 열어 의견을 구했고, 13개의 법령을 새롭게 제정해 운영 근거를 마련했다. 변화의 중심은 교육원이지만, 변화의 결말은

---

59   「변화하는 한국불교 - 승가교육 현장」, 「불교신문」 2011.1.1.
60   「조계종, 불국사 등 새 교과과정 시행 승가대 9곳 선정」, 『불교신문』 2010.11.30.

각 승가대학이 맺는다. 3월 개강을 앞두고 전국의 승가대학은 지금 새롭게 개편한 교과과정에 맞춘 학제 마련에 여념이 없다. 지난해 12월 24일 제11교구본사 불국사 승가대학(학장 덕민 스님)을 찾았다.

… (중략) … 불국사 승가대학은 그간 운영위원장 성타 스님을 비롯해 학장, 강사 스님들은 새로운 학사 운영을 위해 여러 차례 회의를 진행했다. 현대화된 커리큘럼을 제대로 반영하기 위한 방법을 찾는 논의였다. 스님들은 새롭게 개편된 교과목을 지도할 강사진을 확보해야 한다는 점에 적극 공감했다. 경주라는 지리적 장점을 십분 활용해 동국대 경주캠퍼스와 진각종에서 운영하는 경주 위덕대와 네트워크 조직에 나섰다. 지난해 10월 동국대 경주캠퍼스와 '승가교육 발전을 위한 상호협력 협약서'를 체결해 강사진 확보에 우위를 선점한 것이 시작이다. 강사 정수 스님은 "개편된 교과과정을 따르려면 우수한 전문 강사진이 많이 필요한데 경주 동국대가 인접해 있어 다른 어떤 승가대학보다 협조가 용이하다."며 "종립학교의 교수진과 박사들이 승가대학에서 강의한다면 강의질도 담보되고 학사 운영도 원활해질 것"이라고 내다봤다. … (중략) … "한국불교의 미래는 승가교육에 있다."고 강조하는 성타 스님은 "출가자는 누구보다도 다양하고 전문적인 소양을 갖춰 국가와 사회로부터 존경받는 인천의 스승이 돼야 한다."고 피력했다. 또 "수행에서도 이사겸수(理事兼修)하듯 승가교육도 이와 사가 겸비돼야 조화롭고 이상

적인 교육이라 할 수 있다."며 "이번 교육혁신을 계기로 불국사 승가대학은 사회에서 존경받는 출가자들을 기르는 터전이 될 것"이라고 말했다.[61]

이와 같이 불국사는 교육개혁안에 대처하기 위하여 운영위원장 성타 스님, 학장 덕민 스님, 그리고 강사 정수 스님 등이 전통교육과 현대교육을 접목하기 위한 다양한 노력을 경주하였다. 성타 스님은 "1970년대 초반까지 관광사찰에 불과했던 불국사가 수행도량으로 거듭나게 된 계기는 승가대학 설립"이라며 "월산 스님의 원력으로 강원이 세워진 이래 불국사 승가대학은 40년의 역사를 지닌 명문 강당이 됐고, 한문학의 대가 덕민 스님이 학장 소임을 맡고 있어 학인들이 불전을 탁마하기 좋은 여건을 갖추고 있다."고 강조하였다.

불국사 승가대학은 역사가 오래되지 않았으나 이처럼 종단의 승가대학 중에 우수한 곳으로 정평이 나 있었다. 2012년에도 『월간 판전』에서 승가대학을 탐방하여 자세한 기사를 실었다.

강원을 찾아서 3, 토함산 불국사

강주인 학장 스님은 일해 덕민 스님, 학감은 현학 스님이다. 불국사는 조계종의 강원중에서도 시설과 지원이 으뜸으로 꼽힌다. 사중 요사채의 절반 이상이 강원 용도로 쓰이고 있어 강의

---

61 「변화하는 한국불교 - 승가교육 현장」, 『불교신문』 2011.1.1.

실이 부족하거나 학인들의 공부방이 모자랄 일은 결코 없다.

불국사 강원의 역사는 그리 길지 않은 편이다. 1975년 당시 조실로 오셨던 월산 스님께서 선교쌍수를 강조하여 선방과 강원을 열었다. 강원에 거는 기대와 투자도 커서 내로라하는 강사를 두루 모셨던 전력이 있다. 불국사의 사격도 높아졌고 교구본사도 기림사에서 불국사로 옮아왔다. 관광지의 어수선함을 딛고 강원이 안정된 것은 2002년[2005년이다. 필자 주] 겨울 덕민 스님이 강주로 온 다음부터라고 전해진다. … (중략) …

불국사 강원의 특색은 철저한 한문 원전 교육을 꼽는다. 덕민 스님은 지곡서당으로 유명한 태동고전연구소[泰東書숨이다, 필자 주]에서 동양고전을 두루 익혔다. 학인들은 스승으로부터 밝은 눈으로 한문 경전을 새기고 익히는 경험을 배워갈 수 있다. 경을 읽을 때 불교 교리는 물론이고 유학과 노장사상뿐 아니라 한시까지 두루 겸하여 참조하는 것이 강주스님의 독특한 교육 방식이다. 내전과 외전에 두루 강한 것이 불국사 승가대학 교육이다. "강주스님이 제일 강조하는 것은 경전을 마음으로 새기고 입으로 소리 내서 읽는 간경입니다. 간경을 하려면 우선 뜻을 환히 알아야 하고, 소리 내 음독하려면 한문을 철저히 새겨야 합니다. 머릿속으로 뜻이 돌아가야 하고 마음이 집중돼야 제대로 된 간경이 가능합니다." 학감 현학 스님은 간경을 강조한 후부터 강원의 분위기가 달라졌다고 전했다.

덕민 스님은 자신이 스승으로부터 배우던 시절 『서장』을 천 번을 읽으니 자연히 뜻이 통하여 문리가 생겼다고 하였다. 배운다는 것은 거듭거듭 반복하여 마음에 길이 나는 일이니, 길 가는 법을 익히면 다른 길을 걸을 때도 쉬이 갈 수 있다는 것이다. 처음 걸음마를 배울 때는 알지 못하지만 후에 천 리 길을 갈 때는 첫걸음마가 얼마나 소중한지를 알게 마련이다. 강주스님이 간경을 강조하는 것은 배움의 방편뿐 아니라 학인을 위한 수행의 방식으로 삼기 때문이다. 강원에서 학인이 잘못을 범하면 간경으로 참회를 삼는다. 스님은 "사고를 쳐야 배움의 기회가 된다."고 강조했다. 불국사 강원에선 잘못이 큰 발심과 수행의 전기가 된다고 했다. 누군가에겐 허물이 되는 일도 어떤 이에겐 약이 될 수 있는 법이다.

그러므로 간경과 독경은 불국사 강원의 주된 일과이다. 학인들은 누구나 새벽예불이 끝나면 부처님 가르침을 소리 내 읽는다. 학과 시간이 끝나면 오후 2시간은 또다시 소리 내 경을 읽고, 저녁 예불이 끝난 후에 독경으로 일과를 마감한다. 덕분에 사중에는 부처님 경전 읽는 소리가 그칠 틈이 없고 관광객의 어수선함도 수행처의 담을 넘지 못하게 됐다.[62]

학장 덕민 스님, 학감 현학 스님, 강사 성화 스님, 교무 정민 스님 등 강원 교역자들의 승가교육에 대한 열정과 정성이 잘 드러난다. 이

---

62   『판전』, 봉은사, 2012. 9.

러한 노력에도 불구하고 불국사 승가대학은 심각한 난관에 봉착해 있다. 즉 입학하는 학인 수가 급감하고 있다는 점이다.

조계종의 「승가대학 운영에 관한 령」에서는 승가대학의 최소 정원을 '학년당 10인 이상, 총 정원 40인 이상'으로 규정하고 있다. 2010년에 제정한 규정으로 2019년 5월 총 7차례의 개정 때까지 이 정원 규정은 변함이 없다. 그러나 2018년 조사 결과 전국 14개 사찰승가대학 가운데 학년별 정원 10인 이상의 규정을 충족한 곳은 단 2곳(통도사·운문사)에 불과하였다.[63] 삼보사찰이라고 하는 통도사는 48인, 해인사는 33인, 송광사는 23인에 불과하여 이곳마저도 종법령의 학인 정원 수에 미달하였다.

사찰승가대학에 입학하는 학인 수 역시 매년 감소하고 있다. 2017년 입학생 현황을 보면 운문사가 22명으로 가장 많았고, 통도사 12명, 송광사와 불국사가 8명, 해인사·동학사·범어사 7명, 봉녕사·화엄사·청암사 6명, 동화사·수덕사·법주사 3명, 쌍계사 2명 등이었다. 당시 진광 스님(교육원 교육부장)은 이러한 현실에서 기본교육기관 수를 조정하는 등의 대폭적인 개편 필요성을 강조하였다. 이에 대해 강원교역자들은 임의로 승가대학 수를 조정하는데 한결같이 반대 입장을 천명하고, 과거의 전통강원과 같이 질적 향상과 내실을 기하는 자율 운영을 주장하는 입장이다.

---

63 「조계종 승가교육 개선 방안」 세미나, 대한불교조계종교육원 교육위원회, 2018. 7. 12.; 「10명 정원 채운 승가대학, 전국 14개 중 단 2곳 불과」, 『법보신문』, 2018. 7.18.

출가자의 감소는 종단의 미래가 달린 중차대한 사안이다. 지난 30년간(1991~2020년) 출가자[수계자]가 75퍼센트가량 줄었다. 1997년에는 517명이었는데 2020년에는 131명에 불과하였다.[64] 이는 '인구 절벽'이라는 표현까지 등장한 현대사회의 인구 감소 문제와 맞물려 있다. 사실 국가도 종단도 별다른 해결 방안이 없는 실정이다. 국가가 나서서 인구 감소를 막아보려 온갖 노력을 기울여도 좀처럼 나아지지 않는다. 종단과 사찰이 힘을 기울여 출가를 권장하지만 가시적 성과는 보이지 않는다. 이러한 현실에서 승가대학의 미래에 대한 고민이 깊어지고 있다.

IV. 불국사의 강주와 강사

불국사의 역사에 등장하는 강사는 매우 많다. 천삼백 년이 넘는 오랜 세월 화엄불국토를 건설하고자 했던 명안종사(明眼宗師)들의 강경과 독경 소리가 무설전 곳곳에 깊이 서려 있다. 8세기에 등장하는 표

---

64   「조계종 30년 출가자 현황」, 『법보신문』 2021.5.12.

훈과 유가는 이곳에서 『화엄경』을 강의하였고, 9세기 말 삼성강원이라는 강원 이름의 주인공이 되었다. 고려·조선시대를 거치면서 수많은 강사들이 불법의 진리를 탐독하고 강설하였지만 아쉽게도 전하는 자료는 거의 없다. 절에 관한 기록들은 대부분 가람의 중수와 중창, 불상과 석탑의 조성에 관한 사실만을 적고 있다.

다만 근현대 이후 이곳에서 강석(講席)을 펼친 십수 명의 강사를 확인할 수 있다. 사찰의 역사에 등장하는 강사를 모두 열거하면 다음과 같다.[65]

- 통일신라시대　　표훈·유가대덕
- 1960년　　　　진용, 『초발심자경문』 등 강의
- 1961년　　　　설봉, 『능엄경』 강의
- 1966년　　　　강주 김철수(金哲守)
- 1975~1978년　강주 법공(法空)
- 1978~1979년　강주 범룡(梵龍)
- 1979~1982년　강주 운기(雲起)
- 1982~1984년　강주 재선(在禪)
- 1984~1994년　강주 상묵(象黙)

65　종단의 법령에 따라 승가대학 소임자의 호칭은 강주, 강사, 중강에서 학장, 정교수, 부교수 등으로 변화하였다. 법령이 바뀌면서 불국사에는 강주와 학장이 병존하는 시기도 있었다. 여기서 사용하는 '강사'는 지금과 같은 직위의 뜻이 아니라 전통적인 의미의 '경을 설하는 스승'이라는 의미이다.

- 1994~1996년   강주 용문(龍門)
- 1996~ ?   강주 지욱(智旭)
- 2002~2005년   학장 응각(應覺)
- 2005~현재   승가대학원 원장 덕민, 승가대학 학장 정수, 학감 성화, 교수 상락, 일선.

이 가운데 강주(학장)를 역임한 몇몇 분들의 간략한 행장을 소개한다.

○ 법공 스님

법공 재학(法空 在學, 1918~2002) 스님은 1975년 불국사 승가학원 개원 당시 초대 강주를 맡아 1978년까지 역임하였다. 서울 출생으로 1935년 경기도 양주 봉선사에서 득도하였다. 1940년 서울 안암동 대원암에서 영호 율사(석전 박한영, 1870~1948)를 계사로 보살계 및 비구계 수지를 하였다. 법공 스님은 박한영 스님 슬하에서 공부하던 시절을 가장 소중하고 또 자랑스럽게 여겼다. "한영 스님께서는 항상 출가할 때의 마음을 잊지 말고 틈나는 대로 머리를 만져보라고 했지. 또 경학을 하면서도 참선을 하라고 했어."[66] 법공 스님은 스승의 말을 잊지 않고, 실천하여 수선안거 20하안거를 성만하였다. 당시 개운사 대원암은 최고의 강원이었고, 1회 졸업생 청담을 비롯하

---

66   「수락산 도안사 법공 스님」, 『불교신문』 1997.9.2.

여 큰 인물들이 많이 배출되었다.

1941년 동국대 문리대에 입학하였으나 일제가 학병을 차출하기 위해 기승을 부리자 이를 피해 광릉 봉선사로 은신하였다. 이곳 홍법 강원(弘法講院)에서 운허강백으로부터 대교과를 수료하였다.

나의 은사인 운허 스님께서는 선농일치를 주장하셨지. 낮에는 꼭 밭에 나가 일을 했지. 그렇지 않으면 수행자는 제대로 된 수행이 되지 않는다고 말씀하셨지. 많은 수행자들이 먼저 간 스님네들의 공부방식을 따르고 실천해야 해. 이 시대 수행자들은 물질의 집착에서 벗어나지 못했어. 그래서 수행이 어려운 거야. 물론 시대적 상황이긴 하지만 그것을 극복하는 것이 수행이 아니겠어. 이제 수행자들도 초발심으로 돌아가 일하고 수행하는 올곧은 정신을 통해 진정한 수행처로 되돌아 가야 해.[67]

1945년에 경기도 양주 석굴암 주지를 맡았고, 1947년에 경기도 교구 교무원 교무에 선임되었다. 1947년 불교중앙종회의원을 지내고 1948년에 불교중앙총무원 법계고시에 합격하여 대덕법계를 받았다. 1949년에 동국대를 졸업하였다. 1950년 경기도 가평군 현등사 주지. 1952년 동국대 재단 서무와 도서관 사서주임 역임. 1964년 이후 법주사 강원 강주, 백양사 강원 강주, 불국사 강원 강주, 서울 청룡사 강

---

67   「우리 스님, 도안사 법공 스님」, 『불교신문』 2002.2.15.

원 강주, 전남 구례 화엄사 강원 강주를 역임하였다. 1981년 대구 동
화사 직할 포교당 보현사 포교사를 지냈다. 1982년부터 1994년까지
도선사 신달학원 강사를 맡았다. 1995년부터 도안사 조실을 지냈다.
법공은 생전에 "이생에서 사람 몸 받고 출가해 좋은 스승 복까지 받
았으니 그야말로 나는 복이 터진 셈입니다. 그리고 평생이다시피 한
많은 시간을 강원에서 부처님 말씀을 출가 학인들에게 전달하면서
나름대로 선방에서 20안거를 마쳤으니까요."[68]라고 하였다.

○ 운기 스님

운기(雲起, 1898~1982) 스님은 1979년부터 1982년까지 강주를 역임
하였다. 전북 고창군 해리면 광승리에서 태어났다. 16~17세 무렵 선
운사 주지 경암(炅庵) 스님 문하로 출가하여 1915년에 사미계를 받
았다. 경암 스님은 운기의 남다른 총기를 발견하고 순창 구암사의 박
한영 스님에게 보냈다. 구암사는 당시 교학의 중심지였고, 운기 스님
은 이곳에서 교학을 정수를 전수받을 수 있었다. 이후 신학문의 중요
성을 강조하는 박한영 스님의 권유에 따라 운기 스님은 서울 중앙고
등보통학교에 입학하여 1924년에 졸업하였다. 1926년 박한영 스님은
서울 개운사의 대원암에 '조선불교중앙강원'을 설립하여 교학을 전
파하였다. 그 역시 참여, 수학하였다. 1931년 박한영 스님은 동국대의

---

68   「거울 먼지 닦듯 삼독 녹여야 불자의 삶, 법공 스님」,
      https://blog.naver.com/ppm0310/11712050

전신인 혜화전문학교 교장에 선임되었고, 운기 역시 혜화전문학교를 졸업하였다. 그는 스승의 권유로 일본 유학을 다녀왔다. 박한영 스님은 제자가 선진불교학을 배워와 대학강단에서 널리 펼치기를 기대하였다.

운기 스님 강의 중, 불국강원

운기 스님 학인들과 함께

그러나 운기 스님은 귀국 후, 옛날 백파 긍선(白坡 亘璇, 1767~1852) 선사의 행장을 따라[69] 전라도에서 교학을 강설할 계획을 스승에게 아뢰고 선운사로 낙향하였다. 1934년 선운사의 주지로 있으면서 교학을 펼쳤다. 1936년 38세에 백양사 강원의 강주가 되었고, 이해에

---

69 백파는 일생을 선운사와 지리산 화엄사, 장성 백양사, 해남 대흥사, 구암사 등 호남의 명찰을 오가면서 자신이 배우고 깨달은 선교를 후학들에게 전수하고, 구암사에서는 저술에 심혈을 기울였다. 선사는 『작법귀감』, 『선문수경』, 『법보단경요해』, 『고봉화상선요사기』, 『수선결사문』, 『오종강요기』, 『금강팔해경』, 『구암집』, 『여고가석』, 『식지변설』, 『선문염송집사기』, 『경덕전등록사기』, 『다비설』 등 많은 저작을 남긴 대문장가였다.

박한영 스님을 법사로 대덕법계를 받았다. 이듬해 1937년에는 한국 불교의 화엄종주인 설파 상언, 백파 긍선, 설두 유형, 그리고 박한영을 잇는 전강강백(傳講講伯)이 되었다. 한편 이 무렵 운기 스님은 정읍 포교당에 대원공민학교(大願公民學校)를 개설하여 야학을 시작하였다. 주권상실의 시대에 가난한 청소년들을 교육시키려는 민족의식의 발로였다.

1945년에는 정읍 내장사에 머물렀다. 이 해에 스승 박한영 스님이 내장사로 내려왔고 입적하는 1948년 2월까지 스승과 제자는 함께 지냈다. 박한영 스님은 자신의 경책 등 일체의 유품을 운기 스님에게 전하고 전강스님의 법맥을 잘 계승하라고 당부하였다.[70] 박한영 스님과 운기 스님은 불가의 스승과 제자로서의 모범은 물론 영원히 전해져야 할 아름다운 선연(善緣)이다.[71]

1951년에는 종립학교인 전북 금산 중·고등학교 교장을 맡아 청소년 교육에 노력하였다. 운기 스님은 이 시기를 회고하며 "대학에서 일하는 것보다 낙후한 시골의 청소년들을 교육하는 것이 백번 옳다고 판단하였다."[72]고 하였다. 1958년에는 다시 선운사 주지를 맡았다. 주지이지만 직접 대중을 이끌고 농사를 지었다. 사찰운영은 시주의 보

---

70   석전이 운기에게 내려준 법호와 전법게 실물이 선운사 성보박물관에 소장되어 있다. 『영호 정호대종사 일생록, 석전 박한영』, 종걸·혜봉 공저, 신아출판사, 2016, pp.596-597.

71   법철, 「운기대강백 행장기」, 『독보건곤, 운기대강백 행장기』, 운기문도회 편, 도서출판 선운사, 2015, pp.65-66.

72   『독보건곤, 운기대강백 행장기』, 앞의 책, p.69.

시에만 의지해서는 안 된다는 의지였다. "수행자들은 근검절약 정신으로 살아야 한다. 진정한 수행자는 신도들의 시주만을 바라서는 안 된다. 수행자들은 모두 일일부작(一日不作) 일일불식(一日不食)의 정신으로 살고, 근검절약 정신으로 사찰운영을 하고, 경전을 손에서 놓지 않는 정신을 가지고 불교학을 공부하고, 계몽정신으로 후학을 깨우쳐 주어야 한다."고 하였다.

1970년부터는 서울 봉은사에 주석하며, 동국역경원의 역경위원으로서 대장경의 한글 번역에 힘을 쏟았다. 1975년부터 1982년까지는 해남 대흥사와 경주 불국사 불국강원의 강주로 후학양성에 진력하였다. 운기 스님은 1982년 세수 84세, 법랍 68년으로 입적하였다. 1986년에 미당 서정주가 비문을 찬하고 선운사에 비를 세웠다. 그가 남긴 유묵과 유품 등을 선일(禪一)이 계승하여 현재 인천 법명사 명상박물관에 잘 보전하고 있다.

○ 상묵 스님

상묵(象黙, 1937~2000) 스님은 1984년부터 1994년까지 11년간 불국사 강원의 강주를 지냈다. 상묵 스님은 대전 가양동에서 태어났다. 천성이 영민하여 10세 이전에 사서삼경을 통독하였을 뿐 아니라, 출가 전부터 여운 노장에게 교학을 사사하였다. 1953년에 공주 마곡사 서운 스님을 은사로 사미계를 받았다. 출가 신분이었지만 뜻한 바 있어 부산 해동고등학교를 졸업하고 성균관대학교 철학과에 진학하였다. 1961년 용주사 불교전문강원을 졸업하고, 같은 해에 김석농을 법사로 전강을 받았다. 이 무렵의 상묵 스님에 관해 사제인 세연 스님은 다음과 같이 회고하였다.

관응 스님이 용주사 주지를 하실 때에도 강을 열었는데, 그때 배우신 스님에 의룡 스님과 상묵 스님이 있습니다. 의룡 스님은 서운 스님에게 건당을 하였는데, 안성에 토굴을 짓고 살다가 몇 년 전에 입적을 했습니다. 그리고 제 사형인 상묵 스님도 용주사에서 배웠는데, 관응 스님이 무문관에 들어가시는 바람에 오래 배우지는 못했어요. 그런데 상묵 스님은 지금은 잊혀진 스님이지만 이 스님은 머리가 천재와 같은 스님이었어요. 본래 동진출가를 해서 수덕사에 있었는데, 금봉 스님이 "너는 서운 스님 상좌가 되라."고 해서, 인연이 되었다고 그래요. 정화 전에 운허 스님이 진주 의곡사에서 월운 스님, 지관 스님, 봉주 스님, 상묵 스님을 가르쳤는데, 그때도 기억력이 비상하여 운허 스님이 인정을 하였답니다. 그러다가 상묵 스님은 성균관대 한문학과에 다녔는데, 지도교수가 동국대 대학선원장을 하시던 탄허 스님에게 편지를 보냈는데, 거기에서 이 수좌가 매우 영특하다는 칭찬을 하였대요. 그래서 서운 스님이 상묵 스님을 박사를 만들려고 했어요. 내가 갑장사에서 행자를 할 때 방학이면 내려왔는데, 저는 그때 이 스님의 천재적인 기억력을 직접 보았습니다. 그 무렵 스님 중에는 최고라고 보고 싶어요. 상묵 스님은 동화사 강사도 했고, 은해사 강사도 하셨지요.[73]

---

73   세연 스님(전등사 조실), 「너무 존경스러운 스님」, 『관응대종사 황악일지록』, 관응대

상묵 스님 강주 시절, 1992년 대교과 졸업식

상묵 스님은 1962년에 부산 범어사에서 동산을 계사로 비구계
를 수지하였다. 1965년 대구 동화사 재무, 1966년 과천 연주암 주지,
1969년 서울 봉천동 관악사 주지 등을 역임하였다. 1983년 무렵[74] 불
국사 강원의 강주를 맡았다. 1994년 동국역경원 역경위원, 1997년 종
립 승가대학원 교수 등을 역임하였다. 1995년부터 강화 전등사 조실
로 머물며 오전에는 간경하고, 오후에는 『금강경』, 『법화경』, 『반야심

종사 문도회 엮음, 2018, pp.411-412.

74　『상묵스님의 금강경 강의』(조계종출판사, 2007) 행장 소개에서는 '1985. 10. 경북 경
　　　주 불국사 강원 강주 취임'이라 하였고, 『강원총람』(앞의 책, p.705.)에서는 '1983년부
　　　터 1994년 4월까지 불국사 승가대학 강사'라고 하여 부임 시기에 대해서는 자료마
　　　다 약간씩 차이가 있다.

경』을 금분 사경하였다. 상묵 스님은 1996년 은해사에 설립한 종립 승가대학원에서 후학양성에 힘을 기울였다. 2002년 당시 승가대학원 장 무비 스님은 10명의 강사를 배출하는 1기 졸업식을 앞두고 『불교 신문』과 인터뷰를 하였다. 무비 스님은 "종단의 백년대계를 위해 아 낌없이 강의를 맡아준 각성 스님, 상묵 스님, 지안 스님, 통광 스님, 덕 민 스님, 해남 스님과 외국어 등 외전 강의를 해준 분들께 무엇보다 고맙다"[75]고 밝혔다. 상묵 스님은 2000년 12월 28일 법랍 47세, 세납 64세로 전등사 극락암에서 열반하였다.

그는 불교텔레비전(BTN)에서 60여 회에 걸쳐 『금강경』을 강의하였 다. 2007년 전등사에서 이 영상을 녹취하고 글로 풀어 『상묵스님의 금강경 강의』라는 단행본을 출간하였다. 이 책의 추천사를 후배 덕민 스님이 썼다.

상묵 강백은 대선각인(大先覺人)으로서, 나는 항상 묻고 질정(叱正) 을 구하는 동반자 겸 후배였다. 승속을 넘나들면서 무애자재한 스 님의 풍모는 처염상정(處染常淨)의 둥근 연잎과 같았다. 말년에 합천 초계(草溪)에서 1년여 모시고, 당송팔가(唐宋八家) 주역전(周易傳) 구 소수간(歐蘇手柬) 등을 강론했으며 『중용』의 '費而陰章 鳶飛戾天 魚躍于淵'의 소제(所題)로써 도의 중화(中和)를 얘기하면서 밤을 지 새웠고, '水流濕 火就燥 雲從龍 風從虎'라는 역(易)의 이치를 선가

75   「인터뷰 종립 승가대학원 원장 무비스님」, 『불교신문』 2002.2.15.

의 초월적 인과로 승화시키면서 고전 속에 함께 우유(優游)하였다. 스님은 평범한 수행인은 알 수 없는 불가사의하고 격조 높은 멋과, 물방울처럼 맑게 구르는 지혜를 지니셨다. 나는 스님 열반 후 불국사 강석을 이어 받았으며, 금년 봄 부도탑에 송(頌)을 지어 새겼고, 또 스님 유작 『금강경』 강의에 감히 추천사를 올리니, 이는 뒤에 남은 자의 몫인가? 만감(萬感)이 스쳐 지나간다.

불국사 학장 손제(損弟) 후학(後學) 덕민(德旻) 삼가 씀[76]

○ 응각 스님

응각(應覺, 1945~) 스님은 2002년부터 2005년까지 강주를 역임하였다. 1971년 지종(원로의원, 불갑사 조실 역임) 스님을 은사로, 서옹 스님을 계사로 백양사에서 득도하였다. 1974년에 법주사에서 석암 스님을 계사로 비구계를 수지하였다. 법주사 우룡(雨龍) 스님의 강석에서 『서장』을 배울 때 탈진할 정도로 소리 내어 독송하였다. 그래야 잡념이 끼어들지 않고 내용이 제대로 머리에 들어간다고 하였다.

백양사 각성 스님의 강석에서 혜남, 통광, 혜권, 보광, 수진 스님 등과 함께 처음 화엄을 배우기 시작한 이후 해인사 강원 대교반을 거쳤다. 다시 대흥사 운기 회상에서 혜남, 도형, 제선, 무착 스님 등과 함께 『화엄경』을 공부하였다. 해인사 승가대학 강사, 학감을 거쳤고 1980년

76   「추천사」, 『상묵스님의 금강경 강의』, 조계종출판사, 2007, pp.2-3.

에는 불국사에서 운기 스님의 강맥을 전수받았다. 1996년에는 은해사 종립 승가대학원에 1기로 입학, 1999년에 졸업하였다. 위암의 병마와 싸우면서도 승가대학원을 무사히 마쳤다. 쉰이 넘은 나이는 배움의 의지에 별 문제가 아니었다. 2002년부터 도제양성에 각별한 노력을 기울이는 주지 종상 스님의 청으로 이곳 승가대학 강주를 맡았다.

강주를 맡은 지 1년 반이 지나 응각 스님은『불교신문』의 인터뷰에 응했다.

▶ 스님은 승가대학 강주로서 어떠한 덕목을 학인들에게 가장 강조하는지요.

— 수행자로서 계율을 가장 중시해 지켜갈 것을 가르칩니다. 자고로 수행자는 신심을 내어야 하고, 수행을 해야 하고, 원력을 보여야 합니다. 이 세 가지 덕목은 커다란 솥을 떠받치는 발(足)과 같은 것입니다. 여기에는 계율이 근본을 이룹니다. 성철 스님께서는 "출가란 조그만 가정과 가족을 버리고 큰 가족인 온 세상을 위해 사는 것이다. 출가의 근본정신은 자기를 완전히 버리고 일체를 위해 사는 데 있다."고 가르치셨습니다. 요즘은 수행인들 가운데도 자리이타(自利利他) 정신을 망각하고 이기적으로 사는 이들이 있는 듯하여 안타깝습니다. 계율을 여법하게 지켜나가는 수행자의 참모습을 견지한다면 출가본연의 자세도 실천할 수 있을 것으로 봅니다.[77]

---

77 「불국사 승가대학 강주 응각스님」,『불교신문』2003.10.17.

○ 덕민 스님

덕민(德旻, 1944~) 스님은 2005년부터 현재까지 승가대학 학장을 맡고 있다. 전남 보성에서 태어나 1956년 범어사에서 우룡 종한(雨龍 鍾漢) 스님을 계사로 사미계를, 1968년 범어사에서 석암 스님을 계사로 구족계를 수지하였다. 1965년 청암사 강원 대교과를 졸업하고 1970년 법주사 강사를 역임하였다. 고봉과 우룡, 고산 스님 문하에서 정진하였다. 그는 박한영 스님으로부터 고봉 태수, 우룡 종한 스님으로 계승되는 전통강맥을 계승하였다.

덕민 스님 강의 모습

1972년 태동고전연구원을 수료하였고, 1978년 울산 학성선원을 맡아 중창불사를 이룩하였다. 1973~1987년 추연(秋淵) 권용현(權

龍鉉, 1899~1988)의 태동서사(泰東書舍)에서 한학을 사사하여 불경과 유학을 두루 섭렵한 독보적인 분이다. 1988~1997년 쌍계사 강주, 1999~2003년까지 범어사 승가대학 학장을 지냈다. 2005년 학장에 부임하여 현재까지 가장 오랫동안 불국사의 강원을 지켜오고 있다. 2017년 기림사에 개설한 성림금강 한문 불전 승가대학원 원장을 맡았고, 2018년에 조계종단 최고의 법계인 대종사 지위에 올랐다. 덕민 스님은 현대사회에서 세속적 학위를 일체 거치지 않고 대강백에 오른 드문 분이다. 산중에서 승가를 가르치는 데 전념하여 일반불자들에게는 잘 알려지지 않았지만 승가에서는 학문적 명성이 자자하다. 선시와 당·송대의 한시를 수백 편 암기하고 노장, 주역 등 한학에도 정통하다.[78]

저는 50년 전 경봉 노스님께 와서 "저도 명정 스님처럼 참선하겠습니다." 하니까 "너는 강(講)하는 씨앗이야." 그러셨습니다. 그래서 "강 씨앗이 따로 있습니까?" 하고 물으니 "이놈아, 너는 헛소리 말고 경을 봐라. 고봉 스님으로부터 내려오는 강맥을 이어야지, 선방에 오지 말아라." 하셔서 나이 80이 다 되어 가는데 뼈가 부러지도록 참선 못한 것이 후회스럽습니다. 노스님께서는 이렇게 말씀해주셨습니다. "경을 잘 봐서 경안이 열리면 그것도 초견성하는 것이다."[79]

78   『강원총람』, 앞의 책, p.707.
79   「명법문 명강의, 불국사 승가대학원장 덕민스님」, 『불교신문』 2020.12.7.

2020년 12월 반산(盤山)이 30여 년 동안『화엄경수소연의초(華嚴經隨疏演義鈔)』를 번역한『화엄경청량소(華嚴經淸凉疏)』를 봉정하는 자리, 통도사 극락암에서 덕민 스님이 법문한 내용이다. 근현대불교의 대선사 경봉(1892~1982) 스님은 덕민 스님을 '강(講)하는 씨앗'이라고 하였다. 50년 전 20대의 젊은 승가는 대선사의 말 그대로 지금도 불국사에서 '강의 씨앗'을 뿌리고 있다.

V. 맺음말

출가자를 수행자라고 한다. 출가는 곧 수행이기 때문이다. 수행은 깨달음을 목적으로 한다. 그러나 수행의 완성은 깨달음으로 그치지 않고 하화중생이 되어야 한다고 한다. 이처럼 수행은 깨달음과 행화(行化)의 시작이다. 한국불교는 출가자의 수행을 위해 다양한 노력을 기울여 왔다. 선원과 강원이 대표적이다. 삼국시대 불교수용기부터 교학 연찬은 출가자의 기본이었고, 통일신라 말의 선수행과 함께 한국불교의 선교겸수 전통을 이룩해왔다.

교학 연찬은 강원에서 이루어진다. 즉 강원은 승가교육을 대표하는 곳이다. 불교수용과 함께 강원이 존재하였지만, 이 '강원'이라는 정식명칭이 확인된 사례는 지금까지 9세기 말의 불국사 기록이 최초이다. 처음이 갖는 의미는 매우 크다. 그만큼 불국사의 강학 전통이 오래되었다는 뜻이기 때문이다. 표훈·유가·원측의 세 성인을 기리는 의미에서 '삼성강원'으로 이름 붙이고, 화엄불국토의 교학을 펼친 곳이다. 그러나 아쉽게도 이후의 강원에 관한 역사는 전하는 자료가 거의 없다. 1740년 절에는 47동이 넘는 전각과 누각, 회랑이 장엄을 이루고 있었다. 이 큰 가람에서 많은 수행자들이 강원을 오가며 교학을 탁마하였다. 오늘날 강원교육의 사집, 사교, 대교를 축으로 하는 이력과목(履歷科目) 체계가 이미 17세기에 수립되어 있었으므로 불국사에서도 이에 따른 강학이 진행되었을 것이다.

근대 불국사의 강원교육은 1913년부터 확인된다. 이때의 '불교강숙'은 통도사 명신학교의 학감을 역임한 송설우 스님의 원력이었고, 당시 승가교육의 모범이라 칭송받았다. 현대에 들어 강원은 1975년부터 공식적으로 시작되었다. 1973년까지의 대대적인 중창을 토대로 도제양성의 중요성을 강조한 월산 스님의 발원에서 비롯되었다. 이보다 앞선 1960년 행자와 사미를 망라한 강원교육을 진행하였고, 이듬해 1961년에는 『벽암록』 강좌를 개설하자 많은 수행자들이 몰려 들었다. 불교정화의 혼탁한 시기에도 정법을 바로 세우기 위해서는 교학 연찬의 기본을 지켜야 한다는 다짐이었다. 1966년에는 전문강원에서 7인의 학인을 배출하기도 하였다. 이러한 강학 전통을 계승하여 1975년 '불국사승가학원'으로 다시 개원하였다. 이후 대한불교조계종의 교육체계에 따라 승가대학으로 재편성하면서 1976년 제1회 졸업생을 시작으로 2020년까지 모두 45회에 걸쳐 수백 명의 젊은 승가를 배출하였다.

이러한 강학 전통의 중심에는 강주[학장]와 강사[교수]가 있었다. 선지식을 찾아 배움을 청하는 전통은 교학도 다를 바 없어 빼어난 강사를 찾아 많은 이들이 불국사 강원에서 경을 펼쳤다. 통일신라의 표훈 스님과 유가 스님, 1913년의 송설우 스님, 1960년의 진용 스님, 1961년의 설봉 스님, 1966년의 김철수 스님, 1975년의 법공 스님, 1978년의 범룡 스님, 1979년의 운기 스님, 1982년의 재선 스님, 1984년의 상묵 스님, 1994년의 용문 스님, 1996년의 지욱 스님, 2002년의 응각 스님, 그리고 현재의 승가대학원 원장 덕민 스님, 승가대학 학장 정수 스님, 학감 성화 스님, 교수 상락 스님, 일선 스님 등이다. 불국사의 강학 전통은 이들의 강석에서 면면히 계승되고 있다.

근래 들어 출가자의 급격한 감소에 따라 승가대학도 새로운 국면에 접어들었다. 조계종 교육원은 이러한 현실에서 사찰 승가대학을 축소하는 등의 개편안을 모색하고 있다고 한다. 지혜로운 해결책을 강구하여 유구한 역사와 전통을 지닌 불국사와 같은 명찰의 강학 전통이 계속 이어지기를 바란다.

참고문헌

- 『강원총람』 대한불교조계종 교육원 불학연구소, 1997.
- 『관웅대종사 황악일지록』, 관웅대종사 문도회 엮음, 2018.
- 『불교신문으로 본 조계종단 50년사』, 대한불교조계종 불교신문, 2012.
- 『불국사 복원공사보고서』, 문화공보부 문화재관리국, 1976.
- 『상묵스님의 금강경 강의』, 조계종출판사, 2007.
- 『조계종사 근현대편』, 대한불교조계종 교육원 불학연구소, 2001.
- 김광식, 「월산의 생애와 사상」, 『대각사상』 32, 대각사상연구원, 2019.
- _____, 『범어사와 불교정화운동』, 영광도서, 2008.
- 김상현, 「불국사의 문헌자료 검토」, 『신라의 사상과 문화』, 일지사, 1999.
- _____, 「석불사 및 불국사의 연구 - 그 창건과 사상적 배경」, 『불교연구』 2, 한국불교연구원, 1986.
- 능허, 「강원의 교육이념 및 목표에 대한 고찰과 진단」, 『승가교육』 4, 대한불교조계종 교육원, 2001.
- 문순회(퇴휴), 「한국 근현대 승가교육사 연구」, 중앙승가대학교 박사학위논문, 2012.
- 선우도량 한국불교근현대사연구회, 『22인의 증언을 통해 본 근현대 불교사』, 선우도량출판부, 2002, p.50.
- 송암지원, 『광덕스님시봉일기』 4, 도피안사, 2004.
- 양관 스님, 「통도사 승가대학의 역사와 문화」, 『대각사상』 15.
- 여천 무비 엮음, 『拈花室 그림자』, 염화실, 2008.
- 운기문도회 편, 『독보건곤, 운기대강백 행장기』, 도서출판 선운사, 2015.
- 이강근, 「불국사의 목조건물과 수리·복원의 역사에 대한 연구」, 『경주문화연구』 7, 경주대 경주문화연구소, 2005.
- 이문기, 「최치원 찬 9세기 후반 불국사 관련 자료의 검토」. 『신라문화』 26, 동국대 신라문화연구소, 2005.

- 종걸·혜봉 공저, 『영호 정호대종사 일생록, 석전 박한영』, 신아출판사, 2016.
- 최영성, 『역주 최치원 전집』, 아세아문화사, 1999.
- 한상길, 「근현대 불국사의 사격」, 『대각사상』 32, 대각사상연구원, 2019.
- 한태식(보광), 「월산 큰스님의 선사상(1) - 수행과정과 참구화두를 중심으로」, 『대각사상』 32, 대각사상연구원, 2019.
- 효 탄, 「한국불교 강맥전등의 고찰」, 『강원총람』, 대한불교조계종교육원 불학연구소, 1997.

Abstract

The Bulguksa Temple's Saṅgha Education Tradition

Han, Sang-gil

(Assistant Prof., Academy of Buddhist Studies in Dongguk Univ.)

The Bulguksa Temple is one of the most famous temples in Korea. It is the leading cultural heritage representing the history and tradition of Silla, and furthermore, the culture of the Korean people, keeping the essence of the brilliant Silla Buddhist culture. It should not be forgotten that this status of Bulguksa Temple is the result of harmonizing internal performance and education along with the reconstruction of an external pavilion.

The history and culture of the temple are created by the efforts of the saṅgha's who constantly devotes himself through the foresight and practice of daily life. In this sense, this article focuses on Bulguksa Temple as a practice space. The practice of teaching takes place in Gangwon. In other words, Gangwon is a representative place for saṅgha education. This official name "Gangwon" has been confirmed for the first time so far, with Bulguksa records at the end of the 9th century. The meaning of the beginning is very significant. This is because it means that Bulguksa Temple has a long tradition of teaching.

Gangwon education of modern Bulguksa Temple has been confirmed since 1913. In 1960, Gangwon education covering pedestrians and sāmaṇera was conducted, and many practitioners flocked. In 1975, it was reopened as Bulguksa Saṅgha University in 1975 according to the origin of Zen master Wolsan, who emphasized the importance of fostering apprentices. After that, it was reorganized into Saṅgha University according to the educational system of the Jogye Order of Korean Buddhism, starting with the first graduate in 1976, it produced hundreds of young saṅgha's 45 times until 2020.

At the center of this tradition were Gangju and the instructor. The tradition of asking for learning in search of an outstanding saṅgha is no different from teaching, so many people visited Bulguksa Temple Gangwon in search of a good instructor. Master Pyohoon, Yuga of Unified Silla, Master Seolwoo in 1913, as the current saṅgha graduate school president, Master Deokmin, the tradition of education Bulguksa Temple has been steadily inherited.

Key words

Bulguksa Temple, gangwon, Saṅgha University, Three Saints Gangwon, MasterPyohoon, Master Yuga, Master Wonchuk, Zen master Wolsan, Master Woonki,Master Deokmin.

09.
근현대 불국사의 사격*

한상길**

---

* 이 논문은 2019년 9월 1일, 월산문도회가 주최하고 대각사상연구원이 주관한 〈월산대종사의 생애와 삶〉 학술대회에서 발표한 것을 수정 보완한 것임.
** 동국대학교 불교학술원 조교수.
ⓒ『大覺思想』제32집 (2019년 12월), pp.137-173.

한글요약

불국사에 관한 지금까지의 연구는 대부분 창건기에 집중되어 있다. 이 글은 그동안 주목하지 않았던 근대 이후 불국사의 역사와 사격이 주제이다. 1910년 주권을 상실한 시기부터 1970년대 가람의 복원과 중창, 그리고 수행과 전법도량으로 거듭나기까지의 수행자들의 노력과 역사를 살펴보았다. 불국사는 호국사찰의 사격을 지니고 출발하여 고려, 조선시대에도 변함없이 계속되었다. 시대에 따라 화엄종과 유가종 등 소속 종단은 변하였지만 창건의 정신은 변하지 않았다. 조선시대 억불의 기조에서도 호국사찰로서의 사격이 중시되어 중건이 이어졌다. 그러나 19세기 이후 사세가 기울고 가람이 퇴락하면서 절의 사격은 희미해졌다. 근현대 들어 일제의 사찰령하에서 30본산에 소속되지 못한 이유가 바로 절의 쇠락이었다. 20세기 초 절은 황폐한 무주공산의 지경이었다. 오랜 역사와 전통, 사격은 무너진 가람과 함께 온데간데없이 사라졌다. 심지어 본산 기림사 체재에서 수반말사(首班末寺)도 아닌 일반 말사로 편제되었다.

불국사가 사격을 본격적으로 회복하기 시작한 때는 1938년을 전후한 시기이다. 본산 기림사와 지역인사들이 힘을 모아 본산승격 청원을 개시하였다. 1936년 거액의 국고가 지원되어 가람을 중수하였고, 석존제를 거행하는 등 활발한 사회적, 불교적 활동을 전개하였다. 관광지로서 큰 인기를 누리는 가운데 가람의 중수와 법회활동을 통한 자신감으로 본산 승격을 청원하였다. 1959년 불교정화의 과정에서 비구 측은 24개의 수사찰을 확보하였다. 이때 불국사는 수사찰이 되어 비로소 경북을 대표하는 사찰로 공식 인정받기 시작하였다. 1962년에는 대한불교조계종의 제11교구 본산으로 확고하게 자리 잡았다. 이후 1969~1973년에 이르는 4년간의 대복원불사를 완성하여 발전의 터전을 갖추게 되었다. 이러한 외형적 토대를 바탕으로 강원과 선원을 설립하여 도제양성과 수행도량으로서의 본모습을 갖출 수 있었다.

주제어
불국사, 기림사, 30본산, 본산제도, 월산 선사, 박정희 대통령, 사찰령, 불국사 사리탑

I. 머리말

불국사에 관한 지금까지의 연구는 대략 세 가지로 구분된다. 첫 번째, 창건배경과 과정에 관한 불교학·역사학의 연구, 두 번째, 석탑과 불상에 관한 미술사학의 연구, 그리고 세 번째로 석가탑 출토 유물에 관한 서지학의 연구 등이다. 이러한 세 가지 연구에는 공통점이 있다. 즉 연구의 대상과 시기가 모두 창건기에 집중되어 있다는 점이다. 『삼국유사』에 전하는 김대성의 창건 이야기, 현존하는 가장 우수한 신라석탑, 그리고 세계에서 가장 오래된 목판인쇄물인 무구정광대다라니경 등은 불국사만이 지닌 위대한 성보임이 분명하다. 그러므로 불국사에 관한 연구는 자연스럽게 이 창건기에 집중되었다.[01]

사찰은 출가자가 수행 정진하고 교학을 탁마하며 전법과 의식을 행하는 말 그대로 살아 숨 쉬는 종합도량이다. 창건과정과 가람, 석탑과 불상에만 주목하면 그 속에서 상구보리(上求菩提)하고 하화중생 (下化衆生)하기 위해 부단히 노력했던 수행자들의 역사는 온데간데없어진다. 어려운 시대를 헤쳐 왔던 수행자들이 있었기에 천 수백 년이 지난 지금 절이 있고, 석탑과 불상이 있다.

---

01   불국사에 관한 연구성과는 염중섭(자현), 「佛國寺 伽藍配置의 思想背景 硏究」(동국대 박사논문, 2009)에 잘 기술되어 있다.

이러한 맥락에서 그동안 주목하지 않았던 근대 이후 불국사의 역사와 사격을 이야기하고자 한다. 1910년 주권을 상실한 시기부터 1970년대 가람의 복원과 중창, 그리고 수행과 전법도량으로 거듭나기까지의 수행자들의 노력과 그 역사를 살펴본다. 사찰령의 제정으로 불국사는 본산 기림사의 말사가 되었다. 경상북도의 대표적 사찰이 왜 본산으로 지정되지 못하고 말사로 편제되었는지 그 과정을 검토하였다. 이후 본산으로 지정받기 위한 승격운동을 소개한다. 불국사의 본산승격운동은 지금까지 알려지지 않았던 새로운 사실이다. 이어 정화운동의 과정에서 수사찰이 되었다가 대한불교조계종의 본산으로 지정되는 등의 사격의 변천과 의미를 살펴본다.

Ⅱ. 사찰령과 불국사의 사격

1. 사찰령의 시행과 모순

1911년 6월 사찰령이 제정되었다. 사찰령은 한국불교를 지배하는 기본법령으로 이후 1945년까지 사찰과 승려, 불교단체 등 불교의 전반을 장악하는 식민지통치의 기준이 되었다. 총독부는 종교를 규제하는 것이 한국의 통치에 무엇보다 선결이 요구되는 작업이라고 판단하였다. 왜냐하면 종교는 식민 정부에 대한 저항의식의 온상이 될 것이 분명하였기 때문이다.[02] 즉 종교와 종단의 존재는 일본의 제국주의 이념 이외의 가치관에 의하여 국민들이 사고하고 판단하며, 생활하고 있다는 점을 의미한다.[03] 그러므로 종교를 규제하는 것이 원활한 식민통치의 중요한 과제였다.

그런데 사찰령은 불교에 관한 법령이면서도 그 명칭을 '불교법령'이나 '불교관리법'이 아니라 '사찰의 법령'이라고 하였다. 여기에는 한국불교를 바라보는 일본의 왜곡된 시각이 담겨있다. 즉 종교와 신앙으로서의 불교가 아니라 식민지통치 대상으로서의 사찰일 뿐이라는 입장이었다. 사찰령은 전문 7조와 시행규칙 8조로 구성되었다. 전문 제1조에 "사찰을 병합, 이전하거나 폐지하고자 할 때는 총독의 허가를 받아야 한다."고 하였다. 불교 법령을 대표하는 첫 번째 조항이 이처럼 사찰을 규제하는 내용이다. 즉 사찰을 장악함으로써 한국불교를 통제할 수 있다는 의도였다. 또한 시행규칙 제2조에 "본산 주지는 총독, 말사 주지는 도장관(道場官)의 허가를 받아야 한다."고 하였다. 사찰을 관리하기 위해 대표자인 주지의 임명권을 총독부가 장악함으로써 한국불교를 재단(裁斷)하는 법적 근거를 수립하였다.

---

02 한상길, 「한국 근대불교의 형성과 일본, 일본불교」, 『한국사상과 문화』 46, 한국사상과 문화학회, 2009, pp.24-26.

03 윤이흠, 『일제의 한국 민족종교 말살책』, 모시는사람들, 2007, p.43.

사찰령은 이처럼 한국불교에 관한 기본법령이면서도 '사찰'이라는 유형의 단위를 중심으로 제정되었다. 물론 사찰은 수행과 의식, 포교 등 한국불교의 대부분이 이루어지는 중심체임은 분명하나, 총독부가 규정하는 사찰은 이러한 의미가 아니라 전답과 경제력을 지닌 '재산'으로서의 가치만을 중시하였다.[04] 이에 따라 사찰의 병합, 이전, 폐지권을 제한하고, 사찰의 '관리인'으로서 주지 임명권을 장악하였다. 이러한 총독부의 주지 임명 실태를 신상완(申尙玩)이 신랄하게 비판하였다.

倭總督은 佛敎를 拘束 利用코자 ㅎ야 寺刹令을 布ㅎ지라 故로 僧侶 등은 面從腹背로 不得已 此法律에 依ㅎ야 寺刹政治를 行ㅎ얏ㄴ니 故로 大本山 住持를 選ㅎ야도 總督의 認可를 得치 아니ㅎ면 不可境遇에 在ㅎ지라. 僧侶 등은 僧侶 德行이 圓滿ㅎ 高僧을 選擧ㅎ야 總督의게 認可를 求ㅎ면 總督은 當選된 人物을 秘密히 地方官廳으로 調査ㅎ야 若其人物이 新進의 思想을 抱ㅎ얏던지 或은 將來의 社會를 向上케 홀만ㅎ 事業을 建設홀 者이던지 古來의 歷史를 通曉ㅎ며 祖國의 熱이 堅固ㅎ 者이면 危險人物 즉 排日家라 稱託ㅎ고 認可願을 却下ㅎ며 更選홈을 命ㅎ야 沒常識ㅎ 愚僧으로 住持됨이 常例라 故로 僧侶 등은 本山住持의 選擧ᄂ 官涉的이

---

04   사찰령 시행규칙 제7조에서 이러한 의미를 확인할 수 있다. "주지는 취임 후 5개월 이내에 사찰에 소속된 토지·삼림·건물·불상·석물·고문서·고서화·범종·經卷·佛器·佛具 및 기타 귀중품의 목록을 작성하여 총독에게 제출해야 한다."고 하였다.

오 非宗教的이라 ᄒᆞ야 非法選擧로 看做ᄒᆞ고 宗派의 眞正ᄒᆞ 代表로 認치 아니할뿐 아니라 總督의 傀儡로 認할뿐이며 排日의 惡感은 千有寺刹에 充滿ᄒᆞ얏도다.[05]

사찰령은 일제가 식민지 통치에 한국불교를 부응시키기 위해 만들면서 수많은 폐해를 야기했다. 그 대표적 규정이 바로 30본산의 제정이었다.[06] 30개의 본산은 일정한 기준이나 원칙이 없이 자의적으로 결정되었다. 일찍부터 30본산 지정에 대한 비판이 이어졌다. 본산 지정은 교파나 지리, 행정지리, 사격, 재산, 승려 수 등 그 어떤 근거에 의한 것이 아니라 몰근거, 무조리(無條理)하게 성립되었다고 지적하였다.[07] 사찰령의 본산제도에 대한 모순과 폐단에 대한 비판은 1930년대까지 계속 이어졌다. 그 가운데 다음에 인용하는 글이 가장 명쾌하고 명료하다.

朝鮮에는 元來로 本末이라는 階級的 稱號가 업섯다. 高麗時代에는 九山門이 모다 下山所가 잇서서 그 門徒의 잇는 寺刹을 指揮하

05   申尙玩, 「日本이 韓國佛教에 對ᄒᆞ 壓迫」, 『韓國獨立運動史 資料4 臨政篇 IV』, 국사편찬위원회, 1974, pp.129-130.

06   30본산은 다음과 같다. 용주사·전등사·봉은사·법주사·마곡사·동화사·김룡사·고운사·은해사·기림사·범어사·통도사·해인사·위봉사·보석사·선암사·송광사·건봉사·월정사·유점사·성불사·패엽사·법흥사·영명사·보현사·석왕사·대흥사·백양사·봉선사·귀주사 등이다.

07   李英宰, 「朝鮮佛教革新論」, 『조선일보』 1922. 12. 11.

엿스니 下山所는 只今 本山一體라 할지라도 下山所 外에는 只今 末寺가튼 名稱이 업섯스며 李朝初에 各宗을 倂合하야 禪敎兩宗을 만들고 興天寺로 禪宗都會所, 興德寺로 敎宗都會所를 삼앗스니 都會所는 只今 本山과 同樣이라 할지라도 都會所 以外에는 只今 末寺가튼 區分이 잇슴을 듯지 못하엿스며 近古에는 各道 又는 各邑에 首寺라는 것이 잇섯스니 首寺는 只今 本山과 一般이라 할지라도 首寺 以外에는 只今 末寺가튼 名字를 보지 못하엿거늘 이것은 日韓合倂後에 突然히 日本佛敎式을 取하야 朝鮮에 適用하게 됨으로 自古로 업든 本山을 새로 만들고 本山에 編入되지 못한 寺刹은 自然히 末寺가 되엿도다. 그러나 그 名字의 古文無 今文有를 말하자는 것은 아니다.

本寺이니 末寺이니 하는 名稱이야 무엇을 準用하며 模倣하엿든지 그 關係를 한번말하고저 한다 本山이라 하면 勿論 그 本山의 開山祖가 잇고 그로 宗祖를 삼아서 門徒가 繁衍하거던 그 門徒가 轉轉히 弘法하기 爲하야 他處에 寺院을 建立하여야 於是乎에 宗支가 分明하야 本末이 形成하나니 그럼으로 그 範圍가 遠近도 업스며 區域도 업서서 어데라도 그 門徒의 刱立에 係한 것은 末寺가 되거늘 而今에 朝鮮本末은 何를 據함인가를 可히 揣摩치 못하겟도다. …(중략)… 今에 本末區域을 觀할지라도 그것은 歷史上 關係를 取한 系統的도 아니오, 行政上 便宜를 取한 地方制도 아니로다. 이러함에 不拘하고 或은 刱建年代의 久遠한 者가 反히 近古新刱의 下에 末寺가 되며 或은 歷史 不明의 寺刹이 歷史 赫赫한 寺刹

의 上에 居하야 本寺가 되며 或은 地醜德齊한 地位로 本末이 懸殊하게 되니 그 本末로 하야곰 和氣融融하게 平靜安穩코자 한들 엇지 可得할 바이랴.

華嚴寺의 本山運動 即 末寺脫籍連動에 對하야 各本山의 觀測으로는 萬一 華嚴寺가 跋扈하게되면 그 뒤를 繼續하야 第二 華嚴 第三 華嚴이 接踵而起하야 各本山에 寧日이 殆無하리라 한 바이지마는 事實로 華嚴寺는 末寺脫籍을 高調한 者이오. 其餘는 아즉 忍默不言하는 無數한 華嚴寺가 四方에 散在하도다.

記者는 數多한 不平이 잇는 末寺로 하야곰 蹶起하야 末寺 脫籍運動을 하라는 勸告 又는 煽動的으로 發한 言辭가 아니라 朝鮮 寺刹의 本末制度가 上述함과 가치 根本的으로 錯誤된 것이 恒常 胷中에 痞滿하야 呑吐에 俱不能하든 바이엿더니 忽然히 華嚴寺의 問題가 解決됨을 因하야 胷膈이 多少間 解欝됨으로 久默하엿든 一言을 吐露하고 兼하야 朝鮮佛敎 當局者의 寺法 改整에 急急 着手하야 許多한 不平不滿을 根本的으로 解決하기를 바라노라.[08]

우리 불교에는 원래 본말의 계급적 칭호가 없었다고 하였다. 고려시대 구산문의 하산소, 조선시대 선종과 교종의 도회소, 그리고 최근의 수사(首寺)와 태고사가 지금의 본산과 흡사한 개념이라 할 만하

08   「華嚴寺의 本山됨을 듯고」, 『불교』 6, 불교사, 1924. 12, pp.7-10.

다. 그러나 본산이 되지 못한 모든 사찰을 말사로 편제하는 억지는 없었다고 하였다. 역사적 계통성이나 행정상의 제도가 아닌 무작위 지정의 결과 본말이 착오되는 경우가 허다하게 발생하였다. 이에 따라 화엄사뿐만 아니라 본산으로 승격하고자 하는 사찰이 전국에 산재하다는 지적이다.

30본산 체재에서 본산이 되지 못한 사찰의 본산 신청이 이어졌다. 1911년 지리산 쌍계사와 대원사 등이 해인사 말사 편입에 불복하여 본산승격을 요청하였고, 여수 흥국사 등의 9개 사찰도 본산승격을 청원하였다. 이 가운데 대표적 사찰이 화엄사와 금산사 등이었다. 명산에 자리한 명찰, 이를테면 가야산의 해인사, 금강산의 건봉사·유점사, 묘향산의 보현사 등은 대부분 본산으로 지정되었다. 그러나 화엄사는 지리산의 명찰임에도 불구하고 본산에서 제외되었다. 화엄사와 쌍계사, 천은사 등은 지리산이라는 같은 공간의 계파 의식을 공유하며 본산승격운동을 펼쳤다.[09] 선암사의 말사 편입을 거부하며 강렬하게 저항하였다. 이 과정에서 선암사로부터 화엄사의 주지로 임명된 김학산 스님이 폭행치사 당하는 등의 불행한 사건이 발생하기도 하였다.

화엄사의 본산승격운동은 절이 위치한 구례군민의 연명청원으로 이어졌다. 불교계의 논란에 그치지 않고 지역사회의 민원과 총독부

---

09   한동민, 「일제강점기 華嚴寺의 本山昇格운동」, 『한국민족운동사연구』 31, 한국민족운동사학회, 2002, pp.165-177.

의 통치 문제로 연결되었다. 1924년 마침내 화엄사는 본산으로서 승격되었다. 본산승격운동의 유일한 사례였다.

금산사는 전북의 대표적 명찰이었으나 위봉사의 말사로 획정되었다. 1930년대 초반 금산사는 본산승격운동을 전개하였다.[10] 이 과정에서 이미 본산이었던 위봉사와 보석사도 자신들의 본산 지위를 포기하고 금산사의 본산승격을 추진하였다. 즉 전북 1본산주의(一本山主義)를 명분으로 제창하였으나 총독부는 끝내 수용하지 않았다.

금산사 본산 신청이 좌절되자 세 사찰은 1937년 전주에 전북불교연합종무소를 설치 운영하였다. 기존의 두 본산을 그대로 유지하면서 금산사가 주축이 되어 본산의 사업 등을 공동으로 수행하는 어색한 방편이었다.

2. 불국사의 본산승격운동

사찰령의 시행에 따라 기림사는 본산이 되었고, 이에 따른 기림사 본말사법은 1912년 12월에 인가되었다. 당시의 기림사본말사법은 다음과 같다.

---

10   김광식, 「일제하 금산사의 寺格」, 『근현대불교의 재조명』, 민족사, 2000, pp.141-151.

【사법】기림사 본말사법. 대정 원년(1912) 12월 26일 인가.

【사승】기림사는 신라 선덕왕 12년 계묘(643) 광유(光有)성인이 창건하였다.

【종지】선교양종 대본산 기림사라 부른다.

【등규】기림사 본말사는 서산대사 [청허 휴정대사를 말한다] 적 전인 후손들로 주지를 삼는다.

【주직】기림사 제1 부임 주지 김만호(金萬湖). 명치 44년(1911) 12월 7일 취직 인가. 제2 부임 주지 김만응(金萬應) 대정 4년(1915) 2월 15일 취직 인가.

【사격】본사 기림사의 가람 명칭 대적광전, 약사전, 응진전, 명부 전, 화정당 (華井堂), 진남루(鎭南樓), 상지전(上持殿), 하지전(下持 殿), 설현당(說玄堂) 본사 기림사(祇林寺)의【산내말사】남적암(南 寂庵), 감로암(甘露庵)【산외말사】보경사(寶鏡寺)【수반말사(首班 末寺)】오어사(吾魚寺), 천곡사(泉谷寺), 거동사(巨洞寺), 서운암(瑞 雲庵) [이상 5개 절은 영일군(迎日郡)에 있다], 청련사(靑蓮寺) [영 덕군(盈德郡)에 있다] 석굴암(石窟庵), 보덕암(普德庵), 해봉사(海 峯寺), 고석암(古石庵), 불국사(佛國寺), 분황사(芬篁寺), 백률사(栢栗 寺), 은을암(隱乙庵) [이상 8개 절은 경주군(慶州郡)에 있다] 기림사(祇林寺) 본말사는 합계 17개 사찰이다.

이 본말사법에 따르면 당시 기림사에는 대적광전, 약사전, 응진전, 명부전, 화정당, 진남루, 상지전, 하지전, 설현당 등의 전각이 있었다. 본산의 첫 주지는 김만호(金萬湖)였고, 1915년 2월부터는 김만응(金萬 應)이 2대 주지를 맡았다. 산내말사는 2개사이고, 산외말사는 영일군의 보경사 등 5개사, 영덕군 1개사, 경주군의 불국사와 석굴암 등 8개사, 총 17개 사찰로 이루어졌다.

앞에서 살펴본 바와 같이 30본산의 지정은 일정한 기준이나 근거가 없이 이루어졌다. 기림사의 본산 지정도 이와 다르지 않았다. 굳이 지정 이유를 생각해본다면 전각 등의 가람을 번듯하게 지니고 있었기 때문이라 보인다. 당시 대적광전과 약사전 등의 전각과 진남루, 그리고 화정당과 설현당, 농정료 등의 요사를 유지하고 있었다.

기림사는 19세기 중엽 이후 꾸준히 중수를 계속하며 가람을 유지해왔다. 이 시기의 간략한 중창 사실을 살펴보자. 1847년(헌종 13)에는 대종을 봉안하였다. 원래 대대로 내려오던 종이 있었으나 병자호란 때 압수당해 병장기로 사용되었다. 1862년(철종 13) 큰 화재가 발생하여 요사 113칸이 전소되었다. 이듬해 가을 중건을 마치고 1864년(고종 1)에 「기림사중건기」를 남겼다. 1878년(고종 15)에는 전각 일부를 중수하였고, 같은 해 8월에는 용장사에 있던 김시습의 영정을 옮겨 봉안하였다. 1892년(고종 29)에는 산령각을 중수하였다. 1899년에는 당시 경주 부윤이 지원하여 크게 중수하였다. 4월에 시작하여 이듬해인 1900년 9월 불사를 마쳤다. 대적광전, 오불전, 삼향실, 산령각, 진남루, 설현당, 농정료 등의 중수가 완성되었다.[11] 1911년 본산으로 지정될 당시 이때 중수된 모습을 지니고 있었다.

---

11   한상길, 「기림사의 역사와 사상」, 『불교미술』 15, 동국대 박물관 1998, pp.20-21.

1920년대 기림사

　한편 절에는 19세기 초부터 염불계와 갑계 등의 사찰계가 활동하
면서 신앙활동과 보사(補寺)활동을 견인하였다.[12] 염불계에는 2백 명
이 넘는 승속이 함께 참여하기도 하였다. 기림사가 지닌 이러한 인적,
물적 토대도 본산으로 지정될 수 있었던 배경이었을 것이다.

　기림사와 달리 불국사는 1911년 당시 상당히 퇴락해 있었다. 신라
시대 창건 이후 불국사는 수많은 중수와 중창을 거듭하였다. 특히 18
세기 말에는 중수가 집중되어 웅장한 가람을 지닐 수 있었다.[13] 1740
년(영조 16) 동은(東隱)이 편찬한 『불국사고금역대기(佛國寺古今歷代

12　　한상길, 『조선후기 불교와 사찰계』, 경인문화사, 2006, pp.79-85.
13　　이강근, 「佛國寺의 목조건물과 修理·復原의 역사에 대한 연구」, 『경주문화연구』 7,
　　　　2005, pp.3-5.

記』에는 가람을 5개 구역으로 구분하였다. 대웅전을 중심으로 17개의 전각과 회랑, 극락전을 중심으로 11개의 전각, 비로전 일대에 3개, 관음전을 중심으로 7개의 문루(門樓)와 전각, 지장전을 중심으로 9개의 전각과 누각이 있었음을 밝히고 있다.[14]

그러나 19세기 들어 점차 사세가 기울면서 중수가 제대로 이루어지지 못하였다. 1805년(순조 5)의 비로전 중수 이후의 기록을 찾을 수가 없다. 이후 1902년 일본인 건축학자 세키노 타다시가 불국사를 조사하고 간략한 보고서를 남겼는데 절의 퇴락한 상황이 그대로 전한다.[15] 1905년에는 자하문에 연결된 회랑이 붕괴되었고, 1910년 이전에 무설전도 무너졌다.[16]

1914년에 촬영한 사진을 보면 청운교와 백운교 앞으로 잡초가 무성하고 계단과 석축이 무너져 폐사와 다를 바 없는 모습이다. 이때는 사찰령에 의해 기림사가 본산으로 지정된 지 3년이 지난 시점이다. 이러한 지경에서 다보탑의 석사자나 비로전 앞의 부도 등이 일본인에 의해 반출되기도 하였다. 한편 어려운 경제 현실에서도 승가교육에 대한 열의만은 포기하지 않았다. 1913년 주지 송설우 스님은 절에 불교강숙(佛敎講塾)을 설립하여 교육에 매진하였는데 모범이라 칭송

---

14 「佛國寺古今創記」, 『불국사 복원공사보고서』, 문화공보부 문화재관리국, 1976, pp.271-286.

15 關野 貞, 『韓國建築調査報告』, 東京大學工大學術報告 6, 1902.

16 『불국사 복원공사보고서』, 앞의 책, pp.35-36.

받았다고 한다.[17]

　30본산의 지정에 대해 적지 않은 사찰의 저항과 승격운동이 전개되었다. 그러나 무너져가는 전각조차 지켜낼 수 없었던 불국사의 현실에서는 엄두도 못 낼 일이었다. 신라문화의 찬란한 영광과 품격은 희미해져 갔다. 역사와 문화, 사격과 지리 등 그 어떤 조건을 보더라도 불국사는 마땅히 본산으로서의 자격을 갖추었지만 현실을 인정하지 않을 수 없었다. 이후에도 절의 쇠락은 계속되었다.

1914년 불국사

1924년 일인들에 의해 대규모의 보수가 실시되었다. 주로 가람 전면의 다리와 담장 보수에 집중한 토목공사였다. 이때 다보탑이 완전 해체되었고, 이후 탑 안의 사리함 등이 모두 사라졌다. 일인들은 당시의 기록이나 사진을 일체 남기지 않아 이 보수공사의 목적이 무엇이었던가를 짐작하게 한다.

가람의 상당 부분이 보수되었는데도 절의 형편은 별로 나아지지 않았다. 1932년 무렵 불국사를 찾은 조용명(1906~2003)의 회고에 절의 현실이 고스란히 드러난다.

> 화과원에서 나와 대구 화원에 있는 극락선원에 잠시 있다가 동화사 금당선원에서 한동안 머물렀다. 그리고 경주 불국사, 백율사를 두루 돌아보았는데 가는 곳마다 평화스럽지 못했다. 화원에서 나를 불량배로 밀고하였고 금당에서는 원주의 살림살이를 두고 볼 수 없었으며 불국사나 백율사에 와서는 절 형세를 보고 탄식하고 눈물도 많이 흘렸다. 그때 불국사로 말하면 주지 노장 한 분이 자기 가족과 어린 상좌 한 사람과 살고 있었는데 법당 안이나 부처님 탁자는 먼지가 한 치는 쌓였었다. 세상에 부처님을 어찌 이렇게 하고 살까보냐 하는 비분이 치밀어 올라와 함께 갔던 백우 스님과 눈물을 흘렸다. 그리고 3일인가 걸려서 법당 안팎을 말끔히 청소하였다. 주지 노장에게 단단히 주의를 주고 나왔는데 백율사에서도 매한가지였다.[18]

---

18   조용명, 「老師의 雲水시절 : 풋내기 호법행각의 시절」, 『佛光』 63, 1980. 1, pp.97~99.

1932년 불국사에는 노장과 가족, 어린 상좌만이 불국사에 있었다. 1924년 총독부의 중수 이후 이른바 관광지로서 각광받으며 각종 엽서, 안내 책자 등에 불국사는 석굴암 등과 함께 주인공이 되었다. 그러나 이는 어디까지나 관광과 답사, 고적탐승의 일환이었다. 1920년대 이후 각종 신문과 잡지 등에 등장하는 불국사에 대한 기사는 공통적으로 김대성의 창건이야기, 다보탑과 석가탑에 집중되어 있었다. 화엄의 불국토를 신라땅에 구현하려 했던 김대성의 효심, 두 탑에 얽힌 전생과 현생의 이야기 등은 사람들의 관심을 끌기에 좋은 소재였다. 이처럼 절은 관광지로서 계속 인기가 높아졌지만 수행과 신앙의 도량이라는 본질에서는 계속 멀어졌다. 1932년 조용명이 본 불국사는 "부처님을 어찌 이렇게 하고 살까보냐 하는 비분이 치밀어 올라와 눈물을 흘리는" 현실이었다.

사진엽서, 석가탑과 다보탑

사진엽서, 불국사 불상

　불국사가 한국불교문화의 근원지라는 자부심을 드러낸 시기는 1930년대 중반부터이다. 그 계기가 절의 본산승격운동이었다. 사찰령의 본산 지정에 대한 반발은 지금까지 화엄사와 금산사, 흥국사 등의 사례가 주목받았으나, 불국사의 승격운동은 전혀 알려지지 않았다. 신라불교의 정수를 간직하고 한국사찰의 대표적인 위상을 지닌 불국사는 기림사의 말사로 편입된 현실에 안주하지 않았다. 1937년 불국사와 기림사 등은 경상도 당국에 본산승격을 신청하는 탄원서를 제출하였다.

慶州佛宗 大本山은 佛國寺가 適地

【慶州】 경북 五대본산의 하나인 경주 기림사(慶州 紙林寺)는 지금부터 二十八년전 즉 명치 四十五년에 사찰령 반포 당시 조선 三十一대본산의 열(列)에 비록 참예는 되엇을라도 그 당시의 특수사정으로 된 것인 바 대본산의 사찰적 지위로 보아서는 다 부적당한 감이 잇어 교무행정의 통제적 불만과 불교운동 진전의 사무적 지장 등이 만코 또한 중대한 교통노가 극히 험악하야 여러가지 지장을 입히는 바 만아 단연 세계적 국보 불국사로 이전함이 가하다는 이론이 대두하여 얼마전 본말사 승려 二十여명이 날인하고 주지급과 고적관계자가 도당국에 상세한 사유를 탄원하엿으나 이도 벌서 해를 박구워 젓으므로 이 운동의 적극화를 위하야 유력자의 날인을 더 첨부키로 하고 대표위원이 또다시 도당국에 탄원키로 되엇다.

이는 비단 불교상 문제만이 아니라 '고적 경주'의 체면으로 보나 역사지대의 고적애호 정신으로 보나 여러가지 의미에서 단연 '불국사'가 적지란 이론이 통일되여 사회측으로 경주박물분과장 대판김태랑(大阪金太郎)씨 등이 전 행동에 참가키로 되여 속속히 운동의 실현방침에 매진케 되엇다. 세인이 주지하는 바와같이 경주의 불국사는 조선불교문화의 근원지의 대명찰로서 신라 법흥왕(法興王) 二十七년(庚申)의 개산(開山)으로 거금 一千四百년전 고찰 지위에 잇고 현본산 기림사에 비하야

一百四년이 더 오래일 뿐 아니라 그 기교의 치밀한 구성, 건축
적 수법으로 이름높은 다보탑 석가탑 등과 또한 좀 격리되어 잇
으나 신라문화의 대표적 유물이요, 극동(極東) 三대 미술의 하
나인 석굴암(石窟庵)의 석존이 안치되어 잇어 각 방면 학자를
위시한 지식층의 내인 거객이 빈번하야 앞으로 현지 불교발전
을 위해서 단연 조흘뿐 아니라 현재본산은 교통노가 지극히 불
편하야 경주읍에서 七리 터에 있어 그 도로의 기구(崎嶇) 태산
과 험곡이 중첩 또한 인마(人馬)의 발섭(跋涉) 곤란과 함께 차량
의 왕래가 불능하고 나아가 우편물을 十리허 촌락에 방치해
버리는 현상으로 각종의 불편이 만흔 것이 주원인 듯하다.
이 운동의 실제위원은 다음과 같다.
大本山住持 金敬林, 佛國寺住持 崔翊文, 博物分館長 大阪
金太郎[19]

불국사의 본산승격 청원을 보도한 신문기사이다. 내용은 대략 기
림사의 본산 자격이 부적절하므로 본산을 불국사로 옮겨 달라는 요
청이다. 먼저 기림사의 본산으로서의 자격과 기능이 부적당하다는
설명을 보자. 기림사는 본산으로서 교무행정을 통제하는데 말사들
의 불만이 생겨나고, 이에 따라 불교운동을 진전하는 사무에 지장이
발생한다고 하였다. 또한 교통로가 험하고 불편하여 우편물조차 절

---

19   〈동아일보〉 1938. 1. 24.

에 전달되지 못하고 십리 밖 촌락에 방치된다는 설명이다.[20]

다음은 불국사의 본산 자격에 대한 설명이다. 불국사는 조선 불교 문화의 근원지, 대명찰이다. 신라 법흥왕 때 창건되어 기림사보다 창건시기가 104년이 앞선다. 가람상으로 보면 치밀한 기교와 구성, 건축적 수법을 지닌 다보탑과 석가탑이 있다. 또한 극동 3대 미술의 하나인 석굴암이 가까이 있다. 이에 내방객이 빈번하므로 앞으로의 불교발전에 단연 좋다는 설명이다.

이와 같은 이유와 배경에서 얼마 전(1937년 하반기로 추정) 본·말사 승려 20여 명이 연명하고 주지들과 경주 고적 관계자들이 도당국에 상세한 탄원서를 제출하였다. 그러나 별다른 응답이 없자 1938년 1월 승격운동을 보다 적극적으로 추진하기 위하여 지역 유력자의 서명을 추가, 재차 탄원서를 제출하였다. 이 승격운동에는 본산 기림사 주지는 물론 지역사회를 대표하여 경주박물관 관장도 동참하였고, 운동의 실현에 다양하게 매진하였다고 한다.

이 기사 외에 다른 자료는 찾아볼 수 없어 승격을 위한 구체적인 '운동의 실현 방침'이 무엇이었는지는 알 수 없다. 다만 1937년 무렵에는 본산으로서의 위상에 필요한 인적(수행자), 물적(가람 중수) 토대 등

---

20 기림사의 위치는 당시 우체국에서 배달을 기피할 정도로 불편하였다. 「우편에 비난 서로 배달 거절」 [경주] 경주군 양북면 호암리에 잇는 대본산 기림사에는 요사이 감포우편소로부터 기림사는 감포 우편 구내가 아님으로 우편을 배달할 수 업다고 거절하야 경주국에서도 우편배달을 거절함으로 양 우편국소의 중간에 끼여 구역이 분명치 못한 동 기림사는 만일 양 우편국소에서 금후 우편배달을 거절하면 일체통신이 두절되리라 하야 불평이 자자하다 한다.〈동아일보〉1932. 1. 22.

을 갖추었고, 무엇보다 역사와 전통에 기반한 자신감을 회복하였음을 짐작할 수 있다. 이러한 사실을 뒷받침하는 몇 가지 사례가 있다. 먼저 일본으로 반출되었던 사리탑의 귀환이다.

경주 불국사 석탑 삼십 년 만에 고국으로

[동경지국특신] 지금으로부터 약 삼십년에 경주 불국사에 잇든 석조 사리탑은 어떠한 자의 절취로 말미암아 그 종적을 몰랏엇는데 얼마전에 동경에 잇는 長尾欽彌씨의 소장한 古物속에서 발견되엇는데 씨는 그 사리탑이 우리 경주 불국사의 소유인 것을 알게 되자 곧 경주로 奉還할 결심을 하고 그동안 관계 각방면을 통하야 그 수속을 마친 후 지난 21일 오후 1시에 東京 芝區 增上寺 대법당안에 前記 사리탑을 봉안하고 송별공양회를 열엇다는 바, 그 회에는 저명인사가 많이 參集하엿섯고 그 탑은 즉시 경주로 돌아오게 되엇다는데 이 탑은 불국사 대웅전 뒤 비로전 앞뜰 중앙에서 잇든 것으로 높이 6척의 화강석조요 조각의 정교한 것은 실로 둘도 없는 보배라고 한다.[21]

강점 초기에 도난된 사리탑이 일본으로 반출되었다가 나가오 긴

---

21   〈동아일보〉 1933. 7. 24.

야(長尾欽彌)의 선의로 불국사로 돌아온다는 내용이다.[22] 사리탑이 돌아오자 1933년 9월 경찬법회를 성대하게 개최하였다.[23] 또한 1935년에는 불국사 전체가 국가보물로 지정되는 등 절의 국가적 위상이 높아졌다.[24] 이해 5월에는 사리탑각 낙성을 기념하는 행사를 대규모로 개최하였다.

1933년 사리탑 귀환

22 일인들은 1905년경에 당시 주지가 사리탑을 매각했다고 설명하나 근거가 없다. 『佛國寺と石窟庵』, 조선총독부, 1938, pp.83-85. 한편 이 사리탑에서 출토된 經箱(경함 2점과 경통 1점)은 지금까지 돌아오지 않고 있다. 국립중앙박물관 〈유리원판목록〉에 '경북 경주 불국사 사리탑 경상'이라는 1933년 촬영의 유리원판 사진이 있다. (원판번호. NO無67-5.) 당시 소장자는 나가오 긴야라고 하였다. http://www.museum.go.kr/site/main/relic/search/view?relicId=140418 즉 나가오는 경상을 돌려주지 않았다.

23 「경주 불국사의 사리귀향 공양」, 〈동아일보〉 1933. 9. 20.

24 「고적으로 보존될 독립문과 보물로 지정된 경주 불국사」, 〈동아일보〉 1935. 10. 27.

불국사의 사리탑각, 석굴암까지 불바다를 이룬다

[경주] 來 10일(음 4월 8일)에 천년고도 경주 불국사에서는 釋尊
祭을 거행한다하며 이 기회로 오래전에 동경 長尾氏가 기증한
사리탑각에 낙성식도 아울러 성대이 거행하게 되리라는데 이날
밤에는 불국사로부터 석굴암까지 등을 달아 金栗, 紅霞의 바
다를 일울터이며 여러 가지 驪興으로 대성황을 예상하는데 식
순은 左記와 갓다.[25]

1936년에는 낙후된 가람을 중수하는데 국가의 보조금 2,700원을
받기도 하였다.[26] 한편 이 해에도 석존제(釋尊祭)를 거행하는 등 활발
한 사회적, 불교적 활동을 전개하였다.[27] 이러한 일들은 절의 사격을
회복하는 계기가 되었고, 이를 통한 자신감으로 본산승격을 청원하
였던 것이라 생각된다.

그러나 이러한 승격운동에도 불구하고 결과는 달라지지 않았다.
사실 이 시기는 사찰령을 제정, 운영한 지 26년이나 지난 시점이었
다. 일본의 입장에서는 식민지배가 공고화되고 있었으므로 군이 불
교정책을 변화시킬 이유가 없었을 것이다. 결국 불국사는 1945년 광

25   〈매일신보〉 1935. 5. 4.
26   「경주불국사 國庫補助 바더 수리 이천칠백원으로 근간 착수」, 〈매일신보〉 1936. 5. 6.
27   「경주 불국사 釋尊祭 성황」, 〈매일신보〉 1936. 6. 2.

복을 맞을 때까지 기림사의 말사로 남아 있었다.

Ⅲ. 가람의 중건과 본산시대

1. 본산시대의 개막과 사격 회복

광복 이후 불교계는 오랫동안 한국불교의 발전을 억압해온 사찰령
을 일소하는 다양한 개혁방안을 모색하였다. 1945년 한국불교를 통
할하는 종단으로서 조선불교중앙총무원(교정 박한영, 원장 김법린)을
출범하였다. 1946년 2월 당시 전체 사찰은 1,296사, 승려는 7,626명이
었다.[28] 지역별로 각 도에 교무원을 설립하고 총 13교구의 교무원을
두었다. 경기교무원, 전남교무원, 전북교무원 등과 같은 명칭이었다.
불국사가 속한 경북교무원은 대구 대안사에 본부를 두고 162개 사
찰, 863명의 승려를 관할하였다. 당시 원장은 이혜봉(李慧峰), 총무국
장은 박도수(朴度洙), 교무국장은 서재균(徐在均), 재무국장은 박성하

---

28   「조선불교기관 中央職司一覽」, 『신생』 4월호(제2집), 1946. 4, 앞표지 1면.

(朴性夏) 등이 맡았다.[29] 1951년에는 '불교경북교구교무원'이라는 이름
으로 교무원장은 박성하, 총무국장은 박춘고, 교무국장은 서만준(徐
萬俊), 감찰부장은 김용학(金龍鶴), 재무부장은 백덕실(白德實), 사회
국장은 김달생(金達生) 등이 역임하였다.

1959년 불교정화의 과정에서 비구 측은 24개의 수사찰(首寺刹)
을 확보하였다. 여기에 불국사가 포함되면서 절은 비로소 경북을 대
표하는 수사찰로 공식 인정받기 시작하였다. 1960년 1월 수사(首寺)
불국사의 주지는 강석주(姜昔珠) 스님이었다가[30] 곧바로 2월 25일에
는 김지효(金智曉) 스님으로 교체되었다.[31] 1961년 초에는 능가(能嘉,
1923~) 스님이 주지를 맡았는데 이때부터 본격적인 가람 정비가 시작
되었다. 당시의 자세한 사정이 능가의 생생한 육성으로 전한다.

내가 불국사 주지로 갔다가 얼마 안 있어서 5·16이 났어. 내가 주지
로 가기 전에는 대월, 석주, 지월 스님이 주지를 거쳐 갔어. 그런데 나
는 해방 당시에는 경주 교육계에 있었으니, 경주 지역의 문화계 인사
들하고는 다 알고, 친하게 지냈어. 그래서 경주 지역 유지들이 자꾸
애매한 스님들이 주지로 자꾸 다녀가니 불국사 주지로 나를 보내달
라는 여론이 일어서 내가 가게 된 것이지. 사실 나는 주지로 가기에

---

29   『불교』 1947. 1. p.4.
30   「광고」,〈대한불교〉1960. 1. 1.
31   「首寺住持 發令名單」,〈대한불교〉1960. 3. 1.

는 승납이라는 면에서 자격이 안 돼.

하여간 주지로 가 보니, 청운교, 백운교 그 다리 앞까지 바로 1미터까지 상점들이 꽉 들어 차 있었어. 그것이 거의 60채 되고, 세대로는 80세대가 되었지. 그것을 뜯어내야만 불국사가 정화가 될 터인데, 어떻게 해 볼 방법이 막막했어.

그런데 그때 마침 5·16혁명이 나서 나에게는 활로가 되었지. 내가 5·16 이전에 박정희를 알고 지냈지. 내가 범어사 총무를 할 때, 박정희가 부산의 군수사령부 책임자로 있었는데 가끔 범어사에를 올라왔어. 그렇게 알고 지내던 사이인데, 5·16이 났으니 이 양반을 활용해서 불국사 정화를 해야 하겠다는 생각을 하고 우선은 서울로 올라왔지. 그래서는 묘안을 짜서 마침내 박정희를 혁명 이튿날인가, 살벌한 판에 만나게 되었지. 만나서는 지금과 같은 때에 불국사 정화를 못하면 영원히 정화를 못한다고 말을 하면서 당신의 손을 빌려 달라고 하였지. 긴 이야기를 할 시간이 없어 간단하게 요지만을 말했지. 그랬더니 박정희는 그래야죠 하면서 5사단장인 민 장군을 부를 터이니, 그에게 주문을 해서 처리하라고 그러더구만. 당시에는 그 사람이 경북의 위수사령관이기에 그가 많은 권한이 있었어.

그래서 그 민 장군을 만났더니, 민 장군은 나에게 무엇을 어떻게 도와 드리면 되느냐고 해. 그래서 내가 공병대 2개 중대만 빌려 달라고 하였어. 그 후에는 경주로 와서, 경주경찰서장을 만나서 작전을 세웠지. 그래 시청 직원과 경찰이 주민들을 잡고, 그 후에는 그 집에 있는 가사 도구를 밖으로 내놓고 100미터 떨어진 곳에 세대별로 무더기로 모아 놓는다는 계획을 세우고, 세대별로 그 담당을 정하였지. 그리고서는 시작하였어. 그러니깐 불과 한 시간도 안 되어서 그 집, 상점들을 다 철거하였어. 그러니깐 주민들은 살기가 등등할꺼 아닌 가. 별안간 악~ 하는 소리가 들려 순간적으로 옆을 보니 주민 한 명이 도끼를 들고 내 옆에 있는 경찰서장의 머리를 내려치는 것이야. 그 경찰서장은 군인이니, 호위병이 경찰서장을 왈칵 밀어서 다행히 빗나가, 어깨에 도끼가 찍혔어.

그러니 내가 거기에, 절에 있을 수가 없어. 주민들의 나를 때려죽인다는 말이 들려오니 절에 들어 갈 수가 없어. 그래 절에 나와서 경주에 숨어서 지휘를 하였지. 그래 가만히 생각을 해보니 내가 수습을 해야 하겠다고 하였지. 그런데 수습에는 돈이 필요해. 그래 1주일이 되어서 할 수 없이 다시 박정희를 찾아 갔어. 그렇게 또 찾아 갔더니 박정희는 흥미를 갖더라구. 어떻게 되었냐구 하면서. 그래 사정을 이야기하면서 집을 지어 주고, 상점을 지어 주어야 하니 돈을 달라고 하였지. 그때에 보니 매점, 여관, 술집을 전부 지어 주려면 대충 계산을 해 보니 그때 돈 5천만 원이 들 것 같아. 그래서 나는 박정희에게 1억원을 달라고 하였더니, 돈은 그렇게 많지 않으니 5천을 가져가시오 하드라구. 그게 많은 돈이여. 그래 5천을 얻어다가 주민들의 상점을 재건하였어. 길을 닦고, 절 입구의 마당도 놓고. 그때 해준 것이 매점이 7~8개, 여관이 두 채 음식점 몇 채 그렇게 만들어 주고 나왔어. 그렇게 20일을 하였더니 불국사 주지를, 그 다음부터는 능가 스님을 평생 동안 주지스님으로 해 달라는 연판장이 돌았어. 내가 그래서

주민들의 은인이 되었다고. 이런 웃지 못할 이야기가 있었어.[32]

1960년대 초 청운교, 백운교 앞 1미터도 안 되는 곳에 음식점과 상점, 여관 등이 60채나 밀집되어 있었다고 한다. 1910년대부터 경주는 고적탐방의 명승지로서 각광을 받았다.[33] 불국사와 석굴암은 경주 고적의 핵심 명소였고 수많은 관광객들의 발길이 이어졌다. 그러자 상인들이 무단으로 경내에 상업시설을 세웠던 것이다. 능가는 당시 박정희사령관의 도움으로 가람을 정비할 수 있었다고 한다.

1960년대 불국사 스님들

32   「내 영혼을 뜨겁게 달구었던 정화운동」, 김광식, 『범어사와 불교정화운동』, 영광도서, 2008, pp.71-73.

33   경주가 고적탐방의 관광지로 본격적으로 유행하기 시작한 때는 1918년 '불국사역'이 개설되면서 부터이다.

능가 스님은 가람을 정비하는 한편 불국사를 수행과 강학의 터전으로 만들기 위해 노력하였다. 즉 절에 설봉의 『벽암록』 강좌를 개설하여 수행자들의 큰 주목을 받았다.

[선어록 강의는] 범어사에서도 하였지만, 내가 불국사 주지를 하였을 때에도 그것을 하였어. 그거는 범어사 돈으로 내가 한 거야. 내가 그런 것을 구상하게 된 것은 정화가 어느 정도 안정은 되어가는 데에도 여러 문제가 계속해서 생긴다 말야. 이게 왜 그럴까? 이게 무슨 병일까를 생각하게 되었지. 정화의 일선에 관여를 하다 보니, 서울을 자주 올라가고, 내려오다 보니 자연 전국의 승려들의 수준을 알게 되고, 승려들의 사고방식도 이해하게 되었지. 그래서 나는 선풍을 다시 일으키고, 다시 시작해야 하겠다고 생각하였지. 나부터도 중이 된 처음에는 뭐가 뭔지 몰랐어. 그러니 나도 공부를 해야 하겠다는 마음을 내었지. 그리고 정화불사만 가지고서는 안 되겠다는 것을 뼈저리게 파악했어. 불국사에서 처음에 시작할 때에는 내 생각은 우리 스님[동산 스님]을 모실까, 설봉 스님을 모실까, 그때에는 성철 스님도 생각은 해보았지. 여러 생각은 하였지만 안 되겠다 싶어 설봉 스님을 모시고 시작하였지. 그래서 그 강의한 것을 정리, 보완하여 책으로도 냈지. 그때에 전국의 승려들이 불국사에 안 온 사람이 없어.[34]

---

34   「내 영혼을 뜨겁게 달구었던 정화운동」, 앞의 책, pp.70-71.

정화운동의 와중에서 당시 승려들의 수준을 절감한 능가 스님은 선수행이 교계의 문제를 해소할 수 있는 대안이라고 생각하였다. 선풍을 다시 일으키기 위해 『벽암록』 강의를 개설하였더니 전국의 승려들이 불국사에 모여들었다고 한다.

당시 이 강의에 참여했던 각원 선과(覺園 善果)의 자세한 증언이 있다.

『벽암록』 이야기가 나왔으니, 우리나라 해방 이후 최초로 『벽암록』 강의를 하고 책을 낸 이야기를 해야겠다. 당시 불국사 주지였던 능가 스님과 선방 수좌로 있다가 범어사 교무를 맡았던 진상 스님과 광덕 스님, 이 세 분은 삼총사로 불릴 만큼 서로 절친한 도반이었다. 그 무렵 범어사 강사였던 성호 스님이 『벽암록』을 현토하여 강원에서 강의를 했다. 그러자 선방 대중들까지 모두 강원으로 몰려가서 강의를 들었다. 아무것도 모르셨던 조실스님이 선방에 와 보니 텅 빈 방이었다. 그 다음날 큰방 공양시간에 대중을 대표하여 내가 조실스님께 죽비 경책을 받았고, 그로 말미암아 『벽암록』 강의는 중도에 끝나고 말았다. 그때 조실스님께서 대중을 염려하여 하신 말씀은 이러했다. "나도 여태까지 『벽암록』을 보지 않았어. 내가 이렇게 선방에서 오랜 세월 지냈으면서도 『벽암록』을 보지 않았던 것은 다 이유가 있어서 그래. 그런데 엊그제 선방에 들어온 사람들이 『벽암록』을 봐서 대관절 무든 이득이 있겠나." 참선하는 사람들이 오로지 화두정진은 하지 않고 『벽암록』을 본다면 자칫 알음알이에 떨어지거나 문자에 휘둘릴 것을 염려하여 하신 말씀이라고 새겨들었다. (중략) 고인의 노파심절이 이렇게 지극하셨음에도 불구하고 굳이 『벽암록』 강설을 실천했던 것은 세 분 스님들의 선에 대한 특별한 이해 때문이었다. 그것은 20세기 문명사회가 안고 있는 인간의 문제(기아·질병·전쟁·소외 등등)를 선이라는 획기적인 방법만이 해결할 수 있다고 굳게 믿었던 까닭이다.

그래서 1961년 동안거 때, 불국사에서 『벽암록』 강설을 준비하였고, 그 결과는 매우 성공적이었다. 그 일을 시작하면서 처음부터 조실스님의 염려를 감안하여 모든 동참 대중들은 불국사 선방에서 철저하게 정진하도록 규칙을 세웠고 거기에 따라 방을 짰다. 즉 참선정진의 토대 위에서 하루 두 차례씩 『벽암록』 강설을 열었던 것이, 이것은 전적으로 조실스님께서 이르신 경책의 힘이었다. 조실스님의 말씀을 조금도 어기지 않았던 삼총사 스님들이 의논하고 협력하여 한국 초유의 『벽암록』 강의가 그렇게 막이 올랐다.

장소가 불국사였던 것은 능가 스님이 주지인 때문이고, 진상 스님은 대중을 모았고 광덕 스님은 강사인 설봉 큰스님을 모시는 일과 교재를 책으로 엮는 일 등, 기타 여러 일을 맡았다. (중략) 나는 그때, 범어사 강원 강사이신 고봉 스님께 능엄경을 듣다가 홍원, 선래, 정달 등 도반들과 함께 『벽암록』 살림에 동참하기 위해 불국사로 향했다. 내 나이 불과 스물 셋 무렵이었다. 『벽암록』 강의는 하루에 두 차례씩 꼬박 3개월이 걸렸으니, 1961년 동안거는 그렇게 뜨겁고 숨 가쁘게 지나갔다. 당시 동참 대중들은 모두 불국사 선방에 방부를 들여서 소임을 정하여 대중생활을 여법하게 했고, 참선정진에 소홀함이 없이 하루 두 차례, 오전·오후에 열리는 강의에 참석하는 빈틈없는 일과가 결연히 진행되었다. 내가 알기로는 『벽암록』이 근래 우리나라에서는 책 발간도 그때가 처음이었고 강의도 처음이었으며 현토도 처음이었을 것이라고 본다. 종문 제1서(宗門第一書)라고 칭송하는 『벽암록』 살림이 불국사에서 한겨울 내내 뜨거운 열기 속에서 진행되었다. 나는 그때 비록 어린 나이였지만 딴 세상에 사는 것 같았다. 어쩌면 제불회상에 있는 듯 넘쳐 오르는 법열로 잠을 덜 자도 피곤하지도 않았고 졸립지도 않았다. 어떻게 하든 도인이 되겠다는 옹골찬 결의로 순식간에 석 달을 보냈다.[35]

1961년 동안거 해제, 『벽암록』 강의를 마치고

35   각원선과, 「범어사에서 광덕 사형님과 보낸 시절」, 『광덕스님시봉일기』 4, 도피안사, 2004, 159-164.

젊은 수행자들의 배움에 대한 열기가 가득 찬 한겨울의 불국사 모습이 눈에 보이는 듯 선하다. 종단은 갈등과 분규가 그치지 않았으나 이처럼 진리에 대한 열망과 수행가풍이야말로 한국불교의 굳건한 저력이다.

이듬해 1962년 4월 통합종단 대한불교조계종이 출범하였다. 종헌을 제정, 반포하고 운영진 인선, 25교구본사의 확정 등을 통해 종단의 기반을 구축하였다. 통합종단의 출범은 한국불교의 발전을 꾀할 수 있는 토대를 마련한 기념비적인 계기였다.[36] 종단의 출범으로 불국사는 한국을 대표하는 25교구 중의 하나로 정식 인가받아 새로운 역사의 출발점이 되었다. 3년 전인 1959년 절은 24개의 수사찰 중의 하나로 지정되어 있었으므로 당연한 결과였다. 여기에 도량을 정비하고 『벽암록』 강의를 개설하는 등 안팎으로 두루 본사의 사격을 지니기에 충분하였다.

2. 가람의 중건과 복원

불국사의 현대사에서 1969년에 시작된 가람의 중창은 발전의 중요한 계기였다. 절에서도 이때의 복원을 중시하여 현대사 부분에 명시하였다. 1976년 중창의 자세한 시말을 정리한 『불국사 복원공사보

---

36   『조계종사 근현대편』, 대한불교조계종 교육원 불학연구소, 2001, pp.220-224.

고서』가 간행되었다. 이를 통해 구제적인 과정을 살펴본다.

1969년 발굴 모습

　1969년 5월 12일에 박정희 대통령이 불국사 복원을 지시하였다. 28일에는 문화공보부 관계자와 전문학자들이 복원 방안을 논의하였다. 6월 27일에는 청와대에서 사단법인 불국사복원추진위원회 창립 총회를 열어 고증위원회를 두고, 재원은 경제인들의 시주로 충당하기로 하였다. 11월 14일 기공식을 거행하여 본격적인 복원공사가 시작되었다.

　복원이 한창이던 1971년 7월에는 경주 종합개발계획이 수립되었는데 불국사도 이 계획에 포함되었다. 1972년 2월과 6월 박 대통령이 불국사를 방문하여 단청을 좀 더 은은하게 하라고 지시하였다. 1973년 7월 3일 마침내 모든 복원공사를 마치고 준공식을 거행함으로써 4년이 넘는 대복원불사가 완료되었다. 주춧돌과 빈터만 남아 있던 무설전·관음전·비로전·경루·회랑 등이 복원되었고, 대웅전·극락전·

범영루·자하문 등이 새롭게 단장되었다.

이와 같은 복원공사는 전적으로 국가의 주도로 진행되었다. 불국사가 신라왕실의 힘으로 완성된 국가의 사찰이라는 역사적 사실을 생각하면 당연한 일이지만, 이 복원의 배경에는 당시의 시대적 사명이 내재되어 있었다.

> 불국사 복원의 큰 의의는 첫째, 민족문화유산의 보존 사업이고, 둘째 호국하는 신앙정신의 계승이며 셋째 전통 있는 민족의 슬기로운 문화를 선양하고 보급하는 터전을 만든 것이다. 우리는 불국사에서 처음으로 신라 가람의 복원된 원형을 찾아보게 되었으며 새로운 문화 창조의 기반으로 자주적 민족정신의 구현 도량이 될 수 있을 것이다. 그리고 석가탑, 다보탑을 위시하여 백운교, 청운교, 칠보교 등이 남아 있던 석조물과 신라 금동불상 등이 복원가람과 함께 규모 있고 조화 있게 본래의 의도에 따라 그 가치가 재생되어 학술적 의의를 더하게 되었고, 우리 문화를 자랑하여 민족의 긍지를 높이면서 신앙의 깊은 정신을 보급하고 격조 높은 관광자원으로도 활용하게 된 것이다.[37]

복원의 의의를 밝힌 내용인데 이 길지 않은 문장 가운데, '민족'이 자주 등장하며 '호국'과 '긍지', '정신'을 강조하고 있다. 즉 불국사는

37　『불국사 복원공사보고서』, 앞의 책, p.17.

'민족정신의 구현 도량', '호국하는 도량', '민족의 긍지를 높이는 도량'
이라는 인식이다. 1960~1970년대 국가의 기조가 절의 복원에 그대
로 투영된 것이라 생각된다. 어쨌든 불국사와 석굴암이 1995년 우리
나라 최초로 유네스코 세계문화유산에 등재될 수 있었던 기초가 이
때 이루어진 것이다.

3. 수행도량의 수립과 월산 선사

불국사하면 떠오르는 이미지는 대개 수학여행과 답사이다. 찬란
한 신라문화의 정수를 간직한 곳이기 때문이다. 20세기 들어 관광산
업이 크게 일어나 경주에 이르는 철도와 도로가 확충되면서 이 관광
의 이미지는 더욱 굳어졌다. 절이 지닌 이러한 위상은 대단히 중요하
다. 국민들에게 한국불교문화의 아름다움과 가치를 이보다 잘 전하
는 곳은 많지 않다. 그러나 절은 출가수행자들이 공동으로 수행하는
장소이다. 즉 수행과 전법을 행하는 도량이다. 이 근본보다 관광지로
서의 부차적 가치를 중시하면서 부작용이 발생한 일도 있었다.[38]
1973년 가람의 중창을 기반으로 수행과 전법도량으로서 거듭나기
위한 노력이 시작되었다. 1974년 6월 월산 선사(1913~1997)가 주지로

---

38   「佛國寺의 싸움 蔡 주지의 법옷 벗기고 사퇴강요」, 〈경향신문〉 1968. 11. 8.

부임하여[39] 중창불사를 마무리하는 한편 수행도량으로서의 전통을 회복하기 시작하였다. 선사는 1974년 10월 18~20일까지 제13회 신라문화제의 일환으로 호국대법회를 개설하였다.

신라 얼 되찾아야

한 마리 鐵獅子가 입을 크게 벌리고 說是非하되 신라문화는 어떻고 오늘의 문화는 어떠하다 하니라. 옛 신라문화는 돌과 흙이요, 오늘의 문화는 기름과 전기와 시멘트입니다. 自古로 문화가 발달된 나라의 국민은 잘살고 문화가 발달되지 못한 나라의 국민은 살기가 어렵습니다. 오늘에 다시 민족문화가 중흥되고 우리 국민이 모두 잘 살기 위해서는 전국민의 총화단결이 절실히 요구되고, 개인과 가정과 사회에서는 성실한 근검절약이 필요합니다. 따라서 국가발전과 국력발전을 위해서는 욕구불만, 시기, 질투, 중상, 모략 등 온갖 분열을 조성하는 사회악은 이 땅에서 자취를 감추어야 하고 사치와 낭비 등 갖은 이기주의적 탐욕은 慈悲喜捨의 四無量心으로 전환되어야 하겠습니다.

그 옛날 우리 조상 신라인들은 개인의 虛慾과 일체의 사회적 부조리를 불법을 통한 자비와 슬기로써 總和시켜 그야말로 신라국토에 우리나라 역사상 가장 뛰어난 민족문화를 창조하여

---

39 이보다 앞선 1973년 8월 선사는 수덕사 전월사 토굴에 있다가 불국사 주지 직무대행을 맡았다.

더할 나위없는 안락한 삶을 누렸으나, 오늘날 우리는 방향감각을 상실한 채 갈피를 잡지 못하고 있습니다. 우리는 오직 옛날 신라가 삼국을 통일하여 단합된 국가민족의 얼을 보여 주었듯이 이를 오늘에 본받아 보다 살기 좋은 곳으로, 보다 평안하고 강건한 국토를 건설하는 데 총력을 기울여야 하겠습니다. 心生種種法生하고 心滅種種法滅이니라. 頌해 가로되, 山色은 古今同이요, 人心은 朝夕變이니라.[40]

개회설법에서 선사는 민족문화의 중흥과 국민의 총화단결을 이루기 위해서는 개인의 이기주의를 지양하고, 자비희사의 사무량심으로 전환되어야 함을 강조하였다. 이러한 시대적 요구를 불국사가 솔선, 실천하기 위해 승가학원과 선원의 설립을 추진하였다.

불국사 승가학원 개원

제11교구 본사 불국사는 지난달(8월) 31일 주지스님을 비롯 대중 60여 명이 참석한 가운데 불국사승가학원 개원식을 가졌다. 강사는 法空 스님. 이날 식은 총무국장 月性 스님의 개식사와 교무국장 性陀 스님의 강사 약력 소개의 순으로 진행됐다. 강사 법공 스님은 인사에서 "항시 도제양성에 염원이 되어오던 바 본사 주지스님의 원력으로 소원이 이루어졌으나 중책감을 느낀다."고 말

---

40   〈대한불교〉 1974. 11. 10.

했다. 이어 신도회장의 축사가 있었으며 주지스님은 격려사에서 "종단 백년대계를 위해 도제양성이 시급하므로 이를 뒷받침하기 위해 개원했다."고 말했다. 스님은 이어 금년에는 선원을 신축하고 내년에는 강원을 증축하여 명실공히 모범적인 선·강원을 이룩하여 도제양성과 수도도량으로서의 면모를 갖추겠다고 말했다. 스님은 또한 "말사에 1인 이상 학인을 의무적으로 강원에 보내도록 하겠다."고 밝혔다. 불국사는 그간 강원이 신설되어 있었으나 실상 운영을 하지 않고 있었다. 불국사 말사는 50여 개로 알려지고 있어 강원생을 적어도 60~70명 이상 수용할 것으로 보인다.[41]

선사는 "종단 백년대계를 위해 도제양성이 시급하므로 이를 뒷받침하기 위해 개원했다."고 하였다. 선사는 1969년 9월 대한불교조계종 총무원장에 취임한 바 있으므로 종단의 미래를 위해 무엇보다 도제양성이 시급함을 인식하고 있었다. 구체적인 시행 방안으로 "금년에는 선원을 신축하고 내년에는 강원을 증축하여 명실공히 모범적인 선·강원을 이룩하여 도제양성과 수도도량으로서의 면모를 갖추겠다."고 하였다. 선사는 약속대로 1976년 5월 불국선원을 신축하였다.[42] 선사는 일찍이 은사 금오 선사의 가르침을 받으며 수행에 매진하

41   〈대한불교〉 1975. 9. 7.
42   『선원총람』, 대한불교조계종교육원. 불학연구소, 2000, p.494.

였고 1948년에는 봉암사결사에서 치열한 구도에 진력하였다. 1969년 9월에는 대한불교조계종 총무원장에 취임하여 정화불사와 종단 유신안 등의 어지러운 현실을 점차 안정시켰다.[43] 이와 같이 이(理)와 사(事)에 두루 형통하여 불국사의 중흥을 일궈냈던 것이다. 법어록에 전하는 다음과 같은 설명이 선사의 모습을 잘 드러낸다.

1974년 불국사 주지에 취임하셔서 대표적인 관광사찰에 불국선원과 강원을 개창하시어 수행풍토를 진작하셨으니 이는 많은 사찰들이 수행도량의 본모습을 잃어가고 있는 오늘날의 불교를 안타까워하시는 큰스님의 원력이라 할 것이다. 사변(事邊)의 종무수행과 가람수호, 대중외호에도 대인의 풍모가 약여(躍如)하셔서 큰스님의 지도를 한번이라도 받은 사람은 반드시 지극한 신심과 환희심을 내었으니 큰스님의 자비하신 모습과 넓은 용인지심(容人之心)은 누구와도 견줄 수 없다 할 것이다.[44]

43　「5대 총무원장 월산 스님」, 〈법보신문〉 2018. 6. 13.

44　『월산선사법어록』, 월산문도회, 1999, p.366.

Ⅳ. 맺음말

불국사는 신라 창건 당시부터 호국사찰이라는 사격을 지니고 있었다. 김대성의 발원에서 시작하여 왕실이 창건을 완성하면서부터 이미 국가의 호국사찰이라는 성격이 규정되었다. 창건 당시의 절이름은 '화엄불국사'였다. 화엄의 연화장세계를 신라땅에 구현하려는 염원을 담고 있었지만 '부처님의 나라(佛國)'라는 이름은 현실의 국가 신라와 동일시되었다. 그 결과 8세기 국가적 차원의 문화와 예술, 역량이 총결집되어 마침내 '부처님의 나라'가 완성되었던 것이다.

호국사찰로서의 사격은 고려, 조선시대에도 변함없이 계속되었다. 시대에 따라 화엄종과 유가종 등 소속 종단은 변화하였지만 창건의 정신은 변하지 않았다. 조선시대 억불의 기조에서도 중건과 보수가 이어진 배경에는 이러한 호국사찰로서의 사격이 중시되었기 때문이다. 그러나 19세기 이후 사세가 기울고 가람이 퇴락하면서 절의 사격은 희미해졌다. 근현대 들어 일제의 사찰령하에서 30본산에 소속되지 못한 이유가 바로 절의 쇠락이었다. 20세기 초 절은 황폐한 무주공산의 지경이었다. 오랜 역사와 전통, 사격은 무너진 가람과 함께 사라졌다. 심지어 본산 기림사 체재에서 수반말사(首班末寺)도 아닌 일반 말사로 편제되었다. 이러한 시대에 일본인들은 조사와 중수를 빌미로 절의 귀중한 성보를 편취해갔다. 다보탑의 석사자가 사라지고 그 안의 봉안물을 모두 훔쳐갔다. 종류와 수량조차 알 수 없다.

불국사가 사격을 본격적으로 회복하기 시작한 때는 1938년을 전후한 시기이다. 본산 기림사와 소속 말사, 그리고 경주박물관장 등의 지역인사들이 힘을 모아 본산승격 청원을 개시하였다. 1936년 거액의 국고가 지원되어 가람을 중수하였고, 석존제를 거행하는 등 활발한 사회적, 불교적 활동을 전개하였다. 관광지로서 큰 인기를 누리는 가운데 가람의 중수와 법회활동을 통한 자신감으로 본산승격을 청원하였다. 비록 본산승격을 이루지 못하였으나 절의 위상과 사격을 되찾는 계기가 되었다.

1959년 불교정화의 과정에서 비구 측은 24개의 수사찰을 확보하였다. 이때 불국사는 수사찰이 되어 비로소 경북을 대표하는 사찰로 공식 인정받기 시작하였다. 1962년에는 대한불교조계종의 제11교구 본산으로 확고하게 자리 잡았다. 이후 1969~1973년에 이르는 4년간의 대복원불사를 완성하여 발전의 터전을 갖추게 되었다. 이러한 외형적 토대를 바탕으로 강원과 선원을 설립하여 도제양성과 수행도량으로서의 본모습을 구족할 수 있었다.

참고문헌

- 『불국사 복원공사보고서』, 문화공보부 문화재관리국, 1976.
- 『월산선사법어록』, 월산문도회, 1999.
- 『조계종사 근현대편』 대한불교조계종 교육원 불학연구소, 2001.
- 각원선과,「범어사에서 광덕 사형님과 보낸 시절」,『광덕스님시봉일기』 4, 도피안사, 2004.
- 關野 貞,『韓國建築調査報告』, 東京大學工大學術報告 6, 1902.
- 김광식,「일제하 금산사의 寺格」,『근현대불교의 재조명』, 민족사, 2000.
- _____,『범어사와 불교정화운동』, 영광도서, 2008.
- 이영재,「朝鮮佛教革新論」,『조선일보』 1922. 12. 11.
- 신상완,「日本이 韓國佛教에 對한 壓迫」,『韓國獨立運動史 資料4 臨政篇 Ⅳ』, 국사편찬위원회, 1974.
- 이강근,「佛國寺의 목조건물과 修理·復原의 역사에 대한 연구」,『경주문화연구』 7, 2005.
- 조용명,「老師의 雲水시절 ; 풋내기 호법행각의 시절」,『佛光』 63, 1980.
- 한동민,「일제강점기 華嚴寺의 本山昇格운동」,『한국민족운동사연구』 31, 한국민족운동사학회, 2002.
- 한상길,「기림사의 역사와 사상」,『불교미술』 15, 동국대 박물관, 1998.
- _____,「한국 근대불교의 형성과 일본, 일본불교」,『한국사상과 문화』 46, 한국사상문화학회, 2009.
- _____, 조선후기 불교와 사찰계」, 경인문화사, 2006.

Abstract

The Bulguksa Temple's status in
Modern and Contemporary

Han, Sang-gil

(Assistant Prof., Academy of Buddhist Studies in Dongguk Univ.)

The research on Bulguksa was focused on the ancient founding period. The article tries to talk about the history and status of Bulguksa since modern times, which has not been noted. In the paper, studied the efforts and history of monks from the period of 1910 when the country was taken away to the restoration of temple in the 1970s, and from the time when it was reborn as a temple propagation.

Bulguksa Temple started with the status of state protecting temple and continued throughout the Goryeo and Joseon Dynasties. However, after the 19th century, the temple gradually declined due to its dilapidated buildings and fewer monks. The temple's fall was the reason why it was not designated as The Thirty district head temple. It was even arranged from the District Head Temple Girimsa system to the ordinary branch temple, not the head branch temple. It was around 1938 when Bulguksa began to regain its status as it's the District Head Temple.

Girimsa and the local people joined forces to initiate a promotion of petition to become the head temple. In 1936, a large amount of state funds were provided to restore a temple, it was very popular as a tourist site.

In 1959, Bulguksa was designated as the Main Temple officially recognized as a representative temple of North Gyeongsang Province. In 1962, it firmly established itself as the head temples of the 11th diocese of the Jogye Order of Korean Buddhism. Afterwards, the temple completed four years of restoration from 1969 to 1973. Based on this external foundation, a sutra school and zen center were established to prepare the original form of Buddhist monk education and practice zen.

Key words

Bulguksa Temple, Girimsa Temple, The Thirty District Head Temple, The Head Temple System, Zen master Wolsan, President Park Jeonghui,The Temple Ordinance, Sarira stupa of Bulguksa Templ

10.
월산 큰스님과
『법보신문』*

이재형**

* 이 논문은 2021년 9월 9일, 월산문도회가 주최하고 대각사상연구원이 주관한 〈월산 대선사 사상의 재조명〉 학술대회에서 발표한 것을 수정 보완한 것임.
** 법보신문 편집국장.
ⓒ『大覺思想』 제36집 (2021년 12월), pp.159-190.

한글요약

성림당 월산 대종사는 한국불교의 전환기에 산문에 들어 한국불교의 중
흥을 이끈 대표적인 고승이다. 월산 스님은 선원과 강원을 개원해 많은 제
자를 양성했고, 일제강점기를 거치며 혼탁해진 사찰을 일신하려 애썼다.
또 총무원장·종회의장·원로회의 의장 등 조계종의 주요 직책을 역임하며
종단의 기틀을 세우고자 했고 한국불교의 위상을 높이는 데에 크게 기여
했다. 이와 더불어 월산 스님의 뚜렷한 업적이 바로 『법보신문』 창간으로
이는 월산 스님의 일생에서 결코 간과될 수 없는 중요한 부분이다.

　　초대 발행인이었던 월산 스님은 1988년 5월 16일 『법보신문』을 창간하
면서 '존경진리(尊敬眞理), 굴복아만(屈伏我慢), 공명정대(公明正大)'라는 사
훈으로 『법보신문』의 방향을 명확히 제시했다. 부처님의 가르침을 받들어
선양하고, 불교계 안팎으로 팽배해 있는 아집과 교만심을 항복받으며, 옳
고 밝은 것을 드러내고 널리 펴라는 의미였다. 또 월산 스님은 창간사에서
'나'를 청정하게 하지 않으면 안 된다.' '나라가 바로 서야 한다.' '통합을 이
뤄야 한다.' '대자대비의 불을 밝혀야 한다.'의 4가지 큰 방향을 제시했다.

　　이는 불교언론이 현대불교사를 기록하는 사관의 역할, 부처님 가르침
을 널리 알리고 바람직한 수행·신행문화를 견인하는 전법사 역할, 불교

계 안팎에서 벌어지는 비불교적 행위와 훼불에 적극 대응하는 호법신장 역할, 비판을 넘어 구체적인 방향을 제시하는 한국불교 책임자 역할까지 다하라는 준엄한 뜻으로도 이해할 수 있다.

『법보신문』은 창간 이후 불교계의 폐단에 대한 과감한 비판으로 불교 개혁을 주도했으며, 곳곳에 부처님의 법음을 전하고자 했다. 기복신앙을 끌어안되 기복에 머무르지 않고, 지성불교·수행불교·주체적 불교로 나아가도록 이끌었다. 또 비불교적인 행위와 훼불에 맞섰으며, 비판을 넘어 대안을 모색하고 제시하려 했다. 그 과정에서 공감과 격려, 비난과 질책이 잇따랐으며, 끊이질 않는 민·형사 소송과 수차례의 폐간 위기를 겪기도 했다.

월산 스님은 발행인 창간사에서 "잠들지 않고 쉬지 않고 게으르지 않으며 굽힘이 없고 쓰러짐이 없고 부서짐이 없는 목탁을 만들었다. …『법보신문』은 목탁이 되어 영원할 것이다."라고 명시했다. 이는 『법보신문』이 불교적인 정체성과 불교언론의 사명을 잃지 않을 때 가능하며, 사훈인 '존경진리, 굴복아만, 공명정대'의 구체적인 실천이기도 하다. 『법보신문』의 목표는 불자들이 행복하고 불교계가 건강하고 보다 살기 좋은 세상을 만들어가는 데 기여하는 뜻 깊은 불교언론이 되는 것이다. 그것이 초대 발행인 월산 스님과 그동안 『법보신문』 창간을 이끌고 유지해왔던 이들의 숭고한 뜻과 기대에 부응하는 일이기도 하다.

주제어
월산 스님, 법보신문, 불교언론, 존경진리, 굴복아만, 공명정대, 정휴 스님, 독립언론

I. 머리말

20세기 한국사가 격변의 시기였듯 한국불교사도 마찬가지다. 숭유억불의 500년 긴 암흑기를 빠져나온 불교계가 수많은 정치적 탄압과 편향을 딛고 급성장한 것은 기적이다. 미국이라는 초강대국이 배후에 있었던 개신교와 로마 교황청의 절대적인 지원을 받고 있던 가톨릭에 비해 불교는 아무런 지지 세력도 갖지 못했다. 미군정, 이승만 정권은 기독교를 노골적으로 우대했고, 불교계에는 차별과 분열을 획책했다. 해방 이후 미군정의 적산불하(敵産拂下), 군종장교제도, 기독탄신일 공휴일 제정, 종교방송 독점 및 장악, 형목·경목제도 등이 기독교 중심으로 이뤄졌던 것도 이와 무관하지 않다. 군사정권 때도 개신교계와 가톨릭계의 눈치를 보았던 반면 10·27법난과 같이 정치적인 희생양으로 불교계를 이용하고는 했다.

이런 열악한 상황에서 한국불교는 일제강점기 가장 세력이 컸던 천도교와 보천교를 넘어 꾸준한 성장을 거듭했다. 1960년 128만 9,000명(「서울연감 통계자료」), 1985년 국가 차원의 첫 종교인구 통계에서는 불자가 805만 명에 이르는 등 한국의 주류 종교로 다시 자리매김할 수 있었다.

이 같은 불교의 중흥은 저절로 이뤄지지 않았다. 수많은 스님과 재가불자, 불교단체들 그리고 종단의 역할이 있었기에 가능했다. 스님들은 수행, 계율, 법문 등으로 바닥까지 떨어졌던 불교의 위상을 높여나갔으며, 재가불자들은 지극한 신심과 전문성을 바탕으로 저술, 사회활동 등을 통해 불교발전을 위해 헌신했다. 불교종단도 내부 갈등 및 불미스러운 일들이 적지 않았지만 포교, 교육, 복지, 문화, 사회참여, 성보의 국가문화재 지정, 신도들 결속력 강화, 사회적·정치적 역할 확대 등 다방면에서 불교의 영향력을 넓혀가는 데에 지대한 역할을 담당했다.

성림당 월산 대종사(1913~1997)는 한국불교의 전환기에 산문에 들어 한국불교의 중흥을 이끈 대표적인 고승이다. 월산 스님은 금오 선사의 법을 이은 선사로서 선풍을 진작시키고 선원과 강원을 개원해 많은 제자를 양성했다. 법주사, 신흥사, 동화사, 불국사 등 본사 주지를 맡아 일제강점기를 거치며 혼탁해진 사찰을 일신하려 애썼다. 또한 총무원장·종회의장·원로회의 의장 등 조계종의 주요 직책을 역임하며 종단의 기틀을 세우고자 했고 한국불교의 위상을 높이는 데에 크게 기여했다. 이와 더불어 월산 스님의 뚜렷한 업적의 하나로『법보신문』창간을 들 수 있으며, 이는 월산 스님의 일생에서 결코 간과될 수 없는 중요한 부분이다.

월산 큰스님의 조계종단 및 불교계에 대한 애정은 불교언론인『법보신문』창간에서도 찾을 수 있을 것입니다. 불교계에 오직『불교신문』만이 제대로 활동을 할 때에 과감하게『법보신문』을 창간하여 불교

언론의 기반을 넓히고, 조계종단에 대한 애정을 구현한 것은 대단한 것입니다. 월산 큰스님의 결단에서 나온 것임을 우리는 알아야 하고, 이런 측면도 큰스님의 생애에 반드시 반영되어야 할 것입니다.[01]

초대 발행인이었던 월산 스님은 1988년 5월 16일 『법보신문』을 창간하면서 '존경진리(尊敬眞理), 굴복아만(屈伏我慢), 공명정대(公明正大)'라는 사훈으로 『법보신문』의 방향을 명확히 제시했다. 부처님의 가르침을 받들어 선양하고, 불교계 안팎으로 팽배해 있는 아집과 교만심을 항복받으며, 옳고 밝은 것을 드러내고 널리 펴라는 의미였다.

이는 불교언론이 현대불교사를 기록하는 사관의 역할, 부처님 가르침을 널리 알리고 바람직한 수행·신행문화를 견인하는 전법사 역할, 불교계 안팎에서 벌어지는 비불교적 행위와 훼불에 적극 대응하는 호법신장 역할, 비판을 넘어 구체적인 방향을 제시하는 한국불교 책임자 역할까지 다하라는 준엄한 뜻으로도 이해할 수 있다.

『법보신문』은 창간 이후 불교계의 폐단에 대한 과감한 비판으로 불교개혁을 주도했으며, 곳곳에 부처님의 법음을 전하고자 했다. 기복신앙을 끌어안되 기복에 머무르지 않고, 지성불교·수행불교·주체적 불교로 나아가도록 이끌었다. 또 비불교적인 행위나 훼불에 맞섰으며, 비판을 넘어 대안을 모색하고 제시하려 했다. 그 과정에서 공감

---

01 덕민 스님, 「월산 큰스님의 생애와 사상」에 대한 토론문, 『대각사상』 제32집, 대각사상연구원, 2019, p.210.

과 격려, 비난과 질책이 잇따랐으며, 끊이질 않는 민·형사 소송과 수
차례의 폐간 위기를 겪기도 했다.

본 논문에서는 『법보신문』을 창간할 당시의 불교계 안팎의 상황,
월산 스님의 역할과 언론관, 『법보신문』 창간 과정 및 성격, 창간 후
지금까지 『법보신문』의 활동을 정리하고자 한다.

II. 창간 당시 불교계 안팎 상황과 『법보신문』 성격

『법보신문』 창간은 독재에서 민주화로 이행하는 변혁의 시대에 이뤄
졌다. 1987년 6·10민주항쟁을 기점으로 박정희·전두환으로 이어지는
기나긴 군사정권이 막을 내리고 사회 각계에서 민주화가 급격히 진
행됐다. 언론계도 큰 변화를 맞았다. 그동안 언론계는 신군부가 1980
년 12월 국가보위입법부에서 제정한 언론기본법으로 인해 옴짝달싹
못했다. 이 법은 표면상으로 '국민의 표현의 자유와 알 권리를 보호
하고 여론형성에 관한 언론의 공적 기능을 보장하겠다.'는 취지를 내
세웠지만 실제로는 크게 달랐다. 정기간행물의 등록의무제, 문화공보

부 장관의 발행정지 명령권 및 등록취소 권한 등의 독소 조항을 두어 표현의 자유를 억압하는 한편, '편집인과 광고책임자 또는 그 대리인은 정기간행물을 편집하거나 광고를 함에 있어서 범죄를 구성하는 내용을 배제할 권리와 의무가 있다.'고 규정, 국민의 알 권리를 제한하고, 언론에 대한 권력의 통제를 합법화했다.[02] 이 법은 신군부 시대를 종식시킨 6·29선언 이후인 1987년 11월에 이르러서야 폐지됐다. 대신 방송법, 정기간행물의 등록에 관한 법률이 제정되면서 신문 창간도 허가제에서 등록제로 규제가 대폭 완화됐다.

불교계 내부에서도 민주주의 열망이 거셌다. 1970년대 중반 싹트기 시작한 민중불교운동이 1980년대 초반 본격화되면서 한국불교는 사회와 민중을 향해야 한다는 불교의 사회참여 의식을 확산시켜나갔다. 스님들도 1981년 7월 전국청년승려육화(六和)대회, 1982년 6월 전국학인승가연맹 발족, 1983년 전국청년불교도연합대회 등을 통해 스님과 재가불자가 협력해 불교계 개혁을 이끌어나갈 역량 확보를 적극 모색했다. 이런 노력들은 1985년 5월 민중불교운동연합의 창립으로 이어지면서 새로운 전기를 맞이했다. 전국 각지의 소장 스님들과 진보적인 지식인들이 중심이 된 민중불교운동연합은 불순단체로 낙인찍혀 연행되는 난관을 겪으면서도 불교개혁 및 민주화운동을 주도해나갔다.

이와 함께 1986년 6월 221명의 스님이 발기해 창립한 정토구현전

---

02   「언론기본법」,『한국근현대사사전』, 한국사사전편찬회, 2005.

국승가회도 민주화운동을 이끄는 주축세력으로 성장했으며, 1986년 9월 7일 해인사에서 2,000여 명의 스님들이 참석한 승려대회로 이어질 수 있었다. 이 승려대회에서는 1980년 신군부에 의해 자행된 10·27법난에 대한 진상규명과 불교계의 자율성을 박탈한 불교재산관리법의 철폐를 요구했다. 또 불교계 내부 문제만 아니라 부천경찰서 성고문사건 진상규명을 촉구하는 등 사회적으로 민감한 사안에 대해서 뚜렷한 입장을 표명했다. 9·7해인사승려대회는 불교계가 정권의 예속에서 탈피해 자주화와 민주화를 선언하고 사부대중에게 불교계의 민주화가 사회민주화와 직결된다는 점을 천명함으로써 민중불교운동을 한 단계 발전시켰다는 평가를 받았다.[03]

그러나 불교언론은 격변하는 시대적 흐름과 불교계의 새로운 요구를 담아내기가 버거웠다. 당시 불교언론을 대표하는 것은 『대한불교』였다. 1960년 창간된 『대한불교』는 조계종 기관지로 1980년 10·27법난을 겪으며 정기간행물 등록이 취소됐지만 곧바로 1980년 12월 『불교신문』으로 제호를 바꾸며 이어갔다. 그러나 『불교신문』은 종단 기관지라는 특성상 비판 기능이나 불교계 안팎의 진보적인 목소리를 담아내기 어려웠다. 다만 1982년 4월 재단법인 화쟁교원이 발행주체로 창간한 격주간 신문 『불교회보』(1986년 5월 20일 『주간불교』로 제호 변경)가 불교계 내부 비판 및 범불교계 신문으로서의 역할을 일정부분 담당했지만 규모나 확산력에서 한계가 있었다.

---

03   김순석, 『백 년 동안 한국불교에 어떤 일이 있었을까』, 운주사, 2009, p.330.

변혁의 시대적 흐름 속에서 불교개혁, 불교민주화, 불교사회화, 불교대중화라는 열망과 특정 종단의 틀을 넘어 불교계 전체를 대변할 수 있는 범불교 신문이 있어야 했다. 때마침 언론기본법이 폐지되면서 신문 창간이 수월해지는 시기이기도 했다. 경주 불국사는 새로운 언론의 산파 역할을 담당했고, 그것은 불국사 조실 월산 스님의 원력과 의지가 있었기에 가능했다. 월산 스님의 총괄 아래 실무는 정휴 스님이, 실질적인 재정지원은 종상 스님이 맡았다. 때로는 월산 스님이 정부 관계자를 직접 만나 새로운 불교언론의 필요성을 설명하기도 했다.[04] 이런 과정을 거쳐 3월 26일 문화공보부 등록(다-504호)을 필한 뒤 곧바로 직원들을 채용했고, 5월 14일 오후 2시 서울 종로구 인사동 본사에서 창간기념식을 개최했다. 『법보신문』 제호는 한국 서예계의 권위자인 초정 권창륜이 썼으며, 창간호는 5월 16일자로 발행됐다. 창간호 1면에 게재된 사령(辭令)은 다음과 같다.

김종원 명 부사장 / 김종상 명 사장직무대행 / 김정휴 명 주간겸 주필 / 조오현 명 상임논설위원 / 선원빈 명 편집국편집국장 / 배정학 명 업무국총무부차장 / 김춘송 명 업무국업무부차장 / 최승천 명 편집국기자 / 최중홍 명 편집국기자 / 김영태 명 편집국기자 / 이학

---

04 당시 문화공보부 종무관으로 재직했던 이용부씨는 2021년 8월 3일 필자와의 전화 인터뷰를 통해 "그때 기록한 메모장을 확인한 결과 1988년 2월 21일 서울 강남구 삼성동 뉴월드호텔(현 라마다서울호텔)에서 월산 스님을 만났으며, 그 자리에 월탄 스님도 동석했다"고 증언했다. 이어 "월산 스님은 범불교지의 필요성과 불교가 새로워지려면 새로운 신문이 필요함을 역설했다"고 회고했다.

종 명 편집국수습기자 / 김민경 명 편집국수습기자 / 김영렬 명 편집국수습기자 / 박정미 명 경리사원 / 곽덕현 명 사원 / 손혜자 명 사원

- 4월 25일자

『법보신문』의 발간 취지와 배경은 창간호 2면 「사설 - 천수천안의 거보(千手千眼의 巨步)」에 잘 나타난다. 이 글은 '『법보신문』 창간에 대한 우리의 각오'라는 부제에서 알 수 있듯 『법보신문』 초대 발행인 월산 스님과 신문 창간을 주도한 당사자들의 시대인식, 언론관, 편집방향 등이 명확히 드러나 있어 전문을 제시한다.

오늘 우리는 나라와 민족의 역사를 새로이 열어야 할 중대한 전환기에 처해 있다. 그리고 새 역사를 만들어가는 데 무엇보다 중요한 것은 변혁의 질서를 정립하는 일이다. 한 생명이 탄생되는 데도 아픔과 진통의 과정을 거쳐야 하듯 역사의 변혁에 적응하기 위해서는 국민 모두가 구시대 악습과 폐단을 청산하고 나아가 사회 구석구석 만연돼 있는 비인간적 병리를 제거하는 결의와 신념을 가지고 있어야 한다. 그리고 민주주의를 체질화시키는 思考의 전환을 할 때 창조나 자기쇄신이 이룩된다는 역사적 교훈을 잊어서는 안 될 것이다. 비록 우리가 역사적 전환기에 서 있다 할지라도 모든 것을 서둘다 보면 우리에게 주어진 과제는 하나도 해결하지 못할 것이다. 문제를 해결하는 데 있어 중요한 것은 걸맞은 시간이다.

그동안 유보되었던 인간의 자유와 기본권을 회복하고 진실한 표현의 자유로 인간의 자주성과 창조력을 발휘할 수 있는 사회가 실현될 수 있도록 공존의 지혜로 모두가 노력해야 할 것이다. 이러한 사회적 과제와 불교인의 소명을 다하기 위해 범불교지인『법보신문』을 창간한다.

『법보신문』은 앞으로 사회 속에 제기될 다원화된 가치의 혼란을 막고 이 시대의 참다운 정신사를 주도할 불교의 사회적 기능을 다하기 위해서이다. 그렇다고 불교계 언론매체가 없는 것은 아니다. 다만 불교계 언론매체란 각 종단의 기관지로서 자기 교단 권익을 옹호하는 데 국한되어 있어 진실한 언론으로서의 그 기능을 다하지 못했음을 지적하지 않을 수 없다. 그래서 우리는 전 불교도의 목소리와 민족의 양심을 대변하는 용기 있는 언론의 사명을 다하기 위해 새 신문의 창간을 결심한 것이다.

그리고 우리는 찬란한 불교문화를 계승 발전시키는 데 기여할 것이며 국민 모두가 향유할 정신문화를 창조하는 데 앞장설 것이다. 지나간 역사를 살펴보면 불교는 정치적으로 소외당하고 불이익을 받아왔다. 이와 반면 국가와 사회 안정을 위해 護國安民의 정신을 발휘해 왔음을 부인하지 못할 것이다.『법보신문』은 불교도의 권익과 중흥에 노력할 것이며 민족의 고통에 뜨겁게 동참하여 그 고통을 구제하고 중생을 饒益케 하는 서원을 지켜가면서 부처님 사상으로 참다운 인간정신을 깨우치는 진리의 公器로서 그 역할을 다할 것을 굳게 약속한다. 본래 언론이란 민주적 사명을 지니는 사회적 공기이다. 신문에 권위와 가치를 부여하는 이유도 국민을 이끌어 나가야 하는 책무 때문이다. 그래서 언론은 사회의 옳고 그름을 가리고 정의를 바탕으로 역사적 양심을 수호해야 하는 사명을 갖고 있다.

그래서 白眼의 巨人보다 더 광활한 보도 영역을 확대해야 한다. 바로 그것은 바른 생각, 바른 말로 이 시대 인간 정의를 지키는 일이다. 千手千眼의 역할과 기능을 갖는 것이 『법보신문』의 발원이다. 그리고 편협한 보도와 편집을 지양할 것이며 명실공히 범불교지로서 전 불교도의 목소리를 담아 이천만 불자가 주인이 되도록 공정하게 진실을 보도할 것이다. 특히 붓에는 直筆과 曲筆이 있다. 우리는 阿世하는 지성을 배척하고 역사의 義와 不義를 준엄하게 분별하는 春秋筆法의 정신을 지켜 나가야 할 것이다. 그러나 불교 언론은 단순한 사회의 公器로서가 아니라 부처님 法音을 전달하는 포교적 역할도 병행해야 한다. 포교의 현대화는 이 시대 불교인의 바람이다. 그리고 포교의 대중화가 이룩될 때 불교인의 의지도 새롭게 계도될 것이다. 현재 우리 불교는 역사와 전통은 깊지만 깨어있는 역사의식을 갖지 못하고 있다. 깨어있는 역사의식이란 부단한 노력과 새로운 가치 추구에 의해서 이루어지며 여기에는 자기비판의 겸허한 정신이 있어야 한다.

건전한 비판을 수용하고 받아들일 때 국가와 사회는 비리와 야합하지 않고 건강해진다. 그래서 우리는 불교의 발전을 위해서 때로는 구조적 모순과 병폐를 정확하게 진단하여 역사의 방향과 비전을 제시해 갈 것이다. 그리고 우리 祖師들이 지녔던 用無生死의 기개와 신넘을 바탕으로 言論大道의 본령을 지킬 것이다. 적당히 눈치나 보고 역사와 사회의 비리를 묵인하는 阿世의 지성을 배척할 것이며 진실을 위해서는 喝과 棒으로 이 시대 비양심적 행위를 깨우치는 데 앞장설 것을 약속한다.

覺訓이 붓 끝에 舍利가 나왔다고 했듯이 바로 이것이 불교언론 정신임을 깊이 깨닫고 붓이 인간의 진실과 정의를 만드는 도구가 되도록 우리의 원력을 다할 것이다.

그리고 범불교적 뉴스와 아울러 사부대중의 총체적 삶을 집합하고 수렴하여 현대불교 발전에 모체가 될 것이며 이와 같은 역할과 사명을 다하기 위해 참신한 필자를 개발하고 불교와 관련 있는 사회 정보를 전하여 불교인의 권익을 사회 속에 높여갈 것이다. 그러나 이러한 우리의 발원이 결실을 이루는 데 반드시 있어야 할 것은 사부대중의 적극적 동참과 협조이다. 전 불교도의 아낌없는 참여가 있을 때『법보신문』은 새 역사의 목탁으로 책무를 다하는 정직한 언론의 길을 갈 것이다.

옛부터 문장은 經國大業이요 不朽盛事라고 했다. 나라를 다스리는 일이 정치만의 일이 아니라 언론 그 자체가 나라를 다스리는 일이다. 올바른 말과 글이 있을 때 참다운 經國이 이루어짐을 명심하면서 이 땅에 새로운 獅子吼의 첫 장을 연다.[05]

---

05   창간호 사설은 당시 주간·주필이었던 정휴 스님이 썼다.

창간 사설에는 변혁의 시기에 불교계가 능동적으로 대처해야 할 것, 각 불교언론이 종단의 기관지로서 자기 교단 권익을 옹호하는 데 그쳐서는 안 될 것, 불교도 전체의 권익과 중흥에 노력할 것, 편협한 보도와 편집을 지양할 것, 포교의 현대화 및 대중화에 적극 나설 것, 비리와 야합을 묵인하지 않을 것 등 각오가 구체적으로 명시돼 있다.

『법보신문』은 이후 진보적인 스님들과 지식인들을 필진으로 기용하고 기관지에는 실리지 못했던 불교계 내부를 향한 비판의 목소리들을 수용해 기사화했다. 창간과 더불어 『법보신문』은 불교개혁의 구심점이었으며, 종단개혁으로 이어지는 가교였다. 『법보신문』은 비판이 거세되고 찬양 일색이었던 종단 기관지들과 차별화되면서 불교계에 큰 반향을 불러일으켰고, 교계 내의 유력한 매체로 부상했다.

Ⅲ. 창간 과정에서 월산 스님 역할과 불교언론관

1. 월산 스님과 『법보신문』 창간
   - 정휴 스님 인터뷰를 중심으로

정휴 스님은 직지사, 동화사, 불국사, 법주사 승가대학 강사를 지냈으며, 1971년 조선일보 신춘문예 시조부문에 당선돼 『슬플 때마다 우리 곁에 오는 초인』, 『적멸의 즐거움』, 『백담사 무문관 일기』 등 많은 작품을 남긴 중진작가이다. 조계종 총무원 기획실장과 중앙종회 의원을 7차례 역임하면서 종단 운영에 깊이 참여했다. 또한 불교신문 편집국장·주간·주필·사장을 역임하고, 『주간불교』 창간 및 『불교방송』 개국의 주역이기도 하다. 정휴 스님은 『법보신문』 창간 과정에 있어서도 핵심적인 역할을 담당했다. 창간 발의·논의·기획의 첫 단계에서부터 참여했으며, 창간 후에는 편집 방향과 기사 게재 결정 여부를 주관하는 최고 책임자인 주간·주필을 맡았다.

필자는 이번 논고 작성을 위해 2020년 6월 10일 강원도 고성 화암사에서 정휴 스님을 만나 『법보신문』 창간 당시 상황과 월산 스님의 역할 등에 대해 들어봤다. 정휴 스님과의 인터뷰 내용을 문답식으로 정리했다.

▶ 월산 스님은 어떤 분이었나.

— 선과 교를 모두 갖추셨다. 한역 경전을 해석하는 능력도 탁월하셨다. 중국선사들 중에는 거칠고 야성적인 성품을 지닌 분들이 있는가 하면 부드럽고 자애로운 분들이 있다. 조실스님(월산 스님)은 자애로운 선사셨다.

▶『법보신문』 창간 당시 상황은 어땠나.

— 그때는 우리나라가 역사적으로 중요한 전환기를 맞이하고 있었다. 권위주의 시대가 막을 내리고 민주적으로 개편됐다. 오랫동안 참고 있었던 울분과 자유에 대한 열망이 봇물처럼 터져 나왔다. 불교도 전통적인 의식과 제도 속에 갇혀 있다가 그 틀을 깨고 현대화의 첫발을 디딤과 동시에 사회참여의 문호를 대폭 확대해 불교의 자주화를 이루는 것이 과제였다. 불교계를 옭아매는 법들을 폐지하고 자주적으로 종교 활동을 해야 했다. 사회참여의 길을 확대하고 현장의 소리와 민중의 소리를 들어야 했던 시점이었다. 다른 본사에서도 그런 인식이 없었던 것은 아니지만 불국사는 깨달음의 가치추구와 자기완성의 길을 갈 수 있도록 하고 그 깨달음을 현실에서 구체화하고 실천해야 하는 견인차 역할의 신문을 만들 필요가 있다고 보았다.

▶ 월산 스님은 신문 창간에 대해 어떤 입장이었나.

— 노장께서는 일생을 선사로 지내셨는데 선이 깨달음에만 집착돼 있어서는 안 된다고 보셨다. 깨달음을 중생 속에서 회향하고 구체적

으로 실천해서 그 깨달음을 통해 중생을 번뇌에서 벗어나게 해야 한다는 목적이 있으셨다.

▶ 월산 스님이 창간 과정에서 강조했던 것이 있나.

— 불교정화 이후 종단이 추진하고 있던 사업이 역경, 포교, 도제양성이었는데 이 가운데 제일 안되는 것이 도제양성이었다. 사람을 키우는 불사가 굉장히 중요하다는 것을 절실하게 느꼈다. 사람을 키운다는 얘기는 바로 깨달음을 통해서 열린 안목을 가진 눈 밝은 인물을 키워야 한다는 것으로 이는 조실스님의 원력이었다. 그런 의식을 깨우쳐주기 위해서도 신문이 필요하다고 생각하셔서 신문을 창간하게 된 것이다.

▶ 월산 스님에게 『법보신문』 창간을 제안한 것이 스님이었나.

— 불국사 전체 불사를 추진하는 중심에는 종상 스님이 있었다. 조실스님에게 건의하고 뜻을 받들어 실행에 옮긴 분이었다. 그때 종상 스님과 내가 뜻을 같이 했고 조실스님께 건의했더니 좋은 일이라며 그렇게 하라고 한 것이다. 내가 제안했다기보다는 나와 종상 스님의 뜻이 맞았고, 종상 스님이 건의한 것을 조실스님이 받아들이신 것이라고 봐야한다. 조실스님의 결단과 종상 스님의 실행의지가 있었기에 신문이 창간될 수 있었다.

▶ 『법보신문』 제호는 누가 정한 것인가.

— 조실스님께 (신문제호를) 건의하니까 이건 진리를 상징하는 신문이 돼야 하니까 『법보신문』으로 해야 한다며 제호를 지어서 우리에게 전해주셨다. 진리의 가르침, 부처님의 가르침에 불교언론의 가치가

있다는 것이 첫 번째였다. 훼불, 파불, 부조리에 맞서겠다는 것도 천명하고 계셨다. 예나 지금이나 『불교신문』은 기관지라는 한계를 벗어나기 힘들다. 전체 불교를 아우를 수 있는 진리의 그릇을 담는 불교의 큰 목탁이 필요하다는 조실스님의 신념에서 범불교지로 출범한 것이다.

▶ '존경진리, 굴복아만, 공명정대'라는 사훈은 월산 스님이 직접 지은 건가.

— 그렇다. 존경진리는 모든 사람이 진리 앞에 평등하니까 진리를 존중·공경하라는 것이며, 굴복아만은 자기를 앞세우는 이기심에 굴하지 말라는 것이고, 공명정대는 어떤 상황이라도 공정한 보도를 하라는 뜻이셨다.

▶ 월산 스님의 신문 창간 승낙 이후 창간 과정에 참여한 인물은 누구인가.

— 선원빈 국장이다. 선 국장은 『불교신문』에서 봉사하다가 나와 함께 『주간불교』를 창간해서 일하고 있었는데 내가 『법보신문』을 같이 만들자며 데려왔다. 그분은 취재, 기사작성, 편집기술에 있어 최고 전문가였다. 창간을 하는 데는 2개월 정도 걸렸다. 선 국장이 글을 많이 쓰고 연재도 많이 했다. 그는 인간적인 자세가 속인이라기보다는 잘 다듬어진 운수납자와 같았다. 신문을 만들 때면 돌부처처럼 신문 제작하는 데에만 열중하고 누구하고 마찰해서 다투지 않았다.

▶ 무산(오현) 스님도 참여한 것으로 안다.

— 무산 스님은 정신적으로 기대는 사람이다. 무산 스님의 성격상

깊이 관여하지는 않았고 내가 글 한편 쓰라고 하면 썼다. 신문이 나오면 선 국장하고 무산 스님하고 같이 신문에 대해 총평하고 그랬는데 이때 무산 스님이 은유적으로 지적도 하고 방향도 얘기하고 그랬다. 이용부 문화공보부 종무관도 창간 과정에서 긍정적인 역할을 많이 했다.

▶ 창간 이후 신문에 대한 평가는 어땠나.

— 평이 굉장히 좋았다. 기사와 필진에 있어 기관지와는 명확히 차이가 났다. 그곳에서 실릴 수 없는 비판적인 내용이 많이 실렸다. 조계종 기사가 무게가 떨어지고 다른 종단 기사가 비중이 있으면 그것을 톱으로 다뤘다. 종단의 벽을 허문 것이다. 『주간불교』가 범불교지를 지향했지만 훨씬 더 구체적이고 폭넓게 간 것이 『법보신문』이었다. 세계일화, 일불제자, 통불교를 강조했던 조실스님의 말씀이 있었기에 가능했다.

▶ 창간 당시 어려웠던 점은.

— 편집상의 문제보다 경영상의 문제였다. 그 무렵 신문사 운영비가 매달 3,000만 원 정도 들어갔다. 그런데 초창기다 보니 광고료와 구독료가 많지 않았다. 종상 스님이 그걸 뒤에서 다 뒷받침해줬다. 운영에 대한 모든 책임을 지고 매달 2,500만 원의 운영비를 댔다. 조실스님의 지지와 종상 스님의 의지가 없었다면 신문사가 운영될 수 없었다.

▶ 조실스님이 편집방향이나 기사에 대해 말씀하신 적은 없나.

— 조실스님은 종종 신문사에 오셔서 전 직원들과 식사를 하시고는

했다. 『법보신문』에서 (종단 실권자들을 향해) 불편한 소리와 가차 없
는 비판을 하다 보니 조실스님에게도 이런저런 얘기가 들어갔을 게
분명했다. 그런데도 이에 대해 언급하신 일이 없고 철저히 독립권을
지켜주셨다. 이런 점은 기자들보다 조실스님이 더 분명했고 늘 외풍
을 막아주려고 하셨다. 다만 편집방향과 관련해 선(禪)에 대한 비중
을 늘렸으면 하셨고 우리는 조실스님의 말씀을 신문에 많이 반영하
려 했다.

정휴 스님의 인터뷰 내용에는 월산 스님이 단순히 발행인으로 이
름을 올려놓은 것이 아니라 『법보신문』 제호와 사훈을 손수 정했으
며 비판적 언론 및 불교계 전체를 아우르는 범불교지를 표방했음을
알 수 있다. 또한 선을 비롯한 불교의 대중화에 깊은 관심을 표명했
으며, 신문의 편집권 독립을 인정하고 끝까지 지켜주려 했음이 잘 나
타난다.

2. 월산 스님의 불교언론관

금오 스님(金烏太田, 1896~1968)은 경허, 만공, 보월 스님의 법을 이
은 정통 선의 계승자이며 정화운동의 선두에서 비구승을 진두지휘
했던 주역이었다. 금오 스님의 제자로 그 법을 이은 월산 스님도 정화
당시 목숨을 걸고 스승의 뒤를 따랐으며, 치열한 정진으로 화두를 깨

쳐 스승의 법을 이은 선의 종장이었다. 금오 스님이 그랬듯 월산 스님
도 종단 내 비불교적인 모습과 폐단에 대해서는 직설적인 비판을 마
다하지 않았으며, 선의 틀에 스스로를 가두어 안주하지 않았다. 선
을 대중화하고 선을 통한 깨달음을 사회 속에서 펼쳐나가고자 부단
히 애썼다. 그것은 종단에 대한 애정과 중생구제의 비원에서 비롯됐
으며,『법보신문』창간도 마찬가지다.

월산 스님은 1988년 5월 16일부터 1991년 6월 24일까지 약 3년간
『법보신문』의 발행인을 맡았다. 이 시기『법보신문』에 스님의 신춘인
터뷰 및 해제인터뷰가 실리기도 했지만 스님의 친필이 게재된 것은
창간사가 유일하다. 여기에는 월산 스님의 언론관과『법보신문』이 어
떤 역할을 했으면 하는지가 잘 나타난다.

부처님은 큰 빛을 밝히시나 세상은 아직 어둡고 부처님의 말씀은 있
으나 귀 멀은 이들은 듣지 못한다. 經을 외우고 道를 닦는 일만으로
부처님의 가르침을 모두 行하였다고는 할 수 없다. 위로는 하늘의 境
界에서 아래로는 바다의 밖까지 사람이 사는 일은 물론 微物의 것
까지도 골고루 幸과 福을 미치게 하는 것이 참 佛心이요 佛法이다.
法寶新聞은 바로 부처님의 깨달음으로 三千大千世界의 눈이 되고
귀가 되고 입이 되고자 태어났다. 저 해와 같은 光明을 빌어 無量의
소리를 담은 木鐸을 깎았다.
잠들지 않고 쉬지 않고 게으르지 않으며 굽힘이 없고 쓰러짐이 없고
부서짐이 없는 목탁을 만들었다. 둥그나 모나지 않고 곧으나 삐뚤어

짐이 없으며 아무리 써도 닳지 않는 샘물처럼 넘치는 목탁을 빚었다.
法寶新聞이 다만 佛家의 通信일 수만은 없다. 불자의 讀本일 수만
은 없다. 나라의 구별이 없고 人種을 넘어서는 위에 宗敎의 울타리
를 무너뜨리고 大乘, 아니 大大乘의 超越을 실천하고자 한다.

첫째 '나'를 淸淨하게 하지 않으면 안 된다. 썩은 齒牙로 음식을 맛
있게 먹을 수는 없다. 부처님의 가르침을 받는 이들로부터 잘못된
일을 바로 잡아 나가는 일이 先決되어야 한다. 木鐸은 그 울림이 안
으로부터 밖으로 퍼져 나가지 않는가. '나'부터 맑게 하면 그 소리가
밖에도 맑게 들릴 것이요, '나'를 깨끗이 못하면 소리가 濁해져서 아
무도 귀 기울일 사람이 없을 것이다.

둘째 나라가 바르게 서야 한다. 집이 새면 안에서 비를 막을 수는 없
다. 부처님의 지혜는 백성을 다스리는 데에서부터 힘을 갖는다. 自
由며 平等이며가 모두 佛法의 根本이니 그를 바탕으로 이루어지는
民主主義야 한낱 곁가지가 아니겠는가.

목탁을 두드리는 손은 다르나 그 소리는 한가지로 높고 낮음이 없어
야 한다. 또한 멀고 가까움이 없이 한결같은 소리로 마음을 밝혀주
어야 한다.

셋째 統合을 이뤄야 한다. 역사를 거슬러 올라가지 않아도 우리는
斷絶의 不連續線 위에서 살아왔다. 南北이 갈라진 위에 다시 三分
五裂하는 어리석음을 깨뜨리지 않으면 그로 인하여 빚어지는 不幸
을 견딜 수 없을 것이다. 木鐸은 하나의 圓일 뿐 둘로 쪼개지면 소리
가 나지 않는다. 조각난 마음을 하나로 묶는 木鐸이 되고자 한다.

넷째 大慈大悲의 불을 밝혀야 한다. 짓눌린 사람, 억울한 사람, 가난한 사람, 병든 사람을 위해 木鐸은 제 소리를 내야 한다. 衆生을 救濟하는 眞理를 부처님은 깨달으셨고 行하셨다.

부처님의 사랑 안에 오늘의 백성을 구하고 사회를 구하고 나라를 구하고 인류를 구원하는 公器로서의 木鐸이 되고자 한다. 法寶新聞은 木鐸이 되어 영원할 것이다. 하늘의 새처럼 바다의 물고기처럼 自由로울 것이다. 부처님의 法道를 지키면서 公論을 이끌어 나라의 平和, 인류의 행복을 이룩하는 데에 거리낌 없이 나아갈 것이다.[06]

월산 스님은 창간사에서 『법보신문』이 부처님의 깨달음으로 삼천대천세계의 눈이 되고 귀가 되고 입이 되고자 태어났으며, 저 해와 같은 광명을 빌어 무량의 소리를 담은 목탁을 깎았다고 했다. 또한 불가의 통신, 불자의 독본을 넘어 나라의 구별이 없고 인종을 넘어서는 위에 종교의 울타리를 무너뜨리고 대승은 물론 대대승(大大乘)의 초월을 실천하려 한다고 천명하고 있다. 창간사는 창간 사설과 더불어 『법보신문』을 만든 월산 스님의 원력이 얼마나 큰지를 단적으로 보여준다. 더욱이 이 글은 월산 스님의 기명으로 게재됐다는 점에서 발행인으로서의 의도가 명확하게 드러난다.

월산 스님은 창간사에서 '나'를 청정하게 하지 않으면 안 된다.' '나

---

06   월산 스님, 발행인 창간사, "대자대비의 등불 밝힐터…", 『법보신문』 1988년 5월 16
       일자.

라가 바로 서야 한다.' '통합을 이뤄야 한다.' '대자대비의 불을 밝혀야 한다.'의 4가지 큰 방향을 제시했다. 이는 월산 스님이 『법보신문』의 초대 발행인으로서 언론을 바라보는 관점이 담겨 있다는 점에서도 주목할 필요가 있다.

첫째, '나를 청정하게 하지 않으면 안 된다'는 것은 누군가를 비판하기에 앞서 스스로를 성찰하라는 뜻으로 불교정화운동의 이념과 상통한다. 여기에서 '나'는 청정해야 할 주체로 신문사 구성원은 물론 불교계 전체를 일컫는다고 볼 수 있다. '썩은 치아로 음식을 맛있게 먹을 수는 없다. 부처님의 가르침을 받는 이들로부터 잘못된 일을 바로 잡아 나가는 일이 선결되어야 한다.'는 다음 구절에서도 그러한 의미를 충분히 읽을 수 있다. 불교계가 먼저 자신의 썩은 치아를 뽑아내고 잘못을 바로 잡을 때 국가발전과 통합에 기여하고 중생구제의 역할도 가능하다는 것이다.

이는 언론이 비판정신을 견지해야 함을 강조한 것으로 월산 스님 스스로도 1969년 8월 10일과 8월 17일 『대한불교』에 2회로 나누어 기고한 '비구는 다시 재검토할 때가 왔다; 종단은 사부대중의 것'이라는 글에서 당시 조계종단 내부에 횡행하는 무질서, 반승가적 활동, 무이념 등을 신랄하게 비판했었다.[07] 잘못된 일에 대해선 서슴없

---

07 "조계종단 역사에 이렇듯이 공개적으로 종단을 비판한 고승은 매우 적다. 이는 월산이 금오의 정화정신을 계승하고, 그 자신도 정화에 참여한 당사자로서, 애종적인 차원의 결단이 아닐 수 없다." 김광식, 「월산의 생애와 사상」, 『대각사상』 제32집, 대각사상연구원, 2019, p72.

이 비판하고 기꺼이 비판을 받으려고 했던 월산 스님은 불교계가 비판을 하고 그 비판을 수용하는 데에 인색해서는 안 될 것을 강조하기도 했다.

사람들의 의식 가운데 역사의식만큼 중요한 것이 없지. 그것은 하나의 반성이며 책임이며 자기 위치를 확인하는 일이야. 正思惟, 正語란 바로 보고 생각하여 잘못된 것을 잘못이라고 말하는 것이 正語인데도 우리 수행인들은 올바른 비판을 하고 그 비판을 받아들이는데도 인색해. 이언적이란 선비는 忠諫하는 말과 정직한 이론은 신하의 이익이 아니라 나라의 이익이라고 했듯이 오늘의 수행자도 약한 다수의 생존과 권익을 위해 헌신적 정신으로 깨어있어야 하고 지도자일수록 잘못을 지적해주는 사람이 있으면 스승처럼 섬기고 아첨하는 사람이 있거든 선행을 훔치고 있음을 깨달아야 해.[08]

월산 스님의 창간사와 창간사설에 일관되게 나타나는 것이 언론의 비판기능이다. 월산 스님은 비판문화가 종단을 청정하게 할 수 있다고 보았으며, 이것이 새롭게 창간하는 신문이 지향해나가야 할 방향임을 제시하고 있다. 바람직한 신행과 수행문화를 제시함으로써 불자들이 청정한 삶을 살아갈 수 있도록 기여해야 한다는 의미도 담고 있다.

---

08   불국선원 조실 최월산 큰스님 신춘인터뷰, 대담 : 김정휴, 『법보신문』 1991년 1월 1일자.

둘째, 나라가 바로 서야 한다는 것은 불교 언론이 종교의 틀을 넘어 국가 발전과 국민 행복에도 기여해야 함을 강조한 것으로 이해할 수 있다. 부처님의 가르침은 자유, 평등, 민주주의라는 현대사회의 이념을 충분히 아우르고도 남는다는 월산 스님의 무한한 자긍심을 살펴볼 수 있다. 불교계가 대정치·대사회적 활동에 깊은 관심을 가져서 국민을 행복으로 이끌어야 한다는 시대정신도 역설하고 있다. 월산 스님은 이후 『법보신문』과의 인터뷰에서도 불교계가 그동안 국가·사회발전이라는 본래적 사명에 충실하지 못했음을 안타까워하며, 이 같은 현상이 지속되면 한국불교가 심각한 위기에 직면할 수 있음을 경고했다.

이제 불교도 소승적 안목과 집착에서 벗어나 사회구원의 지평을 넓힐 때가 됐지. 돌이켜보면 그동안 불교는 본래적 책무와 사명을 다하지 못하고 집안싸움으로 많은 시간을 소비했어. 80년대 역사의 변화를 슬기스럽게 수용도 못했을 뿐 아니라 오늘의 변혁을 대처해 나아갈 개혁의 주체세력도 없고 90년대 불교의 좌표와 방향을 집행부와 종회도 제시하지 않고 있어. 만약 지금처럼 사회변화가 가속화되고 있는 이때에 불교가 미래에 대한 비전 없이 역사의 변혁을 외면한다면 불교는 이 땅에서 새로운 위기를 맞을 거야. 지금이야말로 사고와 의식의 혁명적 전환을 통해 교단을 혁신해야지.[09]

09   불국선원 조실 최월산 큰스님 신춘인터뷰, 대담 : 김정휴, 『법보신문』 1990년 1월 1

월산 스님의 관점은 오랜 세월 화두를 들고 깨달음의 길을 걸어온 선수행자라는 점에서 더 각별한 의미가 있다. 선이 개인의 완성을 넘어 사회 속에서도 그 가치를 발현할 수 있어야 한다는 신념을 표명하고 있다. 월산 스님은 불교계가 국가와 사회 속에 뛰어들 수 있도록 독려하고 방향을 제시해야 하는 것을 불교언론의 중요한 역할로 파악하고 있음을 알 수 있다.

셋째, 통합을 이뤄야 한다는 것은 언론이 단절과 배타성에 매몰되지 않아야 하며 포용성을 적극 지향해야 한다는 뜻을 담고 있다. 월산 스님은 출가 이후 참선수행을 지속했고 깨달음 이후에도 입적 때까지 납자들을 지도했던 선승이다. 자신이 머무는 방에 육조 진영을 모셨으며, 하동 쌍계사 육조정상탑을 매년 거르지 않고 참배했을 정도로 스스로 육조혜능의 후학임을 늘 자부했다.[10] 그럼에도 월산 스님은 놀랍도록 열린 사고를 견지하고 있으며, 부정적인 이미지가 강했던 기복불교나 무당불교에 대해서도 포용적인 태도를 견지했다.

기복(祈福)이란 말은 종교의 가장 기본적인 바탕이라고 봅니다. 누구든지 복 받고 건강한 것을 싫어하는 사람이 있나요 중생들은 모두 노득심이 있지요. 그것을 어떻게 승화하느냐가 문제가 되지요. 개인의 행복과 영달에서 사회전체의 행복과 영달을 추구하게 하는 보

일자.

10   운성 스님, 「「금오문중의 위상과 성격」에 대한 토론문」, 『대각사상』 제32집, 대각사상연구원, 2019, p.207.

살 사상도 역시 차원 높은 기복이지요. 흔히 기복불교를 욕하는데 진정한 기복의 의미를 아는 일이 더욱 중요하다고 봐요. 부처님도 중생의 의원이 되고 빛이 되고 식량이 되고 그렇게 되라고 했거든. 그런 의미에서 불교가 더욱 적극적으로 사회에 참여도 하고 병원도 만들고 무당불교든 무엇이든지 부처님의 명호아래 모여서 갖가지 방편으로 중생을 이익되게 해야 되리라고 봅니다. 참선하는 이는 참선 잘하고 사판(事判)하는 이들은 일 잘하고 그게 다 불교 발전이라면 무엇이든지 열심히 해야지요. … (중략) … 내 개인으로는 화두 하는 것을 주장하지만 불교 전체를 봐서는 여러 가지 모든 종파가 다 필요하다고 봅니다. 개인은 불교 전체가 아닙니다. 그러므로 개인의 의견이 전체 불교의 앞길을 가로막는 어리석음은 피해야 된다고 생각합니다. 수도장은 수도장답게 포교당은 포교당답게 각기 특징을 가지면서도 유기적인 관련을 가지고 있어야만 진정한 불교의 발전이 되리라고 생각합니다.[11]

월산 스님은 서로 다른 것을 동일하게 만드는 획일적인 통합이 아니라 서로 다른 그대로를 인정한 채로 중생의 이익이라는 하나의 목표를 향해 나아가는 것을 통합이라고 보았다. 그럴 때 화합할 수 있으며 불교발전에 기여할 수 있다는 것이다. 『법보신문』이 특정 종단의 입장에서 벗어나 범불교지를 지향하겠다는 선언은 시대상황에 따른

---

11   「불국선원을 찾아서 : 염화실의 미소 - 월산」, 『월간 해인』 31호, 1984.9.

즉흥적인 방편이 아니라 월산 스님의 평소 지론에서 비롯됐음을 알 수 있다.

넷째, 대자대비의 불을 밝혀야 한다는 것은 언론이 중생구제에 앞장서야 한다는 뜻으로 해석될 수 있다. 여기서 중생은 짓눌린 사람, 억울한 사람, 가난한 사람, 병든 사람들을 지칭하고 있지만 넓은 의미에서 국민과 인류 전체까지 포괄하고 있다. 실권자들이나 저명한 이들의 목소리만 담아낼 게 아니라 고통 받고 소외된 이들의 목소리에 귀기울여야 하며 이것이 곧 부처님이 깨닫고 실천한 진리라는 것이다.

월산 스님이 창간사에서 제시하고 있는 청정, 사회참여, 통합, 대자대비는 곧 수행, 포교, 화합, 보살행의 다른 이름이라고 할 수 있다. 이는 출·재가를 막론하고 모든 불교인들이 지향해야 할 실천 강령인 동시에 불교언론이 존재해야 할 당위성이기도 하다.

IV. 『법보신문』의 월산 스님
    유지 계승 활동

1. 탄생과 성장 (1988~2005)

『법보신문』은 1988년 5월 16일 창간호를 시작으로 33년째 매주 발간
해오고 있다. 초대 발행인 월산 스님이 밝힌 '존경진리, 굴복아만, 공
명정대'의 실현을 목표로 한국불교가 청정하고, 사회에 기여하며, 자
비정신을 실천하기 위한 길을 걷고자 했다. 교계 상황을 냉철히 파악
하고 비불교적, 비승가적인 요소들에 대한 비판을 주저하지 않았다.
외압에 꺾이지 않으려 했으며, '좋은 게 좋은 것'이라는 해묵은 관행
의 고리를 끊고자 했다. 불교계 내부에서 자정의 목소리와 새로운 불
교 흐름을 만들어갈 비판그룹이 성장할 수 있도록 관련 기사를 비중
있게 다뤄 불자들의 관심을 환기시켰다. 대승불교승가회가 추진하는
노동·인권운동이나 불교인권위원회의 보안법 폐지 및 양심수 석방
등 재야단체 활동을 머리기사로 실었다. 인권·재야·청년단체 및 일반
불자들의 목소리에 주목하고 관련 기사를 적극 담아냈고, 그 목소리
를 결집시켜 여론이 형성될 수 있는 창구가 되고자 노력했다.

특히 정부, 공공기관, 타종교계의 종교편향에 대해 과감한 비판과

시정을 요구했다. 이 같은 시도는 공감과 찬사를 받는 동시에 총무원 출입 금지를 비롯한 불교계 내부는 물론 외부의 저항을 불러일으키고 예의주시토록 했다. 당시 활동했던 『법보신문』 기자의 회고는 그때 상황을 잘 보여준다.

> 정부 집권층에서 보면 달갑지 않은 기사가 1면 머리를 장식하기도 했지요. 당시 안기부, 보안사, 치안본부, 종로서 등의 '관선기자'(정보 수집 활동을 하는 기관원의 별칭)들은 이번 신문엔 어떤 기사가 나오느냐며 물어오는 일도 빈번했습니다. 『법보신문』 기사의 크기나 논조, 그리고 기자들의 움직임이 기관 정보 보고의 대상이 되는 시절이었습니다.[12]

이 같은 상황에서 기자들은 위기의식을 느꼈고, 언제든 연행될 수 있다는 사실을 알았다. 그럼에도 『법보신문』 기자들은 1992년 4월 7일 불교계 언론 최초로 기자윤리강령 선포식을 가졌고, 이를 통해 비불교적·비승가적 행위와 타락·부정부패를 거부하고 부단한 자기혁신과 도덕적 결단으로 언론 본연의 자세를 지켜나갈 것을 다짐했다. 또 외부 간섭이나 압력에 의한 편집권의 침해를 막기 위해 모든 노력을 다할 것과 국민과 불자들이 알아야 할 진실을 밝히며, 불의와 부

---

12 「창간 30주년 특별인터뷰 - 최승천 조계종출판사 부문사장」, 『법보신문』 2018년 11월 28일자.

정에 대한 비판자로서 봉사하고 정법구현에 앞장서겠다고 밝혔다.[13] 이는 월산 스님의 『법보신문』 창간 이념으로서 지금도 『㈜법보신문 사 사규 및 취업규칙』의 제97조(윤리강령)에 '언론 본연의 역할을 수행하기 위해 『법보신문』 기자 윤리강령을 채택, 92년 4월 1일부터 시행하며 이에 대한 심의는 편집국장, 부·차장을 위원으로 하는 윤리위원회에서 담당 한다.'고 명시해 이를 준수토록 하고 있다.

『법보신문』은 윤리강령 제정 후 파사현정의 비판에 더 적극 나섰

---

13 『법보신문 기자 윤리 강령』
 1. 언론자유의 수호
  가. 우리는 외부 간섭이나 압력에 의한 편집권의 침해를 막기 위해 모든 노력을 다한다.
  나. 우리는 수사 정보기관의 신문사 출입 및 신문제작과 관련한 불법연행을 거부하며, 부당하게 연행되었을 때에는 원상회복을 위해 힘을 합쳐 대처한다.
 2. 보도의 책임
  가. 우리는 상업주의 선정주의 언론을 배격한다.
  나. 우리는 국가와 민족 등 모든 부문의 중대사에 관하여 국민과 불자들이 알아야 할 진실을 밝힌다.
  다. 우리는 불의와 부정에 대한 비판자로서 봉사하며, 정법구현에 앞장선다.
  라. 우리는 독자의 반론권을 보장한다.
  마. 우리는 잘못 보도한 것이 확인되었을 때 이를 인정하고 바로 잡는다.
  바. 우리는 기사의 출처를 밝히지 않기로 한 약속을 반드시 지키며 기사내용을 제공한 사람을 보호한다.
 3. 품위유지
  가. 우리는 윤리강령에 어긋나는 금품을 정중히 사절한다. 금품이 자신도 모르는 사이에 전달되었을 때에는 되돌려 보낸다.
  나. 우리는 신문사의 지위를 이용하여 부당한 이익을 얻거나 그 밖의 개인적 이득을 꾀하지 않는다.
  다. 우리는 취재에 필요한 경비를 스스로 부담한다.
  라. 우리는 언론활동 이외의 목적으로 자료를 수집하지도, 정보를 제공하지도 않는다.

다. 1992년 MBC가 10년 넘게 지속해오던 조용기 순복음교회 목사의 선교방송 저지를 위해 김재일 보리방송모니터회장 등과 연대해 2개월에 걸친 끈질긴 보도를 통해 부당함을 알림으로써 결국 방송중지를 이끌어냈다. 1993년에는 17사단 전차대대에서 불상을 쌀 포대에 담아 야산에 버린 훼불사건이 벌어졌을 때 『법보신문』은 사건의 전말을 알리고 불교계의 공분을 담은 기사를 지속적으로 보도해 국방부장관의 사과를 이끌어내는 데 결정적인 역할을 담당했다. 장로대통령이었던 김영삼 정권(1993~1998)이 부활절을 내세운 검정고시 일정 변경, 대통령 국방부 예배 참석 등 종교편향 행위에 대해 집요하리만치 파고들어 정부의 사과를 받아냈다.

1994년 종단개혁 때도 『법보신문』은 두드러졌다. 신문발행 중단이라는 초유 사태를 겪으면서도 기자들은 『편집국뉴스』를 발행해 개혁의 염원을 모으고 실천을 이끌어냈다. 『법보신문』은 종단개혁의 진행 상황을 가장 빠르고 정확히 알렸으며, 이로 인해 뜨거운 지지와 후원이 이어졌다.[14] "조계종분규가 종단개혁의 물꼬를 튼 데는 분규의 진상을 알리기 위해 꼿꼿한 자세로 필봉을 휘둘렀던 『법보신문』 기자들의 공도 크다."는 일반 언론의 평가도 있었다.[15] 『법보신문』은 불교

---

14 『법보신문』 1994년 6월 6일자에 따르면 1994년 4월부터 5월 30일까지 총 18,789,320원의 후원금이 답지했다. 편집국뉴스 제작·발송비·교통비 등에 11,381,950원을 지출했으며, 나머지 7,407,370원은 한국불교기자협회에 전달해 1993년 10월 27일 별세한 『법보신문』 선원빈 편집국장의 이름을 딴 '선원빈기자상'을 신설, 불교언론발전을 위한 공익기금으로 회향했다.

15 「법보신문 종단개혁 "큰공"」, 『한국일보』 1994년 4월 14일자.

개혁의 상징이었으며, 불교의 자주성과 권익을 훼손하는 사안에 대해서는 한 치 물러섬이 없는 한국불교의 든든한 외호세력으로 인식됐다.

『법보신문』은 불교계 내의 여성 차별 문제도 집중적으로 다뤘다. 1990년 7월 '불교계 여성 지도자가 없다.'는 1면 기사를 시작으로 여성 불자들의 역할과 중요성을 지속적으로 다뤘다. 특히 1992년 11월 2일자를 시작으로 9회에 걸쳐 '불교의 여성관 – 성의 속박에서 평등으로'이란 제목으로 해주 스님이 여성성불 의미, 초기경전 속의 재가 여성상, 여성출가와 비구니교단, 장로님들의 수행과 득도, 불신관(佛身觀)의 변천과 여성성불, 대승경전에 보이는 여성상, 중국 전등사에 보이는 여성들, 한국불교사를 통해본 여성불자, 현대여성과 한국불교 등 여성불교와 관련된 제반문제를 심층적으로 다뤄 큰 반향을 불러일으켰다. 이후로도 출·재가 여성불교 단체 및 여성불자의 활동을 꾸준히 소개했으며, 지금까지도 여성불교는 『법보신문』 지면에서 큰 비중을 차지하고 있다.[16] 이와 함께 이기영, 리영희, 고은, 박완서, 이이화, 도법 스님, 신경림, 윤청광, 공종원, 박성배, 백경남, 한승원 등 뛰어난 논객과 문인들이 담당했던 「법보정론」, 「법보시론」 등도 불자들에게 불교와 세상을 보는 바른 견해를 제시했다.

---

16 1991년에는 하춘생 기자가 교계 언론 최초로 비구니스님을 집중적으로 다루는 '한국의 비구니'를 매월 1회씩 총 10회에 걸쳐 연재했으며(1991.1.28.~1991.12.9.), 2016년에는 남수연 기자가 '한국불교 비구니 리더'라는 제목으로 약 15개월간(총 27회) 격주로 원로 비구니스님을 취재해 전면에 다뤘다(2016.1.1.~2017.3.22.).

『법보신문』은 어려운 상황에 놓인 이웃을 돕기 위한 노력에도 주력했다. 1994년 르완다 난민 돕기, 1995년 거룩한 만남, 1996년 북한 동포돕기, 2001년 통일 자비릴레이 캠페인, 2002년 콩고난민 돕기, 2003년 무의탁 소년소녀 가장 돕기 등 다양한 캠페인을 통해 한국불교계의 자비 손길이 세계 곳곳에 전해질 수 있도록 불교여론을 선도해나갔다.

그러나 『법보신문』도 불교계의 부침으로부터 자유로울 수는 없었다. 불국사의 전폭적인 재정 지원은 신문사의 안정된 운영에 크게 기여했지만 상대적으로 지원여부에 따라 신문사가 언제든 문을 닫을 수 있는 취약한 구조임을 의미했다. 첫 위기는 1993년 4월 1일『법보신문』 직원들이 불교계에선 처음으로 노동조합 창립총회를 열고 4월 3일 종로구청에 설립신고를 마치면서부터다. 직원들은 고용 안전, 근로조건 유지·개선 등을 목적으로 만들었지만 지원 사찰로서는 부담스러울 수밖에 없었다. 노조 인정 여부를 둘러싸고 갈등을 빚는 가운데 불국사는 "만성적자 누적"을 이유로 폐업을 결정했고, 직원들에게 통보됐다. 신문 발간도 잠정적으로 중단됐다. 불과 몇 해 만에 괄목할 성장을 해왔던 『법보신문』이 폐업에 내몰림에 따라 세간의 관심을 모았다.[17] 『법보신문』 폐간에 따른 교계 안팎의 여론이 극히 악

---

17   "『법보신문』은 개혁을 주창하면서 현 총무원체제에 반기를 든 이론가들의 결집장 노릇을 해 '법보사단'이라는 별칭을 낳기도 했다. 이 와중에서 최고 부수 2만7천여 부를 기록하는 등 조계종이 직영하는 불교신문과 쌍벽을 이루면서 개혁지향지로서의 위상을 굳혀왔다. 그러나 올해 초 구성된 10대종회를 전기로 세력판도가 현 총

화됨에 따라 당시 발행인이었던 종원 스님은 4월 11일 "그동안 각지의 스님들로부터『법보신문』의 필요성과 영향력을 확인했다."며 사실상 폐간 철회의사를 밝혀 사태가 일단락됐다. 이와 관련해『법보신문』이 제14대 대선정국과 훼불사건 당시 불교계 여론을 이끄는 견인차 역할을 했기에 폐간철회가 가능했다는 평가가 나오기도 했다.[18]

우여곡절을 겪으며 어렵게 정상화된『법보신문』은 5년 뒤인 1998년 8월 불국사 주지 교체 이후 "3개월 해고예고" "신문사 출입금지" 등 조치가 단행되고 이에 맞서 "언론탄압"을 주장하며 다시 심각한 갈등 상황으로 치닫기도 했다.[19] 그리고 2005년 11월 9일 새로운 발행인 종상 스님이『법보신문』재산권 및 운영권 일체를 직원들에게 전격 이양하면서, 불교계에서는 최초로 특정 사찰이나 종단의 독점적 영향권에서 벗어나 사부대중 모두가 진정한 주인으로 참여할 수 있는 독립 언론으로 첫발을 내딛었다.

『법보신문』의 독립은 불교언론사의 새로운 이정표를 제시한 사건이었다. 그러나 독립 언론은 어디에 치우치지 않는 독자적인 목소리를 낼 수 있다는 장점이 있는 반면 안정적인 재정 지원이 중단됨을

무원 쪽으로 기울자 광고수주격감 등 재정압박이 표면화된 상태다. 이 때문에『법보신문』폐업 소식이 나돌자 총무원 안팎에서는 불국사쪽이 효용가치가 떨어진 신문 적자를 빌미로 용도 폐기한 것이라는 분석이 제기되기도 했으며, 불국사 내부에서는 아직 폐업 여부에 관해 견해차가 가시지 않은 것으로 알려져 있다." 「노조파동 법보신문 폐간 모면」, 『한겨레신문』1993년 6월 13일자.

18 「노조파동 법보신문 폐간 모면」, 『한겨레신문』1993년 6월 13일자.

19 「법보신문이 흔들린다」, 『한겨레신문』1998년 9월 12일자.

뜻했다. 그 문제를 타개할 해답은 초대 발행인 월산 스님이 천명했던 '존경진리, 굴복아만, 공명정대'라는 창간 정신에서 찾을 수밖에 없었다. 부처님의 가르침을 신수봉행(信受奉行)하며, 비판과 자비의 양 날개를 견지하고, 치우침 없이 공정한 언론을 지향하는 것이 불교언론의 본령이며 그럴 때 불자들의 지지를 이끌어낼 수 있기 때문이었다. 『법보신문』은 2005년 12월 19일 한국불교역사문화기념관에서 '『법보신문』 새 출발 축하의 밤' 행사를 개최하고 부정과 불의, 부패와 타협하지 않을 것, 불편부당하고 공평무사한 태도를 견지할 것, 불우하고 소외된 힘없는 이들의 후원자가 될 것, 청렴하고 겸손한 자세를 잃지 않을 것을 대중 앞에 약속했다.[20]

2. 독립언론의 길(2006~2021)

『법보신문』은 독립 후 바람직한 수행·신행문화 확산에 주력했다. 2006년 '7인 선사 초청법회', 2008년 '5인 선사 초청대법회' 및 '5인 대강백 초청법회'를 열었으며, 2013년에는 불교계를 대표하는 힐링 멘토인 법륜, 정목, 마가, 혜민 스님을 조계사에 초청해 힐링 열풍을 주도했다. 2014년 『법보신문』이 조계종 신행수기를 기획, 발의, 시행한 것도 매우 뜻깊다. 조계종이 주최하고 『법보신문』과 〈불교방송〉

---

20   「법보신문 독립언론 새 출발 공표」, 『법보신문』 2005년 12월 28일자.

이 공동주관하는 신행수기 공모에는 매년 수백 명이 참여하면서 불자들의 신심고취와 신행의 방향을 제시하고 있다. 2016년에는 조계종 중앙신도회와 '불자답게 삽시다' 캠페인을 전개해 불자들의 신행이 사찰을 벗어나 가정과 사회에 확산될 수 있도록 이끌었다. 법보신문은 스님과 불교학자들의 논의 과정을 거쳐 선정한 37개의 실천항목을 제시하고 집·차량에 부착하는 스티커를 제작 배포했다. 그 결과 그해 '불자답게 삽시다'에 82,055명이 동참하는 성과를 가져왔다. 2016년부터는 매월 불교미술사학자와 떠나는 '삼국유사 성지순례'를 기획해 3년간 실시했으며, 부탄·스리랑카 등 불교국가 성지순례를 열어 신심고취와 불자들의 견문을 넓히기 위한 활동을 계속해왔다.

2008년 1월 시작한 '이주민에게 희망을 보시합시다' 캠페인은 우리사회의 새로운 소외계층인 200만 명의 이주노동자 및 다문화 가정를 돕는 새로운 시도였다. 매달 모금운동을 전개해 2015년까지 약 10억 원의 성금을 이주노동자 및 다문화가정에 전달할 수 있었다. 2016년 8월, 체계적인 지원활동을 위해 공익법인 일일시호일을 출범해 2021년 8월 현재 17개국 160여 명 각각에 300~2,500만 원의 성금을 전달했다. 이런 가운데 올해 4월에는 일일시호일이 『영등포구 건강가정다문화가족지원센터』 지원단체로 선정됐으며, 향후 지원·위탁시설을 더욱 확대해 나갈 계획이다. 또 『법보신문』 주최로 2019년 12월 1일 한국에서 활동하는 미얀마, 스리랑카, 태국, 캄보디아, 네팔, 베트남, 몽골, 줌머인(방글라데시) 등 8개 국가의 법당 및 공동체들이 참여하는 한국다문화불교연합회를 창립해 이들이 자율적인 활동을 이어

가도록 돕고 있다.[21]

『법보신문』은 출판을 통한 전법활동에도 적극 나섰다. 1991년 『깨침의 미학』, 『큰스님』을 시작으로 간헐적으로 출판을 했지만 2014년에는 도서출판 모과나무를 설립해 이를 본격화했다. 『불교, 기독교를 말하다』, 『성철평전』, 『한국의 사찰숲』, 『마음밥상』 등 40여 종이 넘는 책을 펴냈고, 불교출판계 최고상인 불교출판문화대상과 세종도서(구 문화체육관광부 우수교양도서)에 다수 선정되는 등 불교전문출판사로 성장했다. 2020년 6월 모과나무와 조계종출판사의 합병을 통해 『법보신문』은 출판 관련 지적재산권과 콘텐츠 등 일체를 조계종출판사에 양도하고, 출판사 주식 30퍼센트 양도, 출판사 대표이사 추천권 및 대표이사 경영권 보장 등 항목에 합의해 출판사업의 전문성과 영역 확대에 기여하고 있다. 2019년 3월부터는 조계종 총무원장 원행 스님을 시작으로 법보신문을 교도소, 군법당, 관공서 등에 보내기 캠페인을 전개해 좋은 평가를 얻고 있다.

『법보신문』은 독립 후 소외 이웃돕기, 신행과 전법에 매진하되 불교계 안팎에서 잇따르는 훼불과 비불교적 행위에 대한 비판의 고삐도 늦추지 않았다. 이명박 전 대통령의 서울시장 재직 당시 "서울시 봉헌", 2007년 대선 당시 이명박 후보 부인의 법명 거짓말을 보도하는 등 종교편향을 지적했다. 특히 2008년 이명박 정부 출범 후 국토해양부의 대중교통시스템인 '알고가'에 사찰이 누락된 사실을 단독 보

---

21   「이주민 향한 편견 허무는 마중물 되겠습니다」, 『법보신문』 2019년 12월 11일자.

도하고, 경기여고에서 일어난 불교문화재 매립 사건도 가장 먼저 보도해 심각한 종교편향의 실태를 알려나갔다. 종교편향에 대한 잇따른 보도들은 2008년 8월 27일 서울광장에서 20만 불자들이 동참해 정부를 규탄하는 범불교도 대회로 이어졌으며, 『법보신문』은 이 같은 공로로 그해 12월 17일 조계종 불교언론문화상 대상을 수상했다.

이후에도 2014년 4월 한국연구재단이 종교분야 책임전문위원 선정과정에서 기독교와 가톨릭은 포함하면서 불교는 배제한 사실을 알리고 이를 심층 취재했다. 그 결과 한국연구재단은 5월 20일 종교분과 불교학 전문위원을 선임하겠다는 입장을 약속했다. 또 기독교계가 자행한 전국 사찰에서의 '땅 밟기', 인도 마하보디사원 대탑 훼불행위를 비롯해 올해에도 부산·창원 등 지역에서 3월 말까지 크리스마스트리를 존속하는 행위, 국·공립 합창단 찬송 공연, MBC의 나눔의집 편파방송 집중 보도, 해외순방 때마다 성당을 들러 자신의 종교색을 노골적으로 드러내고 있는 문재인 대통령의 친가톨릭 행보, 남한산성과 천진암 등을 잇는 경기도 광주시의 가톨릭 순례길 조성 심층 보도 등 공권력·방송사의 종교편향과 타종교계의 훼불행위로부터 불교를 외호하는 데 앞장섰다.

불교계 내부의 자정 노력에도 크게 공헌했다. 2007년 4월, 조계종 제23교구본사 관음사가 종헌종법을 무시한 산중총회를 잇달아 강행하고 해당 말사 주지의 동의 없이 측근을 조계종 총무원에 말사주지로 품신 신청을 하는 등 제주불교를 파행으로 몰아넣고 있어 이를 집중적으로 비판했다. 이어 종단의 대응을 비롯해 지역 사찰과 불교단체들의 개혁요구, 소송과정 등 4개월간 50여 건의 기사를 통해 이 문제를 집요하게 다룸으로써 특정인이 좌지우지했던 '회주 중심제'를 폐지하고 제주 관음사가 정상화되는 데 결정적으로 기여했다.

2007년 2월, 조계종유지재단이 위탁받아 부천 석왕사가 운영하던 부천 스포피아에서 발생한 억대의 공과금 미납분 등을 조계종에 떠넘겨 종단 복지사업의 근간을 흔들었다고 비판받은 사건을 집중 보도했다. 2009년 4월 또다시 부천 스포피아의 실질적 운영자였던 석왕사 주지가 직원들의 월급과 퇴직금을 지급하지 않아 조계종 유지재단의 통장이 압류당하는 초유의 사건이 발생한 것과 관련해 이를 비판하는 내용을 지속적으로 다뤘다. 이로 인해 긴 소송에 휩싸이기도 했지만 2011년 법원이 『법보신문』의 비판보도가 정당했다고 최종 판결함에 따라 일단락됐다.

2008년에는 태고종 총무원장이 사찰을 교회에 매각한 사건을 비롯해 각종 비리 의혹을 지속적으로 보도해 태고종 개혁의 단초를 마련했으며, 2010년에는 당시 해인사 주지의 부동산매각과 무리한 납골사업으로 고불암 무량수전이 경매에 넘어간 일 등을 집중적으로 보도해 법보 종찰의 파행을 막고자 했다. 2010년에는 값싼 납·FRP 소재의 불상이 매년 10만여 건이나 유통되는 상황과 이것이 환경 및 인체에 유해해 예배 대상으로는 부적절하다는 내용의 기사를 집중적으로 보도했으며, 관련 전문 학자들이 참여하는 학술대회도 직접 개최해 이 같은 그릇된 관행을 끊고자 했다.

2013년에는 국가예산을 지원받아 진행한 전통사찰 방재시스템 구축의 부실화를 우려하는 기사를 연이어 다뤘으며, 2014년에는 동국대 불교학술원장의 파행운영과 폭언을 고발하는 기사들을 보도해 불교학술원의 변화를 이끌어냈다. 특히 2012년 선학원 이사장이 불통과 파행으로 치닫는 상황에서 『법보신문』은 온갖 소송을 감수해가며 이사장과 10여명의 이사들이 정관과 분원관리규정을 통해 분원장을 옭아매고 이의제기조차 못하도록 만드는 비불교적 행태를 비판하는 기사를 10여 년째 다루어 오고 있다.

이에 앞서 2012년 문화재청이 연등회를 일제강점기 이후 정통성이 훼손됐다며 문화재지정을 거부하는 상황에서 법보신문은 연등회의 기원, 전래과정 등을 조명한 기획기사를 잇따라 보도해 문화재지정의 당위성을 역설했다. 결국 문화재청은 이 같은 불교계 여론을 수용해 연등회를 중요무형문화재 제122호로 지정했으며, 법보신문은 불교언론문화상 신문부문 최우수상을 수상하기도 했다.

『법보신문』은 지성불교 견인에도 크게 이바지했다. 2009년 권오민 경상대 교수의 "대승경전을 불설이 아니라고 주장하는 것은 불교사상사에 대한 무지와 폐쇄적인 신념에 기초한 것이며, 아함경과 니까야 또한 붓다의 친설로 볼 수 없다."는 파격적인 주장을 보도했다. 이를 시작으로 마성 스님, 전재성, 황순일, 조성택, 안성두 교수 등 많은 학자들이 논쟁에 동참하면서 불교학의 대중화에 크게 기여했다는 평가들을 받았다.[22] 또 『불교평론』이 2015년 여름호(통권 62호)에서

---

22   조인숙, 「불설과 비불설 논쟁에 관한 소고」, 『문학/사학/철학』 제18호, 2009.; 황순

특집으로 다룬 '현대 한국불교 10대 논쟁'에서 대승불교 정체성·기복불교·사띠·민족불교 논쟁 등 『법보신문』 지면을 통해 이뤄졌거나 직접적으로 관련된 주제가 절반이어서 『법보신문』이 지성불교의 견인차 역할을 하고 있음이 확인됐다. 2020년 11월 전국선원수좌회가 해인사에서 개최한 좌담회에서 제기된 "좌선일변도의 수행만으로는 못 깨닫는다."는 기사를 시작으로 이와 관련한 기사 및 관련 기고들을 통해 한국선수행의 새로운 변화 방향과 가능성을 모색해 큰 반향을 불러일으켰다.[23]

이 같은 노력은 한국불교를 외호하고 불교계의 긍정적인 변화를 주도했다는 긍정적인 평가들로 이어졌다. 『법보신문』 논설위원으로 오랫동안 활동했던 보광 스님의 평가는 『법보신문』이 지금까지 걸어온 역사이자 향후 지향점이며, 『법보신문』이 월산 스님의 창간 이념을 유지·계승하는 일이기도 하다.

『법보신문』은 파사현정의 기치로 어떠한 어려움이 있더라도, 혹은 누가 대단히 미워하더라도 바른 소리를 하고, 잘못된 것을 파헤치고

일, 「초기불교의 시원론 논쟁」, 『불교평론』 62호, 2015.

23   「좌선 일변도 수행만으로는 못 깨닫는다」, 『법보신문』 2020년 11월 25일자.; 윤창화, 「전등록 1000여 선승 중 좌선하다 깨달았다는 이가 있나」, 『법보신문』 2020년 12월 16일자.; 윤창화, 「한국 선은 지금 지독한 '좌선병'에 걸려 있다」, 『법보신문』 2021년 2월 3일자.; 일진 스님, 「한국 스님들 못 깨닫는 결정적인 이유 있다」, 『법보신문』 2021년 2월 10일자.; 윤창화, 「한국선불교는 불립문자 곡해해 무지 정당화했다」, 『법보신문』 2021년 3월 10일자.; 윤창화, 「선원에서 자취 감춘 법거량 … 지금 한국선이 위험하다」, 『법보신문』 2021년 6월 23일자.

만다. 어느 누구도 말하기를 기피하는 것을 과감히 말한다. 그렇다고 하여 무조건 하는 것은 아니다. 불교를 엉망으로 만들고 훼불행위를 하기 위한 것은 결코 아니다. 이 썩은 부분을 그대로 두었다가는 불교가 큰일 나겠다 싶은 것을 가려서 파헤친다. 불교를 상처내기 위해서나 혹은 어느 개인이나 정파의 이익을 위해서가 아니라 불교를 올바른 정법으로 인도하고 치유하기 위해서 펜을 잡는다. 그래서 그들의 논지는 반드시 불교의 이익과 발전을 위하는 길만을 선택하고 있다.[24]

V. 맺음말

『법보신문』은 격변의 시기에 탄생했고, 그동안 불교언론계에도 많은

---

[24] 보광 스님, 「법보신문이 사랑 받는 이유」, 『법보신문』, 2009년 6월 3일자. 보광 스님은 이 글에서 "법보신문은 나에게 오면 일단 난도질을 당한다. 갈기갈기 찢겨져서 다른 대중들이 볼 수 없을 경우가 많다. 이리 오리고 저리 오려서 필요한 부분을 스크랩한다. 나는 어느 신문이나 잡지를 만나게 되면, 먼저 무엇을 스크랩할 것인가를 생각하면서 읽는다. 그런 면에서 본다면, 나의 기준으로는 나에게 난도질을 많이 당하는 신문일수록 필요한 신문이다."라며 『법보신문』의 자료 가치도 높이 평가했다.

변화가 있었다. 『법보신문』 이후 『한국불교』, 『해동불교신문』, 『대한불교』, 『시대불교』, 『관음불교』, 『동국불교』, 『경기불교』, 『한라불교』, 『대구불교』, 『정토불교』, 『현대불교』, 『우리불교』 등이 잇따라 창간했다. 그러나 대부분 신문들은 재정난 등으로 2000년대로 진입하지 못하고 발행이 중단됐으며, 종이활자의 사양 흐름 속에서 남은 신문들도 성장보다 침체를 면치 못하고 있다.

『법보신문』은 그동안 논란과 쟁점의 한가운데 뛰어들어 사안을 주도했으며, 그것은 재정적으로 기댈 곳 없는 독립언론의 숙명이기도 했다. 특정인, 특정사찰, 특정종단에 과도하게 치우칠 경우 스님들과 불자들의 외면을 초래하고 결국 존립이 어려울 것이 분명하기 때문이다. 더욱이 직설적인 비판을 표방하는 인터넷 매체의 등장 속에서 종이 신문은 불교계 부조리에 대한 비판과 불교계 전체의 이익 실현이라는 두 축의 경계선에서 균형을 잡아야 하는 것이 새로운 과제로 떠올랐다. 자칫 비판에 과도하게 치우치면 비판 그 자체만에 몰두하고 수용자를 감정적으로 자극해 불교에 대한 불신감을 확산시킬 수 있기 때문이다.[25] 『법보신문』은 이를 인식하고 비판과 호교(護教)의 경계선에서 균형을 잃지 않으려 애썼다. 불교계에 꼭 필요한 언론이 되고자 노력했고, 다행히 다수의 조계종 불교언론문화상과 한국불교기자협회의 한국불교기자상을 비롯해 재단법인 대한불교진흥원의 대원상, 묘엄불교문화재단의 묘엄불교문화상, 부산불교사회복지·

---

25   김관규, 「불교언론, 어떻게 비판해야 하나」, 『법보신문』 2015년 11월 4일자.

청소년기관협의회의 사회복지언론상, 재한줌머연대의 감사장, 주한 네팔대사관 감사패, 재 대한민국 스리랑카 대사·일동의 감사패 등을 받는 영예를 누릴 수 있었다.

월산 스님은 발행인 창간사에서 "잠들지 않고 쉬지 않고 게으르지 않으며 굽힘이 없고 쓰러짐이 없고 부서짐이 없는 목탁을 만들었다. …『법보신문』은 목탁이 되어 영원할 것이다."라고 명시했다. 이는『법보신문』이 불교적인 정체성[26]과 불교언론의 사명을 잃지 않을 때 가능하며, 사훈인 '존경진리, 굴복아만, 공명정대'의 구체적인 실천이기도 하다.『법보신문』은 단순히 신문을 만들고 기사를 쓰는 자체에 목적을 두고 있지 않다. 불자들이 행복하고 불교계가 건강하고 보다 살기 좋은 세상을 만들어가는 데 기여하는 뜻 깊은 불교언론이 되는 것이 목적이다. 그것이 초대 발행인 월산 스님과 그동안『법보신문』 창간을 이끌고 유지해왔던 이들의 숭고한 뜻과 기대에 부응하는 일이기도 하다.

---

26 『법보신문』은 불교정체성 강화를 위해 매주 월요일 오전 9시 10분 전 직원들이 법당 겸 다실에 모여 법회를 여는 것으로 한 주를 시작한다. 또 매달 1회 전 직원들이 참여해 불서 등을 읽고 토론하는 독서모임을 진행하고 있으며, 기자를 비롯한 신입 사원의 경우 불교교양대학 과정 이수를 의무화하고 있다.

참고문헌

- 『월산선사법어집』, 월산문도회, 1988.
- 김순석, 『백년 동안 한국불교에 어떤 일이 있었을까』, 운주사, 2009.
- 김관규, 「불교언론, 어떻게 비판해야 하나」, 『법보신문』 2015.11.4.
- 김광식, 「월산의 생애와 사상」, 『대각사상』 제32집, 대각사상연구원, 2019.
- 김정휴, 「불국선원 조실 최월산 큰스님 신춘인터뷰」, 『법보신문』 1991.1.1.
- 김정휴, 「불국선원 조실 최월산 큰스님 신춘인터뷰」, 『법보신문』 1990.1.1.
- 덕민 스님, 「월산 큰스님의 생애와 사상」에 대한 토론문, 『대각사상』 제32집, 대각사 상연구원, 2019.
- 보광 스님, 『법보신문』 2009.6.3, 「법보신문이 사랑 받는 이유」
- 운성 스님, 「금오문중의 위상과 성격에 대한 토론문」, 『대각사상』 제32집, 대각사상 연구원, 2019.
- 월산 스님, 『법보신문』 1988.5.16, 창간사, "대자대비의 등불 밝힐터…".
- 조인숙, 「불설과 비불설 논쟁에 관한 소고」, 『문학 / 사학 / 철학』 제18호, 2009.
- 황순일, 「초기불교의 시원론 논쟁」, 『불교평론』 62호, 2015.
- 『법보신문』 2018.11.28, 「창간 30주년 특별인터뷰 – 최승천 조계종출판사 부문 사장」
- 『월간 해인』 31호(1984.9), 「불국선원을 찾아서 : 염화실의 미소 – 월산」
- 『한겨레신문』, 1993.6.13, 「노조파동 법보신문 폐간 모면」
- 『한겨레신문』 1998.9.12, 「법보신문이 흔들린다」
- 『한국일보』, 1994.4.14, 「법보신문 종단개혁 "큰 공"」
- 「언론기본법」, 『한국근현대사사전』, 한국사사전편찬회, 2005.

Abstract

Ven. Wolsan and 『Beopbosinmun』

Yi, Jae-hyung

(Beopbosinmun editor-in-chief)

Ven. Wolsan is a representative of a respectable monk who entered Seon School during the transition period of Korean Buddhism and developed Korean Buddhism. Wolsan opened the Seon Center and Buddhist Priesthood University to train many disciples and tried to renovate the temple, which had become turbid during the Japanese colonial period. He also served in major positions of Jogye Order such as President of the Jogye Order·speaker of the central council·speaker of the elders council. In addition, Wolsan's distinct achievement is the publication of 『beopbosinmun』, which is an important part of Wolsan's life that cannot be overlooked.

Wolsan, the first publisher, launched 『beopbosinmun』 on May 16, 1988 and clearly presented the direction of 『beopbosinmun』 with the motto of 'respect for truth, overcoming self-righteousness, being fair and just'. It meant accepting the teachings of the Buddha, surrendering the self-righteousness that prevails inside and outside the Buddhist world, and revealing and spreading the right things. In addition, Monk Wolsan has to purify himself in his founding speech, the four major directions: 'The nation must stand upright' 'Unity must be achieved' and 'The light of Maha-maitri-karuna must be lit.' presented

This goes beyond criticism, the role of the Buddhist media as a magistrate recording modern Buddhism, the role of a magistrate who spreads the teachings of the Buddha and leads a desirable practice and culture of practice, and the role of Buddhist Guardians in responding to hostile acts against Buddhism within and outside the Buddhist community. It can also be understood as the strict meaning of fulfilling the role of the person in charge of Korean Buddhism that suggests specific directions.

『beopbosinmun』 has led the Buddhist reforms with bold criticism of the evils of the Buddhist world since its inception, and tried to spread the Buddha's teachings everywhere. Embracing the belief in ups and downs, but not staying in the ups and downs, led them to advance toward intellectual Buddhism, ascetic Buddhism, and Juche Buddhism. He also faced hostile acts against Buddhism and tried to seek and suggest alternatives beyond criticism. In the process, sympathy, encouragement, criticism, and reprimand followed, and there were endless civil and criminal lawsuits and several crises of bankruptcy.

In the publisher's founding address, Wolsan said, "I made a moktak that never sleeps, does not rest, is not lazy, does not bend, does not fall, and does not break. ⋯ 『beopbosinmun』 will become a moktak and will last forever." This is possible when 『beopbosinmun』 does not lose its Buddhist identity and the mission of the Buddhist media, and it is also a concrete practice of its motto, 'respect for truth, overcoming self-righteousness, being fair and just'. 『beopbosinmun』 does not simply aim at making newspapers and writing articles. Its purpose is to become a significant Buddhist journal that contributes to making a world where Buddhists are happy and the Buddhist community is healthy and a better place to live. It is also to meet the noble will and expectations of Wolsan, the first publisher, and those who have led and maintained 『beopbosinmun』.

Key words

Ven. Wolsan, beopbosinmun, Buddhist press, respect for truth, overcoming self-righteousness, being fair and just, Ven. Jeonghyu, independent press

11.
금오문중의 위상과 성격*

김순석**

*   이 논문은 2019년 9월 1일, 월산문도회가 주최하고 대각사상연구원이 주관한 〈월
        산대종사의 생애와 삶〉 학술대회에서 발표한 것을 수정 보완한 것임.
**   한국국학진흥원 수석연구위원.
        ⓒ『大覺思想』 제32집 (2019년 12월), pp.17-47.

한글요약

한국 근현대 불교사에서 금오(金鳥)문중은 다음과 같은 몇 가지 점에서
중요한 역할을 하였다. 첫째, 근대사회에 단절되었던 선맥(禪脈)을 부흥시
키고, 그것을 계승하였다. 억불정책의 시기였던 조선시대를 거치면서 단
절되었던 선맥은 한말 경허(鏡虛) 스님에 의해서 부흥되었다. 경허 스님의
선맥은 만공(滿空) 스님에게 계승되었으며, 만공 스님의 제자인 보월(寶月)
스님이 그것을 이어받았다. 보월 스님은 일찍 세상을 떠났기 때문에 금오
스님에게 법을 전하지 못하였지만 만공 스님이 금오 스님에게 법을 전해
보월 스님의 뒤를 잇게 하였다.

둘째, 금오문중은 1954년부터 시작되어 1970년대에 마무리되는 이른
바 '정화불사'를 통하여 정법 수호와 수행 정진의 가풍과 기틀을 확립하
여 불교계의 모범이 되었다. 금오문중은 많은 수행자들을 배출하여 포교
와 불교대중화 사업에 진력함으로써 승가 본연의 면모를 확립하는 데 기
여하였다. 금오문중의 정법 수호와 수행 정진의 가풍 확립은 1954년 소위
'정화불사'가 시작되면서 본격화되었다. 금오 스님은 전국 비구승대회 추
진위원회 추진위원장에 선임되어 정화불사를 앞장서서 지휘하였다. 정화
불사는 불교의 정법을 수호하고 계율을 지켜나가기 위해 일어난 비구승

들의 계율 수호운동이라고 할 수 있다. 이것은 계율을 파괴하는 대처승들의 대처식육에 저항한 한국 불교의 정통성 회복운동이었다.

셋째, 금오문중은 불교대중화 사업에 헌신적으로 노력하였다. 금오 스님의 제자들 가운데 월산(月山) 스님과 범행(梵行) 스님, 월남(月南) 스님, 탄성(呑星) 스님 등은 불교계의 거목으로 성장하였으며 1천 명의 많은 제자들은 금오 스님의 가르침에 따라 불교대중화를 위해 노력하였다.

이러한 금오문중의 노력은 한국 근현대불교에서 비구승들이 주류를 형성하는 데 크게 기여하였다. 뿐만 아니라 이들은 교단의 수행풍토를 확립하고, 불교가 대중들에게 다가갈 수 있는 길을 열었다.

주제어
금오문중, 금오, 경허, 만공, 보월, 월산, 선맥, 정화불사, 대처승, 비구승

I. 머리말

금오 태전(金烏 太田, 1896~1968)은 한말 격동기에 태어나 일제강점기를 거쳐 해방 이후까지 살다간 한국 근현대 불교계에 큰 족적을 남긴 선승이다. 그의 이름은 태전이고, 법호는 금오이며, 처음 이름은 태선(太先)이었다. 근현대 불교사에서 중요한 고승들의 행적을 조명하는 일은 중요하다. 왜냐하면 이들의 행적이 오늘 불교계에 나타나는 모든 현상에 투영되어 있기 때문이며, 그들의 사상과 행적을 계승한 문도들이 불교계를 견인하고 있기 때문이다. 그럼에도 불구하고 근현대를 살다간 고승들의 업적은 잘 밝혀지지 않았다. 그 원인은 여러 가지가 있겠지만 크게 보면 다음과 같은 이유 때문이라고 하겠다. 첫째, 근현대 불교사가 조명되기 시작한 시기가 얼마 되지 않았으며, 연구자의 숫자 또한 많지 않기 때문이다. 둘째, 문자를 중시하지 않은 선불교(禪佛敎) 전통으로 인하여 고승들의 행적과 사상을 살펴볼 수 있는 문집을 비롯한 문헌자료 발굴이 쉽지 않은 것도 이유 중의 하나이다. 셋째, 불교 교단과 해당 문손들이 고승들의 행적과 사료 발굴 그리고 현창 사업을 소홀히 한 탓도 있다고 하겠다. 지금부터 근현대 고승들의 위업을 기록으로 남기는 사업을 시작하고자 한다면 한 가지 유의할 점이 있다. 그것은 특정 고승의 행적을 지나치게 미화하여 본 모습을 가리지 말아야 한다. 어떤 인물이든 공(功)과 과(過)가 있기 마련인데 공은 지나치게 과대포장하고 과는 언급을 하지 않는다면 객관적이지 못하다는 평가를 면할 수 없다.[01]

금오문중의 성격과 위상에 관해서는 여러 가지 견해가 있을 수 있 겠지만 필자는 주로 다음과 같은 면에 주목해 보고자 한다. 첫째, 금오문중은 근대사회에 조선시대 단절되었던 선맥(禪脈)을 부흥시키고, 그것을 계승하였다는 점이다. 억불정책의 시기였던 조선시대를 거치면서 단절되었던 선맥은 근대 사회에 들어와서 경허(鏡虛)에 의해서 부흥되었다.[02] 둘째, 금오문중은 해방 이후 1954년부터 시작되어 1970년대에 마무리되는 이른바 '정화불사'를 통하여 정법 수호와 수행 정진의 가풍과 기틀을 확립하여 불교계의 모범이 되었다. 셋째, 금오문중의 많은 승려들이 지금도 불교 대중화를 위하여 국내외 사찰과 포교당에서 진력하고 있다. 이러한 금오문중의 가풍은 많은 사법제자(嗣法弟子)들을 배출하여 불법을 홍포하고 있으며, 나아가 승가 본연의 면모를 확립하고 있다.

먼저 선맥의 부흥 부분을 살펴보면 경허 스님의 선맥은 만공(滿空) 스님에게로 이어졌으며, 만공 스님의 법은 보월 스님에게 전수되었다. 보월 스님의 제자였던 금오 스님은 보월 스님의 갑작스러운 입적으로 미처 건당(建幢)을 하기 전에 스승을 잃게 되었다. 이 사실을

---

01   최병헌, 「정화운동의 과제와 한계」, 『법보신문』, 2010. 12. 8.

02   최병헌, 「近代 禪宗의 復興과 鏡虛의 修禪結社」, 『德崇禪學』 창간호, 1999년, p.75.

알게 된 만공 스님은 당시 오대산 상원사에서 한암(漢巖) 스님의 지도 아래 선수행을 하고 있던 태선을 불러와서 금오라는 법호를 내렸다. 그리고 금오 스님에게 보월 스님의 법을 잇게 하여 덕숭문중의 제자로 인가하였다.[03] 다음으로 정법 수호와 수행 정진의 가풍 확립 부분은 1954년 소위 '정화불사'가 시작되면서 금오 스님은 전국비구승대회 추진위원회 추진위원장에 선임되어 정화불사를 앞장서서 지휘하였다. 다음 해 세수 60의 나이에 대한불교조계종 부종정과 감찰원장으로 추대되어 정화불사에 진력하였다. 이처럼 그는 적지 않은 나이에 정화불사에서 제자들과 함께 정법을 수호하는 일에 앞장섰으며 청정한 승풍을 확립하는 일에 헌신하였다. 정화불사는 불타의 정법을 수호하고 계율을 지켜나가기 위해 일어난 비구승들의 계율 수호운동이라고 할 수 있다. 이것은 계율을 파괴하는 대처승들의 대처식육을 거부한 한국 불교의 정통성 회복운동이었다.[04]

금오 스님의 선풍 진작에 대한 구체적인 사례는 여러 가지가 있지만 대표적인 것으로 1947년 지리산 칠불선원에서 금오 스님은 수좌들과 함께 견성성불을 위한 용맹정진에 돌입한 데서 찾을 수 있다. 금오 스님은 10여 명의 수좌들과 함께 동안거 결제를 시작하였지만 얼마 되지 않아 칠불선원에는 공양거리가 떨어지고 말았다. 배고픔

03　김방룡, 「금오선사의 생애와 당시의 불교계」, 『금오태전 대선사 학술회의 자료집』, 금오선수행연구원, 2011, pp.18-25.

04　금오선수행연구원 편찬, 「금오 스님과 불교정화운동 편찬에 즈음하여」, 『金烏스님과 佛敎淨化運動』 2, 금오선수행연구원, 2008.

을 이기지 못한 수좌들은 칠불선원을 떠나고자 하였다. 금오 스님은 고심 끝에 수좌들에게 동안거 중 반은 탁발을 하고 반은 용맹정진을 하기로 하였다. 수좌들도 동의를 하여 수행정진을 계속하다가 금오 스님은 어느 날 함께 수행하던 수좌들에게 "용맹정진을 하다가 죽어도 좋다."는 각서를 받기에 이른다. 이 각서에 서명하지 않은 수좌들에게는 칠불선원을 떠날 것을 명했다. 이것은 생명을 건 결사의 정신으로 청정수행의 가풍을 확립하고자 하는 한 사례라 하겠다.[05]

이러한 가풍은 불교대중화 사업으로 이어지는데 그것은 금오 스님의 다음과 같은 말 속에 잘 드러난다. "불자(佛子)는 먼저 마땅히 부처님의 말씀이 아니고는 세속 얘기를 하지 말 것이며, 부처님이 행하심이 아니면 행하지 말아야 한다. 참된 중이라면 정법(正法)을 두호(斗護)하고 정법을 사유하여 중생에게 이로움이 돌아가게끔 해야 한다."[06] 금오 스님의 제자인 성림(聖林) 월산(月山) 스님과 범행(梵行), 월남(月南), 탄성(呑星) 스님 등 상좌 49명과 손상좌·증손상좌·고손상좌에 이르기까지 그 문손 거의 1천 명[07]에 달하는 승려들은 금오 스님의 이러한 유훈에 따라 불교대중화를 위해 노력하고 있다. 이 글에서 주로 이용하는 자료는 1974년 성림(聖林) 월산(月山) 스님이 발간

05   금오선수행연구원 편찬, 『金烏 스님과 佛敎淨化運動』2, 금오선수행연구원, 2008, pp.50-53.

06   金烏 太田, 『金烏集』, 禪學院, 1977, p.116.

07   1천 명이란 숫자는 금오 대선사의 문집인 『꽃이 지니 바람이 부네』 말미에 수록된 「金烏 太田 法譜」에 나탄 상좌의 수를 헤아려 보니 모두 984명이었다.(금오대선사, 『꽃이 지니 바람이 부네』, 마음달, 2010, pp.407-428).

한『금오집』을 이용하였다. 이 문집은 2010년『꽃이 지니 바람이 부네』로 증보 발간되었다. 증보판을 발행한 월서 스님는 발간사에서 증보판 발행 배경을 이렇게 설명한다. 1974년에 사형인 월산 스님이 발행한『금오집』은 당시 열악한 출판 환경과 상대적으로 부족한 자료로 인해 법문 중 상당 부분을 미번역한 채로 사중(寺中)에서 출간되었다. 그는『금오집』에 수록되었으나 번역하지 못한 게송들을 모두 다시 번역하고 큰스님께서 남기신 서신과 사진들을 보강 수록하게 되어 그 의미가 크다고 하였다.[08] 월서 스님은 이 보다 2년 앞선 시기에 금오 스님의 정화운동에서 활약상을 담은『금오 스님과 불교정화운동』을 금오선수행연구원에서 2권으로 발간하였다. 이러한 책들을 바탕으로 2011년 10월 1일 한국불교역사문화기념관에서 '금오태전 대선사 학술회의'를 개최하였다. 이 학술회의는 금오 스님의 행적을 8개 주제[09]로 나누어 발표와 토론이 진행되었다. 2016년에는 김상두(金相斗 : 靑願)가『금오태전 선사 연구(金烏太田 禪師 研究)』라는 주

08　월서,「발간사 -금오집 36년 만의 재출간」, 위의 책,『꽃이 지니 바람이 부네』.

09　이 날 발표된 논문은 다음과 같다.
김방룡,「금오선사의 생애와 당시의 불교계」,『금오태전 대선사 학술회의 자료집』, 금오선수행연구원, 2011. 9, 26, 한국불교역사문화기념관.
신성현,「금오의 계율관」
신규탁,「금오 태전의 선사상」
이덕진,「금오 '간화선법'에 대한 고찰」
종호,「금오선사의 심사상 이해」
김광식,「불교정화운동에 있어서 금오선사의 역할」
김경집,「금오선사의 불교정화운동과 불교사적 의의」
박해당,「금오선사의 불교인식과 한국불교가 나아갈 방향」.

제로 박사학위 논문[10]을 발표하였다. 그는 한국불교사에서 위대한 족적을 남겼던 금오 스님의 행적이 그가 입적한 지 반백 년이 지났는데도 아직 제대로 밝혀지지 않았다고 하였다. 이 논문은 금오 선사의 일생을 태어나서부터 입적에 이르기 까지 시기를 7단계로 나누어 자세히 분석하였다. 이 논문은 주로 크게 두 부분으로 나누어서 금오 스님이 평생에 걸쳐서 몸소 보여주었던 자리행의 측면과 이타행의 측면으로 나누어 고찰하였다.[11]

금오 스님의 부촉을 받은 월산(月山) 스님은 만상좌로서 오랜 세월 금오를 시봉하면서 함께 수행하였다. 1997년 월산 스님이 입적하자 사제(師弟)들과 상좌 그리고 문도들은 그의 열반 1주기를 맞이하여 유고와 법문 녹음테이프를 풀어서 『월산선사법어집(月山禪師法語集)』[12]으로 발간하였다. 이 책은 선사의 2주기를 맞아 초판의 미비한 점을 보완하여 개정판으로 발간되었다. 『월산선사법어집』은 '본지풍광(本地風光)', '월산가풍(月山家風)', '파수공행(把手共行)' 3편으로 구성되었는데 선사의 사상과 법력을 엿볼 수 있는 자료집이다.

금오문중은 한국근현대불교사에서 이 같은 공적만 남겼던 것은 아니고 부정적인 면모도 있었다. 1974년 5월에는 불국사 주지 문제가 불거졌을 때 전임 주지였던 범행은 신임 주지 황진경(黃眞璟) 스님

---

10   金相斗, 『금오태전 선사연구(金烏太田 禪師研究)』, 동국대학교 대학원 선학과 박사학위 논문, 2016.

11   金相斗, 위의 논문, pp.8-9.

12   月山門徒會, 『月山禪師法語集』, 불국사, 1998.

의 발령을 반대하고 주지 인계를 거부하며 총무원을 상대로 제소하는 불미스러운 일이 있었다.[13] 또한 1998년 대한불교조계종 총무원장 선거를 둘러싸고 대립이 발생하여 내홍을 겪은 바 있다. 이 중심에 금오 스님의 상좌인 월탄 스님이 있었다는 사실은 당시 언론을 통한 보도를 통해서 널리 알려진 사실이다.[14] 어떤 사람이든, 사건이든 모두 명암이 있기 마련이다. 밝은 부분을 지나치게 강조하면 어두운 부분이 감추어지지만 때가 되면 그 부분이 조명될 때도 있다. 근현대 사회에서 금오문중의 선맥 부흥과 계승에 대해서는 부정적인 측면보다는 긍정적인 부분이 많았으며, 과(過)에 비해 공(功)이 크다고 하겠다. 필자는 우리 불교사에서 금오문중의 위상과 성격에 대하여 긍정적인 면을 지금까지 발간된 자료들을 중심으로 살펴보고자 한다.

---

13   동국대학교 석림동문회, 『한국불교현대사』, 시공사, 1997, p.582.
14   김순석, 「98년 개혁을 역행한 또 한 번의 개혁 소동」, 『법보신문』, 2008. 12. 17.

II. 선맥 부흥과 계승

근대불교계는 조선왕조 억불정책으로 승려들의 도성출입마저도 금지된 피폐한 상황이었다. 대한제국 정부는 개항 이후 서양 종교인 천주교와 개신교 포교의 자유를 인정하지 않을 수 없었다. 이러한 상황에서 대한제국 정부는 불교계에 대해서도 유화적인 입장을 취하였다. 1902년에 사사관리서(寺社管理署)를 설치하여 지금까지 방치하여 왔던 불교계의 관리를 제도권으로 편입시켰다. 그리고 국내사찰현행세칙 36개조를 제정하였다. 국내사찰현행세칙의 내용은 원흥사를 대법산(大法山)인 수사찰(首寺刹) 즉 불교계의 총종무소(總宗務所)로 삼고 각 도(道)에 중법산(中法山) 16개소를 두어 사찰 사무를 통괄하게 하는 것이었다.[15] 일제강점기가 되면 불교계의 상황은 더 악화된다. 조선총독부는 불교계를 통제하기 위하여 사찰령(寺刹令)과 사찰령시행규칙(寺刹令施行規則)을 강행하였다. 이 두 법령의 내용은 조선총독부가 불교계의 인사권과 재정권을 장악하게 한 악법이었다. 다시 말하자면 30본산 주지 임면권을 조선총독이 장악하고, 불교계의 주요한 사안에 대하여 사전에 행정관청의 승인을 받도록 한 것이

---

15   정광호, 『韓國佛教最近世百年史編年』, 인하대학교출판부, 1999.

었다.[16] 당시 불교계는 이 같은 행정관청의 통제를 받았고, 일본 불교가 유입되어 승려들이 결혼하고, 고기 먹는 대처승들이 늘어나서 해방 이후 정화불사라는 뼈아픈 경험을 하게 된다.

한말 불교계가 이처럼 어려운 상황에서 경허는 단절된 선을 다시 일으키겠다는 간절한 염원으로 선풍 진작에 나섰다.[17] 그는 스승 없이 스스로 깨달음을 얻은 후에 해인사에서 결사를 단행하여 대중들에게 선풍을 진작시키고 교화에 힘썼다. 경허 스님의 제자인 한암(漢巖) 스님이 쓴 행장에 의하면 그의 행적은 이렇게 전한다. '경허는 1899년 가을 영남 가야산 해인사로 자리를 옮기고 칙지(勅旨)가 있어 장경(藏經)을 인출하고 또한 수선사(修禪社)를 설립하여 마음 닦는 학자를 거주하게 하니, 대중들이 모두 화상을 추대하여 종주(宗主)로 모셨다. … 취산 통도사와 범어사, 호남의 화엄사, 송광사는 모두 화상께서 잠시 머무시던 곳이다. 이로부터 선원을 사방에 개설하고 발심한 납자들이 감화를 입어 구름일 듯하니, 계시는 동안 부처님 명을 빛내고 사람의 안목을 열어 주심이 이와 같이 융성한 때가 없었다.'[18]라고 하였다.

경허 스님이 참선을 통해서 깨달음을 얻었을 때 그의 오도(悟道)

16   김순석, 『일제시대 조선총독부의 불교정책과 불교계의 대응』, 경인문화사, 2003, pp.51-58.

17   최병헌, 「근대 선종(禪宗)의 부흥과 경허(鏡虛)의 수선결사(修禪結社)」, 『덕숭선학』 창간호, 2000.

18   漢巖, 「先師鏡虛和尙行狀」, 『鏡虛集』(『韓國佛教全書』 11, 654下-655上).

를 인가해 줄 스승은 어디에도 없었다. 그만큼 당시 불교계의 선문(禪門)은 막막했던 것이다. 이른바 선가(禪家)의 법통은 이미 단절되어 있었음을 알 수 있다. 그는 고심 끝에 자신의 도통연원(道統淵源)을 정리하여 밝히고자 하였다.[19] 경허 스님의 일생에 걸쳐 선(禪)을 부흥시키려 한 노력은 제자들에게로 전해진다.

선 부흥을 위한 경허 스님의 염원은 제자 만공 스님에게 전해졌다. 만공 스님은 1871년 전북 태인에서 태어났다. 1884년 경허 스님의 소개로 천장사(天藏寺)에서 태허(泰虛) 스님을 은사로 출가하였다. 1895년 깨달음을 얻은 후 경허 스님을 만나 만공 스님이라는 법호를 받았으며, 경허 스님을 따라 범어사 계명암(鷄鳴庵) 선원(禪院)에서 하안거를 마쳤다.[20] 경허 스님의 법을 받은 만공 스님은 1905년 덕숭산에 금선대(金仙臺)를 짓고 납자들을 제접하였다. 만공 스님은 근세 한국 불교계의 선원(禪院) 체계를 확립한 선승이자 선학원운동을 전개한 개혁승으로 평가받고 있다. 아울러 덕숭산을 중심으로 40여 년간 선풍을 진작시킨 결과 근대 한국의 선불교를 크게 부흥시켰다. 그는 한국불교계에 있어서 하나의 큰 법맥을 형성함으로써 덕숭산문(德崇山門)의 확립자가 되었다는 찬사를 받고 있다.[21]

태선은 1896년 전남 강진군 병영면 박동리에서 아버지 동래정씨

---

19   김지견, 「鏡虛禪師再者」, 『德崇禪學』, 한국불교선학연구원, 1999, p.17.

20   만공문도회, 「滿空禪師行狀」, 『滿空法語』, 1982, pp.298-309.

21   오경후, 「鏡虛·滿空의 法脈과 한국 불교에 미친 영향」, 『동학연구』 26, 한국동학학회, 2009, p.40.

용보(用甫)와 어머니 조씨(趙氏) 사이에서 2남 3녀 가운데 차남으로 태어났다. 나이 16세 되던 1911년 가형(家兄)으로부터 글공부를 게을리 한다는 이유로 매를 맞았다고 한다. 금오 스님은 그까짓 글공부만 잘해서 무엇하느냐고 하면서 그 길로 집을 나와서 출가 사문이 되었다.[22] 무엇이 16살의 태선으로 하여금 출가 사문의 길로 들어서게 하였을까? 그것은 국권이 상실된 암울하던 시기 태선이 강진 백련사에서 한 승려와의 만남에서 연유하였다고 한다.[23] 태선은 그 승려에게 인생의 고민을 털어놓았고, 그 승려는 그 답을 들려줄 사람은 금강산 마하연에 있는 도암(道庵) 선사뿐이라고 하였다. 이에 태선은 도암 선사를 찾아 걸어서 금강산 마하연으로 떠났다. 그는 결국 마하연에서 도암 긍현(亘玄) 스님을 은사 및 계사로 하여 득도하였다. 그는 도암 스님으로부터 '이 뭣고'의 화두를 받아 언제나 참구하게 된다. 이후 태선은 마하연 선원에서 3년을 보내고 안변 석왕사 내원암에서 3년간 용맹정진에 들어간다. 26세 때인 1921년 오대산 월정사에서 수선안거를 마치고 한암 스님을 만나게 된다. 태선은 1923년 그의 나이 38세에 충남 예산에 있는 보덕사를 찾아가게 된다. 그곳에서 그는 만공 스님의 제자인 보월 성인(性印) 스님을 만나게 된다. 보월 스님을 만난 자리에서 태선은 그 동안 공부해왔던 것을 다음 같이 털

---

22   金烏 太田,「行狀」, 앞의 책, 『金烏集』, p.184.
23   위와 같음.

어놓는다.[24]

시방세계 두루 돌아보니	透徹十方界
없고 없으며 없다는 것 또한 없구나.	無無無亦無
저마다 모두 이 모습이니	箇箇只此爾
뿌리를 찾아도 또한 없을 뿐이다.	覓本亦無無

이 게송(偈頌)을 들은 보월 스님은 태선이 한 소식을 들었다는 것을 알고 인가를 하였다고 한다. 보월의 제자가 된 태선은 약 2년간 보월 스님의 문하에서 용맹정진하였다. 하지만 1924년 12월 12일(음력) 보월은 갑작스럽게 입적하게 된다. 태선은 아직 보월에게 건당(建幢) 스승이 제자에게 법을 전하는 전법의식조차 하지 못한 상황이었다. 스승의 다비식을 치른 태선은 오대산 월정사로 들어가게 된다. 이 사실을 들은 만공 스님은 제자를 월정사로 보내 태선에게 결제를 마치고 자신을 찾아오라는 전갈을 보낸다. 이 소식을 들은 태선은 해제가 되자 곧바로 만공 스님을 찾아가게 된다. 이듬해인 1925년 2월 15일 덕숭산(德崇山) 정혜사(定慧寺)에서 만공 스님은 다음과 같은 게송으로 태선이 자신의 법을 이은 보월 스님의 제자로 받아들이고 태선에게 금오라는 법호를 주었다.[25]

---

24   김방룡, 앞의 논문, pp.15-17.
25   金烏 太田, 앞의 책, 『金烏集』, p.186.

덕숭산맥 아래서	德崇山脈下
지금 무늬없는 인을 전하노니	今付無文印
보월은 계수나무로 내려오고	寶月下桂樹
금오는 하늘 끝까지 날으네	金烏徹天飛

　　만공 스님은 태선에게 금오라는 법호를 내림으로써 자신의 법을
이은 덕숭문중의 일원임을 분명히 하였다. 이후 금오 스님은 약 3년
간 서울 대각사에서 백용성 스님이 주관한 화엄경 강의에 참석하여
용성 스님을 시봉하였다고 한다.[26] 이처럼 경허 스님과 만공 스님의
영향을 받은 후학들은 격동기와 암울한 시기를 사는 동안 정법(正法)
을 수호하고자 했으며, 아래로는 중생의 삶까지도 외면하지 않았던
수행자로서의 본분을 잊지 않고자 하였다.

　　금오 스님은 1940년 초부터 창씨개명이 시작되자 직지사에서 조
실로 10여 명의 수좌들을 이끌고 있던 서울의 선학원으로 걸음을 옮
겼다. 그러나 일제는 선학원 수좌들에게도 창씨개명을 시도했으며
황군위문금을 걷기 시작했다. 당시 주지는 선승들을 제외하고 대처
승들만을 앉히자 사찰은 날로 황폐해져갔다. 이러한 모습을 본 금오
선사는 청정수행을 위한 참선결사를 이루기 위해 심산유곡으로 두
타행을 떠나고자 하였다. 그는 처음 출가한 금강산 마하연선원을 찾

---

26 김광식, 앞의 논문, 「불교정화운동에 있어서 금오선사의 역할」, p.246.

왔다.[27] 당시 마하연선원에는 공부하고 있어야 할 수좌들은 아무도 보이지 않았기에 그는 다시 백두산으로 향하였다. 금오 스님은 스승인 만공 스님의 사형인 수월 스님을 찾아 만주로 떠난다. 만주에서 수월 스님을 만나 한 동안 정진하던 금오 스님은 끝내 창씨개명을 거부하고 돌아오는 길에 다시 마하연선원을 거쳐 안변 석왕사에 들렀다. 석왕사에 여장을 풀었던 금오 선사는 석왕사 조실이었던 환공 스님으로부터 한 청년을 소개받는다. 문하에 제자를 두는 것을 꺼려하였던 금오 선사는 한 청년의 돈독한 신심과 환공 선사의 부탁으로 쾌히 제자로 받아들였다. 그 청년은 금오 선사를 평생 모실 것을 다짐하고 함께 남쪽으로 내려와 도봉산 망월사에 도착하여 스승과 제자는 함께 정진에 들어갔다, 청년이 전날 밤 둥근 달이 산 위에 떠있는 꿈을 꾸었다는 말을 들은 금오 선사는 그에게 월산이라는 법명을 내려주었다. 이후 월(月)자는 금오문중의 돌림자로 이어지게 되었다.[28]

---

27   금오선수행연구원 편찬, 앞의 책, 『金烏 스님과 佛敎淨化運動』 2, pp.46-48.
28   금오선수행연구원 편찬, 앞의 책, 『金烏 스님과 佛敎淨化運動』 2, pp.48-49.

III. 정법 수호와 수행 정진의 가풍

금오 스님은 불교계 이른바 불교계 정화사에서 큰 역할을 하였다. 지금까지 근현대불교사를 공부하는 학자들은 불교계 정화의 시원을 대개는 1954년 5월 20일 이승만의 담화를 기점으로 잡고 있다.[29] 최근 연구에서도 그 기점은 금오 스님이 1927년부터 3년간 백용성 스님을 시봉하면서 화엄경 강의에 참석하였던 것이 향후 정화불사를 이끌었던 계기가 되었을 것이라고 하였다.[30] 그런데 금오문중에서 발간한 책에서 정화운동의 시작 시기를 일제강점기 일본 불교가 들어와서 대처식육 풍습이 만연하게 된 시점을 정화운동이 시작된 계기로 보고 있다. 국권을 상실하자 일본은 모든 분야에서 세력을 뻗쳐왔고 일본 불교의 대처식육도 이 틈을 타서 한국 불교계에 스며들기 시작했다. 한국의 비구 승단은 그 본연의 정통성을 고수하지 못한 채 극히 일부 수행 승단을 제외하고는 모두 대처승으로 탈바꿈하고 말

---

29   김광식, 「불교 '淨化'의 성찰과 재인식」, 『근현대불교의 재조명』, 민족사, 2000, p.383.
     ; 김순석, 「대한불교 조계종과 한국불교 태고종의 성립 과정」, 『한국 근현대 불교사의 재발견』, 2014, p.382.
30   김광식, 「정금오의 불교정화운동」, 『불교학보』 57, 2011, pp.148-149.

왔다.[31] 정화운동의 본격적인 시작은 1954년 5월 이승만 담화 발표이
지만 그 원인은 일제 침략에서 찾아져야 한다.

해방 이후 한국 불교의 정통성을 회복하려는 비구승들의 노력은
1947년부터 전남 장성 백양사에서 만암(曼庵) 송종헌(宋宗憲) 스님
을 중심으로 결성된 고불총림(古佛叢林)으로 이어진다.[32] 만암 스님
은 일제가 물러가고 새로운 시대가 도래하였음에도 자기 혁신의 구
심점을 찾지 못하는 불교계의 현실을 비판하고 참된 불법을 널리 펴
고 중생들을 제도하겠다는 발원에서 고불총림을 결성한다는 취지를
밝혔다.[33] 고불총림은 당시 혁신 계열에서 부정하였던 대처승의 존재
를 인정하고 비구승을 정법중(正法衆)이라 하고, 대처승을 호법중(護
法衆)이라 하여 포교·교육 등 수행승을 지원하는 일에 종사하게 한
다. 그리고 대처승은 상좌를 두지 못하게 하여 자연스럽게 소멸될 때
까지 기다리자는 대안을 제시하였다.[34] 6·25전쟁이 진행 중이던 1952
년 선학원의 승려 이대의(李大義)는 당시 교정이던 만암에게 비구승
들이 안정적으로 수행할 수 있는 사찰 몇 개를 할애해달라고 건의한
다. 만암은 실무진에게 이 건의를 수용하는 방안을 검토하라고 지시
하였고, 실무진들은 교정의 지시에 따라 통도사·불국사 등에서 회의
를 가지고 동화사·직지사·보문사·신륵사·내원사 등 18개 사찰을 비

---

31 금오선수행연구원 편찬, 앞의 책, 『金烏 스님과 佛敎淨化運動』1, p.86.

32 김광식, 「고불총림과 불교정화」, 『한국현대불교사연구』, 불교시대사, 2005.

33 송만암, 「호남 고불총림 결성 성명」, 『만암문집』, 백양사 고불총림, 1999, p.244.

34 위의 책, pp.238-240.

구승들의 전용 수행공간으로 제공하기로 하였다.[35] 이 소식을 들은 비구승들은 분노하였다. 그 까닭은 통도사·해인사·송광사 등 삼보사찰을 비롯해서 본사가 하나도 들어있지 않았기 때문이다.[36] 당시 불교계 정화의 필요성에 대해서는 김경우의 다음과 같은 회고[37]에서 잘 드러난다.

전국의 대가람이 경치 좋다는 이유로 향락을 찾는 유흥객의 소굴이 되고 부처님을 모신 법당에는 먼지가 해를 두고 쌓여 발등이 묻히는데, 법당 안 어두운 구석에는 죽은 쥐가 썩어서 냄새가 코를 찔러도 명주 바지저고리에 양단 조끼를 걸쳐 입고 호기를 부리던 절 주인은 도무지 그런 일에 관심을 갖지 않았다. 아낙네들의 꼴사나운 내의가 도량 안에 어지럽게 걸려서 바람에 펄럭이고 어린애 울음소리가 시끄럽게 울려도 주육(酒肉)을 팔고 주정뱅이들에게 법당을 내어주어서라도 돈만 생기면 아무것도 부끄럽지 않았다. 어쩌다 공부하는 수좌(首座)가 날이 저물어 찾아들면 이맛살을 찌푸리고 입맛을 다셨다. 심한 자는 걸망을 찢고, 욕설을 퍼부어 내쫓았다. 수좌가 하루 밤을 잘라고 한두 끼 밥이라도 얻어먹을 수 있으면 그것은 화제가 될 만한 특별한 일이었다. 그러면서 이 어처구니없는 절 주인들은 '스

35   김광식, 『새불교운동의 전개』, 도피안사, 2002, p.327.

36   김순석, 「대한불교조계종과 한국불교 태고종의 성립과정」, 『인문과학논총』 22집, 순천향대학교 인문과학연구소, 2008, pp.148-150.

37   釋鏡牛, 「和同佛事에 대한 異議」, 〈대한불교〉, 1965. 6. 13.

님'이라는 존칭을 깍듯이 받기를 원하면서 두려운 줄을 몰랐다. 수
좌들은 발붙일 곳이 없었다.

위의 글은 왜 불교계에 정화가 필요한지 그 사유를 잘 말해주고
있다. 모든 대처승들이 다 그런 것은 아니었겠지만 출가하여 승려가
된 목적이 불도를 깨쳐 중생을 제도하기 위한 것이 아니라 처자식을
먹여 살리기 위한 방편이라는 것을 보여주고 있다. 반면에 계율을 지
키고 수행에 전념하고자 하는 독신 비구승들은 전국 사찰에 발붙일
곳이 없는 현실에서 정화불사가 일어날 수밖에 없었던 것은 필연적
인 현상이었다.

금오 스님의 정화불사 시작은 이승만의 담화발표 이전부터 시작되
었다. 강석주의 회고에 의하면 금오는 1953년 5월 태고사(지금 조계사)
에서 주지회의가 열렸을 때 선학원 조실이었던 금오 스님을 초청하
여 법문을 청하였다고 한다. 이 자리에서 금오 스님은 종정의 지시대
로 비구승 수도 도량으로 정한 사찰을 넘겨주도록 부탁하고, 다음과
같은 법을 설하였다고 한다. "전생에 지은 죄를 알려면 금생에 받은
과보를 볼 것이며, 내생에 받을 일을 알려면 금생에 짓는 일이 바로
그것이다."[38]라는 게송으로 타락한 대처승들을 경계하였다고 한다.

금오 스님의 제자인 장이두의 회고에 의하면 정화불사가 일어나
기 직전 금오 스님은 대구 관음사의 조실로 있었다. 그 무렵 금오 스

38　강석주·박경훈 공저, 『불교근세백년』, 민족사, 2002, p.207.

님은 젊은 소장 승려 3명과 대구에서 고령 가는 길목인 옥포에 금련
사(金蓮寺)라는 토굴(土窟)에 머무르고 있었다. 당시 함께 수행하였던
장이두 스님의 다음과 같은 회고에서 그들의 생활을 엿볼 수 있다.

> 그때 우리 생활에 물질적 추구는 없었다. 밥은 탁발해서 먹고, 옷은
> 지어서 입고, 연료는 산에서 주워서 불을 지피면 된다고 보고 어찌
> 하면 정진을 열심히 하여 성불할 수 있는가. 그뿐이었다.[39]

비구승들은 출가 승려로서 품위를 유지할 수 있는 최소한의 수행
공간을 할애해 줄 것을 당시 종단 운영을 책임지고 있던 대처승 측
에 요구하였지만 이마저 묵살되고 말았다. 이 당시 선학원에 머물고
있던 금오 스님과 비구승들은 비분강개하지 않을 수 없었다. 이 와
중에 1954년 5월 21일 이승만의 정화에 관한 담화가 발표되었다.[40] 담
화문의 요지는 이렇다. "불교가 우리나라에서 일본으로 전파되었는
데 일본 승려들은 대처식육을 함으로써 교리가 변질되어 우리의 전
통 불교와는 융합될 수 없다. 그런 까닭에 일본 불교의 풍습을 따라
결혼을 한 대처승들은 친일 승려들이니 절에서 물러나야 한다."는 것

---

39   장이두, 「金蓮寺土窟」14, 〈해동불교〉 1990, 김광식, 앞의 논문, 「정금오의 불교정화
      운동」, pp.150-151 재인용.
40   「李大統領第一次諭示」, 佛教淨化紛爭資料, 『한국근현대불교자료전집』 68, 민족사,
      1996.

이었다.[41] 이승만은 일본 불교가 대처식육을 전파시킴으로써 한국 불교의 전통을 말살하였다고 보았고 대처승은 친일승이라고 단정하였던 것이다. 이후 1954년 5월 21일 첫 담화[42]를 필두로 1955년 12월 8일까지 모두 8차례의 담화를 발표하였다.[43]

이 담화가 발표되자 비구승 측은 1954년 6월 24일과 25일 불교정화추진발기회와 교단정화운동추진준비위원회를 결성하였다.[44] 그리고 8월 24일과 25일에는 제1차 전국 비구승대표자대회가 선학원에서 개최되어 정화추진위원 및 대책위원을 선정하였다.[45] 이어서 비구 측은 9월 27일부터 29일까지 선학원에서 제2차 전국 비구승대회를 열고 기존의 기구와 종헌을 부정하고 새롭게 조계종헌을 제정하고 결의사항을 채택하였다.[46] 주요한 결의 사항은 '대처승은 승적에서 제거할 것', '대처승은 호법중으로 할 것', '교권은 비구승에게 환원할 것' 등이었다.[47] 비구승들의 이러한 결의에 대해 대처승들은 종래의 입장에서 많이 양보하여 삼보 사찰인 통도사, 해인사, 송광사를 비구승에게 수도장으로 제공하며, 불교 발전을 위해 분종할 것을 천명하

---

41 위와 같음.

42 위와 같음.

43 김순석, 앞의 책,『한국 근현대 불교사의 재발견』, p.385.

44 「한국불교정화의 투쟁경위서」,『한국근현대불교자료전집』제68권, 민족사, 1996, pp.52-80.

45 〈조선일보〉,「帶妻僧을 反對 比丘僧 大會」, 1954. 8. 26.

46 〈동아일보〉,「倭僧精神一掃 比丘僧大會서 決議」, 1954. 9. 28.

47 〈조선일보〉,「佛敎界 紛爭의 裏面」, 1954. 11. 28.

였지만 호법중이 될 수는 없다고 하였다.[48]

그런데 이 제2차 전국 비구승대회에서 종조가 태고 보우에서 보조 지눌로 바뀌었다. 이 대회에 참석하였던 교정 만암 스님은 이것을 환부역조(換父易祖)라고 표현하면서 정화의 취지에는 동의하지만 그 방법에는 찬성할 수 없다는 성명을 발표하고 백양사로 내려가 버렸다.[49] 만암 스님은 한국 불교의 뿌리인 종조를 부정하고 새 종조를 세우는 것은 불교계의 정체성을 바꾸는 일이라고 강력히 반대하였다. 만암 교정의 사퇴의사 표시에 비구승 측은 11월 3일 선학원에서 임시총회를 열고 종정에 하동산, 부종정에 정금오, 아사리에 김자운 스님을 선출하였다.[50]

이후 비구승 대표로 이청담·하동산·정금오·윤월하 스님 등은 1954년 10월 11일 경무대를 방문하여 이승만에게 불교정화를 위한 강력한 담화를 다시 내려 주기를 요청한다. 이러한 요청을 받은 이승만은 11월 4일자로 '왜색종교관 버리라'는 요지의 담화를 발표하였다.[51] 이러한 제2차 담화로 탄력을 받은 비구 측은 대처 측과의 물리적인 충돌을 감행한다. 이 담화가 발표된 지 15일 만에 이승만은 또 다시 담화를 발표한다.[52] 거듭되는 담화에 힘입은 비구승들은 1954년 12월

48   위와 같음.
49   금오선수행연구원 편찬, 앞의 책,『金烏 스님과 佛敎淨化運動』1, pp.115-116.
50   김순석, 앞의 책,『한국 근현대 불교사의 재발견』, p.266.
51   〈경향신문〉,「倭式習慣 버려라 李大統領 佛敎에 談話」, 1954. 11. 6.
52   〈서울신문〉,「불교계 정화 희망 -李 대통령 순리 해결을 종용」, 1954. 11. 19.

10일부터 13일까지 400여 명이 조계사에서 전국 비구·비구니 대회를 개최한다. 이들은 대회를 마치고 눈이 내리는 날씨에도 불구하고 종로와 을지로를 지나 광화문을 거쳐 경무대로 향하는 가두시위를 벌였다.[53]

정부는 비구·대처 양측의 입장을 조율하기 위해서 1955년 2월 4일 문교부 장관실에서 비구 측의 이효봉·이청담·박인곡·윤월하·손경산 등과 대처 측의 권상로·임석진·송병영·김상호·이화응 등이 만나 사찰정화수습대책위원회를 개최하였다.[54] 이들은 이 자리에서 승려자격 8대 원칙[55]에 합의하였다.[56] 당시 불교계를 관할하던 주무 부서인 문교부는 비구승 자격 조건을 갖춘 승려의 숫자를 1,819명이라고 발표하였다.[57] 1955년 7월 11일 문교부는 비구·대처 각각 5명으로 사찰정화대책위원회를 구성하였다.[58] 이들은 7월 16일 개최된 제3차 회의에서 대처승 대표 5명이 전원 불참하여 유회가 되었다. 그렇지만 그 전날인 15일 회의에서 5 : 3으로 전국 승려대회를 개최하기로 결

---

53   〈동아일보〉, 「紛爭解決呼訴 比丘僧들 열지어 景武臺로」, 1954. 12. 15.

54   한국불교승단정화사편찬위원회, 『韓國佛教僧團淨化史』, 대구: 大譜社, pp.283-284.

55   8개 조항은 1)독신자, 2)삭발염의자, 3)불구가 아닌 자, 4)백치가 아닌 자, 5)3인 이상의 단체 생활을 하는 자, 6)殺·盜·淫·妄의 4대 犯戒를 하지 않는 자, 7)술과 담배·고기를 먹지 않는 자, 8)25세 이상인 자 등이다.

56   〈동아일보〉, 「難題는 財團歸屬 우선 僧侶資格에만 合意」, 1955. 2. 6.

57   〈동아일보〉, 「比丘派 佛教教徒會結成 斷食 四일째의 僧侶들 瀕死 狀態」, 1955. 6. 13, 어떤 자료에는 비구승의 숫자를 1,189으로 추산한 것도 있다(佛教淨化紛爭資料, 『한국근현대불교자료전집』 68권, p.84.

58   〈조선일보〉, 「自律的으로 連日協議키로 佛教淨化對策委, 어제 첫 會合」, 1955. 7. 14.

정하였다.[59] 비구 측은 전국 승려대회에서 새롭게 확정한 승려 자격 8 대 원칙에 입각하여 새롭게 종회를 구성하겠다는 의지를 가지고 있었다.[60] 비구승 측의 이러한 의도를 간파한 대처승 측에서는 표결 직전에 회의에 참석하였던 이화응·국묵담·원보산 3명의 승려가 퇴장하는 사태가 벌어진다. 비구승 측에서는 이미 충분한 논의가 이루어진 이후에 백지 투표지를 남기고 퇴장한 3명을 반대한 것으로 간주하고 표결을 강행하여 5 : 3으로 가결을 선포하였다.[61] 후일 대처 측에서는 이 표결의 원천 무효를 주장하였다.[62] 아무튼 개표 결과에 따라 비구 측은 8월 1일부터 승려대회를 개최한다.[63] 당국은 대회 첫날은 진행을 저지하였으나 이튿날부터는 진행을 방해하지는 않았다. 8월 2일에 승려대회에서는 총무원 측 교정과 간부에 대해서 불신임을 결의하고 전문 101조와 부칙으로 구성된 종헌을 통과시킨다. 이날 선임된 총무원의 간부는 다음과 같다.[64]

종   정 : 하동산

총 무 원 장 : 이청담

총 무 부 장 : 고경덕

---

59   〈조선일보〉, 「佛教淨化委會 第三次는 流會」, 1955. 7. 17.

60   김광식, 앞의 책, 『근현대불교의 재조명』, p.476.

61   앞의 〈조선일보〉 기사, 「佛教淨化委會 第三次는 流會」.

62   〈동아일보〉, 「比丘僧側 控訴 僧侶大會 無效判定에」, 1956. 6. 22.

63   〈동아일보〉, 「僧侶大會를 强行 集會 許可 없어서 場內 騷然」, 1955. 8. 3.

64   〈조선일보〉, 「集會許可 없이 會議를 續行 僧侶大會, 第二日엔 任員 改選」, 1955. 8. 4.

교 무 부 장 : 김상호

재 무 부 장 : 박기종

감 찰 원 장 : 정금오

감찰원 부원장 : 김서운

　이 승려대회는 중요한 현안 문제들을 결정하였지만 이 대회는 정부로부터 인정을 받지 못한다. 승려대회가 끝난 다음날 이승만은 '왜색승려는 물러가라'는 제7차 담화를 발표하여 비구승들의 승려대회에 힘을 실어 준다.[65] 거듭되는 대통령의 담화에 힘입어 비구승들은 대처승들로부터 사찰을 회수하기 위하여 유혈사태를 일으키기에 이른다.

　1955년 하반기부터 정화불사는 물리적 충돌에서 법정공방으로 국면이 바뀌게 된다. 대처 측은 1955년 8월 전국승려대회 및 불교정화대책위원회의 결의가 무효라는 것을 확인해 달라는 소송을 제기하여 1956년 6월 15일 법원으로부터 승소 판결을 받는다.[66] 비구 측은 이 판결에 불복하고 서울 고등법원에 항소하였다.[67] 서울 고등법원은 불교계의 정통이 비구 측에 있느냐, 대처 측에 있느냐는 문제를 놓고 비구 측의 손을 들어 주었다.[68] 이 문제는 대법원까지 넘어갔

65　〈동아일보〉, 「倭色僧侶는 물러가라 -이 대통령 불교문제 언급」, 1955. 8. 4.

66　〈동아일보〉, 앞의 기사, 「比丘僧側 控訴 僧侶大會 無效判定에」.

67　위와 같음.

68　〈조선일보〉, 「"正統派는 比丘側" 서울 高等法院서 佛敎紛爭에 判決」, 1957. 9. 19.

고, 대법원은 1960년 11월 24일 비구승들에게 불리한 판결을 내렸다. 판결이 발표되기 전 17일부터 전국에서 모여든 비구·비구니 약 300여 명은 '불법에 대처승 없다'는 플랜카드를 들고 가두시위를 벌였다. 500여 명의 비구승들은 23일부터 단식 투쟁에 돌입하였다. 비구승들 가운데 일부는 대법원의 판결이 비구 측에 불리하게 내려지면 순교도 불사하겠다는 결의를 한 상태에서 결과를 기다렸다.[69] 대법원은 대처 측에 승소 판결을 내리고 사건을 재심하도록 고등법원으로 환송하였다.[70] 이러한 판결이 내려진 배경은 1960년 4·19혁명으로 이승만 정권이 무너진 데 있었다. 대처 측은 비구 측을 관변 단체로 규정하고 지금까지 진행된 모든 사태를 부정하였다. 대처승 측은 비구·대처승 분쟁이 이승만 정권과 결탁하여 진행되었기 때문에 독재정권이 무너졌으므로 종단은 분쟁이 발생하기 이전으로 환원되어야 한다고 주장하였다.[71]

대법원의 판결이 대처 측의 승소로 내려지자 비구 측 승려들은 법정에 난입하였고, 이 가운데 333명이 구속되는 일이 발생한다.[72] 이날 법정에 진입한 비구승 가운데 6명은 대법원장 비서실에서 대법관의 면담을 요청하면서 할복을 하는 사태가 벌어졌다.[73] '할복 6비구'로

69   〈동아일보〉, 「斷食시작 五백명 比丘僧」, 1960. 11. 24.

70   〈경향신문〉, 「大法院서 高法으로 還送 帶妻僧側의 「淨化委決議無效確認」 訴訟」, 1960. 11. 24.

71   김광식, 『새불교운동의 전개』, 도피안사, pp.335-336.

72   〈동아일보〉, 「잇달은 亂動에 철추」, 1960. 11. 25.

73   〈조선일보〉, 「佛教紛爭 割腹 騷動」, 1960. 11. 25.

불리는 이들은 다음과 같은 젊은 승려들이었다. 성각(性覺 : 양주 자재암, 29세), 월탄(月誕 : 해인사, 24세), 진정(眞靜 : 여주 구곡사, 25세), 도명(道明 : 구례 화엄사, 33세), 도헌(道憲 : 화엄사), 성우(性愚 : 양주 자재암, 35세) 등이었다. 할복 6비구들은 급히 병원으로 이송되어 다행히 목숨은 건졌으나 치료를 받은 후에 감옥에 갈 수밖에 없었다. 이 가운데 월탄 스님은 금오 스님의 상좌로 4개월간의 옥살이 후에 집행유예로 풀려나 동화사 내원암으로 금오 스님을 찾아갔던 상황을 이렇게 술회하였다.

"그래, 그래." 이 늙은 중이 해야 할 일을 네가 대신했구나. 이제 네 모든 업장이 소멸되었을 것이다. 그래 감옥살이는 견딜 만하더냐? 그때 월탄의 대답은 이러했다. 염염보리심(念念菩提心) 처처안락궁(處處安樂宮)이라는 생각으로 스님께서 내려주신 '이 뭣꼬' 화두를 벗 삼아 오히려 밖에 있을 때보다 독방 감옥이라 고요하여 참선 정진하기가 좋았습니다. "허허 타고난 중놈이구나." 하시며 기뻐하시던 금오 스님은 장삼 자락에서 돈을 꺼내 월탄 수좌에게 주었다. 그때 아직 병석에서 회복되지 않은 제자의 치료비로 주는 돈이었다.[74]

위 대화에서 우리는 정법수호를 위해 목숨마저도 내놓을 수 있다는 각오로 임하는 제자와 그것을 타고난 승려라고 격려하는 스승의

---

[74]   금오선수행연구원 편찬, 앞의 책, 『金烏 스님과 佛敎淨化運動』 2, pp.251~255.

면모에서 금오문중의 성격을 엿볼 수 있다. 스승은 정화불사의 선두에서 비구승들을 진두지휘하였고, 제자는 목숨을 걸고 스승의 행보를 뒷받침하였다. 6비구의 할복은 대법원 판결에 대한 항거가 아니라 부처님의 정법정신을 되살려달라는 의지의 표현이었다.[75] 이 사건이 법정을 모독한 사건이었다면 6비구의 감옥 생활은 더 오래 지속되었을 것이고, 집행유예를 넘어 실형을 살았을 지도 모른다.

대법원의 판결 이후 5·16군사쿠데타가 일어나자 불교계 상황은 또 바뀌게 된다. 박정희를 정점으로 하는 군사정권은 국가재건최고회의를 구성하여 정국을 장악하고 불교계에서 법원에 계류 중인 75건에 달하는 소송을 일체 중지할 것을 지시하였다.[76] 군사정권은 불교계의 분쟁 수습을 위해 불교재건위원회를 구성하여 해결하기로 하였다. 불교재건위원회는 양측에서 추천한 자 가운데서 종교단체 심의위원회가 제청한 자 5명과 심의회에서 추천한 자 3명으로 구성하기로 하고 발족 후 1개월 내에 불교재건비상종회를 구성하여 모든 분쟁을 수습하기로 하였다.[77] 불교재건위원회는 비구·대처 양측에서 각각 15명씩으로 불교재건비상종회를 구성한다는 것에 합의한다. 불교재건비상종회는 2월 22일까지 새 종헌을 만들기로 합의를 보았고 종명·종지 등 제반사항은 합의를 보았지만 정작 가장 중요한 승려 자격

---

75   위의 책, p.99.

76   〈동아일보〉, 「佛敎紛爭 裁判 中止를 지시」, 1961. 10. 22.

77   〈조선일보〉, 「끝없는 佛敎紛爭」, 1962. 1. 10.

문제를 놓고 끝내 합의를 이루지 못하고 당국에 일임하였다.[78]

문교부는 승려 자격을 사찰에 독신으로 상주하면서 수도와 교화에 전념하면서 가족 부양에 책임이 없는 자만을 승려로 인정하였다. 그렇지 않은 자는 완전한 권한을 가질 수 없는 비정상적인 승려로 인정한다고 규정하였다. 결국 승려 자격 문제는 대처 측의 동의를 얻지 못한 채 어정쩡한 상태에서 1962년 4월 비구·대처가 함께 참여한 통합종단이 탄생하게 된다.[79] 통합 종단의 종명은 대한불교 조계종이며, 종헌에 신라 도의국사를 개창조로 하고, 고려 보조국사를 중천조로 하며, 태고 보우국사를 종조로 한다고 천명하였다. 종정에 비구 측 이효봉을 총무원장은 임석진을 선임하고 종단의 주요 보직은 비구·대처가 양분하였다.[80]

금오 스님은 정화불사가 어느 정도 가닥이 잡혀가던 1956년 서울 강남 봉은사를 맡아 직접 살림살이를 챙기기도 하였다. 이어서 속리산 법주사와 지리산 화엄사를 맡아 가람을 수호하는 한편 도제양성(徒弟養成)에 진력하였다.[81] 1958년에는 종단의 여망에 의해 종책의 총책임자인 총무원장을 6개월 정도 맡았으나 곧 사임하고 수좌 본래의 모습으로 돌아가 참선 수행에 매진하였다. 1961년에는 캄보디아에서 열린 제6차 세계불교도대회에 참석하여 불교계의 현안과 미래 문

---

78   〈조선일보〉, 「宗團構成案 채택」, 1962. 3. 1.

79   〈조선일보〉, 「佛教 單一宗團 구성 六名의 임원을 選出」, 1962. 4. 7.

80   위와 같음.

81   금오선수행연구원 편찬, 앞의 책, 『金烏 스님과 佛教淨化運動』 2, p.63.

제를 함께 논의하기도 하였다.[82]

　1967년 금오 스님은 속리산 법주사 조실을 맡았는데 문도와 납자 (衲子)들이 운집한 가운데 사자후를 토하여 종풍을 선양하였다. 금오 스님은 입적을 앞둔 어느 날 월산, 탄성(呑星), 월만(月滿), 월고(月古), 월성(月性) 스님 등의 문도들을 한 자리에 모이게 하였다. 그리고 묵묵히 있다가 대중들을 돌아보며 오른손을 들어 손바닥을 펼쳐보였다. 이 때 제자 월산 스님은 이렇게 견처(見處)를 보였다고 한다.[83]

문득 참모습 깨닫고 보니	忽覺本來事
부처와 조사 어느 곳에 있는가	佛祖何處在
뱃속에 하늘과 땅 본래 감추어져 있으니	肚裏藏乾坤
몸을 돌려 사자후를 하노라	轉身師子吼
세우지 않고	不立
버리지 않고	不捨
쉬지 않도다.	不休 [84]

　월산 스님이 이렇게 적어 올리고 물러서서 세 번 예배하자 금오 스님은 다시 대중을 둘러보고 이렇게 말했다. "제반사를 월산에게 부

82　위와 같음.

83　금오선수행연구원 편찬, 앞의 책,『金烏 스님과 佛敎淨化運動』2, p.62.

84　월산문도회,『月山禪師法語集』, 불국사, 1999, p.365.

촉하노라." 월산 스님은 거듭 말하였다. "바라옵건대 저희들을 위하여 더 좋은 말씀을 내려주시기 바랍니다." "나는 무(無)로 종(宗)을 삼고 기타사(其他事)는 너에게 부탁하노라." 금오 스님은 그 순간 벽에 걸린 불자를 가리키고 다시 월산 스님을 돌아보았다.

이것이 금오 스님이 월산 스님에게 내린 전법식이었다.[85] 한국 불교계 정화운동의 주역이며 간화선의 법통을 경허, 만공, 보월로부터 이어받은 금오 스님는 월산 스님에게 가풍을 전한 뒤 1968년 10월 8일 (음력 8월 17일) 입적에 들었다.[86]

금오 선사의 법을 이은 월산 스님은 1912년 함남 신흥군 동상면 원풍리에서 부친 경주 최씨 흥규(興圭)와 모친 노(盧)씨 사이에서 3남 2녀 가운데 둘째로 태어났다. 1944년 도봉산 망월사에서 금오 스님을 은사로 출가한 이래 조계종 총무원장, 신흥사, 동화사, 법주사, 불국사 주지를 거쳐 원로회의 의장을 지냈다. 그는 경허 – 만공 – 보월 – 금오로 이어지는 선맥을 계승한 뛰어난 선승이었다. 그는 1974년 불국사에 선원을 열어 제자들을 받아들여 선맥을 전수하는 데 진력하였다. 그는 만공 스님에게서 받은 화두 "이 뭣고"를 평생 간직하고 수덕사가 본산인 덕숭문중의 후예로서 토함산 자락을 지키면서 한국 불교계의 새로운 지평을 열었다.[87]

---

85   앞의 책, 『금오집』, p.189.

86   금오대선사, 앞의 책, 『꽃이 지니 바람이 부네』, p.393.

87   월산문도회, 「행장」, 앞의 책, 『月山禪師法語集』, p.364.

월산 스님의 행적 가운데 금오문중의 성격을 보여주는 행적 몇 가지를 소개해볼까 한다. 그는 관광객들이 몰려드는 불국사에 선원을 개설하고 수좌들을 받아들여 한국 선불교의 진면목을 보여주고자 하였다. 먼저 청정하고 엄정한 수행 가풍을 보여주는 「수행자의 뒷모습」이란 법문의 요지를 살펴보면 이렇다.

> 부처님은 왕자로 태어나서 출가했지만 평생을 거친 옷과 거친 음식으로 살았다. 그리고 가실 때는 사라쌍수 아래서 가사를 깔아놓고 그 위에서 돌아가셨다. 그 어른은 아무 것도 남긴 것이 없다. 오직 삼의일발(三衣一鉢)이 전부였다. 그러나 부처님은 중생에게 불멸의 감로법을 남겨 천년만년 그 가르침을 빛내고 있다. 그러나 죽을 때도 왕관을 쓰고 산 사람을 순장(殉葬)해서 함께 묻힌 왕자(王者)들은 어떤가. 사대는 지수화풍으로 돌아가고 남은 것은 허명(虛名)과 비웃음뿐이다. 사람이 일생을 살다가 뒷모습을 어떻게 남겨야 할지를 모른 까닭에 저지른 바보같은 짓이다.[88]

다음으로 「지구종말(地球終末)의 날에는 무엇을 하려는고」에서는 이런 요지의 법문을 하였다. "옛날 속담에 '먹던 밥을 세 번이나 뱉어야 한다'는 말이 있다. 전국시대에 하루에도 여러 차례 전쟁을 하다 보니 숟가락을 들었다가도 밥도 먹지 못하고 일어서기를 몇 번이고

---

88   월산문도회, 「수행자의 뒷모습」, 앞의 책, 『月山禪師法語集』, pp.276~277.

했다는데서 유래된 말이다. 이렇게 힘든 세상이라면 운문 화상이 말한 '날마다 좋은 날'은 어디에도 없다고 생각할 것이다. 이렇게 따져보면 1년 365일 가운데 좋은 날이 얼마나 되겠는가. …" 겸호(兼好) 선사는 이렇게 말했다. "길일이라도 악을 행하면 반드시 흉하고, 악일(惡日)이라도 선을 행하면 반드시 길하다. 길흉이란 사람에 달린 것이지 날짜에 달린 것이 아니다. … 60년을 살아야 평생이 아니다. 태어나서 살다가 죽는 것이 평생이다. 하루를 살아도 평생이고, 10년을 살아도 평생이다. 그런데 만약 내일 지구가 종말이 온다고 해서 오늘 하루를 소중하게 살지 않으면 평생을 허망하게 산 것이다."라고 하였다.

이 법문은 지금, 여기 이 순간이 얼마나 소중한 것인지를 여실히 말해주고 있다. 월산 스님은 '이 순간을 어떻게 살 것인가'에 대해서 이렇게 답한다. "우리가 불교를 믿고 공부하는 것은 최후의 날이 와도 두렵지 않을 수 있는 것을 배우기 위함이다. 여러분은 부디 집으로 돌아가거든 하루에 단 30분만이라도 화두를 들고 마음 공부하는 일을 게을리 하지 말기를 바라노라. 그러면 날마다 좋은 날이 될 것이로다."라고 하였다.

월산 스님은 종단이 어려울 때마다 사부대중의 여망에 따라 총무원장과 원로회의 의장 등의 소임을 맡아 종단 발전에 기여하였다. 1970년에는 불교·천주교·성공회·원불교·유교 등의 대표자들이 모여 창립한 한국종교협의회 초대 회장을 역임하기도 하였다. 뿐만 아니라 올바른 언론을 통해 중생을 깨우치고자 『법보신문』을 창간하여 초대 사장을 역임하기도 하였다.

우리의 삶이 걷잡을 수 없이 허망하게 느껴지는 것은 그 실체가 무엇인지 모르고, 시간에 끌려 다니기 때문이다. 존재의 실체를 확연하게 깨달았다면 무엇이 두렵겠는가? 월산 스님은 태어나도 이 자리, 죽어도 이 자리, 존재하는 것도 아니요, 존재하지 않는 것도 아닌, 말로는 표현할 수 없는 이 진리를 깨닫는 것이야말로 날마다 행복할 수 있는 법이라고 하였다. 그는 평생을 대중들에게 이 진리를 나누어 주다가 1997년 8월 5일 홀연히 열반에 들었다. 월산 스님의 문하에는 한국근현대불교사에 큰 두각을 나타낸 많은 사제(師弟)들과 성타(性陀) 스님을 비롯한 34명의 상좌와 혜운(慧運) 스님을 비롯한 많은 제자들을 두었다. 금오문중의 1천 명에 가까운 눈 푸른 납자들은 선풍 진작과 중생제도라는 가풍을 빛내고 있다.[89]

89　금오대선사, 「금오 태전 법보(金烏太田法譜)」, 『꽃이 지니 바람이 부네』, 마음달, 2010, pp.407-428.

IV. 맺음말

이상에서 한국근현대불교사에서 금오문중의 위상과 성격을 금오 스님과 월산 스님을 중심으로 살펴보았다. 금오 스님은 억불정책으로 일관하였던 조선시대를 거치면서 단절되었던 선맥을 부흥시킨 경허 스님과 그의 법을 이은 만공 스님과 만공의 제자인 보월 스님을 계승하여 선풍을 진작시킨 선승이다. 그는 문도들과 얼마 되지 않던 비구 승들을 이끌고 일제강점기 일본 불교의 영향으로 만연하게 된 대처 승들로부터 비구 승단인 대한불교 조계종을 성립시키는 데 결정적인 역할을 하였다.

정화불사가 시작되었던 1954년 5월은 6·25전쟁 휴전협정이 체결된 지 채 1년도 되지 않은 시점으로 민간경제는 매우 어려운 시기였다. 이 당시 비구승들의 수행처는 거의 없는 실정이었으며 하루하루 끼니를 해결하기도 어려운 시절이었다. 반면에 대처승들은 사정이 훨씬 나았다. 농지개혁으로 사찰경제는 파탄이 났지만 그래도 몇몇 대처승들은 사찰재산을 축내며 그런대로 생활을 유지하고 있었다. 이 승만의 '대처승은 사찰에서 물러가라'는 담화의 파문은 대처승들에게 상상외로 컸지만 그들은 호락호락하지 않았다.

대처승들로부터 사찰을 확보하는 일은 결코 쉬운 일이 아니었으며, 그렇게 확보된 사찰을 관리하는 것 또한 어려운 사안이었다. 사찰에서 대처승을 몰아내고 비구승들이 불법을 전파하는 도량으로 일구어 내기까지는 필설로 기술할 수 없는 희생과 어려움이 있었다는 것을 알 수 있다. 정화불사가 이루어지는 과정에서 금오 스님과 그의 문도들은 헌신적으로 참여하였으며 그 과정에서 많은 희생을 감수하였다.

금오 스님의 법을 이은 월산 스님 또한 스승을 이어 한국 불교계에 선풍을 진작시키는 데 평생을 바친 선승이다. 관광객들이 몰려드는 불국사에 선원을 만들고 수좌들을 받아들인 것은 불교의 생명이 선풍의 계승에 있다는 것을 분명하게 알았기 때문이었다. 그는 많은 제자들을 길러냈으며 그들로 하여금 전국과 세계로 나아가서 불법이 만인을 영원히 자유롭게 할 수 있는 진리임을 알리도록 하였다. 월산 스님은 법주사·불국사·신흥사·동화사와 같은 본사 주지를 역임하면서 사찰을 관리하는 일과 불제자들을 제접하는 일에도 크게 기여하였다. 총무원장과 종회의장·원로회의 의장 등 종단의 주요 직책을 맡아서 불교계의 위상을 강화하는 일에 헌신함으로써 금오문중의 만형으로서 역할을 다하였다. 금오문중 승려들의 치열한 열정은 경허 스님과 만공 스님 그리고 금오 스님과 월산 스님으로 이어지는 덕숭문중을 한국 불교계 제일의 문중으로 만들었다. 이들이 평생을 바쳐 한 일들을 한 마디로 요약하자면 상구보리(上求菩提) 하화중생(下化衆生)이라는 불교의 대중화를 실천한 보살행이었다.

참고문헌

- 〈대한불교〉, 〈법보신문〉, 〈조선일보〉, 〈동아일보〉, 〈경향신문〉, 〈서울신문〉

- 강석주·박경훈 공저, 『불교근세백년』, 민족사, 2002

- 金烏 太田, 『金烏集』, 禪學院, 1977.

- 금오대선사, 『꽃이 지니 바람이 부네』, 마음달, 2010

- 금오선수행연구원 편찬, 『金烏 스님과 佛敎淨化運動』 1·2, 금오선수행연구원, 2008.

- 김광식, 「고불총림과 불교정화」, 『한국현대불교사연구』, 불교시대사. 2005.

- _____, 『새불교운동의 전개』, 도피안사, 2002.

- _____, 「불교정화운동에 있어서 금오선사의 역할」, 『금오태전 대선사 학술회의 자료집』, 금오선수행연구원, 2011. 9. 26, 한국불교역사문화기념관.

- 김경집, 「금오선사의 불교정화운동과 불교사적 의의」, 『금오태전 대선사 학술회의 자료집』, 금오선수행연구원, 2011. 9. 26, 한국불교역사문화기념관.

- 김방룡, 「금오선사의 생애와 당시의 불교계」, 『금오태전 대선사 학술회의 자료집』, 금오선수행연구원, 2011. 9. 26, 한국불교역사문화기념관.

- 金相斗, 『금오태전 선사연구(金烏太田 禪師硏究)』, 동국대학교 대학원 선학과 박사학위논문, 2016.

- 김순석, 『일제시대 조선총독부의 불교정책과 불교계의 대응』, 경인문화사, 2003.

- _____, 「대한불교조계종과 한국불교 태고종의 성립과정」, 『인문과학논총』, 22집, 순천향대학교 인문과학연구소, 2008.

- 김지견, 「鏡虛禪師再者」, 『德崇禪學』, 한국불교선학연구원, 1999.

- 대한불교조계종 중앙종회, 「제1대 중앙종회 회의록」, 대한불교조계종출판사.

- 만공문도회, 「滿空禪師行狀」, 『滿空法語』, 1982.
- 동국대학교 석림동문회, 『한국불교현대사』, 시공사, 1997.
- 박해당, 「금오선사의 불교인식과 한국불교가 나아갈 방향」, 『금오태전 대선사 학술회의 자료집』, 금오선수행연구원, 2011. 9. 26, 한국불교역사문화기념관.
- 신성현, 「금오의 계율관」, 『금오태전 대선사 학술회의 자료집』, 금오선수행연구원, 2011. 9. 26, 한국불교역사문화기념관.
- 신규탁, 「금오 태전의 선사상」, 『금오태전 대선사 학술회의 자료집』, 금오선수행연구원, 2011. 9. 26, 한국불교역사문화기념관.
- 오경후, 「鏡虛·滿空의 法脈과 한국 불교에 미친 영향」, 『동학연구』26, 한국동학학회, 2009.
- 月山門徒會, 『月山禪師法語集』, 불국사, 1998.
- 이덕진, 「금오 '간화선법'에 대한 고찰」, 『금오태전 대선사 학술회의 자료집』, 금오선수행연구원, 2011. 9. 26, 한국불교역사문화기념관.
- 장이두, 「金蓮寺土窟」 14, 〈해동불교〉 1990.
- 정광호, 『韓國佛教最近世百年史編年』, 인하대학교출판부, 1999.
- 종호, 「금오선사의 심사상 이해」, 『금오태전 대선사 학술회의 자료집』, 금오선수행연구원, 2011. 9. 26, 한국불교역사문화기념관.
- 최병헌, 「近代 禪宗의 復興과 鏡虛의 修禪結社」, 『德崇禪學』 창간호, 1999.
- 漢巖, 「先師鏡虛和尙行狀」, 『鏡虛集』(『韓國佛教全書』11), 동국대학교출판부.

Abstract

The status and character of the Geum-o Munjoong(金烏門中)

Kim, Sun-seok

(Senior researcher, The Korean Studies Institute)

In the history of modern and contemporary Korean Buddhism, Geum-o Munjoong(金烏門中 : large family) played an important role in several ways. First, Geum-o Munjoong revived and inherited zen lineage(禪脈) which was cut off during the Joseon Dynasty. The policy of suppressing Buddhism during the Joseon Dynasty Seonmaek was revived by Gyeong-heo. The zen lineage of Gyeong-heo was succeeded by Man-gong, and Bo-wel, the disciple of Man-gong, succeeded it. Because Bo-wel died early, he could not deliver the zen lineage to Keum-o, but Man-gong brought the zen lineage to Geum-o and continued it.

Second, through the so-called "the restoration of the purity of the Buddhist world(淨化佛事)" which began in 1954 and ended in the 1970s, Geumo Munjung established the foundation of the tradition of protecting the zen Buddhism and performing proper improvement thus setting an example for the Buddhist community. The Geum-o Munjung produced many attendants and devoted themselves to the projects ofpropagation and Buddhist popularization, thus contributing to the establishment of the original aspect of the victory. Keum-o was appointed as the head of the promotion committee of the National Convention of Unmarried Monks(比丘僧) and led the clean-up Buddhist temple. It was a movement to restore the legitimacy of

Korean Buddhism, which resisted the response of the monks who married after eating meat and destroyed the genealogy.

Third, Keumomunjung devoted himself to the Buddhist popularization project. Many 1,000 students, including Geum-o's, Wolsan(月山) and Beom-il(梵日), Beom-hang(梵行), Wolnam(月南), and Tan-sung(呑星) tried to promote Buddhism according to the teachings of Keumo. Such efforts of Keumomunjung have greatly contributed to the formation of mainstream monks in modern Korean Buddhist history. In addition, it established the practice of the religious group and opened the way for Buddhism to reach out to the public.

Key words

Geum-o Munjoong, Geum-o, Gyeong-heo, Man-gong, Man-gong,Bo-wel, Wolsan, zen lineage(禪脈), the restoration of the purity of the Buddhist world(淨化佛事), Unmarried Monks(比丘僧), monks whomarried after eating meat(帶妻僧)

월산 대종사 연보

월산 대종사 연보

한태식(보광) 감수·김광식 작성·성견 보완

서기	월	일		비고
1913	음 5	1	함경남도 신흥군 동상면 원풍리에서 출생. 부친 최흥규와 모친 노씨 사이의 3남 2녀 중 둘째 아들로 태어남. 속명은 崔鍾列 유년시절 : 서당 및 근대교육 이수 청년시절 : 일본과 중국 巡遊 우주와 인생의 근본에 대한 의문이 강렬 석왕사에 잦은 왕래, 불교의 인연	智冠 編, 「慶州佛國寺聖林堂月山大禪師碑文」, 伽山佛敎文化硏究院, 2000, p.1338. 월산門徒會 편, 『月山禪師法語集』, 1999년 개정판 연표에서 참고.
1943			부친 사망. 석왕사 입산 조실인 환공 스님(양안광) 소개로 치악산 상원사의 전금초 스님을 찾아감 - 수행 및 승단 현황 파악 상원사에서 망월사로 가라는 소개 서찰을 받음 - 도중에 소요산 자재암 1개월 체류 망월사에서 춘성 스님을 만남	선원빈, 「스님을 찾아서」, 『법륜』 98호, 1997.4.
	10	15	망월사에서 금오 스님을 계사로 사미계 수지	총무원 승적부 기록 승적번호 1143-1
1944			망월사에서 금오 스님을 은사로 수계 및 출가	최석환, 「인물탐험, 월산 대선사」, 『선문화』, 2009.4.
1945			흥국사에서 정진 수덕사, 만공회상(정혜선원)에서 정진 - 만공 스님에게 '이뭐꼬' 화두를 받아 정진, 공양주 소임 - 금봉, 전강 선사와 정진	최석환, 「인물연구, 불국선원 조실 월산 선사」, 『불교춘추』 3호, 1996.

1945	3	15	- 선학원에서 동산 스님을 계사로 구족계 수지 - 선학원에서 동산 스님을 계사로 보살계 수지	총무원 승적부 기록
1946			전남 보길도 남은사 정진 - 비룡, 서암, 경산, 도광, 도천 등과 함께 탁발 수행, 용맹정진 - 금오 스님에게 '돌멩이' 화두 받음	『月山禪師法語集』, p.306.
	3	15	망월사에서 대교과 졸업	총무원 승적부 기록
1948			봉암사결사 동참 - 성철, 청담, 자운, 혜암, 법전 등과 함께	「1947년 봉암사결사」, 『수다라』 10호, 1995.
1950			범어사 선원, 수행 - 조실인 동산 스님을 모시고 소임, 淨桶	『근대선원방함록』, 조계 종 교육원, 2006, p.360.
			금정사(부산) 선원장 - 홍경, 석주, 무불 등과 함께 정진	『월산선사법어집』
1951	5		선암사(부산) 주지 - 발령, 이종욱 총무원장 - 지월, 서옹, 홍경, 무불, 설봉, 도광, 운문, 인환 등과 함께 정진	『동산대종사와 불교정화 운동』, 영광도서, 2008, p.267.
1952			통도사 내원사 정진 정혜사(목포) 정진 - 은사인 금오 스님을 만남 미래사(통영)의 효봉 회상에서 정진	『월간 해인』 31호, 1984, 「불국선원을 찾아서 : 월산」
1953			적천사(청도) 도솔암 정진 - 대구에서 탁발, 거지들에게 보시	종원 스님 증언. 김광식, 「월산의 생애와 사상」, 『대각사상』 32집, 대각사상연구원, p.60, 주 32 참고.
			- 깨달음	이지관, 『한국고승비문총 집』, 가산불교문화연구원, 2000, p.1339.
			선학원, 팔달사(수원)에서 정진 - 은사 금오 스님을 시봉	장이두 회고록, 「18. 금련사 토굴」

	5	20	불교정화운동 이승만 대통령 유시	
1954	6	21	교단 정화 대책위원회 발족(금오, 위원장) - 금오 스님 시봉	장이두 회고록, 〈해동불교〉 김광식, 「월산의 생애와 사상」, 『대각사상』 32집, 대각사상연구원, p.63, 주 42 참고.

	8	24~25	선학원에서 전국 수좌 대표자 대회 참가
			- 연고 사찰은 법홍사로 나옴
			- 전형위원
			  종헌 제헌위원의 전형위원
			  추진위원의 전형위원
			  대책위원의 선출위원
				김광식, 「전국비구승대표자대회의 시말」, 『근현대불교의 재조명』, 민족사, 2000.
				민도광, 『한국불교승단정화사』, 1996.

	9	28~30	선학원의 전국비구승니대회 참가 - 종회의원으로 선출(소속, 팔달사)	민도광, 『한국불교승단정화사』, 1996, p.72.
1955	8	12	전국승려대회(조계사) 참가 - 종회의원으로 선출	민도광, 『한국불교승단정화사』, 1996, p.547.
			봉은사 주석, 금오 스님 시봉	장이두 회고록, 〈해동불교〉
1956			마곡사·동학사 주지	
1957			법주사 주지	〈법보신문〉 1997.9.17, p.4.
1958			조계종단 재무부장 (금오 총무원장 재직) 충북 종무원장	장이두 회고록, 〈해동불교〉 설석우, 「장의휘보」, 1958.
1959			신흥사(설악산) 주지	〈대한불교〉 1060.1.1, p.2 광고
1961			동화사 주지	『범어사와 불교정화운동』, 영광도서, 2008, pp. 495-460.
			조계종단 감찰원장	〈대한불교〉 1962.1, p.1.
1962			비상 종회의원(소속, 망월사)	불교재건 비상 종회의원 - 비상 종회 회의록

1962			자재암(백운암) 정진(주지 권진정, 할복6비구)	자재암 정진 - 자월(이광준 박사) 증언
1963			각화사 동암, 수행 정진	현해, 『오대산 노송』, 민족사, 2020, p.159.
			조계사 대웅전 보수불사 추진위원회, 회장으로 추대됨	
1967	8	10	법주사 본사 주지 발령	총무원 승적부 기록
1968		5	법주사 불교전문강원 원장	〈대한불교〉 1969.5.25, p.1 광고 『월산선사법어집』
	6	6	해동사(월성) 창건 회향식, 법어 - 주지로 추대됨	〈대한불교〉 1968.6.18, p.3.
		9	법주사에서 금오 선사의 법을 전수받음	『월산선사법어집』
1969			법주사 주지 법주사 총지선원 조실	
	8	10, 17	〈대한불교〉에 종단관 기고 - 「비구는 다시 재검토할 때가 왔다 : 宗團은 四部大衆의 것」	〈대한불교〉 1969.8.10, 8.17 : 2회
	8	30	조계종단 종회, 총무원장으로 선출	〈대한불교〉 1969.9.21, p.1.
	10	2	총무원장 취임 - 조계사 주지, 조계종 기획위원회 위원장	
	11	1	승가학사회 주최 세미나 (주제 : 한국불교의 진로), 법어 - 대구 보현사	〈대한불교〉 1969.11.9, p.3.
	11	19	선학원 이사에 취임	
	11	23	조계종단이 합법적인 종단임을 대법원에서 판결 받음 - 「담화문 : 종단 소송의 승소 즈음하여」 기고 - 〈대한불교〉 1969.11.2, p.1 광고란 「勝訴담화문」 기고	『법륜』 19호(1969.12)

1970		1	『법륜』에 「중흥 위해 끊임없는 정진을」 기고	『법륜』 1970년 1월호
	2	21	한국 종교협의회 창립, 초대 회장 추대	〈대한불교〉 1970.3.1, p.3.
	5.10~8.16		조계사 『금강경』 독송기도 법회 지도	
	6	20	대한불교청년회 기념 대강연회, 기념 법회법사 - 만해 한용운 선사 추모의 밤, 조계사	〈대한불교〉 1970.6.14, p.3.
	8	24	총무원장 사임 - 조계사 주지	〈대한불교〉 1970.7.19, p.1.
1971			상원사 조실	『처처에 나툰 보살행 : 석암 스님의 수행과 가르침』, 2011, p.407.
			홍경 대종사, 49재(통도사) 참석	
1973	5	2	분황사, 원효대사 봉찬대제 증명	
	8		불국사 주지 직무 대행 - 수덕사 토굴(전월사)에서 부임 불국사 석굴암에서 정진	『월산선사법어집』
1974	2	3	〈대한불교〉에 「금주의 법문, 시심마」 게재	
	5	21	분황사, 원효대사 봉찬대제 증명	
	5	29	금산사 개금불사 회향, 위령제, 예수재의 법사	〈대한불교〉 1974.5.19, p.2 의 광고
	6	23	불국사 주지 발령	〈대한불교〉 1974.7.7, p.3.
	7	23	종단 유신 방안 건의 - 보승사(서울, 수유리)에서 고승 (서옹, 관응, 자운, 동헌 등)과 함께 종회의원 겸직 금지, 비구니와 신도 대표 종회의원으로 선출 등 7개항	〈대한불교〉 1974.7.28, p.3.

1974	9	20	이차돈 聖師 대제(흥륜사, 백율사), 추모사	〈대한불교〉 1974.9.29, p.1.
	10	2	『金烏集』 발간, 발문 지음	『금오집』
	10	18~20	제13회 신라문화제 주최, 호국대법회에서 설법	〈대한불교〉 1974.10.27, p.1.
	11	15	불국사 경주포교당으로 법장사 지정, 현판식	〈대한불교〉 1974.12.8, p.1.
1975	1	17	전강 선사 영결식(용주사), 護喪	〈대한불교〉 1974.1.19, p.2 의 부고
	2	24	불국사 관음상 등 개금불사 회향식 주관	〈대한불교〉 1975.3.2, p.3.
	4	13	불국사 천일기도 회향식, 주관	〈대한불교〉 1975.4.27, p.1.
	5	31	동국학원 이사, 재선임	〈대한불교〉 1975.6.8, p.1.
	6	20	만성비구니 영결식(범어사), 고문	〈대한불교〉 1975.6.22, p.3 의 부고
	8	31	불국사 승가학원 개원식, 격려사 - 불국사 승가학원장	〈대한불교〉 1975.9.7, p.1.
	9	20	금오 선사 부도비 제막식(법주사)에서 문도대표로 인사 - 금오 선사 부도비 건립, 총괄	〈대한불교〉 1975.9.8, p.1.
	10	15	동국학원 이사로 선임	〈대한불교〉 1975.10.19, p.1.
1976	4	15	불국사 승가학원 제1회 수료식, 치사	〈대한불교〉 1976.4.25, p.1.
	5	29	불국사 선원 개원(음 5.1) - 불국선원 개원기념 육조단경 법보시 - 불국선원 선원장, 조실	〈대한불교〉 1976.6.6, p.1.
	7	4	〈대한불교〉의 「염화실 탐방 : 월산 대선사」 인터뷰 - 이향봉 대담 및 집필(오현, 정휴 동행)	〈대한불교〉 1976.7.4, p.1.

	8	29	이차돈 성사 대제(흥륜사), 고문	〈대한불교〉 1976.9.12, p.3.
1976	9	10	금오선사 8주기 추모법회(법주사), 법어	〈대한불교〉 1976.9.19, p.1.
	11	17	동화사 금당선원 개원식, 참가	〈대한불교〉 1976.11.28, p.3.
1977		1	백련사(제천) 특수 禪關長 설립, 증명 조실	〈대한불교〉 1977.1.16, p.4 의 취지문
	4		『법륜』, 「스님을 찾아서, 불국선원 조실 월산 대선사」 인터뷰 - 대담, 선원빈(대한불교신문사 편집부장)	『법륜』 98호(1977.4)
	8	24	춘성 선사 영결식(화계사), 다비위원장	〈대한불교〉 1977.9.4, p.1.
1978	4	17	소천 대종사 영결식(범어사), 고문	〈대한불교〉 1978.4.23, p.1 의 부고
	4	22	불국사 본사 주지 연임	총무원 승적부 기록
	5	6	원효 성사 대제(분황사), 법어	〈대한불교〉 1978.5.14, p.3.
	9	9	비상종회 의장 선출	〈대한불교〉 1978.9.24, p.1.
	9	10	불국사 강원 건물 불사(증축), 준공식 기념 식사(式辭) - 불국강원 원장	〈대한불교〉 1978.9.24, p.1.
	10	18	총무원장으로 선출됨 - 종단 운영위원회 위원, 선출	〈대한불교〉 1978.10.29, p.1.
	11	11	종단 원로의원으로 선출됨	〈대한불교〉 1978.11.19, p.1.
1979	1	5	제운당 대선사 영결식(범어사), 증명	〈대한불교〉 1979.1.21, p.1 의 부고
	1	12	향곡 선사 영결식(묘관음사), 고문 겸 장의부위원장	〈대한불교〉 1979.1.28, p.4 의 부고
	2	14	총무원장 사임	〈대한불교〉 1979.2.25, p.1.

1979	3	16	철우 대종사 영결식(직지사), 고문	〈대한불교〉 1979.4.1, p.1의 부고
	3	20	만해 탄신 100주년, 대한불교청년회 강연회 : 법어 - 경주 동원 예식장에서	〈대한불교〉 1979.4.1, p.1.
	4	14	- 전주 남고사 보살계 수계법회 전계화상(전계화상 월산 스님, 갈마아사리 혜정 스님, 교수아사리 일타 스님)	『원각회 33년』, p.125.
	11	30	종회의장으로 선출됨	〈대한불교〉 1979.12.9, p.1.
	12	29	경산 대종사 영결식(조계사), 장의위원장	〈대한불교〉 1980.1.6, p.2의 부고
1980	2	28	- 전주 남고사 보살계 수계법회 전계화상(전계화상 월산 스님, 갈마아사리 혜정 스님, 교수아사리 일타 스님)	무공 이동호 거사 수계증(개인소장)
	4~5		종정 후보자로 물망(성철 스님과 함께) - 종회에서 종정 선거 시행 투표에서 과반수 미달, 미결정(27 : 28, 29 : 31로 성철 스님보다 많은 득표)	〈대한불교〉 1980.5.11, p.1. 「제4, 5, 6대 중앙종회 회의록」, pp.1295-1315.
	6		경주 부인선원 개원 - 불국사 선행회(1975)를 발전시킴 불국사 불국선원, 조실 법주사 총지선원, 조실	〈법보신문〉 1992.5.11, p.14의 광고
	7	13	〈대한불교〉,「해탈과 열반 사이, 월산 대선사」 인터뷰 - 정휴 대담, 집필	
1981	11	20	『경허집』 발간, 후원 - 鏡虛惺牛禪師 法語集 刊行會, 부회장	『경허법어』, 인물연구소, 1981.

1982	6	2	원로의원, 추대	
	7	18	〈불교신문〉 인터뷰, 원로스님의 근황 - 대담 : 최정희 기자	〈불교신문〉 1982.7.18, p.1.
	12	4	내원정사 창건 불사 회향식 참석	〈불교신문〉 1982.12.12, p.7.
1983			복천암 선원, 조실 불영사 천축선원, 조실	
			공림사(괴산) 감인선원, 조실	『선원총람』, 조계종, p.296.
	6	9	탄허 대종사 영결식(월정사) - 조사	『방산굴 법어』, 월정사, 2003, pp.482-484.
1984	7		『불교사상』 8호, 권두법어 「생각할 것을 생각하는 사람」 기고	『불교사상』 8호, 1984.7.
	8		비상종단대책 협의(해인사) - 원로 모임 : 성철, 자운, 석주, 일타, 혜암 등	
	9		『해인』, 「염화실의 미소」 인터뷰 홍륜사(경주) 천경림선원, 조실	『월간 해인』 31호, 1984.9.
1985	3	11	불국사 주지, 발령	〈경향신문〉 1985.3.12, p.5. 총무원 승적부(3.9)
1986	5	31	〈주간불교〉 인터뷰 대담 : 원로회의 의장 취임 기념 - 선원빈 국장	〈주간불교〉 1986.5.31, p.3.
	6	4	조계종 원로회의 의장	〈경향신문〉 1986.5.21, p.5.
	6	7	영암 대종사 영결식, 영결사 대승사 대승선원, 조실	『봉은』 26호, 1987.7. 『선원총람』, 교육원, 2000.
1987	6	26	시국수습건의 - 청와대에서, 불교계 지도자와의 대화	〈동아일보〉 1987.6.26, p.2.
			대승사 선원, 조실	
1988	5	14	〈법보신문〉 창간, 기념식 - 인사 말씀	〈법보신문〉 1988.5.23, p.1.

	5	16	〈법보신문〉 창간, 발행인 겸 편집인 취임 - 창간사 기고	〈법보신문〉 1988.5.16, p.5.
	5	23	부처님오신날, 봉축사 기고 - 〈법보신문〉 2호	〈법보신문〉 1988.5.23, p.9.
	8	7	불국사 석굴암 통일대종 종각 상량식 - 법어	〈법보신문〉 1988.8.9~15, p.7.
1988	9.30~10.1		신라불교문화 영산대재(불국사), 법어 - 보살계 수계, 전계아사리(법주)	〈법보신문〉 1988.10.11~17, p.7.
	10	19	법주사 청동미륵대불 복장성물 봉안 설명회 - 법어(증명 법사)	〈법보신문〉 1988.10.25~31, p.7.
	10	19~20	법주사 보살계 수계식 - 전계사	〈법보신문〉 1988.9.27~10.3, p.5.
	10	29	고암 대종사 영결식, 조사	〈법보신문〉 1988.11.1~7, p.6.
	11	19	불국사 본사 주지 발령	총무원 승적부 기록
1989	1	2	〈법보신문〉, 「신춘대담 : 원로회의 의장 최월산 스님」 - 대담 : 김정휴 주필	〈법보신문〉 1989.1.2, p.3.
	1	15	경주시군 불교연합회, 성도절 기념 대법회(서라벌회관) - 법어	〈법보신문〉 1989.1.17~23, p.1.
	4	21	불국사 석굴암 통일대종, 타종식 - 법어	〈법보신문〉 1989.4.25~5.1, p.1.
	6	13	불교방송 설립 기금, 1천만 원 기탁	〈법보신문〉 1989.6.13~19, p.1.
	10	2	지효 선사 영결식(범어사), 영결사	〈법보신문〉 1989.10.10~16, p.1.

1989	11	13	불국사 정혜료(노덕 스님 복지시설) 준공식 개최	〈법보신문〉 1989.11.14~20, p.7.
1990	1	1	〈법보신문〉, 「신춘인터뷰 : 불국선원 조실 최월산 대종사」	〈법보신문〉 1990.1.1, p.3.
	4	11~12	법주사 청동미륵대불 준공 회향법회 - 법어	〈법보신문〉 1990.4.16, p.1.
	4	30	〈법보신문〉, 「부처님오신날 특별대담, 불국선원 조실 최월산 대종사」 - 선원빈 편집국장 인터뷰	〈법보신문〉 1990.4.30, p.4.
	5	9	불국사 선원 조실	총무원 승적부 기록
	9	9~10	영산대제(불국사) 개최 - 법어	〈법보신문〉 1990.10.15, p.1.
	10	16~17	법주사 미륵십선 수계 산림법회 - 전계아사리, 법어	〈법보신문〉 1990.10.22, p.3.
	12	1	불국사 선원 조실	총무원 승적부 기록
1991	1	1	〈법보신문〉, 「신춘 인터뷰 : 불국선원 조실 최월산 큰스님」 - 대담 : 김정휴 주필	〈법보신문〉 1991.1.1, p.5.
	1	16	월남 선사 영결식, 법어 - 장의위원장	〈법보신문〉 1991.1.21, p.1.
	3	27	불국사 주지 퇴임, 후임 종원	〈법보신문〉 1991.4.8, p.1.
	4	29	불국사 영산회상도 점안식(무설전) 개최	〈법보신문〉 1991.5.6, p.10.
	5	28	불국사 선원 조실	총무원 승적부 기록
	7	1	〈법보신문〉 편집인 겸 발행인, 퇴임 - 후임 : 발행인은 종원, 편집인은 성타	〈법보신문〉 1991.7.1.
	9	1	불국사 경주 불교교육원 개원식 - 법어	〈법보신문〉 1991.9.2, p.10.

1991	10	22	불국사 호국영령, 선망부모 천도법회 - 증명, 법어	〈법보신문〉 1991.9.2, p.10.
	11	10	안강 불교반야회, 불자 5계 수여 (64명, 불국사)	〈법보신문〉 1991.11.18, p.10.
	11	20	불국사 선원 조실	총무원 승적부 기록
1992	2	13	자운 대종사 영결식(해인사), 장의위원	〈법보신문〉 1992.1.14, p.1.
	4	18	법주사 호국 청동미륵대불 봉안 2주 년 기념 미륵십선계 및 영가천도 대법회, 전 계사	〈법보신문〉 1992.4.7, p.10.
	5	17	불국사 선원 조실	총무원 승적부 기록
	10	9	불국사 신라문화 영산대법회, 법어 - 전계아사리, 보살계 수계	〈법보신문〉 1992.10.19, p.2.
	10	30	법주사 대승보살계 법회, 전계대화상	〈법보신문〉 1992.10.26, p.10.
	11	2~3	제1회 금오문도 수련법회(법주사) - 증명, 법어	〈법보신문〉 1992.11.9, p.1.
	11	6	불국선불원(佛國禪佛院, 서울 서초 구) 개원, 법어 - 불국사 운영, 선원장(종상)	〈법보신문〉 1992.11.16, p.11.
	11	9	불국사 선원 조실	총무원 승적부 기록
	11	27	동화사 약사여래대불 점안식 - 법어	〈법보신문〉 1992.12.7, p.1.
			불영사 일주문 게송 지음	
1993	2	9	불국선불원, 동안거 해제 회향법회 - 조실, 법어(참선으로 '참나'를 깨 달아야)	〈법보신문〉 1993.2.15, p.2.
	3	5	한·미해병합동 출전법회 및 수계식 (해룡사 대웅전) - 증명 법사, 법어	〈법보신문〉 1993.3.22, p.10.

1993	5	24	「큰스님을 찾아서, 특별 인터뷰 : 불국선원 조실 최월산 대종사」 - 〈법보신문〉, 선원빈 국장 인터뷰	〈법보신문〉 1993.5.24, p.3.
	6	4	불국사 선원 조실	총무원 승적부 기록
	11	4	금오문도 수련법회(불국사), 증명	〈법보신문〉 1993.10.11, p.2.
	11	28	불국사 선원 조실	총무원 승적부 기록
1994	4		종단개혁 지지 성명, 범종추로 전달	
	5	3	종단 원로의원 사의 명예원로의원, 추대됨	〈법보신문〉 1994.5.9, p.1.
	5	25	불국사 선원 조실	총무원 승적부 기록
	7		한국불교발전연구원(이사장, 월탄), 고문	〈법보신문〉 1994.7.4, p.1 광고
	9	21	제3차 금오문도 수련법회(법주사), 증명	〈법보신문〉 1994.9.19, p.1 광고
	11	15	월산 큰스님 친견법회, 불국사	〈법보신문〉 1994.10.31, p.1 알림
	11	17	불국사 선원 조실	총무원 승적부 기록
1995	5	14	불국사 선원 조실	총무원 승적부 기록
	8		금오 스님 구도소설 책, 추천사 (「풍요로운 삶의 지혜 가꾸시기를」) 기고 - 윤청광, 『큰 생각 크게 먹고 크게 살아라』(언어문화사 발간)	
	10	20	나라와 국민의 안녕을 위한 수륙대제 (문무왕 수중릉), 증명	〈법보신문〉 1995.10.18, p.11.
	10	21	원효학연구원 개원식, 법어	〈법보신문〉 1995.11.1, p.4.
	11	19	서운 대종사 영결식(직지사), 장의위원	〈법보신문〉 1995.11.22, p.2.
	12	7	불국사 선원 조실	총무원 승적부 기록

1995	12	19	불국사·석굴암, 세계문화유산 등록 고불법회(석굴암) - 법어	〈법보신문〉 1996.1.1, p.23.
1996	1	1	「새해특별대담, 큰스님께 듣습니다 : 불국선원 조실 최월산 대종사」 - 〈법보신문〉, 박경훈 주필	〈법보신문〉 1996.1.1, p.11.
	2	22	이수성 국무총리 예방, 접견(불국사)	〈법보신문〉 1996.3.6, p.4.
	5	24	부처님오신날 봉축 특별법어 - 〈법보신문〉 게재	〈법보신문〉 1996.5.22, p.4.
	5	31	불국사 선원 조실	총무원 승적부 기록
	5		『불교춘추』, 「인물연구, 불국선원 조 실 월산 선사」 인터뷰	『불교춘추』 3호, 1996.5
	6	27	조계총림 방장 승찬 대종사 영결식 (송광사), 증명	〈법보신문〉 1996.7.3, p.1 부고
	9	28	제5차 금오문도 수련법회(법주사) - 증명, 법어(탄성 스님 대독)	〈법보신문〉 1996.10.9, p.4.
	11	25	불국사 선원 조실	총무원 승적부 기록
1997	1	17	『만해새얼』 신년호, 축사 기고 「만해 의 자유·생명 사상은 불교사상에서」	『만해새얼』 3호, 만해사 상실천선양회
	5	14	〈법보신문〉, 「봉축특집법어」 기고	〈법보신문〉 1997.5.14, p.3.
	5	21	불국사 선원 조실	총무원 승적부 기록
	음 8	5	입적 - 세수 85세, 법랍 54세	〈법보신문〉 1997.9.17, p.1.
	9	10	영결식(불국사), 원로회의장 - 법어(종정, 월하 대종사), 영결사 (원로의장, 혜암 대종사), 조사(총 무원장, 월주 대종사), 조시(고은)	〈법보신문〉 1997.9.17, pp.4-5, p.17.
	10	24	49재(불국사 무설전) - 법어(고불총림 방장, 서옹 대종사)	〈법보신문〉 1997.10.29, p.15.
1998	9	25	월산문도회, 『월산선사법어집』 발간	〈불교신문〉 1998.9.29.

2000	9	8	불국사, 성림당 월산대선사 비석 건립 – 비문, 고은 지음	
2005	9	8	불국사에 월산 스님 부도 및 행적비, 제막식	〈불교신문〉 2005.9.14, p.4.
2006	3	21	청계사에 경허, 만공, 금오, 월산 스님 부도탑 조성, 제막식	〈불교신문〉 2006.3.26, p.4 〈청계사보〉 2006.3.29, p.1.
2007	9	15	법주사에 월산 스님 부도탑 조성, 제막식	〈불교신문〉 2007.9.22, p.4.
2008	12		보월 스님 부도탑 추가 조성	〈청계사보〉 2009.10.18, p.3.
2009	10	6	청계사에서 5대선사 첫 다례제 봉행	〈청계사보〉 2009.10.18, p.1.
2014	4	25	노적사에서 성림당 월산 대종사 기념비 조성, 제막식	초대장 참조
2019	9	1	'월산 대종사의 생애와 삶' 학술세미나 개최 – 주최 : 불국사 월산문도회 – 주관 : 대각사상연구원 – 장소 : 경주, 불국사 불교문화회관	
	12	30	'월산 대종사의 생애와 삶' 특집논문 게재 – 김순석, 「금오문중의 위상과 성격」 – 김광식, 「월산의 생애와 사상」 – 한태식(보광), 「월산 큰스님의 선사상(1)」 – 한상길, 「근현대 불국사의 사격」 – 석길암, 「성림월산과 불국사 선원」	『대각사상』 32집, 대각사상연구원

	9	9	'월산 대선사 사상의 재조명' 학술세미나 개최 - 주최 : 불국사 월산문도회 - 주관 : 대각사상연구원 - 장소 : 경주, 불국사 불교문화회관 - 총도감 : 종상 큰스님(불국사 관장)	
2021	12	30	'월산 대선사 사상의 재조명' 특집논문 게재 - 김광식, 「월산의 생애 고찰」 - 한태식(보광), 「월산 선사의 중도선 사상(2)」 - 김종두(혜명), 「불국선원 건립의 사상적의미와 특징」 - 한상길, 「불국사의 강학 전통」 - 이재형, 「월산 대종사와 『법보신문』」	『대각사상』 36집, 대각사상연구원
2022	8	30	『월산 대선사 생애와 中道禪 사상』 (월산 대종사 연보 수록)	조계학술총서 05 출간 -조계종출판사

跋 文

성림당 월산 조실스님께서 입적하신 지도 어언 25년이 되었다. 그동안 조실스님의 가르침을 이어받아 불국사를 발전시키고, 한국불교 중흥에 기여하고자 노력하였으나 큰스님의 족적에는 미치지 못하였다. 여기저기 흩어진 큰스님의 자취를 모아 1998년에 문도들이 『月山禪師法語集』을 출간한 후 자료를 제대로 정리하지 못하였다. 그동안 문도들은 큰스님의 행적비를 세우고 부도탑을 건립하였다.

　조실스님을 시봉하였던 소납은 불국사 주지와 관장직을 맡으면서도 큰스님의 사상과 행적을 현창하기 위해 여러 방면으로 노력하였으나 아직도 결실을 맺지 못하고 있다. 그러던 중 큰스님과 생전에 인연이 있어 심상제자로 입실한 보광 스님의 주선으로 2019년 22주기 다례제를 맞이하여 제1차 「월산 대종사의 생애와 삶」이라는 주제로 불국사 문화회관에서 세미나를 개최하였다. 세미나는 월산문도회가 주최하고, 대각사상연구원이 주관하여 5편의 논문을 발표하였다. 그리고 2021년 24주기 다례제 때 제2차 「월산 대선사 사상의 재조명」이라는 주제로 5편의 논문이 발표되었다.

이러한 월산 조실스님에 관한 2차에 걸쳐 발표된 논문을 모아서 25주기 다례제에 『월산 대선사 생애와 中道禪 사상』을 조계종출판사의 불교학술서로 출간하여 조실스님의 영전에 올리게 되었다. 이러한 과정에는 불국사 회주 성타 스님과, 주지 종우 스님, 불국사 승가대학원장 덕민 스님을 비롯한 불국사 월산문도회의 결의와 대각사상연구원장 보광 스님의 노력에 의해서 가능하였다.

특히 이번 큰스님의 논문집에서는 그동안 정리하지 못했던 연보를 자세히 밝히게 되어 더욱 기쁘게 생각한다. 아직도 미처 발굴하지 못한 부분을 점차적으로 보완하고자 한다. 이 책을 일독하는 분들은 이 공덕으로 성불 인연이 앞당겨지기를 기원한다.

그동안 논문을 집필해 주신 필진과 동국대학교 김광식 특임교수와 대각사상연구원 임직원 및 출판을 맡아준 조계종출판사의 남배현 사장과 임직원들에게 감사드린다.

불기 2566(2022)년 음력 8월 5일
불국사 관장 大弓 宗常 삼가 쓰다

불국사 월산문도회

월산 큰스님의 상좌들로서 스님의 유업을 받들어 실현하는 문도들의 모임

조계학술총서 05

월산 대선사 생애와 中道禪 사상

1판1쇄 인쇄	2022년 8월 20일
1판1쇄 발행	2022년 8월 30일

엮은이	불국사 월산문도회
발행인	정지현
편집인	박주혜

대표	남배현
본부장	모지희
책임편집	김창현
디자인	홍정순
마케팅	조동규, 서영주, 김관영, 조용
관리	김지현

펴낸곳	조계종출판사
편찬위원	성타, 덕민, 종상, 종우, 보광, 종천, 정수, 문성, 김광식
주소	서울시 종로구 삼봉로 81 두산위브파빌리온 831호
전화	02-720-6107
전송	02-733-6708
이메일	jogyebooks@naver.com
등록	제2007-000078호(2007.04.27)
구입문의	불교전문서점 향전(www.jbbook.co.kr) 02-2031-2070

ISBN	979-11-5580-188-8 (94220)
	979-11-5580-149-9 (세트)

조계종
출판사 지혜와 자비의 눈으로 세상을 바라봅니다.